古诗文名物新证合编

扬之水 著

天津教育出版社

图书在版编目（CIP）数据

古诗文名物新证合编 / 扬之水著. — 天津：天津教育出版社，2012.1（2016年1月重印）
ISBN 978-7-5309-6629-7

Ⅰ.①古… Ⅱ.①扬… Ⅲ.①士—研究—中国—古代 ②社会生活—研究—中国—古代 Ⅳ.①D691

中国版本图书馆CIP数据核字（2012）第008242号

古诗文名物新证合编

出 版 人	胡振泰
作 者	扬之水
选题策划	李勃洋
责任编辑	强 华
装帧设计	郭亚非
出版发行	天津教育出版社
	天津市和平区西康路35号 邮政编码 300051
	http://www.tjeph.com.cn
印 刷	天津海顺印业包装有限公司
版 次	2012年4月第1版
印 次	2016年1月第3次印刷
规 格	16开（787×1092毫米）
字 数	486千字
印 张	31.5
定 价	49.00元

目 次

诗中"物"与物中"诗"
　　——关于名物研究　/ 001

玉钗头上风　/ 001
明代头面　/ 027
说"事儿"　/ 072
明代耳环与耳坠　/ 084
油缸　/ 094
每回拈著长相忆　/ 100

粉蛾交关与孟家蝉　/ 108
帽顶与炉顶　/ 112
"蒙恬将军"瓶与插翎之冠　/ 116
"满池娇"源流　/ 124
望野博物馆藏红绿彩人物塑像丛考　/ 140

从孩儿诗到百子衣　/ 155
琉璃炮灯中鱼　/ 184
摩睺罗与化生　/ 188

说"勺药之和"　/ 196
两宋之煎茶　/ 215

附：关于分茶与斗茶 / 231
"碗"的定名及其他 / 247
关于梡、禁、案的定名 / 255

帷幄故事 / 268
宋人居室的冬和夏 / 294
隐几与养和 / 321
两汉书事 / 339
书房 / 372
  附：书房撷趣 / 395
弹棋局 / 403

沂南画像石所见汉故事 / 406
幡与牙旗 / 423
从《闸口盘车图》到《山溪水磨图》 / 440
"二我图"与《平安春信图》 / 456

后记 / 460
引用文献 / 462
名物索引 / 485

诗中"物"与物中"诗"
——关于名物研究

名物学是一门古老的传统学科,先秦时代即已产生,此后依附于经学而绵延不绝,直到近世考古学的兴起才逐渐式微,乃至被人们淡忘。重新拾起这一名称,是因为从王国维的"二重证据法"中发现,用他提出的这一方法可以为传统的名物学灌注新的生命。而在考古学逐步走向成熟的情况下,今天完全有条件使名物学成为一种新的研究方法而解决文学、历史、考古等领域中遇到的问题。

我给自己设定的理想是:用名物学建构一个新的叙事系统,此中包含着文学、历史、文物、考古等学科的打通,一面是在社会生活史的背景下对"物"的推源溯流;一面是抉发"物"中折射出来的文心文事。希望用这种方法使自己能够在"诗"与"物"之间往来游走,寻找它们原本就是相通的路径。近年我曾在不同的场合使用"诗中'物'与物中'诗'"这样一对概念,我以为,二者原可相互置换,入手的角度不同,方法和目的却是一样的。

一、诗中"物":与文学的结合

文学研究与文学史的写作,通常是落墨于名家和名篇(包括名家之名篇和非名家之名篇),亦即从艺术角度来看是属于文学之精华的部分。但同时是否还可以有这样一种角度,即它通过对诗(广义的诗)中之物的解读,而触摸到诗人对生活细节的观察与体验,以揭出物在其中所传递的情思与感悟,由此使得一些多半是在文学研究与文学史写作视野之外,亦即艺术标准之外的作品(包括名家之非名篇),别现一种文心文事乃至彰显出诗意的丰沛。

相对于文学史写作的"超级大国",我所做的名物研究是"第三世界",也可以说,不是主流话语,而是很边缘化的。当然也可以说,它放在哪一个学科里都是边缘的,不论文学、史学、考古学,但它又有可能为每一个学科提供新的视角。名物研究的目的之一,是努力还原历史细节和生活细节。或许在我们能够洞悉古人生活细节的时候,对诗中最深刻的意蕴会理解得更加完全。

几年前与友人闲谈,说起我对"物"的关注,他说:"咏物诗的艺术性多半是不高的。"这句话使我想了很久,我不断反问自己:我对"物"的关注,对于文学和文学史来说,意义何在?如果谈不上艺术性,那么作为诗,它是否还可以有另外的意义?

于是我想到应该先把我所关注的"物"与咏物诗稍作区分。咏物诗之物,是普遍之物,抽象之物,在此意义上,也可以说它通常是一个一个虚拟的话题。比如唐代李峤、元代谢宗可、明代瞿佑等人的咏物诗。而我的研究对象,即诗文——或者更明确一点说是近年我主要关注的两宋诗文——中的物,是个别之物,具体之物,相对于前者,它是一个一个真实的话题。此所谓"物",分散开来,是一个一个的点,把散落的点连接起来,便成一线——它应该构成一部生活史细节的文学叙述史。套用一句成词,即"诗人何为",这里的"为",便是物在反复不断的吟咏中被赋予诗意——在后来的明清诗文中它却多半只是典故辞藻和躯壳,血肉已不复存在。"物"因此以这样一种方法被关注,被书写,而成为文学史的一部分。诗的艺术性,固然文字、格律、节奏、意境、意象等是其要素,然而用"格物"之眼贴近文学,是否也可以成为一种研究方法呢。

二、物中"诗":与文物考古的结合

"名物新证"的概念最早由沈从文先生提出。在《"瓟瓝斝"和"点犀䀉"》一文中,他解释了《红楼梦》"贾宝玉品茶栊翠庵"一节中两件古器的名称与内涵,因此揭出其中文字的机锋与文物之暗喻的双重奥义。这里的功力在于,一方面有对文学作品的深透理解,一方面有古器物方面的丰富知识,以此方能够参透文字中的虚与实,而虚实相间本来是古代诗歌小说一种重要的表现方法。这篇文字实在应该推为名物考证的典范之作。也就是在这篇文章中,沈从文希望有人结合文献和文物对古代名著进行研究,并且直接提出了撰写《诗经名物新证》的课题①。而今距离这篇文章的写作和课题的提出,已经整整半个世纪。检点我们这方面的成绩,不能不说是太少了。

上世纪九十年代中,我初从孙机遇安先生问学,遇安师命我把这篇文章好好读几遍,说此文本身便是"名物新证"的范本。同时又拟了两个题目,即"诗经名物新证"与"楚辞名物新证",要我选择其一,我选择了前者。《诗经名物新证》一书完成之后,我在后记里曾写下这一经过,不过当时还只是刚刚入门,对"名物新证"的概念实在还没有形成自己的认识,比如,为什么要重新起用"名物"一词;"新证"之"新"究竟在何处;新的名物研究与古器物学又有哪些不同。

逐步有了一点想法,是在写作《古诗文名物新证》的过程中。在此书的后序中我大致总结了自己所做名物研究的基本方法,并且谈到了研究中经常思索的几个问题。

"名物"一词最早出现在《周礼》。《周礼》所做的工作便是用器物和器物名称的意义构建礼制之网,它因此为后世的名物研究奠定了基础,确立了基本概念,宋代金石学也正是在这一基础上,以当代情怀追溯、复原乃至编织远古历史。

关于名物和名物研究的方法与历史,日本学者青木正儿在《中华名物考》的《名物学序说》部分有一番简明扼要的论述。即第一是作为训诂学的名物学,它以《尔雅》《小尔雅》《广雅》为主线,此外又有性质相近的《方言》等,共同构成名物研究的训诂学基础。第二是名物学的独立。以《释名》开其端,以后又有从诗经的训诂中独立出来的名物研究,再有从《尔雅》分出来的一支,如《埤雅》《尔雅翼》《通雅》。第三是名物学的发展,它的研究范围也在发展过程中逐渐确立,大致说来有如下内容:甲,礼学;乙,格古(古器物);丙,本草;丁,艺植;戊,物产;己,类书(如《清异录》《事物异名录》《三才图会》)。第四,作为考证学的名物学。即特别把经学中的名物部分提出来,用考据的方法进行研究,并为之作图解,如江永《乡党图考》。若作分类,可别为数项,如:甲,衣服考;乙,饮食考;丙,住居考;丁,工艺考。可以说,第四项主要是清代学者的贡献②。这里列举的四项基本概括了传统名物学的主要内容,而古器物学也在其中构成了内容的一部分,其实它是可

---

① 《光明日报》一九六一年八月六日。
② 《中华名物考》(范建明译),中华书局二〇〇五年。

以独立成军的。

关于古器物学,李济《中国古器物学的新基础》一文所论甚详,不仅分析得很透彻,而且给予了公允的评价。对于宋哲宗元祐七年完成的《考古图》,他的意见是:"这部书的出现,不但在中国历史上,并且在世界文化史上,是一件了不得的事件。在这部书内,我们可以看见,还在十一世纪的时候,中国的史学家就能用最准确的方法,最简单的文字,以最客观的态度,处理一批最容易动人感情的材料。他们开始,并且很成功地,用图像摹绘代替文字描写;所测量的,不但是每一器物的高度、宽度、长度,连容量与重量都纪录下了;注意的范围,已由器物本身扩大到它们的流传经过及原在地位,考订的方面,除款识外,兼及器物的形制与文饰。"而古器物学八百年来在中国所以未能前进,"就是因为没有走上纯理智的这条路。随着半艺术的治学态度,'古器物'就化为'古玩','题跋'代替了'考订','欣赏'掩蔽了'了解'。""这八百年的工作,好像在没有填紧的泥塘上,建筑了一所崇大的庙宇似的;设计、材料、人工,都是上选;不过,忘记了计算地基的负荷力,这座建筑,在不久的时间,就显著倾斜、卷折、罅漏,不能持久地站住"①。不过接下来作者乃把考古学作为古器物学的延续,这恐怕是当今考古学界所不能同意的。

三、所谓"新证"

现在可以来讨论名物研究的古今不同。关于"古",即如前引青木正儿之说。而今天的所谓"名物研究",就研究对象而言,与"古"原是一脉相承,我把它明确为:研究与典章制度风俗习惯有关的各种器物的名称和用途。说得再直白一点,便是发现、寻找"物"里边的故事——这里用的是"故事"的本意。它所面对的是文物:传世的,出土的。它所要解决的第一是定名。定名不是根据当代知识来命名,而是依据包括铭文等在内的各种古代文字材料和包括绘画、雕刻等在内的各种古代图像材料,来确定器物原有的名称。这个名称多半是当时的语言系统中一个稳定的最小单位,这里正包含着一个历史时段中的集体记忆。而由名称的产生与变化便可以触摸到日常生活史乃至社会生活史的若干发展脉络。第二是相知。即在定名的基础上,进一步明确此物在当日的用途与功能。它要求我们有对艺术和艺术

---

① 《李济考古学论文选集》,文物出版社一九九〇年。

品的感受力,能够从纹饰之细微去辨识气韵和风格,把握名与实发生变化的因素,变化因素中所包含的文化信息。

不妨认为,文物是有生命的。它的生命过程可分作两部,其一是作为原初的"物",即在被使用着的时代,它一面以它的作为有用之物服务于时人,一面也以装饰、造型等愉悦时人的审美目光;其一是"文"物。即"物"本身承载着古人对社会生活和日常生活的营造,亦即"文"。作为"名物新证",它应以一种必须具有的历史的眼光,辨明"文物"的用途、形制、文饰所包含的"古典"和它所属时代的"今典",认出其底色与添加色,由此揭示"物"中或凝聚或覆盖的层层之"文"。同样是以训诂与考据为基础,新的名物研究与旧日不同者在于,它应该在文献与实物的碰合处,完成一种贴近历史的叙述,而文献与实物的契合中应该显示出发展过程中各个时段的变化,此变化须有从考古学获得的细节的真实与清晰。

回过头再来看古名物学和古器物学。如果为二者作一个并不完全准确的区分,那么可以说,名物学是持"名"以找物,古器物学是持"物"以找名,名与物的疏离处是二者各自的起点,名与物的契合处则是二者最有意义的殊途同归。而新的名物研究便是从这两个传统学科中生长出来,复由考古学中获得新的认知与新的方法——不仅仅是考古材料,而更在于考古学所包含的种种科学分析。

总之,"名物新证"所追求的"新",第一是研究方法。融人文科学与自然科学于一身的考古学异军突起,为名物学的方法革新赋予了最为重要的条件。第二是研究层次的深化以及研究内涵的丰富。由单纯对"物"的关注发展为"文"、"物"并重,即注重对"物"的人文意义的揭示与阐发。也就是说,与作为母体的传统学科相比,今天的名物研究应有着古典趣味之外的对历史事件和社会生活的关照。虽然它的视野里更多的是日常生活细节,因为弄清楚一器一物在历史进程中名称与形制与作用的演变,自然是关键,而若干久被遮蔽的史之幽微,更应该是研究过程常有的发现。一叶障目不可取,一叶知秋却可以也应该作为"名物新证"的方向与目标。

四、关于本书的几句话

我本来研究的是文学,因此尚须回过头来,看一看名物研究究竟能够为文学做些什么。

诗,当然也包括文,有各种各样的读法。赏其才思,赏其韵致,是一种;

解读与诗相关的故事,亦即求索其"本事",也是一种。《唐子西文录》:"东坡赴定武,过京师,馆于城外一园子中。余时年十八,谒之。问余:'观甚书?'余云:'方读《晋书》。'卒问:'其中有甚好亭子名?'余茫然失对。始悟前辈观书用意盖如此。"断章取义借用这里的一点意思,则读诗读文只留意于其中的"好亭子名",也可以算作一种读法。

本书涉及的古诗文,以宋诗占得多数。讨论宋诗的风格与特色,自是大题目,前修与时贤早做了很多工作,更有出色的成就。上世纪九十年代北京大学古文献研究所整理出版的《全宋诗》①,更为细致的检阅提供了极大的方便,其中虽有若干疏失,但它毕竟提供了比较可靠的线索与依据,而这样一个诗的世界,也使人更有条件从广阔的范围,亦即宋人之诗,而不仅仅是诗人之诗的一个相对狭小的范围,对两宋诗重新审视。

以文为诗,为宋诗特点之一,诗因此变得轻易和平常。语言和风格的变化,使诗可以承载更多的平凡,它因此打破了诗歌成熟期所造就的精致,而另外扩展了它的叙述功能。衣食住行,拈来即成诗材,以入世的精神求出世的心态,以平等的心情与群物相"尔汝",便可以在日用常行中体味生命。平易的叙述在日常生活的表面轻轻抚过,却激活了其中本来具有的诗性的品质,而诗意便多建立在对生活细节的关注和品味,对寻常事物的牵挂和爱惜。宋人对陶渊明的偏爱以及对他所作的种种当代诠释,也可以从这一角度去理解。如果做一个并不全面的概括,那么大致可以说,宋词是以细腻柔软的基调容纳情的深婉,宋诗是以质实清劲的风格容纳事的微至。文友止庵君写过一篇文章,题为"体味不复存在的语境"。借用这句话,我想说,理解宋诗,回到"不复存在的语境"也是方式之一,即这里不是从诗学角度探讨诗人之诗,而是欲求解读宋人之诗或曰士人之诗中所包含的生活之真实、生活状态之真实,亦即借助于名物研究,而复原"不复存在的语境"。如果称之为"物质文化背景",显然太大,那么以把它缩小为生活细节为宜。"风微仅足吹花片,雨细才能见水痕",一切都是微细的,但微细中原有它的深广。在落花处驻足,也许可以捕捉到微风传送来的一点消息。

以家庭生活或曰"过日子"为题材,《金瓶梅》是中国长篇小说中的第一部。抛开为人诟病的色情描写不论,仍只说名物,它摒弃掉一切诗情画意,以彻底的入世与沉沦而有着对日常生活种种琐碎的深透理解和入微

---

① 《全宋诗》,凡七十二册,北京大学出版社一九九一年至一九九八年陆续出版。

刻画,包括无数的小口角、小纠纷,昵语、詈语,无一不在它的关注之内,且绘声绘色绘影绘形写得真切,而于物的细微格外用心用力,原是《金瓶梅》词话本与崇祯本系统的一个重要分别,从这一角度也可以说这正是词话本的优胜之处。把《金瓶梅词话》与《醒世姻缘传》合在一起,几乎可当得明代社会日常生活的一部百科全书,以爽脆流丽的声口,使琐细之物的形容本身即成故事,则尤其是前者的好处。世俗生活中的种种"好亭子名"宛转在一支为物画像的笔,不能不教人随着它去追索常常是化身在情境里、情节中的物究竟真身如何。本书关于首饰的几则,多半是为小说中的这一类文字所吸引,只是这里才好算是一个开始,还有更多的工作要去做。

其实一切都是刚刚开始。穷尽资料,是考证将进入某一具体问题时首先要做的工作,然而它常常只能是理想中的标准,我所读到且可以方便利用的仍不过是一些最为常见的书。小中见大,本来是考证应该达到的境界,而在我,同样也只是成为向往。

玉钗头上风

闺情和相思是唐宋词里最常见的题材,一点闲寂,一点轻愁,虚虚实实画一幅闺阁小景,"小道"世界里的温情,尤其是对闺中微细之物的体贴,也常常会令人感动。女子的簪戴,即其一端。比如温庭筠的名作《菩萨蛮》十四首,其一云:"水精帘里颇黎枕,暖香惹梦鸳鸯锦。江上柳如烟,雁飞残月天。　藕丝秋色浅,人胜参差剪。双鬓隔香红,玉钗头上风。"[①]追索其中本事,自然是迂,但词笔推出的一个近景教人觑得虚实相间中的实,仍不免被引发关注的兴趣——为了词的好,也为了词中之物有着可以看见的好。"玉钗头上风"自是词里的点睛之句,钗而可以有如此之"风",正是唐五代时候钗的特色,一部钗的小史,它也正是最为精彩的一章。

钗的出现大约晚于笄和簪。新石器时代精心制作的笄和簪已不鲜见,而骨钗,目前见到的早期实物已属春秋。《说文新附·金部》释钗,曰"笄属",而钗与笄的区别即在于它有两支脚,《释名·释首饰》:"钗,叉也,象叉之形,因名之也。"《玉篇·金部》则曰:"钗,歧笄也。"

东汉直到魏晋南北朝,钗成为女子最常用的首饰,有骨钗,有铜钗,也不乏金银制品。细圆的一根金丝或银丝弯过来为两股做成钗的脚,钗梁有窄有宽,而几乎都是光素无纹。钗脚则有短有长,长者在二十厘米上下,短者约略减其半,或者更短。长钗短钗常常一起出现,有时又是两两各成对。也有两支钗脚一短一长,又或者在钗脚的尖端做出一个小弯钩——自然

[①] 曾昭岷等《全唐五代词》,上册,页100,中华书局一九九九年。

是为了钗可以插得牢①。钗的插戴,一种是高耸的云髻顶上把它插作一排,这种方式大约兴起在东汉晚期,魏晋南北朝以后也还流行了很久。如此形象,在河北安平东汉壁画墓、山东沂南汉画像石墓、河南密县打虎亭汉墓中都可以见到②(图1-1),安徽马鞍山市三国吴朱然墓中出土的彩绘武帝相夫人漆盘,其中的相夫人云髻上端插钗一排,依然汉代风韵③(图1-2)。《玉台新咏》卷九所收无名氏《歌词》,曰"河中之水向东流,洛阳女儿名莫愁","十五嫁为卢家妇,十六生儿字阿侯。卢家兰

图[1-1]:钗的插戴
密县打虎亭一号汉墓石刻

图[1-2]:钗的插戴
三国吴朱然墓出土漆盘(局部)

---

① 如河南巩义新华小区东汉墓,出银钗四件,长短各两件,长者十七厘米,短者五厘米;郑州市文物考古研究所《河南巩义市新华小区汉墓发掘简报》,页43,图九:3、16,《华夏考古》二〇〇一年第四期。又湖南衡阳道子坪东汉墓出银钗三件,长十四点五至十九厘米不等;湖南省博物馆《湖南衡阳县道子坪东汉墓发掘简报》,页36,图二,《文物》一九八一年第十二期。广州西郊晋墓出银钗六件,铜鎏金者一件,两股同长或不同长,同长者,其中一股尖端处有个小钩,钗长六点七至二十二厘米不等;麦英豪《广州西郊晋墓清理报导》,页28,图三:3~5,《文物参考资料》一九五五年第三期。湖北鄂城鄂钢西山铁矿工地三国吴墓出土金钗三件,银钗一件;鄂城县博物馆《湖北鄂城四座吴墓发掘报告》,页265,图一二,《考古》一九八二年第三期。锦州北魏二号墓出土银钗六件,宽梁者三,窄梁者三,均出在墓主人头部,长四至九厘米不等;刘谦《锦州北魏墓清理简报》页432,图四:4~8,《考古》一九九〇年第五期。

② 河北省文物研究所《安平东汉壁画墓》,图版四七,文物出版社一九九〇年;曾昭燏等《沂南古画像石墓发掘报告》,图版六八,《密县打虎亭汉墓》,图版一二,文化部文物管理处一九五六年。

③ 王世襄《中国古代漆器》,页57,文物出版社一九八七年。

[1-3]:❶

[1-3]:❷

室桂为梁,中有郁金苏合香。头上金钗十二行,足下丝履五文章"①。莫愁女的妆饰,诗的描写只有两句,文采交织的丝履,自然娇好,"金钗十二行"的足以耀首,则可见当日风气,石刻与绘画中的形象,正好是它的佐证。

插戴方式的另一种,是一边一对或一支安在发髻之下,如朝鲜安岳永和十三年冬寿墓壁画中的女主人②(图 1-3:1、2),如甘肃丁家闸十六国墓壁画中的西王母③(图 1-3:3)。耀首的金钗银钗,也是六朝宫体诗中的风俗画。刘缓《敬酬刘长史咏名士悦倾城》"钗长逐鬓鬟,袜小称腰身"④,庾肩吾《南苑还看人》"细腰宜窄衣,长钗巧挟鬟"⑤,"长钗"句,一作"巧扶鬟",似乎各有其长,且均与画中形象相合。又刘缓《冬宵》(一作《寒闺》):"不

[1-3]:❷

[1-3]:❸

---

① 逯钦立《先秦汉魏晋南北朝诗》"梁诗"卷一作梁武帝萧衍(中册,页 1521,中华书局一九八三年)。
② 《世界美术大全集·东洋编·10·高句丽·百济·新罗·高丽》,页 18,小学馆一九九八年。
③ 张宝玺《嘉峪关酒泉魏晋十六国墓壁画》,页 327,甘肃人民美术出版社二〇〇一年。
④ 《玉台新咏》卷八。按此诗之"袜",乃言腰巾,亦称腰彩、袜肚,说见马缟《中华古今注》卷中"袜肚"条。
⑤ 《玉台新咏》卷八。

图[1-3]:钗的插戴
❶❷东晋永和十三年冬寿墓壁画
❸西王母 十六国墓壁画

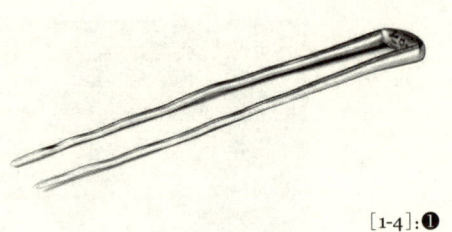

[1-4]:❶

[1-4]:❷

[1-4]:❸

图[1-4]：金钗、玉钗和玉钗梁
❶ 唐代金钗　西安市仪表厂窑场出土
❷ 白玉钗　隋贺拔氏墓出土
❸ 白玉钗梁　唐史索岩夫妇墓出土

堪寒夜久，夜夜守空床。衣裾逐坐褔，钗影近灯长。无怜四幅锦，何须辟恶香。"①中间一句形容清冷，亦自形容得好。"钗影近灯长"与"长钗巧挟鬟"，恰是一样情形两般风味。软媚与艳冶的格调，尤其可以助成文字的纤丽和描摹的分外细微。虽然宫体诗的竞技多在写物而不在写人，但以美人为题材的诗作常有对情境的体贴，钗的种种形容，也自有体物的真切，后来晚唐诗词中的一派正是遥承此风。

光素无他饰的钗，或制以金②（图 1-4:1），或制以玉，又或者玉作钗梁，金银作钗脚，诗人所谓"简钗新碾翠"③，便是此物。陕西咸阳底张湾隋贺拔氏墓、西安西郊电缆厂唐墓，都出土有质地细润的白玉钗④（图 1-4:2）。宁夏固原南郊乡唐史索岩夫妇墓出土一件白玉钗梁，长三厘米，钗梁下边的短脚上各有一道凹槽⑤（图 1-4:3），那么其下当另外

---

① 《玉台新咏》卷八。
② 如西安市仪表厂窑场出土的唐代素面金钗，申秦雁《陕西历史博物馆珍藏金银器》，图一一二，陕西人民美术出版社二〇〇三年。
③ 王训《奉和率尔有咏诗》，《玉台新咏》卷八。
④ 刘云辉《北周隋唐京畿玉器》，页 17、49，重庆出版社二〇〇〇年。
⑤ 墓葬年代为唐麟德元年(664)。宁夏回族自治区固原博物馆等《原州古墓集成》，图一一五，文物出版社一九九九年。

图[1-5]：钗的插戴
武汉东湖岳家嘴隋墓出土女俑

安有钗脚。由武汉东湖岳家嘴隋墓出土的两件女俑，可知钗的插戴方式之一是左右各一支对插在发髻①（图 1-5）。唐临《冥报记》卷下"韦庆植"条，云"贞观中，魏王府长史京兆人韦庆植，有女先亡，夫妇痛惜之。后二年，庆植将聚亲宾，令家备食。家人买得羊，未敠(煞)。夜庆植妻梦见其亡女著青裙白衫帛巾，头发上有一双玉钗，是平生所服者"②，因对母言，死后已受羊身，乞明日勿煞。"母惊瘖，旦而自往视，观羊毕，果有青羊，白项，膊背白，头上有两点白相当，如玉钗形"③。《冥报记》成书在唐高宗永徽年间，这一则讲述初唐故事，虽然带着志怪的成分，但"头上有两点白相当，如玉钗形"，想象却是有趣，也实在有着现实的根据，与隋墓所出妙龄女俑相对看，其情若一。

在钗梁上做出各种妆饰，出现得很晚，不过这里却有两个比较特殊的例子。其一是陕西铜川战国秦墓所出银钗，钗长二十点五厘米，钗梁做成

---

① 武汉市文物管理处《武汉市东湖岳家嘴墓发掘简报》，页 796，图五，《考古》一九八三年第九期。
② 按此据尊经阁丛刊影印日本侯爵前田家藏本。中华书局校点本此节作"贞观中，魏王府长史京兆韦庆植，有处女先亡，夫妇痛惜之。后二年，庆植将聚亲宾，令宰肉备食。家人置得羊，未煞。庆植妻夜梦，见其亡女著青裾白衫，头髻上有双玉钗，是生平所服者"。自以前田本为胜。帛巾，即披帛。衫、裙、披帛，乃是唐代女子的基本妆束。
③ 中华书局校点本此节作"母惊瘖，旦而往视，羊项膊皆白，头上有两点白相对，如玉钗形"。

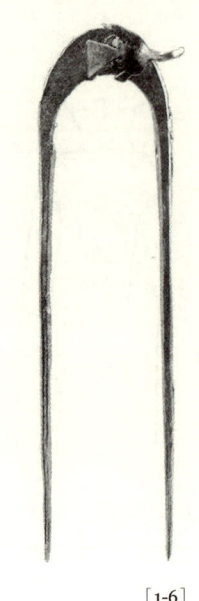

[1-6]

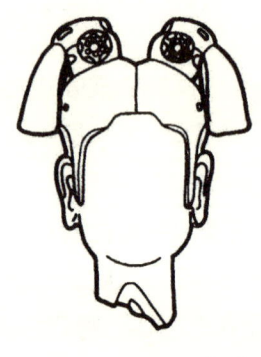

[1-7]

图[1-6]
金钗 北票三燕墓地出土

图[1-7]
影塑 洛阳永宁寺遗址出土

宽带,其间镂刻鸟纹①。它出现在战国晚期,颇有些奇怪,因为此后很长的一段时间——可以说直到隋唐,都很难找到与它相似的例子。其一是辽宁北票喇嘛洞三燕墓地出土的一件金钗,钗长十厘米,钗梁上并穿两孔,孔间缀一只展翅的鸿雁②(图1-6)。同时代的类似之例,似乎也很少见,虽然燕钗的故事早有流传③。

唐代金钗银钗的装点新异,有不少是同作为首饰的翠钿金钿结合在一起。此类花钿原是一种独立的饰件,六朝即已出现,流行直到唐宋。多半制成花形,金珠沿边勾勒为花的轮廓,花托里嵌绿松石。诗词对它多有咏及,如梁刘遵"履度开裾襡,鬟转匝花钿"④;庾肩吾"紫鬟起照镜,谁忍插花钿"⑤,可知花钿是周鬟插戴。北魏洛阳永宁寺遗址出土的影塑有两鬟插戴花钿的形象⑥(图1-7)。唐五代此风依然。蜀顾敻词"小鬟镞花钿。腰如细柳脸如莲"⑦,女儿容止与六朝无异。钿的实物也很常见,西安东郊唐金乡县主墓⑧,又河南偃师杏园唐李景由墓

---

① 卢建国《陕西铜川发现战国铜器》,页45,图七,《文物》一九八五年第五期。
② 辽宁省文物考古研究所《三燕文物精粹》,图一六,辽宁人民出版社二〇〇二年。
③ 如《太平御览》卷七一八"钗"条引《洞冥记》之玉燕钗故事,中华书局影印本一九六〇年。
④ 《应令咏舞》,《玉台新咏》卷八。
⑤ 《和湘东王二首·应令冬晓》,《玉台新咏》卷八。
⑥ 中国社会科学院考古研究所《北魏洛阳永宁寺》,页56,彩版一四:3,中国大百科全书出版社一九九六年。
⑦ 《荷叶盃》,《全唐五代词》,上册,页566。
⑧ 西安市文物保护考古所等《唐金乡县主墓》,图一二一,文物出版社二〇〇二年。墓葬时代为开元十二年。又,陕西礼泉县唐新城长公主墓出土的鎏金铜花钿,形制与此相同,墓葬时代为龙朔三年,陕西省考古研究所等《唐新城长公主墓发掘报告》,页63,图五六:1,科学出版社二〇〇四年。

[1-8]:❶

所出,都是制作精好的例子(图1-8)。后者时代为开元二十六年(七三八),花钿即放在一件银平脱漆奁匣里①。金钿翠钿用作首饰的装点,唐代更成为风气。元稹"玉梳钿朵香胶解,尽日风吹玳瑁筝"②,以钿朵饰梳背也,而钿与钗的结合则成为唐式钗的主要样式之一。湖北安陆县唐吴王妃杨氏墓出土的一对金钗,通长十九点三厘米,钗首是一朵宝相花,层层花瓣上做出一个个嵌宝的小圆托,出土时有的圆托里原物尚存。钗首的背面有一梯形小钮,两支钗脚即插入其中③(图1-9:1)。杨氏大约亡在贞观年间。河南偃师杏园唐开元十七年(七二九)袁氏夫人墓出土一件银钗,钗长七点五厘米,钗脚的一支套缀一枚金花,金花上原

[1-8]:❷

[1-9]:❶

---

① 中国社会科学院考古研究所《偃师杏园唐墓》,页129,彩版四:2,科学出版社二〇〇一年。
② 《六年春遣怀八首》之四,《全唐诗》,册一二,页4513,中华书局一九六〇年。
③ 孝感地区博物馆等《安陆王子山唐吴王妃杨氏墓》,图版五:1,《文物》一九八五年第二期。按本篇图1-9:1由湖北省博物馆提供。

图[1-8]:金钿
❶唐金乡县主墓出土
❷唐李景由墓出土

图[1-9]:钿头钗子
❶金钗 唐吴王妃杨氏墓出土

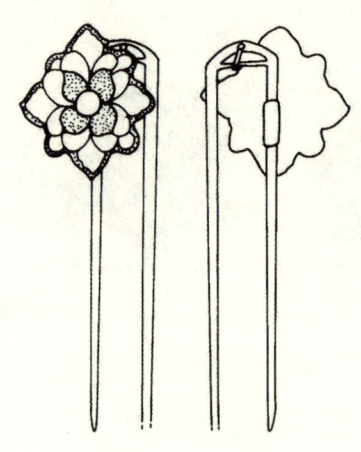

[1-9]:❷

[1-9]:❸

图[1-9]:钿头钗子
❷ 银钗 偃师杏园唐袁氏夫人墓出土
❸ 金钗 西安唐苏氏夫人墓出土

也镶嵌珠宝之类,但已脱落无存①(图1-9:2)。又有一种,是在钗梁顶端装缀金钿,西安唐苏氏夫人墓出土的金钗中,有其例(图1-9:3)。墓葬时间与前例为同一年②。敦煌曲子词《虞美人》"金钗头上缀芳菲,海棠花一枝。刚被蝴蝶绕人飞"③,这里举出的几例,应是"金钗头上缀芳菲"之解。后唐马缟《中华古今注》卷中"钗子"条说隋炀帝时"宫人插钿头钗子",应即此类。

盛唐以后,大致自中晚唐直到五代十国,与此前完全不同的一种花钗开始流行,与它同式而做成金镶玉或银镶玉,亦为时风④。两支长长的钗脚,在顶端结做一束,然后秀出一枚花叶形的钗首,细薄的金片银片,镂空做成缠枝花叶,又或者是莲,是莲叶,花叶间对飞着鸟——多半是鸳鸯、喜鹊、鸾凤,又或对飞着蝶,也有的是两两成对的蝉。似花非花、似叶非叶的造型,使它总有着刚刚采撷下来的清鲜,但它却是缩微了的小园景致,而不是两宋时代喜欢的折枝。秀巧、细密,图案化的缠枝花草,<u>丝丝缕缕间处处有着呼应</u>。玲珑剔透自然是它的特色,而玲珑

---

① 《偃师杏园唐墓》,页62,图五四:4。
② 王长启等《唐苏三夫人墓出土文物》,页46,图八,《文博》二〇〇一年第三期。
③ 任半塘《敦煌歌辞总编》,页610,上海古籍出版社一九八七年。按此首原出伯三九九四卷。中华书局版《全唐五代词》校订为"金钗钗上缀芳菲"(下册,页929)。
④ 如西安南郊惠家村唐大中二年墓出土的一对鎏金银钗(长三十七厘米),国家文物局《中国文物精华大辞典·金银玉石卷·金银器篇》,图一一五,上海辞书出版社等一九九六年;又扬州唐井出土的鎏金银钗(残长三十六点三厘米),徐良玉《扬州馆藏文物精华》,图九八,江苏古籍出版社二〇〇一年;又日本大阪市立美术馆藏唐代鎏金银钗(长二十八点七厘米),《吉祥特别展——中国美术にこめられた意味》,图二一,东京国立博物馆一九九八年;又江苏邗江蔡庄五代墓出土的一对银钗首,扬州博物馆《江苏邗江蔡庄五代墓清理简报》,图版六:1,《文物》一九八〇年第八期。

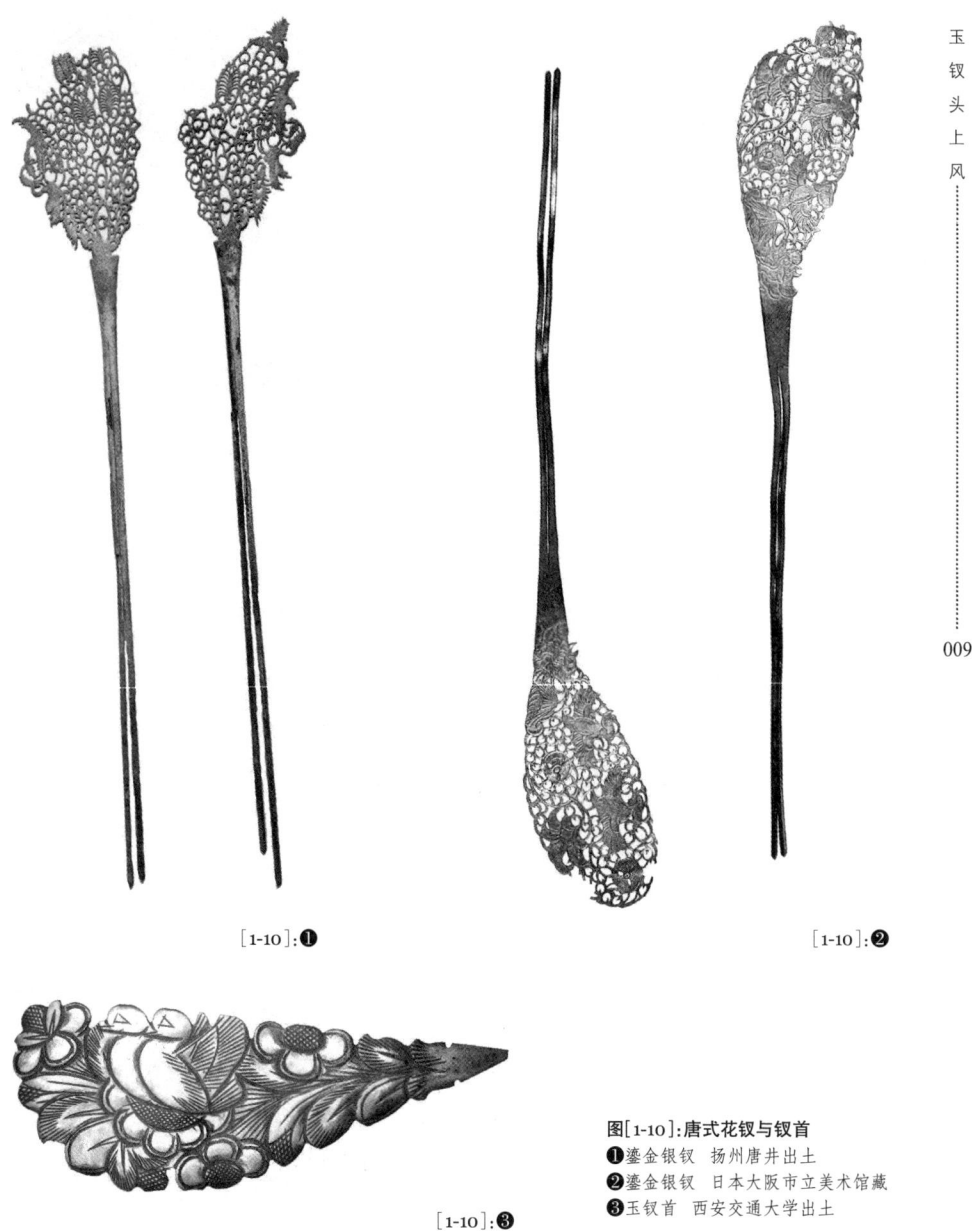

[1-10]:❶   [1-10]:❷

[1-10]:❸

图[1-10]:唐式花钗与钗首
❶ 鎏金银钗　扬州唐井出土
❷ 鎏金银钗　日本大阪市立美术馆藏
❸ 玉钗首　西安交通大学出土

剔透中的一团生意更是它所独有(图 1-10:1、2)。换了或透雕或浮雕的玉片嵌在上面,也是韵致依然,西安交通大学出土的白玉钗首即是一例[①](图 1-10:3)。寒山诗:"群女戏夕阳,风来满路香。缀裙金蛱蝶,插髻玉鸳鸯。角婢红罗缜,阉奴紫锦囊。为观失道者,鬓白心惶惶。"[②]寒山的《诗三百三

---

① 《中国玉器全集·5·隋唐至明》,图一三,河北美术出版社一九九三年。
② 《全唐诗》,册二三,页 9071,中华书局一九六〇年。

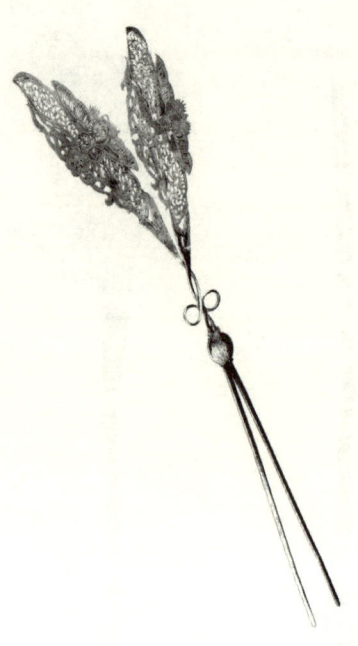

[1-11]：❸

图[1-11]：花钗与花钗的插戴
❶鎏金银钗　陕西历史博物馆藏
❷鎏金银钗　西安市西郊电缆厂出土
❸簪花仕女图（局部）辽宁省博物馆藏

[1-11]：❶

[1-11]：❷

首》，都是作看破语，此首也不例外。不过红尘中事总要先看得分明方才破得透彻，"缀裙金蛱蝶，插鬓玉鸳鸯"正是看得分明也，诗于是可以为物作证。

在此基础上的踵事增华，则是把钗首花叶由一增作二，如陕西历史博物馆藏鎏金蝴蝶蔓草银钗①，如西安市西郊电缆厂出土鎏金花卉鸾鸟银钗②（图1-11：1、2）。传周昉作《簪花仕女图》，图中左起第二人，后边的发鬓上便插戴如此样式的一支（图1-11：3）。所谓"以银丝宛转屈曲作花枝插鬓后，随步辄摇，以增娬媚"③，是也。之后钗首

---

① 钗长三十五点四厘米，《陕西历史博物馆珍藏金银器》，图一一五。图版说明曰此为一九五六年西安韩森寨唐墓出土，但该墓发掘简报所录出土器物并无此件（《西安韩森寨唐墓清理记》），又《五省出土重要文物展览图录》（文物出版社一九五八年）中的韩森寨唐墓之部及《西安出土的唐代金银器》（阎磊，《文物》一九五九年第八期）介绍韩森寨唐墓出土物品，均无此件。据该墓所出墓志，知其年代为天宝四载七四五，而此类式样的钗，其流行当在晚唐。

② 《掌上珍·中国古金银器》，图二一〇，湖北美术出版社二〇〇一年。

③ 元伊世珍《嫏嬛记》卷上引《采兰杂志》："人谓步摇为女髻，非也。盖以银丝宛转屈曲作花枝插鬓后，随步辄摇，以增娬媚，故曰步摇。"此是南宋人考证前朝故事，"步摇髻"之名见段成式《髻鬟品》，步摇则是这一类钗的一个别名。

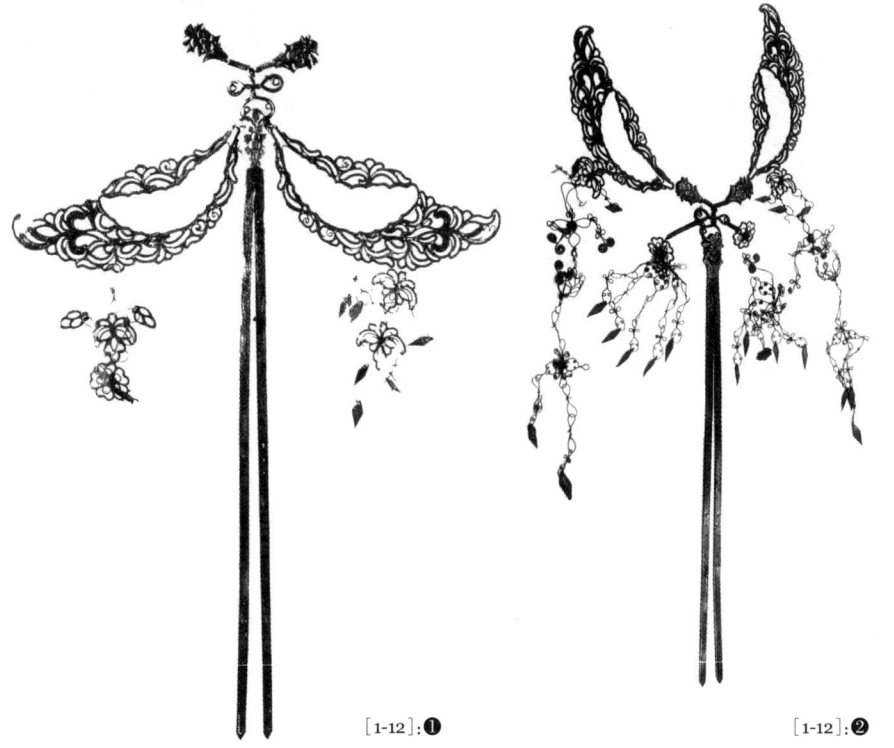

图[1-12]：合肥西郊南唐墓出土花钗
❶❷金镶玉花钗
❸四蝶银花钗

的花叶又演变为飞舞着的蝶，或一对，或两对，其下缀金缀玉缀珠，细细小小离披纷垂，便是合肥西郊南唐墓所出者①（图 1-12），金镶玉、银镶玉，繁丽纤巧，可称为最。

如前所说，唐五代的诗人词人写到钗，也常常有着六朝宫体诗的艳笔。王建《宫词》："蜂须蝉翅薄鬆鬆，浮动搔头似有风。一度出时抛

---

① 石谷风《合肥西郊南唐墓清理简报》，页 68，图九、一二，《文物参考资料》一九五八年第三期。

一遍，金条零落满函中。"①温庭筠《菩萨蛮》："蕊黄无限当山额，宿妆隐笑纱窗隔。相见牡丹时，暂来还别离。　翠钗金作股，钗上蝶双舞。心事竟谁知，月明花满枝。"②"蜂须蝉翅薄鬖鬖，浮动搔头似有风"，正是"玉钗头上风"的那样一支，晚唐风气，似乎先已见于大历、贞元时候的宫廷。"翠钗金作股，钗上蝶双舞"，却是因为花钗上连接两枚花叶的枝梗是用纤细的弹簧制成，此句用来形容前举南唐墓所出之钗，无须更易一字。《簪花仕女图》中的女子，姿容适与之仿佛——晚唐五代最具特色的钗，其插戴方式，正在此图微微透露消息。又比如图中右起第一人，秀发顶端一大朵鲜花，鲜花之侧，一树小枝，那该是扶助娇艳的一树花枝钗。河南偃师杏园唐大和十八年李归厚墓出土的一对银钗，钗首是莲叶、慈姑叶合了花朵结成的一束③，广州皇帝岗晚唐墓葬也曾发现鎏金花穗银钗④（图1-13）。它与前举花叶形钗可以算作同一类型，虽然更多一点写实之风。

晚唐五代诗词中，又常提到一种以鱼为饰的钗。吴融《和韩致光侍郎〈无题〉三首十四韵》"笼凤金雕翼，钗

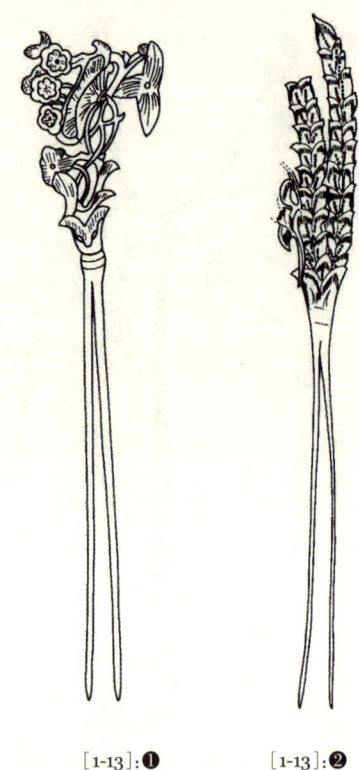

[1-13]:❶　　　　[1-13]:❷

[1-13]:❸

图[1-13]：花钗与花钗的插戴
❶银钗　偃师杏园唐李归厚墓出土
❷银钗　广州皇帝岗唐晚墓出土鎏金
❸簪花仕女图（摹本）

① 《全唐诗》，册一〇，页3442。
② 《全唐五代词》，上册，页100。
③ 《偃师杏园唐墓》，页205，图一九七：3。
④ 广州市文物管理委员会《广州皇帝岗唐木椁墓清理简报》，页669，图五：2、3，《考古》一九五九年第十二期。

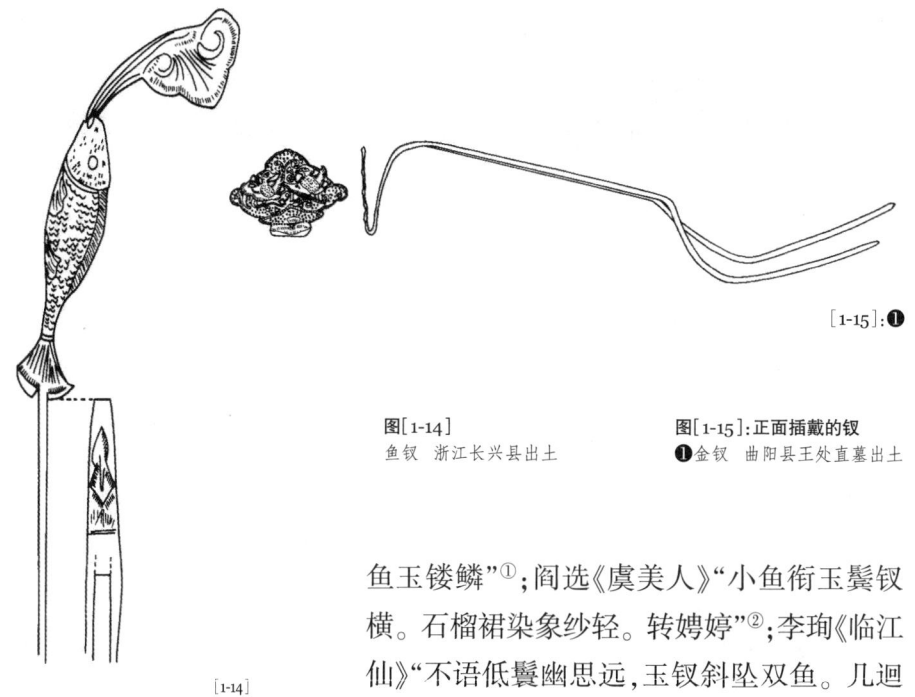

图[1-14] 鱼钗 浙江长兴县出土

图[1-15]:正面插戴的钗
❶金钗 曲阳县王处直墓出土

鱼玉镂鳞"①;阎选《虞美人》"小鱼衔玉鬓钗横。石榴裙染象纱轻。转娉婷"②;李珣《临江仙》"不语低鬟幽思远,玉钗斜坠双鱼。几迴偷看寄来书。离情别恨,相隔欲何如"③,等等。钗鱼故事见南朝刘义庆《幽明录》④,不过唐五代诗词所云钗鱼多半未用此意,而只是着意形容女子之饰。浙江长兴县出土的一件银钗,通长二十七点五厘米,钗首錾刻一尾口衔如意云朵的小鱼⑤(图1-14);湖南省博物馆藏唐代银钗鱼,其上有鎏金残迹,钗首作鲤鱼形,雕镂精细,钗脚三股,通长二十七厘米⑥。两件虽然都不是玉制,但其式与诗词所咏正是同类。

一种钗首造型略如菱形之半的钗,也出现在唐五代。河北曲阳县唐末五代时的义武军节度使王处直墓出土一件金钗,钗脚同钗头垂直相交,钗长近十九厘米,钗头做出一对嬉戏于水波中的鸳鸯⑦(图1-15:1)。造型相

---

① 《全唐诗》,册二〇,页7868。
② 《全唐五代词》,上册,页572。
③ 《全唐五代词》,上册,页599。
④ 《太平御览》卷七一八"钗"条引《幽明录》"寻阳参军梦一妇人前跪,自称先葬近水,沦没,诚能见救,虽不能富贵,可令君薄免祸。参军答曰:何以为志?妇人曰:君见渚边上有鱼钗,即是也"云云。
⑤ 夏星南《浙江长兴县发现一批唐代银器》,页40,《文物》一九八二年第十一期。
⑥ 湖南省地方志编纂委员会《湖南省志·第二十八卷·文物志》,页338,湖南人民出版社一九九五年。又梦蝶轩藏一件唐代鎏金银钗,钗首是一尾小鱼口衔一对如意云朵,钗脚也是三股,长二十点三厘米(《金翠流芳——梦蝶轩藏中国古代饰物》,页131,香港大学美术博物馆与香港大学博物馆学会一九九九年);也有以鱼为饰的簪,长沙唐墓M49出土一支银簪,簪首双鱼口对口紧紧相衔,是很别致的一例,周世荣《湖南古墓与古窑址》,页367,图118,岳麓书社二〇〇四年。
⑦ 河北省文物研究所等《五代王处直墓》,图版九:1,文物出版社一九九八年。

[1-15]:❷

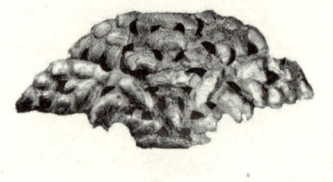

[1-15]:❸

[1-15]:❹

[1-15]:❺

[1-15]:❻

类而花式不一的钗头尚有多例，如广州皇帝岗晚唐墓葬出土银钗头、洛阳龙康小区晚唐墓葬出土两件银鎏金钗头①（图1-15:2~4）。又香港梦蝶轩藏银鎏金钗头，其上妆饰莲叶和莲花，日本出光美术馆所藏鎏金钗头，是一对脚踏祥云手擎花盘的迦陵频迦鸟②。几件钗头都已失了钗脚，不过以它的时代和造型而论，与王处直墓出土的金钗应属同类（图1-15:5~7）。此钗似以正面插戴为宜。山西大同善化寺金代雕塑中的诃利帝南像，包髻前面插戴者便如此式（图1-15:8）。同样的情形也见于太原晋祠圣母殿中的宋塑侍女。

[1-15]:❼

① 广州市文物管理委员会《广州皇帝岗唐木椁墓清理简报》，页669，图五，《考古》一九五七年第十二期：8；洛阳市文物工作队《洛阳龙康小区唐墓（C7M2151）发掘简报》，页35，封二：3、4，《文物》二〇〇七年第四期。
② 《金翠流芳——梦蝶轩藏中国古代饰物》，页121；《中国の工芸——出光美术馆藏品图录》，图三三八，平凡社一九八九年。

图[1-15]:正面插戴的钗
❷ 银钗头　广州皇帝岗晚唐墓出土
❸❹ 银鎏金钗头　洛阳龙康小区唐墓出土
❺ 鎏金钗头　日本出光美术馆藏
❻ 莲叶钗　香港梦蝶轩藏
❼ 大同善化寺金代雕塑

凤鸟作钗首,很早便见于吟咏。唐张鷟《朝野佥载》卷三:"杨盈川姪女曰容华,幼善属文,尝为《新妆诗》,好事者多传之。诗曰:'宿鸟惊眠罢,房栊乘晓开。凤钗金作缕,鸾镜玉为台。妆似临池出,人疑向月来。自怜终不见,欲去复徘徊。'"杨盈川即初唐四杰之一的杨炯。容华这一首诗的好,原本在意韵,不过"凤钗金作缕",却是简笔为"新妆"点睛。三门峡市区唐墓出土一支银鎏金凤钗①(图 1-16:1),仍是花树钗的造型,不过钗首纹样取凤凰为主题。下方是高低错落的草坡,坡上卷草缠枝,托起将飞未飞一只口衔绶带的凤鸟。凤钗通长二十三点三厘米。西安韩森寨唐墓出土一件装缀

[1-16]:❶

[1-16]:❷

图[1-16]:凤钗
❶银鎏金凤钗 三门峡市区唐墓出土
❷嵌宝金钗首 西安韩森寨唐墓出土

华丽的花钿,直径七厘米,细金粟环绕出宝相花的边框和花里边的枝叶以及嵌宝的小花托,站在花台上的凤鸟用金丝另外编出来凸起在花心,凤足下端一个扁长的小孔,可以安柄;又香港梦蝶轩也藏有与它形制相似的一件②(图 1-16:2、3),其式皆如前举唐吴王妃杨氏墓出土的钿头钗子。那么它也正是一支凤钗的钗首。中唐诗人王建《开池得古钗》"美人开池北堂下,拾得宝钗金未化。凤凰半在双股齐,钿花落处生黄泥"③,此作或袭萧

---

① 三门峡市文物考古研究所《三门峡文物精粹》,图一五四,北京燕山出版社二〇〇四年。
② 阎磊《西安出土的唐代金银器》,页 34,图二,《文物》一九五九年第八期;《金翠流芳——梦蝶轩藏中国古代饰物》,页 146。
③ 《全唐诗》,册九,页 3376。

齐汤僧济《咏渫井得金钗》[1]，与王建齐名的张籍也有一首《古钗叹》[2]，几首诗都是借了古钗的题目而别有寄意，不过唐人所咏自是唐钗，所谓"凤凰半在双股齐，钿花落处生黄泥"，与韩森寨所出者仿佛同制；温庭筠《归国谣》"翠凤宝钗垂簌簌。钿筐交胜金粟"[3]，"钿筐"、"金粟"，可见工艺，所咏凤钗，也是这一类。最见唐钗特色的当然是叶形花钗。五代吴越国康陵出土在墓主人头部的一枚白玉饰片，上面镂刻一只飞凤，飘扬起来的绥带衔在口中[4]，它应是一支花钗的钗首，则唐五代时的所谓"凤钗"，此式也是其中之一（图1-16:4）。

唐代另有一种凤钗多见于绘画，而实物似乎很少，最有名的一幅作品为莫高窟一三〇窟盛唐供养人像（图1-17）[5]。

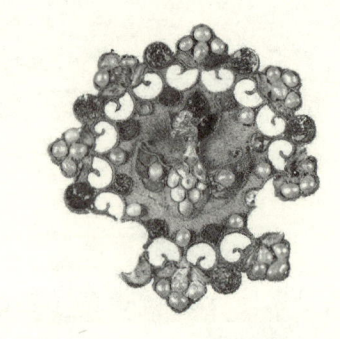

[1-16]:③

[1-16]:④

[1-17]

图[1-16]:凤钗
③嵌宝金钗首　香港梦蝶轩藏
④玉钗首　五代吴越国康陵出土

图[1-17]:钗的插戴
莫高窟第一三〇窟壁画中的供养人（摹本）

---

[1]《玉台新咏》卷八。
[2]《全唐诗》，册一二，页4282。
[3]《全唐五代词》，上册，页108。
[4] 杭州市文物考古所等《浙江临安五代吴越国康陵发掘简报》页29，图四五:1，《文物》二〇〇〇年第二期。
[5] 图1-17选自常沙娜《中国敦煌历代服饰图案》，图一〇三，中国轻工业出版社二〇〇一年。又唐懿德太子墓石椁线刻画中，女侍的高冠前后各插一支口衔珠结的凤鸟，不过它与冠结合在一起，那么更可能是固冠之簪（《隋唐人物雕刻艺术》，页33）；又唐薛儆墓石椁线刻画中的一位侍女，秀发上一只正面的立凤，而其形膨大，很难认为是金属制品（山西省考古研究所《唐代薛儆墓发掘报告》，图版六七，科学出版社二〇〇〇年）。

对弯式的双股钗,唐代仍然常见。"金钗十二行"固已是旧日风光,但发髻两侧或两鬓对称安排,却始终是钗的主要插戴方式之一。"长钗巧挟鬓","安钗等疏密"①,唐代女子的妆扮,用这几句六朝诗来形容,不算是过时的赞美。若用唐人自己的称述,则是"柔鬓背额垂,丛鬟随钗敛"②,"宝髻钗横缀鬓斜,殊容绝胜上阳家"③,《簪花仕女图》中可以见到这样的插戴方式④,今藏英国博物馆时属五代的一幅《引路菩萨图》,随行在菩萨之后的女子,则显示着插戴方式的另一种⑤,可以说皆与古式相去不远(图1-18)。

[1-18]:❶

[1-18]:❷

① 庾肩吾《咏美人自看画应令》,《玉台新咏》卷八。
② 元稹《恨妆成》,《全唐诗》,册一二,页4637。
③ 《云谣集杂曲子·抛球乐》,《敦煌歌辞总编》,页267。
④ 《云谣杂曲子·倾杯乐》:"窈窕逶迤。体貌超群。倾国应难比。浑身挂绮罗。女束□□。未省从天得至。脸如花自然多娇媚。翠柳画蛾眉。横波如同秋水。裙生石榴。血染罗衫子。 观艳质语软言轻。玉钗缀素绾乌云髻。年二八久锁香闺。爱引猧儿鹦鹉戏。十指如玉如葱。凝酥体雪透罗裳里。堪娉与公子王孙。五陵年少风流壻。"(《敦煌歌辞总编》,页211;《全唐五代词》校订与此有异,见该书页813)种种形容,直与《簪花仕女图》中的形象拍合无间。
⑤ 《海外藏中国历代名画·2·五代至北宋》,页86,湖南美术出版社一九八九年。

图[1-18]:钗的插戴
❶❷《引路菩萨图》(局部) 英国博物馆藏

当然对弯式的双股钗只是与新风并存的一种古典的素朴,而仍不乏增益其饰者。江苏丹徒丁卯桥唐代银器窖藏中有这一类样式的鎏金银钗七百六十支,钗上多刻着各式各样的草叶纹、花卉纹①。刻花的钗插戴起来,精细之处未必能够彰显,那么似乎只是为了体贴女子对首饰的在在精心,但仍不如说,是时风使然。

唐吴王妃杨氏墓出土的四件金钗,则是对弯式双股钗的一种变体。弧形的两支钗脚,其上是可以拆卸的活动钗梁,钗梁用金丝盘绕成花纹和嵌宝的金托,不过出土时镶嵌物已大部脱落②(图1-19:1)。此类钗大约多用作"挑鬟",敦煌绘画中可以见到它的插戴方式,如莫高窟三六窟五代壁画中的天女和龙女③(图1-19:2),又今藏法国吉美博物馆、时属五代的降魔成道图,图中魔王的女儿们,也是如此形象。沈佺期《李员外秦援宅观妓》"玉钗翠羽饰,罗袖郁金香。拂黛随时广,挑鬟出意长";元稹《春六十韵》"挑鬟玉钗髻,刺绣宝装拢";段成式《柔卿解籍戏呈飞卿三首》"出意挑鬟一尺长,金为钿鸟

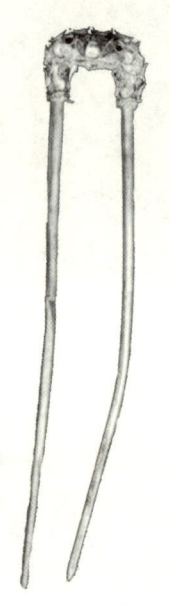

[1-19]:❶

[1-19]:❷

图[1-19]:挑鬟之钗
❶金钗 唐吴王妃杨氏墓出土
❷莫高窟第三六窟壁画中的龙女

---

① 丹徒县文教局等《江苏丹徒丁卯桥出土唐代银器窖藏》,页 22,图一九,《文物》一九八二年第十一期。钗之长者二十八至三十四厘米不等,短者十九至二十六厘米不等。

② 孝感地区博物馆等《安陆王子山唐吴王妃杨氏墓》,图版五:2,《文物》一九八五年第二期。按本篇图[1-19:1]由湖北省博物馆提供。

③ 《中国壁画全集·敦煌·9》,图三四、三五,辽宁美术出版社一九九〇年。

簇钗梁"①,从初唐到晚唐,诗人对此不乏吟咏。诗或许有用典的成分,画也许有着某种程式为画人所遵循,但二者本来都有生活的依据,杨氏墓出土的金钗可以证实其中所包含的真实,而此类样式的钗又为两宋乃至元代所继承,当然,还要有新的变化。

宋代在此基础上发展出来的一种钗,是在金钗银钗钗脚的上部浮雕出一串折枝花,钗梁却如帽钉扣搭在顶端,帽钉通常也是做成一朵单独的花——或是菊,或是梅,或是其他,如四川彭州宋代金银器窖藏中的金钗②(图 1-20:1)。但也有的钗梁虽然是独立的妆饰,不过并不另做,即一根对

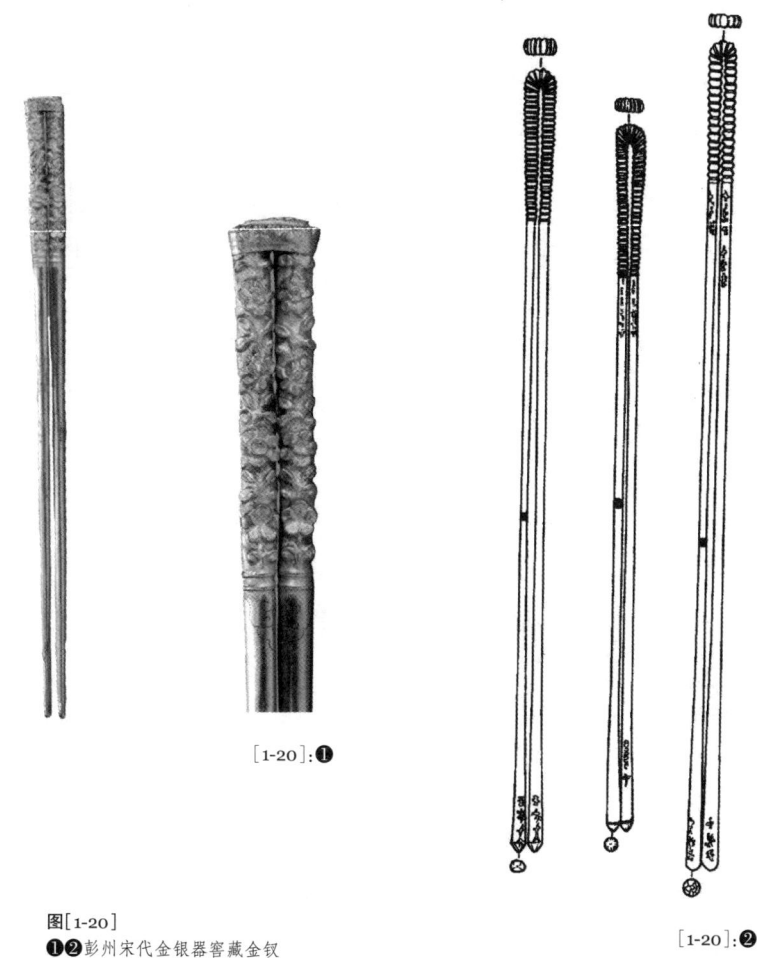

[1-20]:❶

图[1-20]
❶❷彭州宋代金银器窖藏金钗

[1-20]:❷

① 《全唐诗》,册四,页 1048;册一二,页 4538;册一七,页 6769。
② 成都市文物考古研究所等《四川彭州宋代金银器窖藏》,彩版七:1,科学出版社二〇〇三年。

弯为两股,一如旧式,而钗脚上雕花仍是它的新。福州南宋黄昇墓出土三只鎏金银钗,即是这里举出的两式①。报告说:银钗三件,插在发髻正中和两边②。但刊出来照片,钗与发髻已经分离。推测是短的一支(九点九厘米)插在正中,长的两支(十六点八厘米)对称插在两边。与钗相配的,还有前后左右四枚角梳。

缠丝花纹,也是钗脚妆饰的一种,此或名作竹节钗③(图1-20:2)。元代则又喜欢在钗脚上端做出盘旋扭结的花式,又或者在两支钗脚上巧中作势结为盘曲的双龙,钗梁便常常是并蒂花或并结的果儿。元康端《西湖竹枝词》"合欢钗头双荔支,同心结得能几时",它在诗人笔下便显得更有情味。

竹节钗、花筒钗,也是两宋时代的流行式样。最见宋代特色者,则是若干支钗——两支、三支、五支、七支乃至十数支,或者更多,相连做成扇面似的一排,便是钗首,其下仍是钗脚两支,可谓"以一当十"。由这样一种基本形式,又生出许多变体,出土实物中多有此类精品,比如浙江东阳白云街道杨大村宋墓出土的两支④(图1-20:4、5)。它也曾出现在宋人话本,《宋四公大闹禁魂张》里特别描写了这样一个细节:"妇人叫了

[1-20]:④

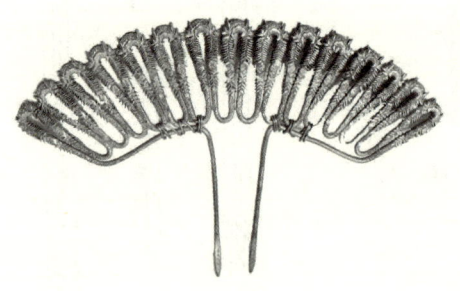

[1-20]:⑤

图[1-20]:金钗
❷❸浙江东阳白云街道杨大村宋墓出土

① 福建省博物馆《福州南宋黄昇墓》,图版一〇五,文物出版社一九八二年。
② 《福州南宋黄昇墓》,页80。
③ 《四川彭州宋代金银器窖藏》,页12,图一二:1~3。
④ 陈荣军《东阳文博十年》,页145、147,中国书店二〇一〇年。

万福,问道:'客长,用点心?'赵正道:'少待则个。'就脊背上取将包裹下来,一包金银钗子,也有花头的,也有连二连三的,也有素的,都是沿路上觅得的。""连二连三",正是形容得亲切。至于它的插戴方式,在山西高平开化寺北宋壁画中可以略见仿佛①。

宋画中的名作《冬日婴戏图》,把一个女孩儿的妆扮表现得很是清晰(图1-21:1)。这里最好是用宋人自己的话来形容。《清平山堂话本·西湖三塔记》,曰奚宣赞往西湖游玩,"看见一个女儿,如何打扮:头绾三角儿,三条红罗头须,三只短金钗,浑身上下,尽穿缟素衣服"。这女儿

图[1-21]:钗的插戴
《冬日婴戏图》(摹本) 台北故宫博物院藏

虽是西湖三精怪之一的卯奴,但在话本里却始终是一个善良可爱的少女。对其他两怪的形容,都用着套语,惟于卯奴,写实之语略略点染,而画出当时。"短金钗",正是《冬日婴戏图》中所绘,钗的实物便正如彭州宋代金银器窖藏中的金竹节钗。"头绾三角儿",唐代女孩儿已是如此,如洛阳谷水出土的三彩女俑②(图1-22:1)。刘禹锡《同乐天和微之深春二十首》"何处深春好,春深幼女家。双鬟梳顶髻,两面绣裙花"③,亦如一枝画笔。宋徽宗《摹张萱捣练图》,图中也有这样的女孩儿(图1-22:2)。直到明代初年依然如此,《明史》卷六七《舆服三》,曰洪武三年(一三七〇)定制,"女子在室者,作三小髻,金钗,珠头䯼,窄袖褶子"。所谓"珠头䯼",与"红罗头须"并无大别,那红罗头须上本来缀着珠,正如《冬日婴戏图》中所绘。宋高承《事物纪原》卷三"头䯼"条:"头䯼,《二仪实录》曰:燧人时为髻,但以发相缠,

---

① 《历代寺观壁画艺术·高平开化寺壁画》,页32,重庆出版社二〇〇一年。
② 洛阳博物馆《洛阳唐三彩》,图版五,河南美术出版社一九八五年。
③ 《全唐诗》,册一一,页4027。

图[1-22]
❶ 洛阳谷水出土三彩女俑
❷《摹张萱捣练图》(局部) 美国波士顿美术馆藏

而无物系缚,至女娲之女,以羊毛为绳,向后系之,后世易之以丝及绢,名头䯼,绳之遗状也。"述头䯼来源,皆取自传说,但曰头䯼即结系发髻的丝或绢,则是纪实。

两宋不大流行在钗上另作缀饰,不过节日又当别论。《梦粱录》卷三讲述重午风俗,曰五日重午节,"内更以百索綵线、细巧镂金花朵,及银样鼓儿、糖蜜韵果、巧粽、五色珠儿结成经筒符袋,御书葵榴画扇,艾虎、纱匹段,分赐诸阁分、宰执、亲王";"所谓'经筒'、'符袋'者,盖因《抱朴子》问辟五兵之道,以五月午日佩赤灵符挂心前,今以钗符佩带,即此意也"。南宋崔敦诗作《淳熙七年端午帖子词》，为皇后阁所作六首之一云："玉燕垂符小，珠囊结艾青。更将长命缕，侵晓奉慈庭。"①又赵长卿《醉蓬莱·端午》："艾虎宜男，朱符辟恶，好储祥纳吉。金凤钗头，应时戴了，千般忔戏。"②这里多是宫中的故事，其时民间也是如此。南宋韩淲《重午》诗："年年重午泛菖蒲，儿女搔头亦篆符。忍复研朱如羽客，懒能切玉醉狂夫。长歌楚些冤何有，却忆山人讽已无。田里萧萧方渴雨，小轩清望老怀孤。"③乡居清境，而重午时节"儿女搔头亦篆符"也。江西德安南宋周氏墓发现的一件金钗，出土时插在墓主人发髻一侧，钗梁缀一个三厘米见方的罗制小袋，小袋外面是小珍珠做的网罩④(图1-23)。墓主人右手持桃枝，桃枝上边系着两个粽子。可知钗梁悬缀的，便是所谓"珠囊"、"钗符"，亦即端午时节佩戴的节物。

与唐代相比，凤钗变得更引人注目。内蒙古赤峰地区征集到的一件辽代鎏金凤钗，通长十六厘米，钗首妆饰卷云纹的一个花台，花台上一只舒翼扬尾的凤鸟⑤(图1-24:1)。陕西临潼金代金银器窖藏中的一支凤钗，通长二十二点二厘米，用打作和掐丝法做出祥云托起来的飞凤，凤嘴里衔着金花结⑥(图1-24:2)。插戴凤钗的形象见于郑州市登封王上村壁画墓，墓的时代为宋金时期。画笔虽略去凤钗细部，但钗首之凤和探出发髻之外的

---

① 北京大学古文献研究所《全宋诗》，册四八，页29830，北京大学出版社一九九八年。
② 唐圭璋《全宋词》，册三，页1787。
③ 《全宋诗》，册五二，页32590。
④ 周迪人等《德安南宋周氏墓》，图版六：3，江西人民出版社一九九九年。
⑤ 中国历史博物馆等《契丹王朝——内蒙古辽代文物精华》，页136~137，中国藏学出版社二〇〇二年。
⑥ 赵康民等《关于陕西临潼出土的金代银的几个问题》，页75，图二，《文物》一九七五年第八期。

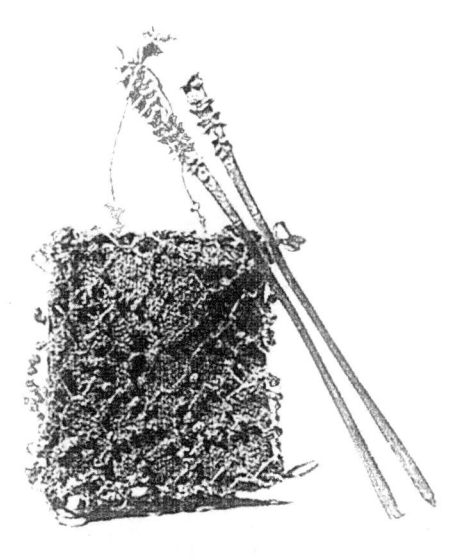

[1-23]

图[1-23]：端午时节插戴的钗符
江西德安南宋周氏墓出土

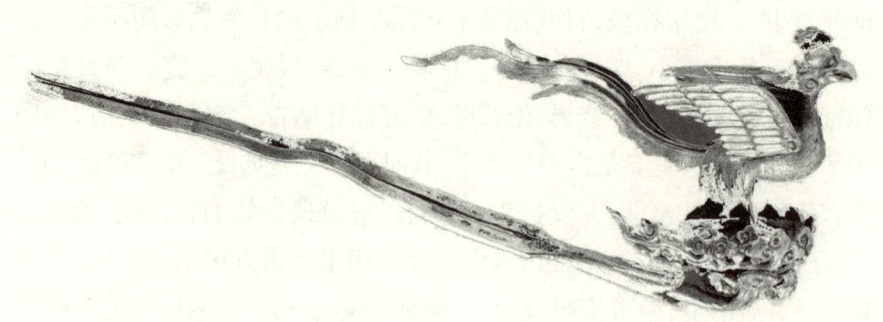

[1-24]:❶

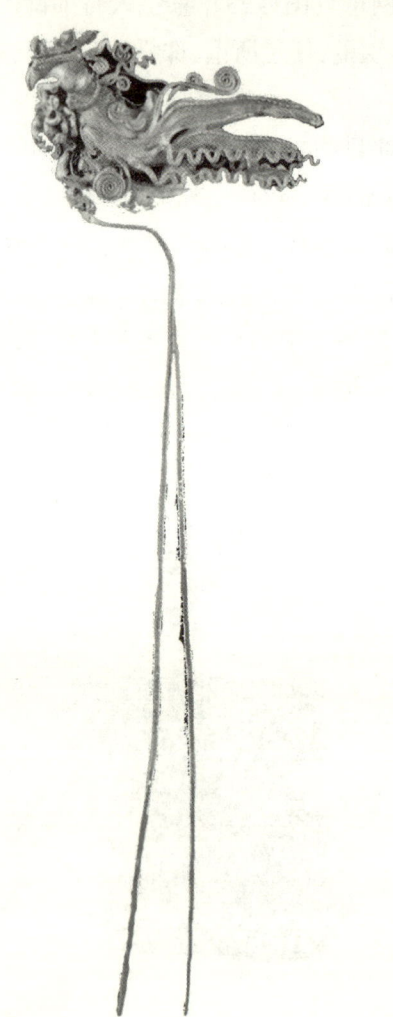

两只钗脚却描绘得清楚①（图 1-25）。宋蔡伸《浣溪沙》："窗外桃花烂漫开，年时曾伴玉人来。一枝斜插凤皇钗。　今日重来人事改，花前无语独徘徊。凄凉怀抱可怜哉。"②此自"人面桃花"之别唱，而玉人姿容凭了"一枝斜插凤皇钗"便足以传神。此后直到明清，"钗头凤"依然是诗文中常见的话题，不过它更多的时候是用来传递一个美丽的信息：感觉的，情意的，或者仅只作为一种象征。实际生活中的钗，自明代起，旧日"歧笄"的定义即逐渐消泯，而与簪合而为一。

[1-24]:❷

① 郑州市文物工作队《登封王上壁画墓发掘简报》，《文物》一九九四年第十期封面。
② 《全宋词》，册二，页 1012。

图[1-24]：辽金凤钗
❶辽代鎏金凤钗
❷临潼金代窖藏金凤钗

[1-25]：❶

[1-25]：❷

[1-26]

图[1-25]：凤钗的插戴
❶❷郑州登封王上村壁画墓

图[1-26]
《三才图会》中的钗

唐代是充满活力的时代,唐钗也从时风中撷得无限生意。小小的钗头妆饰,即便用着工笔的纤细柔曼,也总有拢不住的活泼和轻灵,于是"玉钗头上风"矣。五代以后,此"风"不再。宋元可以概括为承上启下。明代而首饰风格一大变。此际乃是簪的精巧之最,所谓"头面",簪几乎独领风骚。明王圻编《三才图会》"内外命妇冠服·钗"条下,画出来示人的即是一支簪(图1-26)。演变原因不止一个,仅就首饰本身而论,䯼髻的出现当是引起变化的重要因素,作为罩发之冠,䯼髻既用作固髻,又可以容受各式头面的插戴。唐代女子讲求发髻式样的争新斗巧,簪钗的设计也同它处处有着

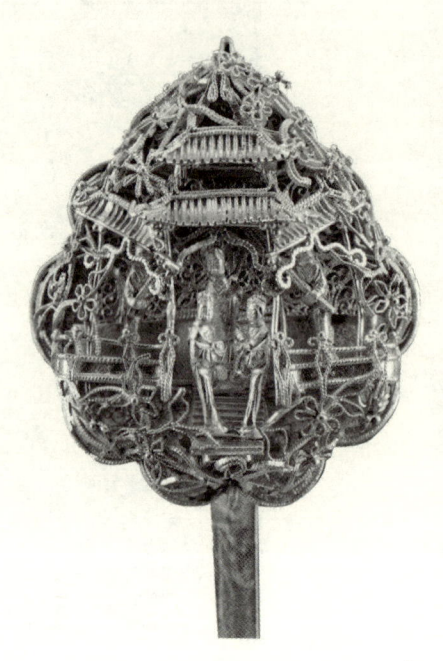

[1-27]

图[1-27]:金累丝楼阁人物簪
江苏江阴长泾九房巷明墓出土

呼应。明代女子用了鬏髻罩发,一头乌云早被覆盖式的插戴所掩,高髻的式样变化便不再时兴。从此簪钗差不多成为纯粹的妆饰,而用于鬏髻上的插戴,自然以簪为便。在此之前簪因为只有一支脚,簪首装饰过多而增重便不容易插得牢,发髻罩了鬏髻则情形两样,簪首的装饰于是踵事增华,短短的簪脚竟可擎出比屋连甍的亭台楼阁①(图 1-27)。此外,钗本来尚有的固发作用也多由鬏髻代替,那么与簪相比,钗的退居其次也就很自然了。

---

① 如江苏江阴长泾九房巷明墓出土的金累丝楼阁人物簪。江阴博物馆《江阴文物精华》,页 146,文物出版社二〇〇九年。

明代头面①

女子的簪戴,在唐宋词中常常是用来写相思和闺情,它虽然有局部的真切和清晰,但人物的身分常常不很明确,背景也多半是模糊的。

明代小说中,属于女子的头面真正归属了女子,且以它总是活跃在日常生活的细节里而有了真实的背景。脱离开相思,脱离开闺情,洗却婉约和浪漫,所谓"有鲜妍之姿而不藉粉泽",用典和藻饰皆不必,即用着生活中首饰本来有的名称,便可排列出朗朗上口的文字,而字字熨帖悦人。明末两部大量描写日常生活细节的杰出作品,即《金瓶梅词话》和《醒世姻缘传》,很教我们会得此中意味②。明代又有很特别的一本《天水冰山录》,原是为严嵩抄家物资开列的清单,严相的聚敛时珍,这一份清单固然是绝好的材料,而明墓所出各种首饰,它又是识别和定名的可靠依据。史料,小说,实物,三者的碰合使我们有可能把名实久已分离的明代头面重新归拢,分散的一副,也可以使它再次聚合。而它本来有着的真实的生活背景,在名与实的重逢处,也重新变得鲜明。

---

① 关于这一论题,具有开创意义的一篇重要文章是孙机《明代的束发冠、䯼髻与头面》(见《中国古舆服论丛·增订本》,文物出版社二〇〇一年);重要的图录,为《明朝首饰冠服》(南京市博物馆,科学出版社二〇〇〇年)。又张瑶等《南京明墓出土金簪初探》(台北《故宫月刊》第二十卷第六期),对南京兼及各地明墓出土的金簪做了分型分式的研究。又按,本篇标举"头面"而不称"首饰",意在专指盛妆女子插戴的一整套各式簪钗,男子所用则不在此题之内。

② 关于《醒世姻缘传》的成书年代,学界的认识不很一致。曹大为《〈醒世姻缘〉的版本源流和成书年代》一文,认为其定稿时间在崇祯末年,所论可据。

关于䯼髻

明朝首饰的插戴方式，与此前相比，有很大的不同，而䯼髻的出现，可以说是产生种种变化的关键。

䯼髻最初只是假发。䯼应即从髢字而来。《诗·鄘风·君子偕老》"鬒发如云，不屑髢也"，作为假发的髢，历史已是分外悠久。与明代䯼髻有直接联系的，是两宋出现的特髻。高承《事物纪原》卷三"特髻"条："燧人始为髻，至周王后首服为副编。郑玄云，三辅谓之假髻，今特髻其遗事也。《二仪实录》曰：燧人氏妇人束发为髻，髻，继也，言女子必有继于人也，但以发相缠，而无物系缚。"又"髲髢"条："《周礼》王后夫人之服，有以髲髢为首饰者，故《诗》'鬒发如云，不屑髢也'，盖周制云。冯鉴《后事》云：晋永嘉中，以发为步摇之状，名曰鬟，以为礼容。即今缠发特髻，乃其遗象也。"《朱子语类》卷九一："古人戴冠，郭林宗时戴巾，温公幅巾是其类也。古人衣冠大率如今之道士。道士以冠为礼，不戴巾，妇人环髻，今之特髻是其意也，不戴冠。"依朱子所说，特髻是用假发盘起若冠然。从文献记载来看，它最初大约起自宫廷。《铁围山丛谈》卷一："内官之贵者，则有曰'御侍'，曰'小殿直'，此率亲近供奉者也。御侍顶宠儿特髻，衣襜，小殿直皂软巾裹头，紫义襕窄衫，金束带，而作男子拜。"今藏台北故宫传宋陈居中作《文姬归汉图》，图中女侍头著尖顶"冠"，似即层层蟠起的特髻(图2-1)。南宋，宫中女乐及州郡官妓也作如此妆扮。张枢《宫词》："翠枝斜插滴金花，特髻低蟠

[2-1]

贴水荷。应奉人多宣唤少，海棠花下看飞梭。"①所记为理宗时事。《夷坚志·支甲》卷七"邓兴诗"条，曰诗"梦为人召至一处，高闳华宇，三美男子坐庭上，罢酒张乐，侍姬十数辈，皆顶特髻，衣宽红袍，如州郡官妓，分立左右，或歌舞"，亦南宋故事。其时特髻也已广泛流行于民间，即如《都城纪胜》、《东京梦华

图[2-1]：特髻
《文姬归汉图》(局部)

① 《全宋诗》，册六七，页42132。

录》、《梦粱录》等所载①。成书于元末明初的日用小百科《碎金》,其"服饰篇"中胪举"南"首饰,仍把特髻与各式花冠、鱿冠、包冠等列在一起,可知特髻之用,大抵同于冠。

明代䯼髻就妆饰意义来说,它的一个直接来源是包髻。包髻本为头饰,它有了礼制的含义,或始于宋。范祖禹《保宁军节度观察留后东阳郡公妻仁寿郡夫人李氏墓志铭》,曰"仁宗时尝召燕宫中,夫人同命妇特髻见,上顾之曰:宗戚近属,有德者固当异数,若东阳家,无宜碌碌以朝。诏有司命改服,自后以包髻入。当时荣之"②。由这一则纪事,可知当日特髻与包髻同为礼服,而以规格言,包髻较特髻为高。今藏台北故宫的宋人《折槛图》,即绘着以包髻为饰的女子,包髻上面并缀着珠(图 2-2)。元代,它明确成为已婚女子的妆饰③。关汉卿《诈妮子调风月》曰"夫人每是依时按序,细揲绒全套绣衣服,包髻是缨络大真珠"④,同时代的绘画作品中也多有戴包髻的形象。

明代女子依然喜欢用巾覆首,不过已把它作为一般妆饰⑤。这时候与元代包髻意义相当的乃是䯼髻,明人笔记或称作"发鼓",见顾起元《客座赘语》卷四"女饰"条;又或称作"壳儿",见明佚名著《如梦录》"街市纪"⑥。䯼髻只是罩发而并不覆首,尺寸因此不大,底部口径一般总在十厘米以内,略如一拳大小。

银丝编的䯼髻最常见。讲究的,用金——或金丝编制,或金片打造。银制者,多是细丝编作灯笼

[2-2]
图[2-2]:包髻
《折槛图》(局部)

---

① 如《都城纪胜》"酒肆"条云,"天府诸酒库,每遇寒食节前后开沽煮酒,中秋节前后开沽新酒。各用妓弟,乘骑作三等妆束:一等特髻大衣者;二等冠子裙背者;三等冠子衫子裆袴者"。又《梦粱录》卷二〇"嫁娶"条,曰士宦"亦送销金大袖,黄罗销金裙,段红长裙,或红素罗大袖段亦得,珠翠特髻,珠翠团冠,四时冠花,珠翠排环等首饰"。
② 《范太史集》卷四七。按此东阳郡公,乃太宗长子汉王元佐(传见《宋史》卷二四五)之孙、平阳郡王允升之子宗辨。
③ 傅乐淑《元宫词百章笺注》对此考述详明(页68~69,书目文献出版社一九九五年)。
④ 隋树森《元曲选外编》,册一,页88,中华书局一九五九年。
⑤ 如《金瓶梅词话》第二十四回,曰贲四娘子"穿着红袄,玄色段比甲,玉色裙,勒着销金汗巾"。又第四十五回曰"李桂姐穿着紫丁香色潞州紬粧花眉子对衿袄儿,白展光五色线挑的宽襕裙子,用青点翠的白绫汗巾儿搭着头"。
⑥ 其于"壳儿"下自注云:"即妇人所戴小髻,汴中语若'苛'。"按"发鼓"类的名称已见于宋代,南宋刻本《重编详备碎金》(宋张云翼编纂,天理大学出版社影印本,一九八一年)列在《服饰篇》中,写作"发骨"。

[2-3]:❶

[2-3]:❷

[2-3]:❸

图[2-3]:明代䯼髻
❶鎏金银丝䯼髻 无锡明华复诚夫妇墓出土
❷金丝䯼髻无锡博物馆藏征集品
❸金簪(又金莲花宝顶银脚簪、掠儿及金丁香) 大同孙柏川夫妇墓出土

孔的一个尖圆顶网罩，如江苏无锡明华复诚夫妇墓出土银鎏金的一件①(图2-3∶1)。若金制，则或做成冠的样子，上面且出来冠梁，如无锡博物馆藏一件征集品②(图2-3∶2)，又比如大同明代甘固总兵孙柏川墓出于继室朱氏棺中的一件③(图2-3∶3)，当日俗称"金梁冠儿"的，便是这一类。《金瓶梅词话》第九十五回，曰"春梅出来，戴了金梁冠儿，金钗梳，凤钿，上穿绣袄，下着锦裙，左右丫鬟养娘侍奉"，即其例。又《醒世姻缘传》第五十四回形容童七媳妇的一身妆扮，道是"戴着金线七梁䯼髻，勒着镜面乌绫包头，穿着明油绿对襟潞䌷夹袄，白细花松绫裙子，玄色段扣雪花白绫高底弓鞋，白绫挑绣膝裤"；第七十一回，还是这位童奶奶，却是"穿着油绿䌷对衿袄儿，月白秋罗裙子，沙蓝潞䌷羊皮金云头鞋儿，金线五梁冠子，青遍地锦箍儿"。可知"金线七梁䯼髻"和"金线五梁冠子"，都是指细金丝编缀、其上再起冠梁的䯼髻。其极品，则金梁冠上更嵌珠宝，江

---

① 无锡市博物馆《江苏无锡明华复诚夫妇墓发掘简报》，图二〇∶3，《文物资料丛刊·2》，文物出版社一九八七年。
② 赵新时等《锡山藏珍》，图六一，南京出版社二〇〇一年。
③ 大同市考古研究所《大同明代甘固总兵夫妇合葬墓》，页4，《文物世界》二〇〇二年第四期。朱氏卒于万历三十九年。

西南城县明益庄王朱厚烨墓所出属继妃万氏的一件，细金丝编缀成梁冠，冠上用小金托安排出花朵图案，托里再镶嵌珠宝，又有一对蘑菇头的金簪一左一右用来固定，金簪柄上压印"银作局嘉靖二十六年十月造金五钱"的字样①(图2-3:4)。《天水冰山录》"头箍围髻"一项，列有"金宝髻一顶(重九两三钱)，金髻三顶(共重一十五两八钱)，金丝髻五顶(共重一十八两六钱)"。金丝髻、金髻、金宝髻，适可为这里举出的三件金制品定名，这应是比鬏髻更为书面化的一个名称。叶梦珠《阅世编》卷八"内装"条记述明代末年事，称银丝编的鬏髻为"银丝髻"，与此相同。前举万妃的一件，其底部口径七点五厘米，简报原称作"小金冠"，曰"小"，大约是与凤冠相对比的缘故，其实它与覆首的凤冠并非一系，而仍是鬏髻之属，虽然华丽不比寻常。所谓"金宝髻"，即是此类。据金簪上面的铭文，它与《天水冰山录》的时代正是相当。

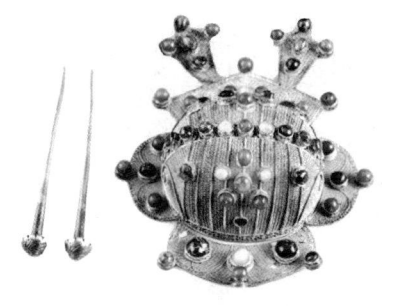

[2-3]:❹

[2-4]:❶

鬏髻里外又可以衬帛，覆纱，一面仍是妆饰，一面用来适应不同场合的不同妆扮。《金瓶梅词话》第七十五回写吴月娘等人穿戴了出行，因尚在李瓶儿丧期，故"五个妇人会定了，都是白鬏髻，珠子箍儿，用翠蓝销金绫汗巾儿搭着，头上珠翠堆满"，"惟吴月娘戴着白绉纱金梁冠儿，海獭卧兔儿，珠子箍儿，胡珠环子"。作为孝服的白鬏髻，明富春堂刊本《商辂三元记》传奇的祭吊场面中，有清楚的形象(图2-4:1)。

图[2-3]：明代鬏髻
❹金宝髻 江西明益庄王墓出土

图[2-4]
❶《商辂三元记》插图

明代所谓"头面"，并不包括鬏髻。《金瓶梅词话》第九十一回曰孟玉楼

---

① 江西省文物管理委员会《江西南城明益庄王墓出土文物》，页48；页50，图六，《文物》一九五九年第一期。尺寸以及金簪铭文，见国家文物局《中国文物精华大辞典·金银玉石卷·金银器篇》图一七四之说明(上海辞书出版社等一九九六年)。

改嫁李衙内,是日县中备办各式礼物,中有"一付金丝冠儿,一副金头面,一条玛瑙带,一付玎𫠝七事,金镯银钏之类"。金丝冠儿,原是䯼髻,一副金头面,则另外列出。不过䯼髻本是由特髻—包髻而来,因此即便不施簪钗,一顶䯼髻罩在发髻之端,然后用一对或两对小簪子左右固定,也就是很体面的妆饰,前引《醒世姻缘传》即是也,明代戏曲版画中的老夫人也常见如此妆扮,如明富春堂刊本《千金记》中的韩信母和《双忠记》中的张巡母(图2-4:2、3)。若年轻女子,则多半把它作为家常妆束,《金瓶梅词话》中即有不少描写。如第十一回,曰玉楼、金莲"家常都戴着银丝䯼髻,露着四鬓,耳边青宝石坠子";又第十三回,说李瓶儿"夏月间戴着银丝䯼髻,金镶紫瑛坠子"。这里的家常穿戴,是家居时候的情景,尚不同于在自己房间。第五十三回言月娘到了李瓶儿的屋子里,瓶儿"仓忙的扭一挽儿,胡乱磕上䯼髻",情形可知。周亮工《闽小纪》卷四"䯼髻"条曰:"妇人戴䯼髻,天下同然,独福州兴化,既嫁仍如未嫁处子,绝不戴䯼髻,有则亦为簪首饰之具,见舅姑之后,即藏去矣。"这里说的是清初时候的情形。虽民风独特,䯼髻却依然是盛装之际的"簪首饰之具"。所谓"簪首饰之

[2-4]:❷

[2-4]:❸

图[2-4]
❷《千金记》插图
❸《双忠记》插图

具",便是各式簪钗或曰头面,皆周环鬏髻而插戴,簪钗则因形制有别,插戴位置和方式各异,而各有名称。

簪之一:短簪之属

明代头面中,一种很不起眼而又不可或缺的小簪子,时或称作挑针,又或啄针,又或撇杖、掠儿,总之,名称不一,式样不少。

小簪子多是圆锥形的簪脚,长短平均在十厘米左右——短者或略短,长者或稍长。最简单的一种,是簪脚上边顶一个蘑菇头,南京太平门外板仓徐俌继室王氏墓所出两对金簪,即其例①。若簪脚为木,为银,那么蘑菇头可以是金,是鎏金,又或贴金箔,《天水冰山录》称作"金顶银脚簪",当日俗称则曰"金裹头"。《金瓶梅词话》第六十二回,曰李瓶儿弥留之际,叫过两个丫头迎春和绣春来,道:"我每人与你这两对金裹头簪儿,两枝金花儿,做一念儿。"即此。这种式样也被称作"一点油"。《金瓶梅词话》第八回,道潘金莲向西门庆头上拔下一根簪儿,拿在手里观看,"却是一点油金簪儿"。"一点油",便是形容簪首的式样。《醒世姻缘传》第七十一回中说到"四分重一付一点油的小金丁香",这里的小金丁香,是耳环中最为简素的一种,环下边一个小小的蘑菇头,其式恰似一点油,也正如那蘑菇头的簪子。

常见的一种小簪子,是花头簪。或金或银,或鎏金,仍是圆锥形的簪脚,簪顶上一朵小花,梅、菊、莲花,或其他②(图2-5:1)。讲究的,花上嵌珠嵌

[2-5]:❶

图[2-5]
❶花头金簪 江苏江阴青阳邹氏墓出土

---

① 南京市文物保管委员会《明徐达五世孙徐俌夫妇墓》,页33,图一四,《文物》一九八二年第二期。
② 以上海松江区华阳杨氏家族墓所出者为例。四号墓出土四件梅花簪,木制的圆锥形簪脚,簪首包鎏金,长均在十二厘米左右;一号墓所出者,乃木制的簪脚,簪首的梅花做成铜帽,长九点八厘米(上海博物馆考古研究部《上海市松江区华阳明代墓群发掘简报》,页646,图一九;页645,图二一,《上海博物馆集刊》第九期,上海书画出版社二〇〇二年)。这是极简素的一类。又江苏江阴青阳邹氏墓所出,通长十三厘米左右者三对,银簪脚,金簪头,錾成牡丹、莲蓬等各式花样;又通长九厘米者三支,通体金制,簪首为菊,为莲,为重台莲(唐汉章等《江阴长泾、青阳出土的明代金银饰》,页43,图二〇;页43,图二一,《文物》一九八二年第十二期)。讲究一点,便多为此式。

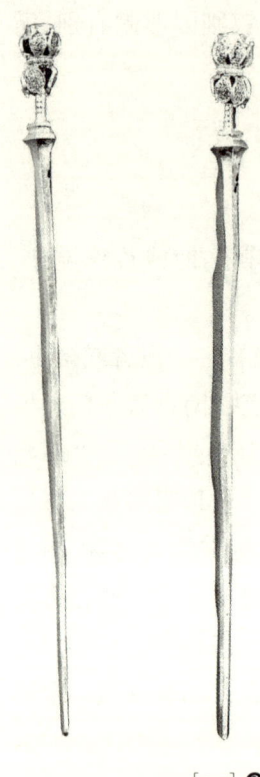

宝,做成花蕊;更讲究一点,则簪顶的金花托上嵌玉花,玉花心里嵌珠宝。《天水冰山录》"金簪"一项,列有金玉顶梅花簪,金厢玉梅花簪,金厢玉莲小插,金宝顶桃花簪,金珠宝梅花簪,等等,便是这一类①。前举徐俌继室王氏墓与一点油金簪同出的,即有一对金镶宝梅花簪。又一种,乃六棱形的簪脚,将及簪首处膨起如蒜头,上接鼓出算珠式凸棱的细颈,细颈之端,一个梯形小方台,如江苏泰州刘湘夫妇墓出土的鎏金银簪②。细颈上边又或顶出花朵,江苏无锡明华复诚墓曹氏簪戴的两对鎏金银簪,簪顶是一仰一覆的两朵莲花,覆莲衔住簪脚上的细颈,仰莲则在花心里托出宝珠③。南京太平门外尧化门出土的一对金簪,式样与它相同,却是在小小的莲瓣上又填出细金丝做成的卷草④(图 2-5:2)。依《天水冰山录》所列名称之例,它正该叫作"金倒垂莲宝顶簪"。花头簪的变体,也还有不少式样。南京太平门外板仓徐达家族墓出土的一支金菊花簪,长十一点五厘米,簪首细颈上一个金累丝的委角小方台,台上一朵金丝层层编就的展蕊菊花⑤(图 2-5:3),虽不及嵌玉嵌宝的华丽,却别有细巧之好。

盛装之际,金裹头和花头簪总是成对簪戴,范濂《云间据目抄》卷二"记风俗"称它为"俏簪",曰打扮起来,两边"插两三对",即此。若家常妆

[2-5]:②

[2-5]:③

图[2-5]
❷金倒垂莲宝顶簪 南京尧化门出土
❸金菊花簪 南京徐达家族墓出土

① 定陵出土的两对金梅花簪,通长十三厘米,簪顶是金丝编制的双层梅花托,两层花托之间用插套套合,顶端花心里嵌一粒红宝石。此出自皇室,自然少不得锦上添花。中国社会科学院考古研究所等《定陵》,图版二六五,文物出版社一九九〇年。
② 通长十二厘米,出土时簪戴于女主人发髻。泰州市博物馆《江苏泰州明代刘湘夫妇合葬墓清理简报》,页70,图九,《文物》一九九二年第八期。
③ 簪长十二点九厘米。《江苏无锡明华复诚夫妇墓发掘简报》,页139,图二:8。
④ 顶端花心是个用作嵌宝的圆托,但嵌物脱落。《明朝首饰冠服》,页106。
⑤《明朝首饰冠服》,页88。

束,它便又是独立的首饰。这类簪子的出现,本不自明代始。今藏台北故宫的传周昉《内人双陆图》中已经可以看到它的插戴方式,河南焦作金墓[①]、大同云中大学金墓[②],其墓室壁画中的侍女,一边一个发髻上都对称插着花头簪子。焦作金墓壁画里发髻的式样,正好用着元人诗中的一句,即所谓"长髻垂肩短凤簪"[③]。挽长髻,插短簪,似乎是侍女身分的女孩子一种标准的妆束。明代依然如此。如台北故宫藏仇英《汉宫春晓图》(图2-6),如绘于明正统四年(一四三九)的一幅妇人容像中女主人身后的侍女[④]。它在元明寺观壁画和水陆画中,也很常见[⑤]。

[2-6]:❶

小簪子中最小的一种,称作"掠儿"或"掠子"。长短不及十厘米,菱形的断面,一头宽,一头窄,宽的一头出个钝尖,窄的一头斜斜尖下去便是簪脚,如小钎子一般。《客座赘语》卷四"女饰"条说"差小于钗者曰'掠子'";《醒世恒言·金海陵纵欲亡身》曰女待诏被定哥唤到妆阁上篦头,家伙包儿里"恰是一个大梳,一

[2-6]:❷

图[2-6]:花头簪子的插戴
❶❷《汉官春晓图》(局部)

[①] 河南省博物馆等《河南焦作金墓发掘简报》,图版二:1,《文物》一九七年第八期。
[②] 项阳等《中国音乐文物大系·山西卷》,页251,大象出版社二〇〇〇年。
[③] 钱大有《和西湖竹枝词》,陈衍《元诗纪事》卷二四,上海古籍出版社一九八七年。
[④] 石谷风《徽州容像艺术》,页2,安徽美术出版社二〇〇一年。
[⑤] 北京西郊法海寺明代壁画中的天女也是这般妆束。不过为帝释梵天图貌写形,画笔自然更多一点瑰丽。或持幡或捧花的天女,一边扎一个传统的垂肩长髻,髻上插着的花头簪子,便是明代最为华贵的那一类。北京市法海寺文物保管所等《法海寺壁画》,图版八四,中国旅游出版社一九九三年。

个通梳,一个掠儿,四个篦箕,又有剔子剔帚,一双簪子,共是十一件家伙";又前引《金瓶梅词话》第六十二回,曰李瓶儿又唤过冯妈妈来,"向枕头边也拿过四两银子,一件白绫袄、黄绫裙,一根银掠儿,递与他",均说着此物。而顾氏所说的钗,实是上宽下窄一种扁条形的簪——下面还会再说到它,那么掠儿的式样正是与它相似,然而小,并且光素无他饰。其作用大抵有二,一是分头缝,一是挽发髻。若簪戴,多半是单独的一支。如前举大同明甘固总兵孙柏川墓出于朱氏棺中的,是一对金镯子,一对一点油金丁香,一顶金梁冠儿,上插着两对金莲花宝顶银脚簪,又是一支金掠儿,长七厘米,重十六克(图2-3:3)。

也可以算作小簪子之一的,是耳挖簪。耳挖作为首饰,魏晋南北朝时已经流行。南昌东吴高荣墓中出土一件金耳挖,形若对弯式的双股钗,两支钗脚一为耳挖,一为剔牙签①。南昌火车站东晋六号墓出土的银耳挖簪,长十九厘米,簪首和簪脚之间以龙口相衔②。锦州北魏墓发现的银耳挖,簪首做成螭口吞勺的式样③。这一时期的耳挖钗簪一般都比较长,高荣墓所出,长二十四点五厘米,锦州北魏墓所出,通长二十六厘米。明代的耳挖簪多半很短,总在十厘米左右,或者更短。南京郊区出土的四件金耳挖,长四点八至十厘米不等④(图2-7)。上海松江县诸纯臣夫妇墓所出土金耳挖,

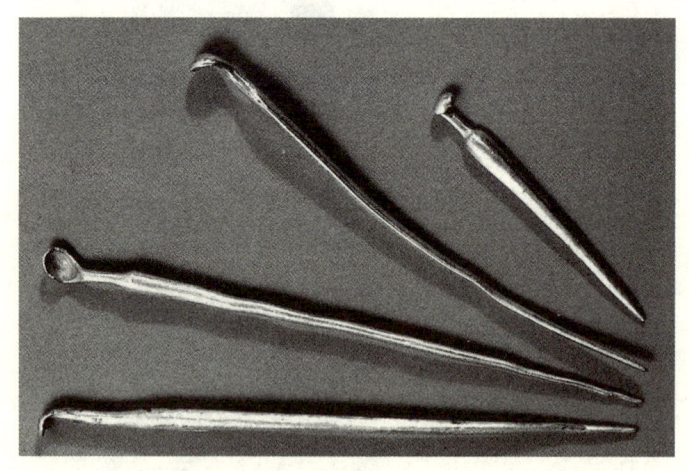

图[2-7]:明代金耳挖簪
南京郊区出土

---

① 江西省历史博物馆《江西南昌市东吴高荣墓的发掘》,页225,《考古》一九八〇年第四期。
② 江西省文物考古研究所等《南昌火车站东晋墓葬群发掘简报》,页36,图八七,《文物》二〇〇一年第二期。
③ 刘谦《锦州北魏墓清理简报》,页432,图四,《考古》一九九〇年第五期。
④ 《明朝首饰冠服》,页113。

长六点五厘米,出土时即插在女性墓主人的发髻上①。龙口衔勺的传统式样则一直沿用下来,如北京市郊武清侯李伟夫妇墓出土的一对金耳挖簪②。耳挖簪的插戴,或单或双,都很常见③。

小簪子也可以做得格外玲珑精致,最常见的是簪首作成各式草虫。蝴蝶、蜻蜓、螳螂、蝎子、蜘蛛,配了草叶,或金或银,又或金银作托,上边饰玉,象生娇颤,虽是头面中的小品,却最是浓淡随意,而特别以一个"俏"字取胜。

草虫簪也有它古老的渊源,便是节日里为了辟邪、图吉利而簪戴的各式节物。晋宗懔《荆楚岁时记》曰,正月七日为人日,"或镂金簿为人以贴屏风,亦戴之头鬓","立春之日,悉剪彩为燕戴之,帖'宜春'二字"。如此风俗,一直流传下来,且历代有诗有文,吟诵不辍。悬于簪钗之端的饰物又不仅于燕,更有各式草虫,唐李远《立春日》"钗斜穿彩燕,罗薄剪春虫"④,是也,蝶、蝉、蜻蜓之类的草虫簪隋唐即开始发达起来,如隋李静训墓出土的闹蛾⑤,如陕西历史博物馆藏唐代鎏金银蝴蝶头饰⑥(图2-8:1)。其至于两宋而尤盛,作为应令的簪戴,式样也更多精巧。《武林旧事》卷二"元夕"条云,"元夕节物,妇人皆戴珠翠、闹蛾、玉梅、雪柳、菩提叶、灯毬";金盈之《新编醉翁谈录》卷三记京城风俗,曰上元时节妇人"又插雪梅,凡雪梅皆缯楮为之,又有宜男蝉,状如纸蛾而稍加文饰"。不仅京城如此,各地风俗也大略近似。范成大《上元纪吴中节物俳谐体三十二韵》句有"花蝶夜蛾迎","鹅毛剪雪英";"花蝶"句下自注云:"大白蛾花,无贵贱悉戴之,亦以迎春物也。""鹅毛"

图[2-8]:闹蛾
❶陕西历史博物馆藏

---

① 上海市文物管理委员会《上海市郊明墓清理简报》,页622,《考古》一九六三年第十一期。
② 张先得等《北京市郊武清侯李伟夫妇墓清理简报》,页60,图一〇:7,《文物》一九七九年第四期。
③ 《醒世姻缘传》第三十七回曰孙兰姬从头上拔一支金耳挖与狄希陈;第三十八回又道兰姬从头上拔下另一支来,叫捎与狄希陈,说:"和前日那支原是一对,不要撩了,留为思念。"
④ 《全唐诗》册一五,页5930,中华书局一九六〇年。
⑤ 中国社会科学院考古研究所《唐长安城郊隋唐墓》,图版一〇:3,文物出版社一九八〇年。按其出土时已散乱,后经复原,可确认为闹蛾,见沈从文《中国古代服饰研究》(增订本),图一一〇,商务印书馆(香港)有限公司一九九二年。
⑥ 申秦雁《陕西历史博物馆珍藏金银器》,图一一九,陕西人民美术出版社二〇〇三年。

句下自注云:"剪鹅毛为雪花,与夜蛾并戴。"①所谓"并戴",乃戴于钗头。南宋施清臣《夜蛾儿》"碧服银鬏粉扑衣,又随雪柳趁灯辉。怕寒还恋南华梦,凝伫钗头未肯飞"②,亦即此。据范诗与其自注,又施诗咏夜蛾儿却又用着《庄子》梦蝶之典,知蝶与蛾在这里并没有严格的分别,则花蝶、夜蛾之类可统称作闹蛾。又不仅人日和立春,正月十五上元节也是如此插戴。朱弁《续骫骳说》"元宵词"条云,"都下元宵观游之盛,前人或于歌词中道之","又妇女首饰,至此一新,髻鬢鬓簪插,如蛾、蝉、蜂、蝶、雪柳、玉梅、灯毬,袅袅满头,其名件甚多",因引晁叔用《上林春慢》"素蛾绕钗,轻蝉扑鬓,垂垂柳丝梅朵",曰"此词虽非绝唱,然句句皆是实事"。叔用,即晁冲之。元代此风依然。元张翥《一枝春·闹蛾》:"雾翅烟鬏,向云窗斗巧。宫罗轻剪,翩翩鬓影,侧映宝钗双燕。银丝蜡蒂,弄春色、一枝娇颤。谁网得、金玉飞钱,结成翠羞红怨。　　灯街上元又见。闹春风簌定,冠儿争转。偷香傅粉,尚念去年人面。妆楼误约,定何处,为花留恋。应化作、晓梦寻郎,采芳径远。"③情词婉丽,而一支赋笔敷色鲜明。金、玉、银、罗、鹅毛、纸,都是制作这类节物的材料。湖北麻城北宋石室墓棺床北部正中曾出土六件轻薄如纸的金片,其一做成蝴蝶(图2-8:2),余皆镂做花草,简报认为它是帽子上的饰件,应可据④。台北故宫藏旧题苏汉臣作《五瑞图》中,可以看到它的形象(图2-8:3)。又故宫博物院藏南宋《大傩图》,一群头裹巾帽的舞者,花枝、

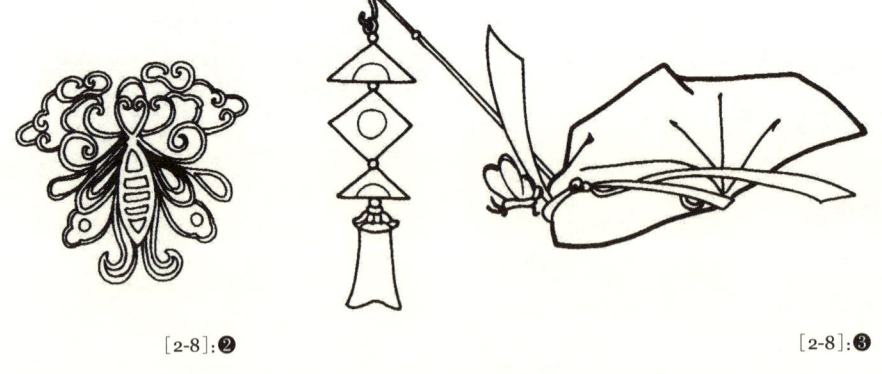

[2-8]:❷　　　　　　　　　　　　　　　[2-8]:❸

图[2-8]:闹蛾
❷湖北麻城北宋墓出土金片
❸《五瑞图》(摹本)

---

① 《全宋诗》,册四一,页25969。
② 《全宋诗》,册六二,页39027。
③ 唐圭璋《全金元词》,下册,页1013,中华书局一九七九年。
④ 王善才等《湖北麻城北宋石室墓清理简报》,图版五:7,《考古》一九六五年第一期。

[2-8]:❹

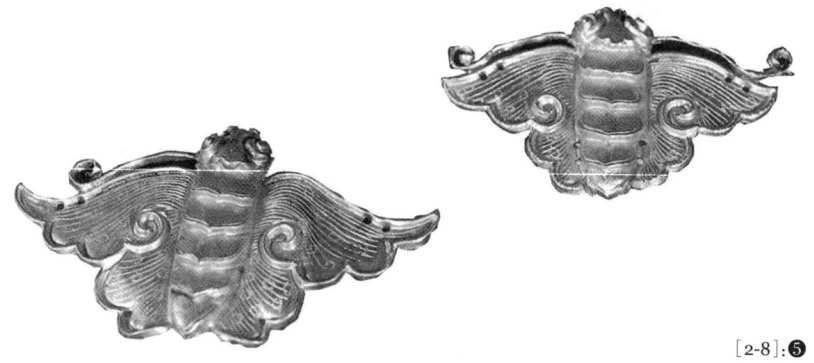

[2-8]:❺

图[2-8]:闹蛾
❹《大傩图》(摹本)
❺南京明吴忠墓出土

闹蛾或戴在当心,或簪在侧后,又或缀在帽子上(图2-8:4)。《武林旧事》卷二曰元夕"内人及小黄门百余,皆巾裹翠蛾,效街坊清乐傀儡,缭绕于灯月之下",正与此相合,可知图中所绘,乃元夕里的舞队,所谓"大傩",是误会了很久的讹称[①]。

唐宋时代的草虫簪钗与节日里特有的饰物,到了明代,则已合流。正月里,春日间,依然插戴闹蛾。《金瓶梅词话》第七十八回曰正月元旦,玳安与王经"在门首踢毽子儿,放炮燡,又磕瓜子儿,袖香桶儿,戴闹蛾儿"。南京太平门外岗子村吴忠墓出土的一对金闹蛾,应即此类节物[②](图2-8:5)。

[①] 孙景琛认为这是民间的迎春舞队(或社火),《〈大傩图〉名实辨》,页74,《文物》一九八二年第三期。
[②] 《明朝首饰冠服》,页63,墓葬年代为洪武二十三年,闹蛾长七点三厘米。

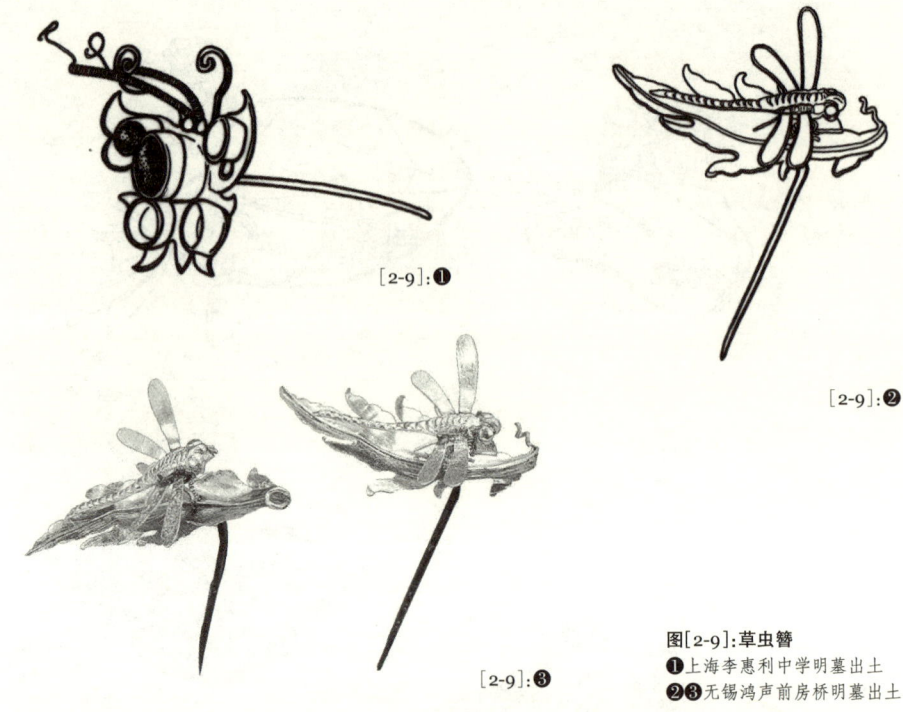

图[2-9]:草虫簪
❶上海李惠利中学明墓出土
❷❸无锡鸿声前房桥明墓出土

明蒋之翘《天启宫词》句有"玉云侧掠轻移袖,怕着新蛾闹扫垂",自注曰:"宫人春日咸头戴闹蛾,掠风撩草,鬓翅生动。"又别一首句下注云:"坤宁宫后园名内上林,时宫人所插闹蛾,尚用真草虫夹以葫芦形,如菀豆大,名'草里金',一枝可值三二十金。"①这里说到的"草里金",似乎至今未见实物,不过从节物中独立出来的草虫也包括各式花蝶簪,却多有佳制可见。如上海市李惠利中学明代墓群出土的金镶宝鎏金银簪,针式的簪脚,簪首一只银鎏金的蝴蝶,蝶身小小,宝光闪耀,银丝卷出的长须子高高探出,正仿佛"掠风撩草"②(图2-9:1)。又无锡鸿声前房桥明墓出土一对金簪,簪首錾出叶脉纹的一枚窄金叶上,用弹簧形的细金丝颤颤袅袅缀一只刻画细微的金制蜻蜓③(图2-9:2、3)。前举华复诚夫妇墓曹氏之簪戴,中有一对草虫簪,通长九厘米,簪首一枚银叶,其上又嵌一枚玉叶,玉叶中间的小孔里穿出一根银丝,上边系一只嵌着五粒珍珠的金蝉,一左一右簪在鬓髻两侧④,可知草虫簪的插戴方式之一般。设计意匠大抵同属的小簪

---

① 《明宫词》,页50、62,北京古籍出版社一九八七年。
② 簪长六点三厘米,簪首高三点一厘米。何民华《上海市李惠利中学明代墓群发掘简报》,页60,图一五,《东南文化》一九九九年第六期。
③ 《锡山藏珍》,图六九。
④ 《江苏无锡明华复诚夫妇墓发掘简报》,页139,图二:6。

子,簪首除妆饰草虫外,尚有其他。《金瓶梅词话》第五十八回,说月娘取下爱月儿头上的金鱼撇杖儿来瞧,因问:"你这样儿是那里打的?"无锡明黄钺家族墓地黄扦之妻范氏墓中出土的一对镀金银簪,簪首一尾嬉戏在草叶间的游鱼,其上并有嵌宝的小托,只是嵌物已有脱落①。所谓"金鱼撇杖儿",以此当之,却是不差。

簪之二:鬓钗之属

明代以前,曰钗,曰簪,原有两支脚和一支脚的区别,明则不然。这时候钗已经很少,所谓"头面",实以簪为主,而明人称作"钗"的,其实往往也是簪。明王圻等编《三才图会》在"内外命妇冠服"一项绘出"钗"来,却是一支脚的簪,可见当时人对簪钗的一种认识。《客座赘语》"女饰"条曰:"金玉珠石为华爵,长而列于鬓傍曰'钗'。"这里所述为南都情形,而所谓"钗",并不是两支脚,却是指长在十五厘米以上且常常做出浅弧的一种长条形簪。南京徐膺绪墓出土的云凤纹金簪,长十五点三厘米,簪首一朵金累丝的如意云,其下做出卷草纹的衬底,一只衔云的凤凰飞舞其间②(图 2-17:1)。它

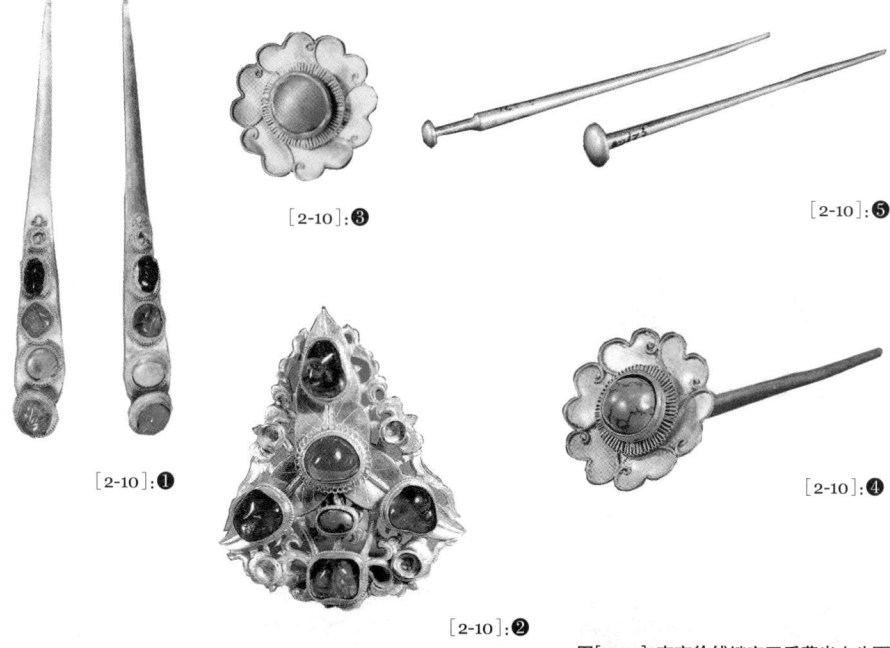

[2-10]:❸

[2-10]:❺

[2-10]:❶

[2-10]:❷

[2-10]:❹

图[2-10]:南京徐俌继室王氏墓出土头面
❶金镶珠宝簪
❷金镶珠宝慈姑叶挑心
❸金镶猫睛梅花簪
❹金镶祖母绿梅花簪
❺一点油金簪(共出两对)

---

① 无锡市博物馆《江苏无锡青山湾明黄钺家族墓》,图版三八:1,《考古学集刊·3》,中国社会科学出版社一九八三年。
② 《明朝首饰冠服》,页 79。

的插戴方式，在明人所绘容像中正可见得分明，浙江义乌吴之艺妻倪仁吉所绘吴氏先祖图册，即是可靠的例证之一[①]（图2-11）。又前举南京徐俌继室王氏墓出土的一对嵌宝石金簪，上宽下窄的扁长条，宽的部分做出五个金托，托上嵌着各色宝石，末一个小金托上原嵌珠，只是出土时已脱落。簪长十七点三厘米（图2-10:1）。此在倪氏所绘图册中也有其例，画像中人头戴凤冠，鬓角一边一支倒插着嵌宝的金簪，其式与徐俌夫妇墓所出者几无二致[②]（图2-12:1）。此外，王己千怀云楼藏一幅徐光启夫人像[③]（图2-12:2），明人绘中山

[2-11]

[2-12]:❶

[2-12]:❷

图[2-11]
明倪仁吉绘吴氏先祖图册 义乌市博物馆藏

图[2-12]
❶明倪仁吉绘吴氏先祖图册 义乌市博物馆藏
❷徐光启夫人像 怀云楼藏

[①] 吴高彬《义乌文物精萃》，图二〇八，文物出版社二〇〇三年。据图版说明，倪仁吉字心蕙，号凝香子，生于明万历三十五年，卒于清康熙二十四年。按此图像系倪氏后人翻修老宅时在房梁上边发现，左文右图，一一揭明所绘人物身分。其末自称图凡二十一幅，不过发现时只有二十幅。后在装裱过程中图文失序，文字与图像因已无法对应。
[②]《义乌文物精萃》，图二一〇。
[③]《艺苑掇英》第三十八辑，页41，上海人民美术出版社一九八八年。

孺人汪氏容像①(图2-13),又朱夫人像②,也都表现着类似的插戴方式。顾起元所谓"金玉珠石为华爵,长而列于鬓傍曰'钗'",其实正是此类弯作浅弧的扁长条金簪。《碎金》"服饰篇"中"南"首饰之"边钗"、"北"首饰之"倒插鬓",范濂《云间据目抄》卷二之"捧鬓",叶梦珠《阅世编》卷八之"倒钗",又《朱氏舜水谈绮》卷下饰"钗",曰其形弯曲,名作"掩鬓",皆指此物。当然《谈绮》之所谓"掩鬓"是着眼于钗的位置和作用,在这里乃是泛指鬓钗,作为专称的掩鬓,其式则又有不同。

这一种类型的簪,原是从唐代的搔头变化而来。唐李贤墓壁画中有用长簪搔头的女子,这类长簪且有实物可见,如镇江唐墓出土的一件刻花银簪③。若盛装,搔头便总是两对三对斜斜簪于两鬓,它在时属五代和宋初的敦煌绘画中很是常见,如法国吉美博物馆藏《被帽地藏菩萨十王图》中的供养人④。内蒙古赤峰宝山辽墓壁画中也有相似的形象⑤(图2-14)。冯延巳《谒金门》"斗鸭阑干独倚,碧

图[2-13]
明人绘中山孺人汪氏容像

图[2-14]
❶《被帽地藏菩萨十王图》(局部)法国吉美博物馆藏

---

① 其冠下尚有一对如意头及一支金倒垂莲宝簪。《徽州容像艺术》,页11。
② 周汛等《中国历代妇女妆饰》,页99,图一二一,三联书店(香港)有限一九八八年。这里表现的都是盛装之际鬓钗的插戴方式,它的插戴当然也可以有另外的方式,此也见于倪仁吉所绘图册,如《义乌文物精萃》中的图二一四。
③ 簪长二十六点八厘米。镇江市博物馆《江苏镇江唐墓》,页137,图九:2,《考古》一九八五年第二期。
④ 时属北宋太平兴国八年。《西域美术·Ⅱ》,图63-3,讲谈社一九九四年。
⑤ 内蒙古文物考古研究所《内蒙古赤峰宝山辽壁画墓发掘简报》,《文物》一九九八年第一期。

玉搔头斜坠"①,正是词笔写出的一帧小影。唐式搔头两宋犹见,如四川彭州宋代金银器窖藏中的一件金簪,簪头在细网纹的地子上浮雕出缠枝牡丹,周缘妆饰联珠纹,通长十九点二厘米②(图 2-15∶1)。又南宋史绳祖墓出土的金簪,长十五点五厘米,窄长的簪脚针刻云纹,宽扁的簪头做成双层,即以一个细镂着卷草纹的金套叠合在上面③(图 2-15∶2)。此际又出现了由唐式搔头脱胎出来的一种新样式。与前不同的是,簪脚趋于窄尖,簪头趋于宽圆,形若一枚织布的梭子。南京幕府山宋墓④、浙江永嘉宋代窖藏⑤,均有其例。永嘉所出者,长近二十厘米,簪头用细镂的缠枝花作地子,其上錾刻一尾戏珠蛟龙,腾挪的龙身之间,又点缀三朵浮雕出来的菊花(图

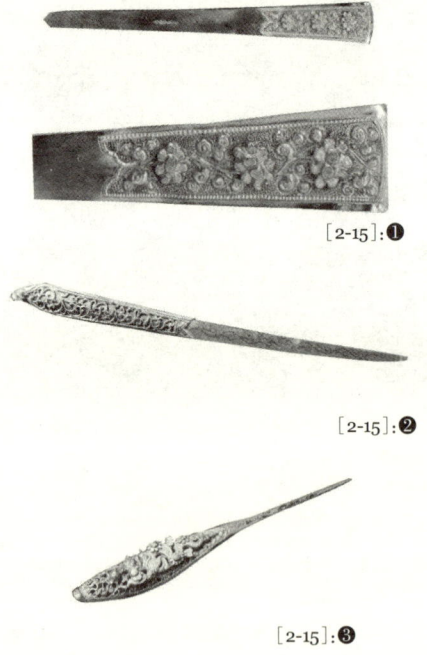

图[2-14]
❷《颂经图》局部 内蒙古赤峰宝山辽墓壁画

图[2-15]∶宋代金簪
❶四川彭州宋代窖藏
❷浙江衢州南宋史绳祖墓出土
❸浙江永嘉宋代窖藏

① 《全唐五代词》,上册,页 676。按"坠"与"缀"在唐人诗词中常常混用,此句即以作"缀"解为宜。任半塘《敦煌歌辞总编》于此有考,见该书页 219~210,上海古籍出版社一九八七年。
② 《四川彭州宋代金银器窖藏》,彩版七∶2
③ 衢州市文管会《浙江衢州市南宋墓出土器物》,页 1006,图三∶7,《考古》一九八三年第十一期。
④ 南京市博物馆《南京幕府山宋墓清理简报》,图版三∶3,《文物》一九八二年第三期。
⑤ 金柏东等《浙江永嘉发现宋代窖藏银器》,图版六∶4,《文物》一九八四年第五期。

图[2-15]：元代金簪
❹湖北武昌周家田元墓出土
❺湖南津市元代窖藏

[2-15]:❹　　　　　　　　　　　　　[2-15]:❺

2-15：3）。元代似乎仍从旧式，而簪头多半做成浮雕的花果。如湖北武昌周家田元墓出土的瓜头金簪①，又湖南津市元代窖藏中发现的一支金簪，通长十五点八厘米，簪头是细金丝盘绕串连起来的瓜果和石榴，其间妆饰各样花卉②（图2-15：4、5）。

　　唐式搔头到了明代在造型上并没有太大的变化，宋元时代喜欢的龙凤花草依然是它的主要妆饰题材。南昌明宁靖王夫人吴氏墓出土的一件牡丹纹金簪和一对菊花纹金簪，造型与妆饰意匠，都颇存宋元遗风，此墓的入葬时间为弘治十七年③。明代常见的一种瓜头簪子，也是宋元花果簪的变体之一，此际则以规整和工细有别于前。这一时代的金细工艺差不多可以说是登峰造极，掐丝、累丝、填丝、錾花，诸般工艺聚于一簪而般般精致。亭台楼阁，栏栋阶石，重重叠叠里外数层，更有释道仙人出入其中，小小簪头竟可演出热闹的游仙故事。四川平武王玺家族墓④，江苏江阴长泾夏氏夫妇墓和青阳邹氏墓⑤，南昌南城益庄王墓⑥，金簪中最为精致的一

---

① 武汉市博物馆《黄陂县周家田元墓》，页84，图八，《文物》一九八九年第五期。按本篇图2-15：4由武汉市博物馆提供。
② 彭佳《湖南津市窖藏元代金银器》，页14，图二，《东南文化》二〇〇〇年第四期。
③ 江西省文物考古研究所《南昌明代宁靖王夫人吴氏墓发掘简报》，页4，图一三、一六，《文物》二〇〇三年第二期。
④ 墓地中时代最早者为宣德六年，最晚者为正德七年。《四川平武明王玺家族墓》，《文物》一九八九年第七期。
⑤ 墓葬时代为正德年间。《江阴长泾、青阳出土的明代金银饰》。
⑥ 益庄王嘉靖三十六年下葬南城，妃王氏同时迁葬于此，继妃万氏万历十九年迁葬。《江西南城明益庄王墓出土文物》，页48。

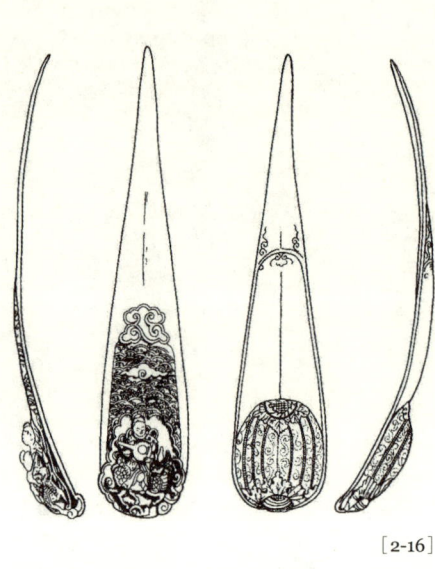

[2-16]

图[2-16]
四川平武王玺家族墓出土金簪

图[2-17]
❶金累丝云凤簪 南京徐膚绪墓出土
❷金摺丝楼台人物簪 南昌明益庄王墓出土

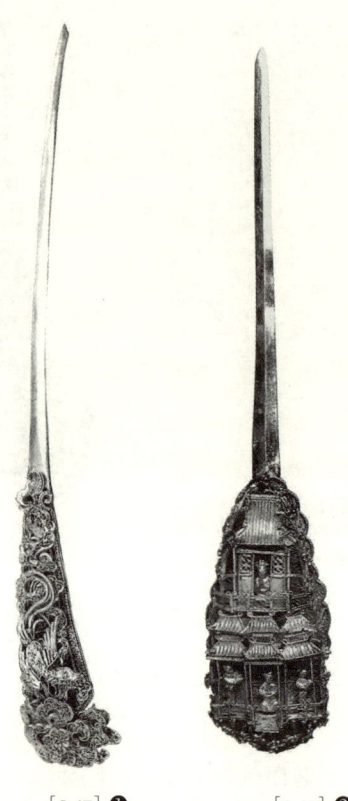

[2-17]:❶   [2-17]:❷

类,大抵集中在明代中期和中期略晚的墓葬(图1-27、图2-16、图2-17)。此际以古搔头为式的长条形簪,豪华者,又常常嵌玉嵌宝。定陵出土的一对镶珠宝金簪,通长十五点三厘米,簪脚浅刻流云纹,簪首三个花丝编就的金托,一作梅花,一作蝶,一作慈姑叶,其上各嵌珍珠和宝石。另一对形制与它相似,不过是金托上嵌玉,玉上嵌宝,蝴蝶须子更用金丝绕成弹簧的样子,须尖上一边系珍珠一粒。两对金簪都是倒插在孝端皇后的鬓边(图2-35、图2-36)。《阅世编》卷八云"两鬓亦以珠花、珠结、珠蝶捧之",可见明末风气。

造型如垂珠,如朵云,也都是"倒插鬓"常见的式样[①](图2-17:2、图2-

---

① 如明益庄王墓所出金摺丝楼台人物鬓钗,如明吴麟墓所出持荷童子鬓钗。后者著录于安吉博物馆《安吉文物精华》(页33~33,文物出版社二○○三年),系一九六六年发现于安吉彰吴乡景坞村,据墓志,知墓主为吴麟夫妇,吴麟为嘉靖五年进士。关于玉饰的出土情况,则没有留下详细记录,图版说明云其为凤冠镶嵌物,原是推测。与其他明墓所出首饰相对看,可知这里刊发的是挑心一件,分心一件,鬓钗两对,掩鬓一对,俱以孩儿为主题,应即头面一副(《天水冰山录》有"金厢大珠孩儿首饰一副";定陵孝靖后首饰中有玉雕持荷孩儿镶宝鎏金银簪一对,《定陵》,图版二五三)。

33)。后者又有专名曰掩鬓,即《客座赘语》卷四说到的"掩鬓或作云形,或作团花形,插于两鬓,古之所谓'两博鬓'也"。《三才图会》中绘出的"两博鬓"造型正如朵云(图 2-18),图下注云:"两博鬓,即今之掩鬓。"[1]不过博鬓之称乃用于礼服,通常是与凤冠合为一体,此在宋代皇后画像中可见。《客座赘语》原是以雅释俗,《三才图会》则是以俗例雅,而作为头面的一个组成部分,掩鬓是当日更为通行的名称,《金瓶梅词话》第九十回形容来旺儿担子里的首饰,中有"满冠擎出广寒宫,掩鬓凿成桃源境",即此。广寒宫与桃源境都是首饰中很有代表性的表现题材。《三才图会》中的掩鬓之一,是一边嫦娥一边捣药玉兔的广寒宫中景;另一支图案为凤凰,江西明益宣王墓出土的正是这样一对(图 2-34)。

云朵样的掩鬓,或由节日所戴的"云月"演变而来。《老学庵笔记》卷二:"靖康初,京师织帛及妇人首饰衣服,皆备四时。如节物则春幡、灯毬、竞渡、艾虎、云月之类,花则桃、杏、荷花、菊花、梅花,皆并为一景,谓之一年景。"四川广汉发现的南宋窖藏玉器中,有一件云月形的玉饰,高一点八、宽三点五厘米,是朵云托着一枚圆月,云月之间有两个小穿[2](图 2-19)。《碎金》"服饰篇"的"北"首饰"钗"类中,也列有"云月"之

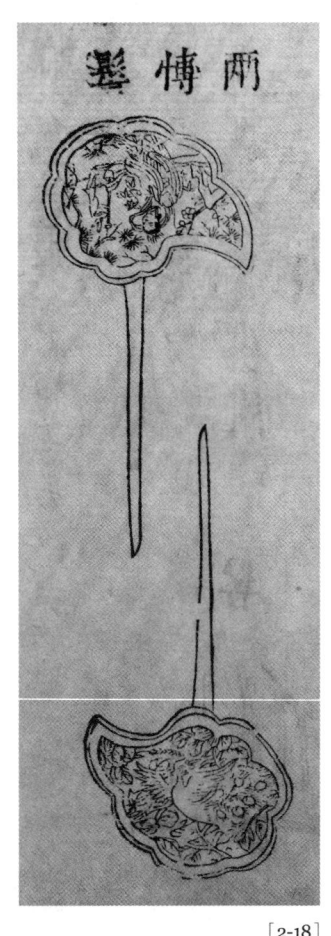

[2-18]

[2-19]

图[2-18]
《三才图会》中的掩鬓

图[2-19]:云月玉饰
四川广汉南宋窖藏

---

[1] 此图左上角标其名云"两博鬘",而图下注云"两博鬓",自以作"鬓"为是。
[2] 邱登成等《四川广汉南宋窖藏玉器》,页 25,图七,上海古籍出版社二〇〇二年。

名。与它同时的苏州吴张士诚母曹氏墓曾出土一对云托日、月金片①,时当明初的南京中央门外张家洼汪兴祖墓出土一对金银饰,朵云托月为银,朵云托日为金,其上各有"日"、"月"二字作为标识。南京太平门外板仓徐膺绪墓出土一件金簪,则是累丝做成的朵云托月(或曰日),墓葬年代为永乐十四年②。正德年间入葬的江阴长泾夏彝夫妇墓出土一对云托日、月金簪,簪首云月用着打作和镂空的工艺,造型则与徐膺绪墓所出无别(图 2-20:1)。约略同时的江阴青阳邹氏墓出一对艾虎五毒金簪,造型取了云朵的式样,云朵上面打作蝎子、蜈蚣、三足蟾蜍,当心是仙人骑虎③,很像是端午佩带的节物。这一造型在明中期以后便比较固定,而式样则愈趋繁丽,累丝、錾花,又或金镶宝、银镶玉,云朵中的花样更是不断翻新,题材仍以仙人居多。上海打浦桥明顾定芳夫妇合葬墓出土一对白玉掩鬓,云朵形的边框,长五点七、宽三点五厘米,云朵中飞着捧花的仙人。出土的时候,其后一支银簪脚,簪脚的一端分出五爪扣在镂空的地子上,另一端插在鬓边的发髻里④(图 2-20:2)。与旧日的"碧玉搔头斜坠"不同,明代插在鬓边的簪钗原是为着压鬓和掩鬓。《明史》卷六七《舆服三》中列有"金压鬓双头钗二","压鬓"二字,正是明代鬓钗特色。生活在明末清初的李渔在《闲情偶记》卷三《声容部》中品评簪式,因特别说道:"簪头所以压发,服贴为佳。"鬓钗与正

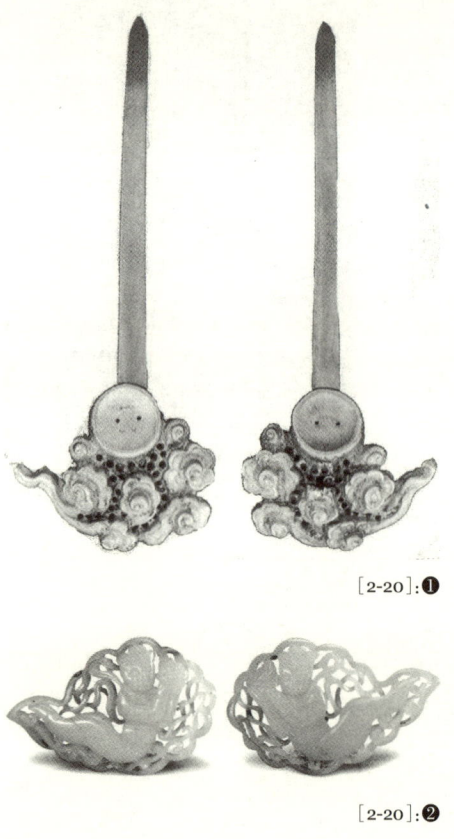

图[2-20]:掩鬓
❶江苏江阴长泾夏彝夫妇墓出土
❷上海打浦桥顾定芳夫妇墓出土

---

① 苏州市文物保管委员会《苏州吴张士诚母曹氏墓清理简报》,图版十:7,《考古》一九六五年第六期。
② 《明朝首饰冠服》,页 55、81。
③ 《江阴长泾、青阳出土的明代金银饰》,页 38,图五;页 42,图一六。
④ 王正书《上海打浦桥明墓出土玉器》,页 83,图二,《文物》二〇〇〇年第四期。

面的挑心，插戴方式多是自下向上即所谓"倒插"，簪脚则以扁平为常，掩鬓有时也做出钗式的两支脚，而扁平依然。

鬓钗总是妆饰得华丽，在一副头面中自然醒目，即便单独插戴，也很有隆重的意思，《醒世姻缘传》第五十九回："头上也不消多戴甚么，就只戴一对鬓钗，两对簪子。也不消戴环子，就是家常戴的丁香罢。"这便是出门拜会的妆束了。

簪之三：挑心、顶簪、分心、满冠

"挑心"，"分心"，可以说是明代头面之要。江苏武进王洛家族墓王昶继室徐氏簪戴的挑心，以佛像为簪首①，这也正是挑心最常见的式样。南京太平门外板仓徐膺绪墓②、上海松江区华阳明代墓群七号墓③，均有其例。又如上海浦东陆家嘴陆氏墓陆深夫人簪戴的一件，乃以金片打作出来的重台莲花为座，一边弯出一支金莲蓬头，座上立着羊脂玉观音，实地儿的金梗子旋出卷着如意云头的璎珞和飞起的飘带，腰间是两片金叶儿作底，衬了金累丝的托儿，托儿上嵌着一颗红宝石。观音身后衬一个"寿"字，长约十厘米的银簪脚在北面折作一个弯钩，然后垂直后伸。簪首高五点四厘米④（图2-21：1）。而在钗簪上面妆饰佛像，似乎元代已经流行。元伊世珍《嫏嬛记》卷下引《禅林实语》曰："有女子卸冠者，奉观音大士甚肃，比丘尼往往劝其修净土，云当作观音观，观其法身，愈大愈妙。自此夜恒梦见之，然甚小，若妇人钗头玉佛状。一日，其夫寄一玉观音，类梦中所见，自是奉之益笃。"所云"观音观"，乃《佛说观无量寿经》中说到的"十六观"之一。把佛

[2-21]：❶

图[2-21]

❶金莲花嵌宝玉观音挑心 上海浦东陆家嘴陆氏墓出土

---

① 武进市博物馆《武进明代王洛家族墓》，页33，图七：8-2，《东南文化》一九九九年第三期。
② 《明朝首饰冠服》，页80。
③ 《上海市松江区华阳明代墓群发掘简报》，页644，图一四。
④ 上海博物馆《上海浦东明陆氏墓记述》，图版七：6，《考古》一九八五年第六期。按庚寅年秋承上海博物馆提供观摩之便，得以看到此件挑心的背面结构。

像作为簪头或钗头的妆饰,大约同观音崇拜有关。观音头戴宝冠,宝冠上面置化佛,此中原有顶戴世尊、降伏外道之意,首饰的设计意匠,或即由此而来,这一类的簪子便多是作为挑心戴在当中。《醒世姻缘传》第七十八回曰"徐太太当中戴一尊赤金拔丝观音",正形容得明白。而观音挑心的造型本来就是直接取式于观音宝冠上面的化佛,宋《大佛顶陀罗尼经》卷首图、英国博物馆藏宋《引路菩萨图》中的观音,都可以作为溯源的参考(图2-22)。用摩尼珠作簪首,也是明代常见的式样。与此前不同,明代首饰的表现内容多有源自佛教艺术的吉祥寓意,这也是它的特色之一。

佛像之外,挑心的妆饰又有梵文、宝塔、仙人、凤凰之类(图2-21:2、3),多取下宽上窄向着顶端耸起的造型,制作总是十分精巧。定陵中孝靖皇后簪戴的一件挑心,是嵌宝石如意云朵托着的一座金塔,细细密密均匀排列的一千五百多个卷草式的小金丝累作塔身,塔顶周围一圈栏杆,塔里坐着一个小金佛[①]。《天水冰山录》"首饰"项下列有"金厢玉累丝佛塔首饰一副",下注"计一十二件,共重一十五两四钱",又"金厢佛塔嵌珠宝首饰一副",注云"计一十六件,共重一十二两四钱"。孝靖后的这一件,似即此类首饰中的"领衔"。又明益宣王墓孙妃之属的一件金挑心,乃一只展翼飞翔的鸾鸟,两个翅膀一边一颗红宝石,嵌着宝的尾羽如一扇立屏,鸾鸟上坐着西王母,披云肩,著凤冠,方驾鸾而行[②](图2-34)。同出尚有金镶宝玉群仙庆寿钿儿,又一对金镶宝凤头簪,一对金镶宝龙头

[2-21]:❷

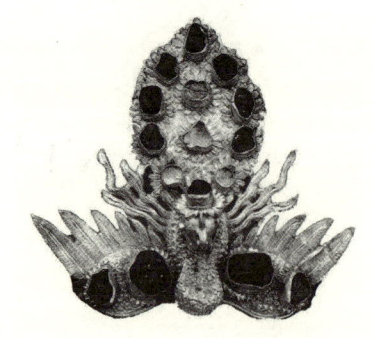

[2-21]:❸

图[2-21]
❷ 金镶宝累丝佛塔挑心 北京定陵出土
❸ 金镶宝凤鸟银脚挑心 江阴青阳邹氏墓出土

[①]《定陵》,彩版一〇七:左。
[②] 江西省文物工作队《江西南城明益宣王朱翊鈏夫妇合葬墓》,图版四:4,《文物》一九五九年第一期。

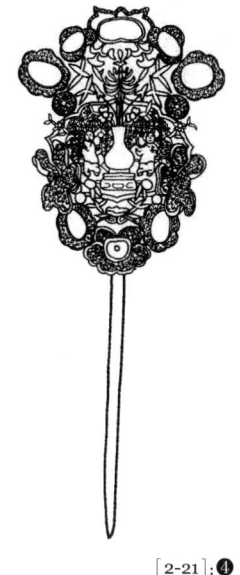  

[2-21]:❹   [2-21]:❺   [2-21]:❻

图[2-21]
❹金镶珠宝瓶花人物顶簪 北京市郊武清后侯李伟夫妇墓出土
❺金梵文银脚顶簪 江苏常州王家村出土
❻银鎏金梵文挑心 上海松江区华阳明代墓群出土

簪,一对金镶宝累丝双龙捧寿簪,一对金镶宝凤凰掩鬓,俱以龙凤福寿为主要妆饰题材;《天水冰山录》有"金镶王母青鸾嵌宝首饰一副","计一十三件,共重一十三两四钱",孙氏的一副,大抵与之相当。

挑心总是单独的一支,自下而上簪戴于当心位置,"挑心"之称大约也是由此而来。此外一种常常也是单独一支而位于鬏髻之端,簪戴方式却是相反,即由上而下,其名曰顶簪或关顶簪,如北京市郊明武清侯李伟夫妇墓出土的金镶宝玉蝴蝶采花簪和金镶珠宝瓶花人物簪①,如江苏常州王家村出土的金十相自在图银脚簪②(图 2-21:4、5)。而这一件梵文顶簪与上海松江区华阳明代墓群一号墓出土的银鎏金梵文挑心,正可对看③(图 2-21:6)。不过顶簪之细巧者也或成对插戴。《金瓶梅词话》第十三回说到李瓶儿"向头上关顶的金簪儿拔下两根来,递与西门庆";过了两日西门庆假托瓶儿名义, 又把它给了潘金莲,"金莲接在手内观看, 却是两根番纹低[底]板、石青填地、金玲珑寿字簪儿,乃御前所制造,宫里出来的,甚是奇

---

① 《北京市郊明武清侯李伟夫妇墓清理简报》,页 61,图一二:3、4。
② 簪通长十二厘米,宽五点八厘米,重三十一克。《常州文物精华》,图九四,文物出版社一九九八年。
③ 《上海市松江区华阳明代墓群发掘简报》,页 643,图一三。

[2-22]:❶

[2-22]:❷

图[2-22]
❶《大佛顶陀罗尼经》卷首图(局部)
❷《引路菩萨图》(局部)

巧"。定陵出土的孝端皇后头面中,正有如此玲珑奇巧的一支出在黑纱鬏髻上方。花丝做的嵌宝金托,其上捧出白玉雕就的"万寿"两个字,字上镶嵌红蓝宝石,通长十二点五厘米,重十六克①(图 2-35、图 2-36)。可知所谓"乃御前所制造,宫里出来的",并非诳语②,它因此令"金莲满心欢喜",而成为情节转折处的一个关节。小说与实物的对应,又正好互见背景。

所谓"分心",它的名称和意匠来源仿佛不

---

① 《定陵》,彩版一〇四:中(编号 D112:7)。
② 朝鲜质正官赵宪于朝鲜宣祖七年(明万历二年)使明,归国后有载录此行的《朝天日记》,其八月十四日记事曰,"圣节钦赏……讲官丁士美万寿字簪一对,……讲官范应期万寿字簪一对"(复旦大学文史研究院、成钧馆大学东亚学术院大东文化研究院《韩国汉文燕行文献选编》,第二册,页 291,复旦大学出版社二〇一〇年),亦为确证。

[2-23]:❶   [2-23]:❷

图[2-23]
❶《燃灯授记释迦文图》（摹本）辽宁省博物馆藏
❷《临李龙眠九歌图》（摹本）吉林省博物馆藏

大好解，不过仍有一个大致的线索可以略略显出痕迹。宋元时代宫廷乐队的乐人妆束中，有一类头饰名菩萨冠。《宋史》卷一四二《乐志》记队舞之制，曰菩萨蛮队冠卷云冠，佳人剪牡丹队戴金冠，拂霓裳队冠仙冠，菩萨献香队戴宝冠。又《元史》卷七一《礼乐志》述乐队之制，云说法队中，"妇女二十人，冠珠子菩萨冠，服销金黄衣，璎珞，佩绶，执金浮屠白伞盖"，又有"妇女二十人，冠金翠菩萨冠，服销金红衣，执宝盖，舞唱与前队相和"。舞队所扮不外仙人菩萨，《礼乐志》中列出的几种冠，其式究竟如何虽不能指确，但宋元绘画中神仙菩萨的冠式总还是代表同时代人某种共同的认识，因可作为一个比较切近的参考，如宋人《燃灯授记释迦文图》中的菩萨，如元张渥《临李龙眠九歌图》中的湘君（图2-23:1、2）。

宋金时代女子所著之冠，其上又常常妆饰释道神仙。清宫旧藏宋代皇后像中颇有其例。如真宗章懿李皇后坐像，高冠上面龙凤珠翠不必说，冠之当顶是跨凤的西王母，其下高低错落立着一排排的仙人。又徽宗后、钦宗后，凤冠上面的妆饰均是其类（图2-24）。《金史》卷四三《舆服志》所谓"皇后冠服，花株冠，用盛子一，青罗表，青绢衬金红罗托里，用九龙四凤，前面大龙衔穗毬一朵，前后有花株各十有二，及鸂鶒、孔雀、云鹤、王母仙人队、浮动插瓣"云云，其妆饰与宋代皇后之冠颇多相似，而元人笔下，也有清楚的图像。山西稷山县青龙寺腰殿元代壁画"往古后妃宫女众"里的

[2-23]:❸

图[2-23]
❸青龙寺元代壁画(摹本)
❹四川平武王玺家族墓地出土仙人满池娇分心

[2-23]:❹

娥皇和女英,头戴花冠,花冠四表攒簇青罗,冠顶做出尖拱,即如菩萨冠之式,冠之当心则妆饰祥云,云朵间立着仙人队①(图2-23:3)。元无名氏《桃花女》杂剧,说到桃花女出嫁之日,"带上一顶花冠,层层都是神道,妆的似天帝一般"②,正可用来说明壁画的构思,而它很可能是仙冠、菩萨冠与宋金皇后之冠在造型和题材上的影响与融合。出现在明代的"分心",无论造型轮廓还是妆饰题材,同它都有着或直接或间接的联系。

明代女子戴䯼髻,插戴在䯼髻前后的一种式样特殊的簪,俗称分心。分心之形,为十几厘米长的一道弯弧,背面做出几个扁管以安簪脚,正面上缘一溜尖拱,中心高,两边依次低下来,恰如宋人《燃灯授记释迦文图》

---

① 柴泽俊《山西寺观壁画》,图版一七九,文物出版社一九九七年。
② 臧晋叔《元曲选》,册三,页1031,中华书局一九五八年。

中的菩萨冠或张渥图湘君所著仙冠的当心部分。其质多为金,或累丝,或錾刻,又或金镶玉、银镶玉,制作每每极尽工巧,图案则多以仙佛为主。观音,菩贤,王母,寿星,又配以亭台楼阁,龟鹿仙鹤,或雕栏下一池开得茂盛的莲花,即所谓"满池娇",总是一幅景象富丽、寓意吉祥的画面。无论造型还是题材,都带着从元代花冠脱胎而来的痕迹。如四川平武王玺家族墓地十五号墓,女主人簪戴的头面,据简报所绘出土位置①,可知头部两侧一边两对花头簪子,又有一支瓜头鬘钗簪在一侧,后面是略扁而长的仙人满池娇分心(图2-23:4),前面是略高而短的文殊满池娇分心,耳边一对金葫芦环子。分心的制作工艺和插戴方式,大致可以代表明中期以前的风格。

又有一种插戴在发髻后边的首饰,叫作满冠。《金瓶梅词话》第六十一回曰"李瓶儿又叫过奶子如意儿,与了他一袭紫紬子袄儿,蓝紬裙,一件旧绫披袄儿,两根金头簪子,一件银满冠儿",即此。

满冠也始于宋,其时或称作掉篦,又或写作棹篦、掉鈚。篦和鈚,这里都是指簪。南宋吕胜己《柳梢青》"日日楼心与画眉,鬆分蝉翅黛云低。象牙白齿双梳子,驼背红纹小棹篦"②,双梳子,或左右对插,或重叠相次插在发髻当心,如宋牟益《捣练图》中的女子;棹篦则为一支,那么它总是要簪在发髻之后,既曰"驼背",其形便也当略如梳背儿,并且不大。但也还有另外一种,南戏《张

[2-24]:❶

[2-24]:❷

图[2-24]
❶宋徽宗皇后像
❷宋钦宗皇后像

① 《四川平武明王玺家族墓》,页8。
② 唐圭璋《全宋词》,册三,页1763,中华书局一九六五年。

[2-25]:❶

[2-25]:❷

协状元》:"[净曰]孩儿,有好掉篦似扁担样大底买一个归来把与娘带。"①曰"扁担样大",原是插科打诨,不过由此也可见它的样子大约如扁担一般的长而弯。掉篦在元代依然流行,《碎金·服饰篇》"首饰"条列有"掉鈚",而属之于"南"。同条"北"属者,又有"包髻、掩鬓"。忖度其意,可以大致推测出它的簪戴方式。元刘贯道《消夏图》中的两位侍女,其一绘着背影,正好清楚看见红包髻下横关着一个长而弯的饰件。又永乐宫元代壁画中的一位捧盒玉女,也是一个刻画清晰的后身,红包髻两侧对簪凤鸟,包髻下掩着一个边缘缀珠的半月形饰②(图2-25)。或可认为,掉篦、掩鬓,均是横簪于发髻之后形制相类的头饰,不过以南北之别而称呼不同,它的设计用心,又都是从发髻后面插梳的习俗而来。明代,掉篦、掩鬓演变为满冠。江阴青阳邹氏墓出土的一件金簪,簪首形如浅而弯的梳背儿,弯弧中间一朵莲花,花心顶一只莲蓬,莲花两边一对鸳鸯,两端錾着草叶和蝴蝶③,正是"满池娇"的一幅莲塘小景(图2-26)。又南京郊区所出金簪,半月形的簪首,外缘做出波曲,中间一只展翅的蝴蝶。两例金簪背面都焊着垂直向后的银簪脚④,后者与《三才图会》"内外命妇冠服"中画着的满冠相对照,

[2-26]

图[2-25]
❶《消夏图》(摹本)
❷永乐宫元代壁画(摹本)

图[2-26]
江苏江阴青阳邹氏墓出土金簪

① 《古本戏曲丛刊·初集》影印《永乐大典戏文三种》。
② 《中国殿堂壁画全集·3·元代道观》,图版一八,山西人民出版社一九九七年。
③ 《江阴长泾、青阳出土的明代金银饰》,页41,图一四。
④ 《明朝首饰冠服》,页103。

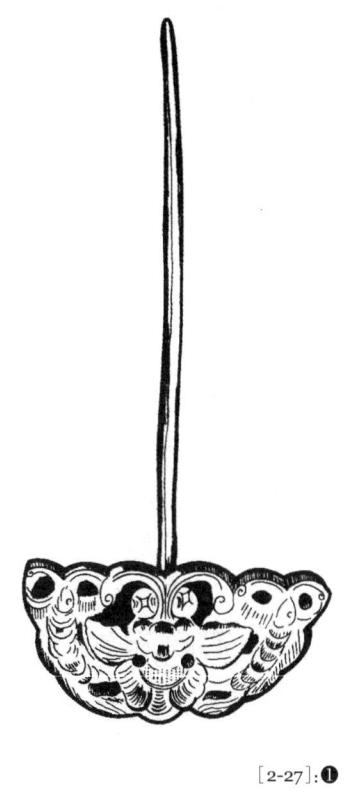

[2-27]:❶

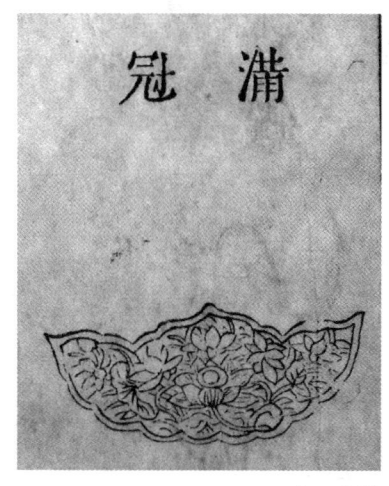

[2-27]:❷

图[2-27]
❶南京郊区出土金簪
❷《三才图会》中的满冠

簪首之式若一(图 2-27)。它与凤冠配合插戴的情形,见于贵州遵义高坪明代杨氏家族墓地,金碧辉煌的一顶凤冠下,一支半月形的满冠不偏不倚抱合在后边[①]。《三才图会》所以曰满冠"不过以首饰副满冠上,故有是名耳"。

钿儿,箍儿,络索

另有一种做成弯弧的长条形簪,却是用作正面插戴。它在宋代已经出现,浙江永嘉窖藏发现三件,其中之一是簪首做成十六厘米长的一道弯弧,联珠纹沿边,中间装点各式花卉十五朵,簪首背面中央,一支垂直向后

[①] 贵州省博物馆《遵义高坪"播州土司"杨文等四座墓葬发掘记》,页 73,图一六,《文物》一九七四年第一期。

的扁平簪脚，其质为银①（图2-28:1）。明代沿用此式，而且没有作太大的改变，江阴青阳邹氏墓出土的一件，簪首金，簪脚银，式样与永嘉所出相同，不过簪首的各式花卉均在花心嵌宝，花朵间更点缀偃仰有致的小金叶②（图2-28:2）。类似的例子，也见于兰州上西园彭泽夫妇墓③。又无锡青山湾黄钺家族墓地黄钺之妻顾氏头上的一件，宽一点一厘米，正面打作缠枝海石榴花十一朵，两端各饰一只小蜜蜂。其背面却没有簪脚，而是做出扁长的鼻儿④（图2-28:

---

① 《浙江永嘉发现宋代窖藏银器》，页83，图三。本篇图2-28:1由温州博物馆提供。
② 墓葬时代为正德年间。《江阴长泾、青阳出土的明代金银饰》，页41，图一五。
③ 墓葬时代为嘉靖年间。甘肃省文物管理委员会《兰州上西园明彭泽墓清理简报》，图版一六:2，《考古通讯》一九五七年第一期。
④ 女主人顾氏卒于嘉靖三十九年。《江苏无锡青山湾明黄钺家族墓》，图版三七:2。按本篇图2-28:3、4由无锡市博物馆提供。

图[2-28]
❶银簪 浙江永嘉宋代窖藏
❷嵌宝金簪 江苏江阴青阳邹氏墓出土
❸❹金钿儿 江苏无锡黄钺夫妇墓出土
❺金钿儿 广东普宁墓葬出土
❻清代铜镀金点翠嵌珠宝七凤钿花 台北故宫博物院藏

3、4)。时代后于此的上海宝山朱守城夫妇墓所出,弯弧形的簪首之后也不做簪脚①。那么它便不成为簪,而是改变插戴方式,成了所谓的"发箍",当日原称它作"花钿"或"钿儿",即《客座赘语》卷四所谓"花钿戴于发鼓之下",发鼓,即鬏髻。无锡华复诚夫妇墓所出妆饰着如意云头的钿儿,正是戴在鬏髻之下②。又广东省博物馆藏普宁墓葬出土的一组明代首饰,与分心同出的也有金制的钿儿,与华复诚夫妇墓所出者相同,钿儿的两端也做出很细的弯钩③(图 2-28:5)。前举南昌明益宣王朱翊鈏墓孙妃头面中的金镶宝玉群仙庆寿钿儿,可以说是此物之最:双层的金制弯弧,长二十一厘米,上缘做出一溜朵云边,一朵云下一个嵌宝的小金龛,一个金龛里立一个仙人,当心是玉做的寿星,两边对称排着玉八仙,金玉宝石,诸般精好齐聚在一处(图 2-34)。金钿儿两端系着带子,那么它的佩系方式必与华复诚墓所出者相同,即把这带子套在横贯鬏髻两侧银簪的簪头上。《金瓶梅词话》第九十五回,曰薛嫂把春梅要的一付九凤钿银根儿取出给月娘看,"约四指宽,通掩过鬏髻来,金翠掩映,翡翠重叠,背面贴金,那九级钿,每个凤口内衔着一挂宝珠牌儿,十分奇巧"。不过它的"十分奇巧",与王室之物相比,还只好算作小巫。

钿儿在清代似乎也还没有完全消失。彼时满族女子著礼服,戴钿子,亦即珠翠为饰的彩冠,其饰通常是合若干单独的钿花为一组,钿子正面下缘,称作钿口,也有着独立的饰件。台北故宫藏清代的一套铜镀金点翠嵌珠宝翠玉七凤钿花,用作钿口的一件,一道弧形横梁上妆饰七只通体点翠的凤,凤之首、身、翼、尾缀珠嵌宝,每个凤口内又各衔着一挂红蓝宝石缀脚的珠儿④(图 2-28:5),它由明代钿儿演化而来的痕迹,正清楚可见。

明代另有一种纺织品制作的箍,其上缀珠缀玉,它的实例不算很少。如上海打浦桥顾定芳夫妇墓中出土的一件,两端稍阔、中间略窄的一条布带,珠子沿边,当心缝缀一枚金片作托的玉雕团龙,左右依次对称排列八对坐在金托上的玉饰,它是"缝合后套于额头"⑤(图 2-29:1)。四川剑阁县明兵部尚书赵炳然夫妇合葬墓,有九件出自夫人王氏头部的小金饰,乃做

---

① 墓葬时代为万历年间。上海市文物管理委员会《上海宝山明朱守城夫妇墓合葬墓》,页 65,图二四,文物一九九二年第五期。
② 《江苏无锡明华复诚夫妇墓发掘简报》,页 139,图二:4。
③ 《广东省博物馆藏品选》,页 197,文物出版社一九九九年。
④ 《清代服饰展览图录》,图八八:2,台北故宫博物院一九八六年。
⑤ 王正书《上海打浦桥明墓出土玉器》,页 84,图五,《文物》二〇〇〇年第四期。

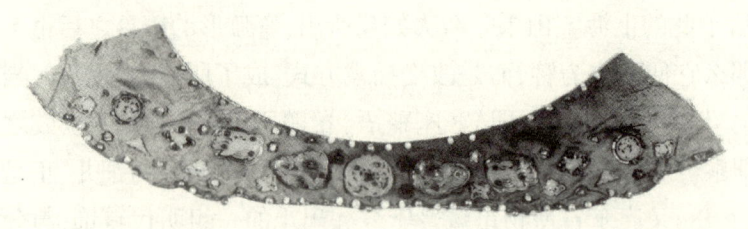

图[2-29]:珠子箍儿
❶上海打浦桥顾定芳夫妇墓出土
❷定陵出土

工精细的八仙和寿星①;《安吉文物精华》著录一组溪龙出土的明代银鎏金八仙庆寿饰件,金饰平均高三点九厘米,宽平均不到两厘米②,八个仙人和一对寿桃的近缘处都錾着小孔(图 2-30:1),应与赵炳然夫妇墓所出者同属,那么这两组金饰也都是缝缀在纺织品上面的饰件。又定陵孝端皇后头饰中的一件"抹额",黄素纱作里,黄素绫作面,后边接头处用铜针别住,中间缝缀金制的七朵菊花和草叶,花心嵌宝,花叶点翠,其间缀着珍珠③(图 2-29:2)。这一类纺织品,当日称作"箍儿",又以箍儿多缀珠,故又称"珠子箍儿"。《金瓶梅词话》第十一回,曰"西门庆许了金莲,要往庙上替他买珠子,要穿箍儿戴";又第七十八回,云春梅"头上翠花云髻儿,羊皮金沿的珠子箍儿","金灯笼坠子"。书中提到的尚有"紫销金箍儿","翠蓝绉纱羊皮金滚边的箍儿","紫",是箍儿的颜色,"销金",则是箍儿上的洒金妆饰。它原是当日女子的一种平常妆束,并且不大有身分的区别。箍儿可以是盛装中的陪衬,而家常打扮中,它又成为醒目的装点。《金瓶梅词话》第七十八回,说"月娘从何千户家赴了席来家,已摘了首饰花翠,止戴着鬏髻,撇着六根金簪子,勒着珠子箍儿",即此。

珠子箍儿的来源,可以追溯到元代的脱木华和速霞真。元熊梦祥《析津志》"风俗"中云,"以金色罗拢髻,上缀大珠者,名脱木华。以红罗抹额中现花纹者,名速霞真也",速霞真"夏则单红梅花罗,冬以银鼠表纳失,今取

---

① 四川省博物馆等《明兵部尚书赵炳然夫妇合葬墓》,页 38,图一一,《文物》一九八二年第二期。
② 《安吉文物精华》,页 123。按图录原未标明大小,其详细尺寸承王明达先生代为查询并示下。
③ 《定陵》,图版二四〇。

其暖而贵重";"先带上紫罗,脱木华以大珠穿成九珠方胜,或叠胜葵花之类,妆饰于上"①。不过依熊氏所述,它本来是与罟罟冠相偕的一套妆束,但当日汉族女子却曾变化其式,而使它别成一种。前引关汉卿《诈妮子调风月》"包髻是缨络大真珠,额花是秋色玲珑玉","玲珑玉"而曰"额花"②,那么它该是缝缀在蒙覆额头的织物上面,此织物与作为抹额的速霞真当为同属,不过速霞真的"现花纹",这里变成为缀玉。明代珠子箍儿与它的因承关系,正是显而易见,除窄阔之别外,其间也再没有太大的变化,却是把脱木华的妆饰方法,也一并移用过来,比如饰珠,比如妆饰方胜和叠胜。后者,由明代一幅汪氏清太君容像,可见其式③(图2-31)。

钿儿和箍儿,又可以一起佩戴。《金瓶梅词话》第十五回,曰李桂姐"家常挽着一窝丝杭州攒,金累丝钗,翠梅花钿儿,珠子箍儿,金笼坠子"。与此相合的一个实例,见于前举江苏武进王洛家族墓地二号墓,墓主人之一是王昶继室徐氏,原戴着一顶银丝鬏髻,一边一支金裹头簪子簪在鬏髻两侧,鬏髻之端,是一支蜂赶菊的顶簪,后面关着分心,当心一支挑心,挑心之下一弯装点着十一朵

[2-30]:❶

[2-30]:❷

图[2-30]
❶八仙和寿桃 浙江安吉溪龙出土
❷叠胜 南京明汪兴祖墓出土

---

① 北京图书馆善本组《析津志辑佚》,页206,北京古籍出版社一九八三年。
② 元《新编居家必用事类全集·戊集》(书目文献出版社影印朝鲜刻本)"玉器"条下也列有"玉额花"。
③ 《徽州容像艺术》,页12。南京明汪兴祖墓出土有金叠胜,《明朝首饰冠服》,页57。

图[2-31]
汪氏清太君容像

梅花的"金饰"——正是那梅花钿儿,然后是一件缝缀着珠子花的"额帕",又正是那珠子箍儿①。

妆饰作用同箍儿有点儿近似的尚有一种叫作络索。络索南宋已经出现。元熊进德"金丝络索双凤头,小叶尖眉未著愁。大姑昨夜苕溪过,新歌学得唱湖州"②,正是宋人南渡之后西子湖畔画舫笙歌中的一个小景。元王伯成《天宝遗事诸宫调》,曰"杨妃澡浴,髻收金络索,珮解玉玎琭"③,可知

---

① 《武进明代王洛家族墓》页35述墓主簪戴之状云,"漆纱珠翠庆云发冠一件。银丝编织长方孔网纹框架,框架上覆以黑绉纱"(按此即鬏髻),"冠前中部有一尊金佛像"(按此即挑心)。"金佛像之下有一呈弧形带状梅花金饰,共有十一朵梅花,花蕊内缀有珍珠"(按此即梅花钿儿);"冠后下部有一月牙形云龙纹金饰"(按此即分心),"冠顶部有一金质葵花,葵花四周有四只小蜜蜂"(按此即顶簪。据明代流行的题材,这里说的"葵花",应是所谓"蜂赶菊"的菊花);"冠出土时有额帕箍住,两侧各有两根包金发簪将冠别牢在发髻上"(按此簪即金裹头);额帕"面料为豆黄色素缎,素绢衬里,额帕两侧各缝钉有八朵金花,金花中嵌有红宝石,额帕中部有五朵用若干珍珠缀成的梅花形图案"(按此即珠子箍儿)。

② 《元诗纪事》卷二四。纪事引《蝉精隽》云:"元上饶熊进德,作诗幽深,尝作《西湖竹枝词》云云。杭西湖方南渡盛时,绮罗锦绣,画舫笙歌,游人士女,日费千金,时人目为销金锅,故云。"

③ 凌景埏谢伯阳《诸宫调两种》,页107,齐鲁书社一九八八年。

它是周环发髻而簪戴,江西德安桃源山南宋周氏墓出土的络索,仍保持着当日系戴的样子,正是如此情景①。络,又写作珞,《碎金·服饰篇》"首饰"条下又有"落索",而属之于"南",亦此物。明代为女子服饰写真的作品很少,不过以历史故事为题材的绘画,偶尔也表现出若干当代生活细节中的真实。如南京博物院藏唐寅《李端端图》以及重庆博物馆藏《仿韩熙载夜宴图》(图 2-32:1),又仇英的《汉宫春晓图》,都画着发髻周环系络索的女子,说它是笔写当时,应无疑义。图中所绘络索与出土的明代实物也很相近,如明益宣王墓孙妃头饰中的一件:金板做成的一道弯弧是络索的梁,梁上錾出七朵缠枝牡丹,两端有用作穿系带子的孔,下缘垂着十串珍珠②(图 2-32:2)。与宋代络索梁下多是牵出金花网不同,明代多以梁下垂珠子缨络儿为多。络索在明代又称作"围髻"和"云髻"。《天水冰山录》"头箍围髻"项下列有"金玉围髻一条";《金瓶梅词话》第三十七回,说十五岁的韩爱姐"才吊起头儿没多几日,戴着云髻儿";第四十二回,曰春梅、玉箫等各房中的几个大丫环,"都是云髻珠子缨络儿,金灯笼坠";又第八十六回,道月娘嫁出春梅之日,"把春梅收拾打扮,妆点起来,戴着围发云髻儿,满头珠翠",皆其例。

[2-32]:❶

图[2-32]:围髻
❶《仿韩熙载夜宴图》(局部)

① 周迪人等《德安南宋周氏墓》,图版一:2,江西人民出版社一九九九年。
② 本篇图 2-32:2 由江西省博物馆提供。

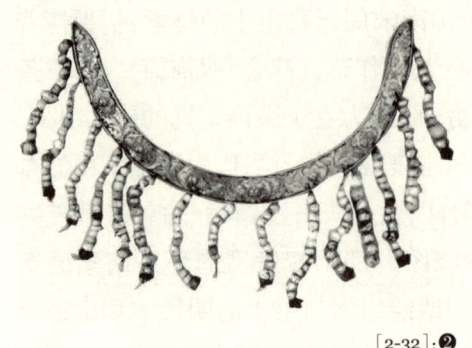

[2-32]:❷

图[2-32]:围髻
❷明益宣王墓出土

头面一副及其插戴

总之,明代所谓"一副头面",便是指插戴在鬏髻周围而妆饰题材一致的各式簪钗(图 2-33、图 2-34)。头面,原指冠上的妆饰,元《朴通事谚解》曰一个官人娶娘子,彩礼中有"金厢宝石头面",注云:"以金为斗栱而纳石于其中,缀着于女冠之上以为饰也。"头面因此不包括作为耳饰的耳环和耳坠。同书:"我再把一副头面,一个七宝金簪儿,一对耳坠儿,一对窟嵌的金戒指儿,这六件儿当的五十两银子。"可为一证。明代依然如此。明《礼部志稿》卷二十"皇帝纳后仪"中的纳吉纳征告期礼物列有"首饰一副",耳环则另外举出。所谓"首饰一副",即头面一副,《戒庵老人漫笔》卷五"今古方言大略"条"首饰曰头面",是也。当然各式簪钗本来也是独立的首饰,《天水冰山录》"首饰"项计量皆为一副若干件,此外又别列"金簪"一项,而计之以"件",正如《朴通事谚解》中的"一副头面,一个七宝金簪儿"。

头面之一副,讲究者,依《天水冰山录》所记,总在十至十二三事左右,或多至二十余事或少至五事七事,而以前者为常。对所知明墓出土的若干组首饰作综合考察,大致可以认为,一支挑心,一枚分心,鬓钗一对,各式小簪子亦即"俏簪"三对,如此十件应即通常的头面一副。繁者,鬓钗可添至两对或三对,若更增钿儿、满冠、顶簪,则至二十余事矣。

考古发掘所见明代头面,以定陵所出数量为巨。定陵二后,其一神宗孝端皇后王氏,万历六年册立为后,万历四十八年卒,先于神宗三个月,谥孝端,合葬定陵。其一孝靖王太后,光宗生母,病故于万历三十九年,葬天寿山。她生前仅封作皇贵妃,熹宗即位后方尊为皇太后,并迁葬定陵。定陵中,两后虽然都是满头珠翠,但比较起来,仍以孝端插戴的首饰为华贵和

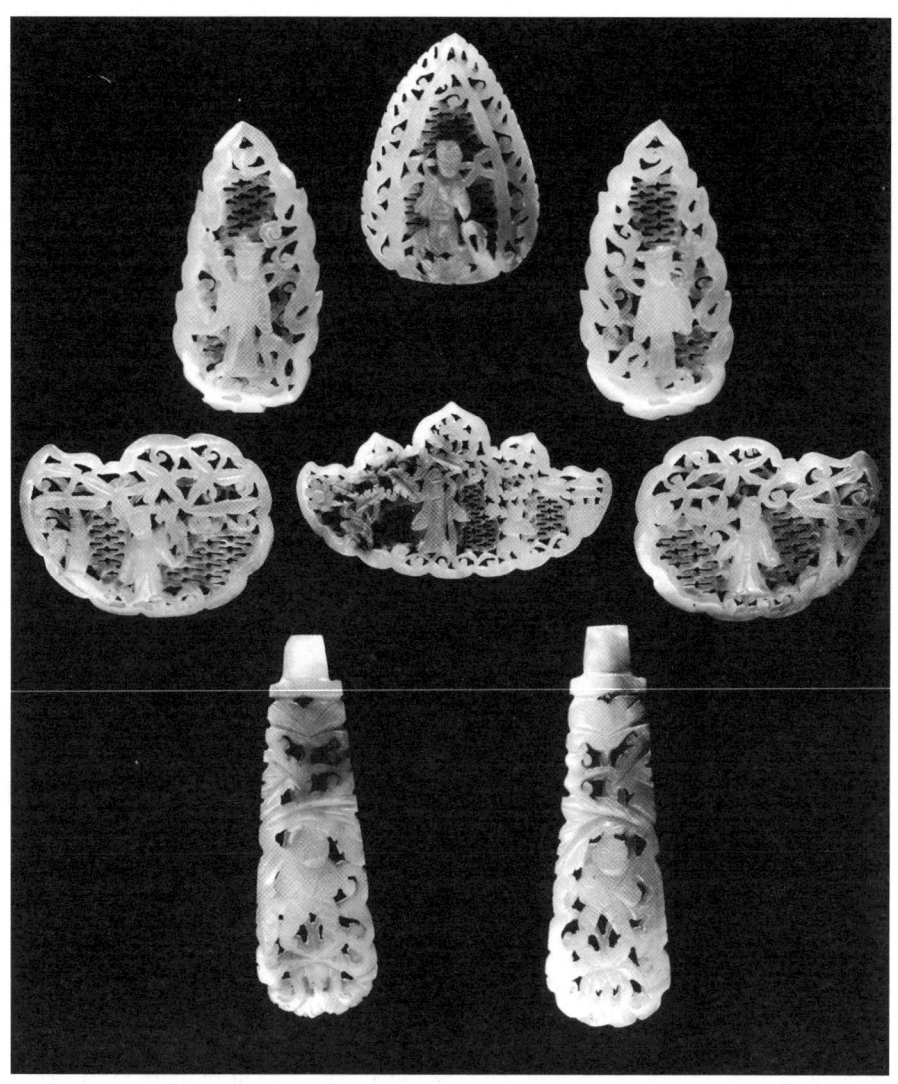

[2-33]

图[2-33]：玉雕孩儿头面
浙江安吉明吴麟墓出土
上中：挑心
中：分心
中左、中右：掩鬓
上左、上右、下左、下右：鬓钗

齐整，则不妨由此来检阅完整的"首饰一副"[①]。

我们可以率先析出以福寿吉祥为主要妆饰题材的一套，而《天水冰山

[①] 此据《定陵》页25所绘首饰出土位置图、页196~197分述首饰类型、页305~306孝端后首饰登记表综合而成。

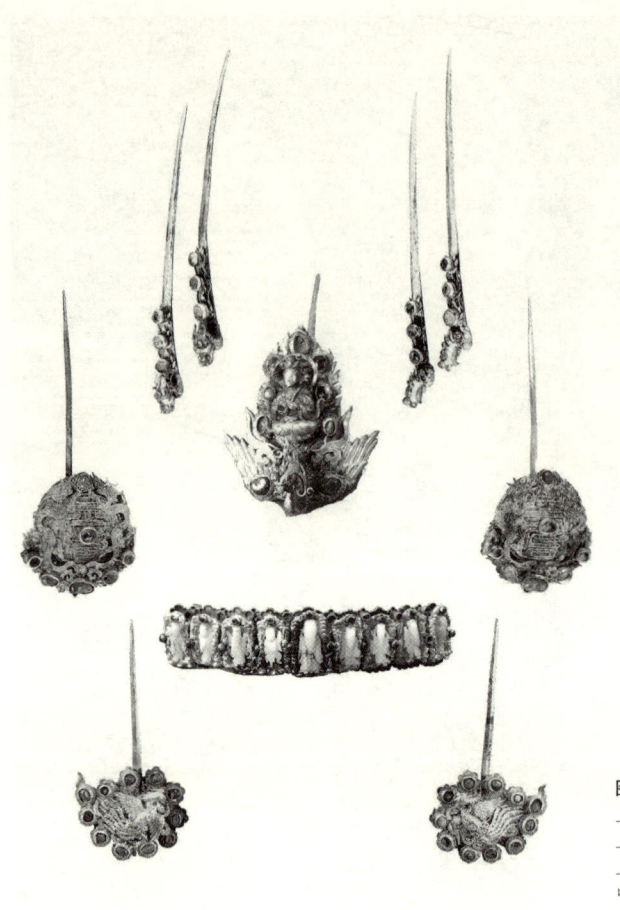

图[2-34]:明益宣王墓出土孙妃头面
上中:金镶王母青鸾嵌宝挑心
上左:金镶宝龙头簪一对
上右:金镶宝凤头簪一对
中:金镶宝累丝双龙捧寿簪一对
下中:金镶宝玉群仙庆寿钿儿
下左、下右:金镶宝凤凰掩鬓一对

录》"首饰"项下列有"金厢玉宝寿福禄首饰一副",以此为它定名,正好合式。孝端后原戴着一顶黑纱髹髻,其下为络索,为珠子箍,髹髻当中一支镶宝金簪,便是挑心,乃玉花捧出嵌宝的一个玉玲珑大"寿"字,玉花上边镶了金托,托上嵌着三颗猫儿眼,又红、蓝、绿各色宝石,通长十三点五厘米,重九十九点五克①。髹髻两侧,对簪着金镶珠宝玉玲珑寿字掩鬓②,又金镶玉吉祥鬓钗一对③;髹髻上面,一支金镶玉万寿嵌宝顶簪,此前说顶簪一节

---

① 《定陵》编号为 D112:5,彩版一〇五:中。
② 编号 D112:8、33。白玉寿字上方的两个角尚有金制的卍字各一个,合了当心的寿字,则为"万寿"。D112:33 通长九点九厘米,重四十四点六克,彩版一〇五:右。
③ 编号 D112:12、34。D112:12 通长十八点六厘米,重二十五点四克,彩版一〇二:中。

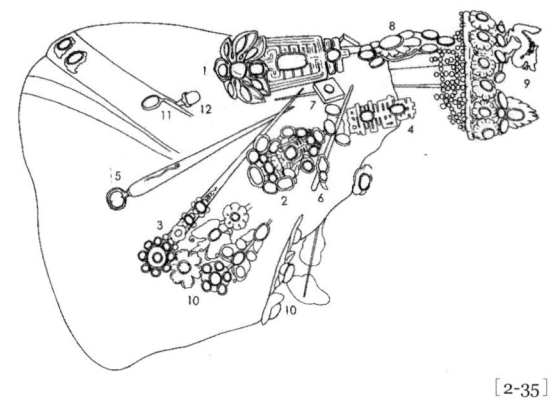

图[2-35]
定陵孝端后两副头面的出土位置
❶金镶宝玉玲珑寿字挑心
❷金镶珠宝玉玲珑寿字掩鬓
❸金镶玉吉祥鬓钗
❹金镶玉玲珑万寿嵌宝顶簪
❺金镶宝桃簪
❻金镶玉玲珑寿字簪
❼金镶玉卍字嵌宝簪
❽金镶蜂采花钗
❾金镶玉龙宝珠牡丹顶簪
❿金镶宝玉蝴蝶采花鬓钗
⓫镶猫眼金簪
⓬镶珠梅花簪

已经提到它;一对映红宝石妆的绛桃簪在鬓角①;挑心两边的小簪子,则是一对金镶玉玲珑寿字簪②,一对金镶玉卍字嵌宝簪③(图2-35、图2-36)。头面十二事,惟挑心和金镶玉寿字簪的背面刻着字,前者为"万历戊午年造",后者为"大明万历年造"。这里的"戊午",为万历四十六年。

除此一副之外,孝端后簪戴的头面,尚有嵌珠宝金钗一只,钗首是花丝编制的花叶形金托,金叶上嵌着红、蓝宝石,当心一朵白玉花,花心一颗黄宝石,三只金制的小蜜蜂飞舞在玉花周围④。《天水冰山录》"金簪"项下列有"金厢蜂采花钗一根",用来为它命名,略无不合。又有簪在鬓边的三对金镶宝玉蝴蝶采花金簪⑤,亦即鬓钗,上文"鬓钗"一节已曾举出。顶簪一支,乃以牡丹花为妆饰主题,簪首做出金托,上边托出白玉镂孔缠枝牡丹的一个平台,花台下缀珠子缨络,花台上又是白玉牡丹嵌出的两组花座,

---

① 编号 D112:11、30。D112:11 通长十五点三厘米,重十四点九克,彩版一〇二:右。金簪脚上刻着云龙纹,簪首桃形的金托里,嵌着一颗红宝石。据页25所绘出土位置,它是倒簪在鬓角。"映红宝石妆的绛桃",语出《醒世姻缘传》第七十八回。彼云"吴太太当中戴一枝赤金拔丝丹凤,口衔四颗明珠宝结,右戴一枝映红宝石妆的绛桃",簪的形制和簪戴方式与定陵的这一对差似,因借来命名。
② 编号 D112:42、43。D112:42 通长九点三厘米重四点九克,彩版一〇四:右。簪首金托上一个绿玉制的篆文寿字,寿字当心嵌一颗红宝石。
③ 编号 D112:3、4。D112:3 通长八点一厘米,重十克,图版二四二:中。簪首是金托上嵌的一个绿玉卍字,字心嵌一颗红宝石。
④ 编号 D112:2,通长十三点五厘米,重五十克,彩版一〇一:右。
⑤ 一对编号为D112:13、35,一对编号为D112:14、37,一对编号为D112:16、44。D112:13 通长十五点六厘米,重二十八克,彩版一〇三:右;D112:14 通长十五点三厘米,重二十八点五克,彩版一〇三:左;D112:16 通长十六点七厘米,重六十二点五克,彩版一〇一:左。

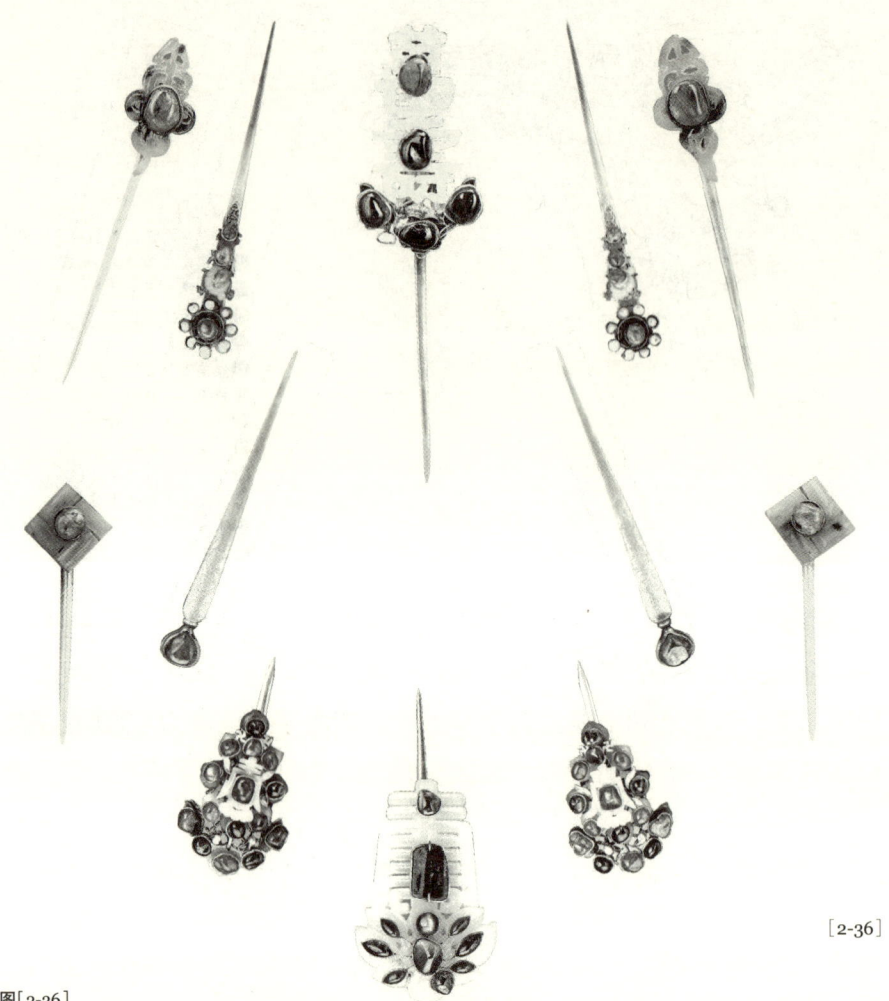

图 [2-36]
下左、下右：金镶珠宝玉玲珑寿字掩鬓一对
上左二、上右二：金镶玉吉祥鬓钗一对
上左一、上右一：金镶宝玉玲珑寿字簪一对
中左二、中右二：金镶宝桃簪一对
下中：金镶宝玉玲珑寿字挑心
中左一、中左二：金镶玉卍字嵌宝簪一对
上中：金镶玉玲珑万寿嵌宝顶簪

花座之一，置绿玉描金火焰珠，又一，置嵌宝玉龙[①]。又有金镶宝、金镶珠小金簪各一对，前者簪顶金托上嵌猫儿眼[②]，后者梅花托里嵌珍珠[③]。其中一对金镶宝玉蝴蝶采花金簪的背面，刻着"万历戊午年造"的字样。妆饰题材大体一致的一十二事，也合当头面一副（图 2-37）。只是原应占着首要位

---

① 编号 D112∶1，通长二十七点五厘米，重一百七十一克，彩版一〇〇∶中。
② 编号 D112∶19、25。D112∶19 通长八点四厘米，重十一点八克，图版二四三∶左。
③ 编号 D112∶15、36。D112∶15 通长八点七厘米，重十二点七克，图版二四三∶左二。

置的挑心,这里易作一支正面插戴的金钗。《天水冰山录》"金厢珠宝首饰"项下列有金厢双蝶牡丹珠宝首饰一副(计一十件,共重一十九两),金厢蝴蝶穿梅翠首饰一副(计一十二件,共重二十两零五钱五分),金厢蝴蝶嵌珠

[2-37]

图[2-37]
上中:金镶玉龙宝珠牡丹顶簪
下中:金镶宝蜂采花钗
上之左、右,下之左三、下之右三:金镶宝玉蝴蝶采花鬓钗
下之左二、下之右二:镶猫眼金簪
下之左一、下之右一:镶珠梅花簪

宝首饰一副(计一十件,共重一十六两五钱五分),等等,孝端后簪戴的这一副,亦属此类。用来命名的,总该是诸件首饰中主题最为突出且制作最为精美的一件,那么它可命作"金镶玉龙牡丹珠宝首饰一副"。两副头面均打造于万历四十六年。这里显示出来的正是一种宫廷样式,它大致始于明中期,而一直延续到明朝末年。其与早期式样的明显不同,即在于以金镶珠宝玉石为多。《明史》卷八二《食货六》云嘉靖中期以后,"太仓之银,颇取入承运库,办金宝珍珠。于是猫儿睛、祖母碌、石绿、撒孛尼石、红刺石、北河洗石、金刚钻、朱蓝石、紫英石、甘黄玉,无所不购。穆宗承之,购珠宝益急";万历中,"帝日黩货,开采之议大兴,费以钜万计,珠宝价增旧二十倍"①;成书于万历年间的《五杂组》卷一二列举当日为世人所重的各种宝石,而曰"皆镶嵌首饰之用",定陵以及大抵同时的藩王墓葬所出头面多以珠宝为饰,自然与这样的背景密切相关。

贵为皇后,头面乃有如此之富丽,民间当然不能相比。不过完整的一两副、两三副头面,自元代以来即是女子妆具中的必备。元杂剧《刘弘嫁婢》议嫁一节,刘弘道,"我今日待与小姐成就些婚配的道理","金银玉头面三副,不少么。春夏秋冬衣服四套,不少么"②。即其例。女子寻常插戴固不必如此齐整,但若盛装,头面一副自是中心。

银丝鬏髻,各式金银簪子,翠钿儿,耳环,可以说是明代女子盛装的基本组成③。分心、围髻、箍儿,妆饰作用与钿儿约略相当,因此常常只是拣选其一。盛装之一,是发髻上挽一支掠儿,上面罩一个鬏髻,前后各簪一件分心,两边一对鬓钗和两三对短簪子,当然还要配着耳环,前举平武王玺家族墓十五号墓女主人之簪戴,是其例。盛装之二,鬏髻依然,其端一支顶簪,绕着鬏髻的口沿戴一个钿儿,下边又是一围珠子箍儿,正面当心簪一支挑心,两鬓对簪一对乃至两对鬓钗。鬏髻的两侧,三对短簪子:一对金裹头,一对耳挖,一对梅花簪,是此类短簪常见的搭配,前举武进王洛家族墓王昶继室徐氏之簪戴,可以为例,而倪仁吉所绘先祖容像之一也正好与它互证。画像中人头戴鬏髻,端有顶簪,挑心簪在当中,两旁花头簪子若干,

---

① 田艺蘅《留青日札》上海古籍出版社一九九二年卷二三"猫睛·祖母禄"条:"猫睛,名猫儿眼,一线中横,四面活光,轮转照人。次者名走水石,无光。祖母禄本绿宝石,上者名助把避,深暗绿色;中者名助木剌,明绿色;下者为撒卜泥,浅绿色。带石者,皆出回回山坑中。正德、嘉靖以来,抄没刘瑾、江彬、严嵩辈,此宝最奇且多。隆庆四年,户部进上金两事,内猫睛、祖母禄等项一万八千四百颗。"
② 隋树森《元曲选外编》,册三,页822,中华书局一九八七年。
③ 《金瓶梅词话》第九十五回,云月娘把小玉许给玳安,因"替小玉张了一顶鬏髻,与了他几件金银首饰,四根金头银脚簪,环坠戒指之类,两套段绢颜色衣服"。"环",指耳环;"坠",指耳坠。

口沿金钿儿的两边各一支梅花簪,又一对鬓钗倒插在左右(图2-11)。

　　首饰的插戴之满,是明代女子的妆束风格。挑心,顶簪,满冠,首饰的命名也因此多着眼于它所在的位置。额角,鬓边,时或称作四鬓①,论修饬严整,四鬓都要装点得一丝不苟才算是好。钿儿、箍儿、围髻、掩鬓,便是为此而设计。至于一副头面的图案构思,则多半在于同一题材之下,使它有全景也有特写,合拢来可见密丽,分散开仍见精微。然而如此盛装之下,头面的簪戴便实在不很容易,插戴本身竟也变成一项专门的技艺,以至于当日富贵大家女子欲盛装出行,须雇专司其业的"插戴婆"代为从事。明田艺蘅《留青日札》卷二一"绣花娘·插戴婆·瞎先生"条:"曰插戴婆者,富贵大家妇女赴人筵席,金玉珠翠首饰甚多,自不能簪妆,则专雇此辈。颜色间杂,四面均匀,一首之大,几如合抱,即一插带,顷刻费钱二三钱。"回望晚唐的"玉钗头上风",审美趋向实在已经相去太远。这其中更有一个十分重要的原因,即女子缠足带来的巨大变化和影响,如步态,风神乃至身心和生活方式等等,不过这又是另外的话题了。

　　首饰至明而臻于辉煌,当然其蓄势早在宋元,不论妆饰题材还是制作工艺。完整的一副明代头面,可以说事事有它的来源,演变的线索几乎一一可寻,它的集大成,也正是华贵与精致的登峰造极。首饰自然不是女子专属,不过对于女子来说却格外重要,尤其是生存空间越发狭小的明代女子。释道神仙,时令节物,福禄长生,富贵吉祥,明代织绣、陶瓷、漆器等各种工艺品中流行的题材,几乎尽被浓缩在方寸之间。语汇丰富并且带了更多世俗趣味的明代首饰,便总能为这一个狭小的空间带来许多热闹,而撑起生活细节的腴丽和丰满。明代小说写实的一派,对它自不能不特存关注,首饰在日常生活中本来有的名称,也因此成为作品中一种独特的叙事语言。那么,为重现的实物寻找到它曾经有过的各种名称和不同的簪戴方式,即所谓"正名",则文字、图像与实物的凑泊处所予人的一点豁然,便正是可赖以复原逝去之远景的豁然。

---

① 《金瓶梅词话》第二十七回形容夏日里潘金莲、李瓶儿的一身家常妆束,"惟金莲不戴冠儿,拖着一窝丝杭州攒,翠云子丝网儿,露着四髩,上粘着飞金,粉面额上贴着三个翠面花儿"。

说"事儿"

所谓"事儿",其实是一个名词的后一半,说得完全,则是"三事儿"、"七事儿",等等,它原是流行于明代的名称,而其中包括了几种不同的器物。

先说这"三事儿"。三事儿应别作两类,其一是卫生用具,其一是佩件。前者的基本组成是镊子、牙签、耳挖勺。三样用具,都有着久远的历史,溯源,有的可追溯到商代。研究者曾对此有过详细的讨论①。三件物事明代以前尚不曾有固定的组合,考古发现的实物以单独出现者为多。耳挖之端通常是尖尖的如簪脚一般插在发髻里,又或者一头耳挖一头镊子,也把它兼作钗用,此在唐五代比较常见②。六朝诗文常常说到钗镊,如《南齐书》卷二九《周盘龙传》曰盘龙有爱妾杜氏,齐高帝萧道成送"金钗镊二十枚,手敕曰:饷周公阿杜"③。梁简文帝萧纲《采桑》诗"下牀著珠珮,捉镜安花镊",《戏赠丽人诗》"取花争间镊,攀枝念蕊香",又梁江洪《咏歌妓诗》"宝镊间珠花,分明靓妆点"④,则镊原也可作为首饰,正如挖耳之用为簪。不过与此同时镊子也还有另外的样式,即在顶端做出可以穿系的小环而用以佩携。

---

① 孙机《三事儿》,《中国文物报》二〇〇一年一月二十一日。
② 如湖北郧县唐阎婉墓,又贵州平坝马场唐墓所出,《湖北郧县唐李徽、阎婉墓发掘简报》,页38;贵州省博物馆《贵州平坝县马场唐墓》,页152,《考古》一九八一年第二期。又长沙市郊五代墓出土五件此式铜镊,乃分别发现于五座墓葬,湖南省博物馆《湖南长沙市郊五代墓清理简报》,图版一二:13,《考古》一九六六年第三期。
③ 这里的"镊",自与钗别为二事。收入商濬《稗海》八卷本中的古小说《搜神记》述晋愍帝时零陵太守赵子元遇鬼故事,其中说到子元酬制衣女子"金镊子一枚,金钗子一支"(汪绍楹校注《搜神后记》附《搜神记异本》,页75),可为一证。
④ 逯钦立《先秦汉魏晋南北朝诗》,下册,页1902;页1939;页2073,中华书局一九八三年。

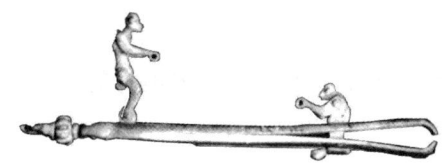

[3-1]:❶

这一种更为常见,并且流行时间远比前者为长①。河北承德甲山镇西梁村辽代窖藏中有一件铜镊,通长十三点三厘米,顶端做出花孔,花孔下嵌一只小猴,镊的两股之间开一道空心槽,槽里又一只小猴,却是可以在槽孔间来回活动,两只猴的双手均有小孔。槽孔间的小猴走到顶端与另一只小猴相会,镊的两股即完全闭合,此际两只小猴手上的透孔正好重叠,同时猴头也亲亲热热贴在一起②(图 3-1:1)。镊子顶端有花孔,那么它是可以用来穿系而作为佩件的。明代则把三件小用具合在一处而有了更为别致的设计。浙江临海张家渡明王士琦墓出土的一件金三事儿,把用链子连在一起的牙签和耳挖勺贯穿在一个做成捧桃仕女的小金筒里,用的时候,拉出来,用毕装入,然后用一枚桃形的金塞子塞住筒口,是极具巧思的一例③(图 3-1:2)。《天水冰山录》记有"剔牙杖牙筒(一副)",又"牙筒剔牙杖(一副)",应即此类。

三事儿乃家常带着的小用具,它多半是拴在汗巾角儿上,揣在衣裳袖子里,随身携带,男女皆然。江苏泰州明徐蕃夫妇墓,男性墓主人补服左边的袖子里,即有一方豆黄色的素绸汗巾,汗巾一角系一

[3-1]:❷

图[3-1]
❶银镊 河北承德甲山镇西梁村辽代窖藏
❷金三事儿 浙江临海张家渡明王士琦墓出土

---

① 如时属北魏的鎏金铜镊子,《河北定县出土北魏石函》,页256,图一一,《考古》一九六六年第五期;北周李贤墓所出银镊子,宁夏回族自治区博物馆等《宁夏固原北周李贤夫妇墓发掘简报》,页12,图版三:6,《文物》一九八五年第十一期;金代之银镊子,孙传波《旅顺博物馆藏金代完颜娄室墓出土的部分文物》,图版二:2、3,《北方文物》二〇〇一年第二期,等等。
② 刘朴《河北省承德县发现辽代窖藏》,页50,图版四:1,《北方文物》二〇〇二年第三期。
③ 范佩玲《浙江出土的金银器》,页19,《东南文化》二〇〇〇年第四期。

根银链，链的一端连着一枚银牙签①。《金瓶梅词话》第二十八回，曰陈经济从小铁棍儿手里讨得潘金莲失了的红睡鞋，到金莲面前，要换她家常用着的一方汗巾子，"妇人笑道：'好个老成久惯的短命，我也没力气和你两个缠。'于是向袖中取出一方细撮穗白绫挑线莺莺烧夜香汗巾儿，上面连银三字(事)儿，都掠与他"；又同书第五十九回，说到爱月儿从西门庆的袖子里"掏出个紫绉纱汗巾儿，上拴着一副拣金挑牙儿"，皆是此类。这里的"拣金"，亦即减金。同书第二十三回，月娘吩咐："对你姐说，上房拣妆里有六安茶，顿一壶来俺每吃"，拣妆，亦即减妆，亦即梳妆匣，可为此书把减写作拣的一个例证。而所谓"减金"，则是流行于元明时代的对金银器加工方法的一种称谓②。明人宋诩所著一部日用小百科，其《家规部》卷四"金"下释"减银"曰："以银丝嵌入光素之中。"又"银"下释"减金"曰："以金丝嵌入光素之中。""铁"下"减金"曰："金错。"可知拣金挑牙儿，便是错金的挑牙儿。减金的剔牙筒有明代实物可见。四川铜梁明张文锦夫妇合葬墓出土一副银三事儿，用铜链系连的铜柄银耳挖一，剔牙杖一，各长五厘米，合装在一枚六棱小银筒里，筒长六点六厘米，其上用金丝镶嵌人物图案，又五言诗一首，又一个"禄"字。诗云："鹤来松有伴，云去石无衣。黄金浮世在，白发古人稀。"③此自男主人所用。而银剔牙筒所谓"金丝镶嵌"之种种，应即明人习称的"减金"。

与三事儿同在一处的，常常是盛着香茶的小盒，又或者是荷包、香袋。此在《金瓶梅词话》和《醒世姻缘传》中也常常提到。如《金瓶梅词话》第十一回中说西门庆"袖中取出汗巾，连挑牙与香茶盒儿，递与桂姐收了"。又《醒世姻缘传》第十九回曰唐氏得了晁大舍的银子，故意取出来与小鸦儿看，但见"外面是一条半新不旧的余东汗巾包着，汗巾头上还系着一副乌

---

① 泰州市博物馆《江苏泰州市明代徐蕃夫妇墓清理简报》，页3，《文物》一九八六年第九期。
② 若溯其源，则宋代已有。宋佚名《百宝总珍集》卷六"减铁"条前冠口诀云："减铁元本北地有，头巾环子与腰条。马鞍作子并刀靶，如今不作半分毫。"下云："减铁北地造作漏尘碎、草虫虎、牙鱼之属，如突镂作生活，多用渗金结裹，腰条皮束带之类老旧官员多爱，今时作军官者多有。"元孔齐《至正直记》卷四"减铁为佩"条："近世尚减铁为佩带刀靶之饰，而余干及钱唐、松江竟市之，非美玩也。此乃女真遗制，惟刀靶及鞍辔或施之可也，若置之佩带，既重且易生锈衣，非美玩之所刻。"又《朴通事谚解·上》云鞍桥的"雁翅板上钉着金丝减铁事件"。所言种种适可证《百宝总珍集》之说互证。其时亦尚"减银"，元孙仲章《勘头巾》杂剧中提到"芝麻罗头巾，减银环子"，此"环子"自然是《百宝总珍集》所云"头巾环子"。而明代以后此艺不废，惟止用做铁活。清夏仁虎《旧京琐记》卷二说到"京师工艺有曰减金、减铁者，以金银丝嵌入铜铁器者是也"；近人齐如山《北京三百六十行》"铁工作·嵌丝作"曰"名为嵌银丝，其实在铁物上嵌丝多系铜丝，这种手艺风行已久，所嵌之花式均颇雅致，从前讲究的马鞍、马镫等等多系嵌丝，实一极好发明也"，皆此。
③ 铜梁县文管所《四川铜梁明张文锦夫妇合葬墓清理简报》，页23，图一一：5，《文物》一九八六年第九期。

银挑牙,一个香袋"。又第七十五回,云狄希陈"把手往寄姐袖子里一伸,掏出一个桃红汗巾,吊着一个乌银脂盒,一个鸳鸯小合包,里边盛着香茶"。乌银,宋氏《家规部》卷四云:"乌银亦银也,乃用硫磺等药镕成乌色。"①《天水冰山录》中有"乌银剔牙杖一百一十七副",乌银剔牙杖,亦即乌银挑牙。香茶,原是用作清洁口腔,元乔吉《卖花声》一曲正咏着此物:"细研片脑梅花粉,新剥珍珠豆蔻仁,依方修合凤团春。醉魂清爽,舌尖香嫩,这孩儿那些风韵。"李渔《闲情偶寄》卷三"薰陶"条云:"香茶沁口,费亦不多,世人但知其贵,不知每日所需,不过指大一片,重止毫厘,裂成数块,每于饭后及临睡时以少许润舌,则满吻皆香。"香茶沁口的例子,《金瓶梅词话》中屡见,它与三事儿系在一起,也正是以类相从。

盛香茶的小盒须有系链之环才好系结。明代系链小盒的实物,四川平武王玺家族墓地出土之器中有一例,其质为金②。《金瓶梅词话》中又提到一种盛香茶的穿心盒,第五十九回,曰"西门庆向袖中取出白绫双栏子汗巾儿,上一头拴着三事挑牙儿,一头束着金穿心盒,郑爱月儿只道是香茶,便要打开"。穿心盒的名称虽是明代才叫响,不过它的出现却要比这早得多。唐人蒋防的《霍小玉传》中说道,小玉为李生所负,饮恨而亡,此后李生的日子便不得安宁,娶妻纳妾而每每生出些白日作怪的故事。一日李生自外归,妻子卢氏方鼓琴于床,"忽见自门抛一斑犀钿花合子,方圆一寸余,中有轻绡,作同心结,坠于卢氏怀中。生开而视之,见相思子二,叩头虫一,发杀觜一,驴驹媚少许。生当时愤怒叫吼,引琴撞击其妻,诘令实告"。盒子里的相思子,叩头虫,发杀觜,驴驹媚,都是带着色情含义的东西③,难怪李生要有那样一番咆哮。而它的"中有轻绡,作同心结",原是未曾开启时所见,那么轻绡自然不是盒中物,"中有"之"中",该是穿盒而过的意思,如此,岂不正是一个穿心盒。

穿心盒有唐代实物可见。韩伟《海内外唐代金银器萃编》著录日本大和文华馆藏一件时代约当晚唐的"鸿雁纹环形银盒",图版说明云:"盒体正中有一圆孔,使盒呈圆环状,在唐代金银器盒类中,此为唯一的环状

---

① 此法很早即已通行。唐陈藏器《本草拾遗》"黄银"条:"今人作乌银以硫黄熏之再宿,泻之出,即其银黑矣,此是假,非真也。"尚志均《辑释》:"银经硫黄蒸气熏,其表面生一层硫化银,硫化银是黑色,使银变成乌银。"不过《醒世姻缘传》中说到的乌银恐怕有时并不是银,而是掺了多少的铜,甚至全部是铜,见该书第七十回。
② 四川省文管会等《四川平武明王玺家族墓》,页34,图一一五,《文物》一九八九年第七期。
③ 周绍良《唐传奇笺证》,页175~177,人民文学出版社二〇〇〇年。

[3-2]:❶

[3-2]:❷

[3-2]:❸

[3-2]:❹

器。……原名飞禽纹环形盒。"①(图 3-2:1)这穿心盒却有金代实物可见。黑龙江省阿城金齐国王墓,男性墓主人怀中有一方素绢汗巾,巾角用绿丝绦穿了一个菱角形的白玉坠,玉坠下边系着一个环形的小盒。又与此同式的一件系在腰间,丝绦上穿一个白玉盘颈对鹅坠。此环形小盒,便是所谓"穿心盒"②(图 3-2:2、3)。明项元汴《历代名瓷图谱》著录一件"明宣窑祭红穿心合",项氏云:"合款甚奇,全仿宣德制钱之式,中心贯通,可以穿之手巾角上。泑白字红,作'宣德通宝'四字于合盖上,特此为异。合内两花精甚。宣窑诸器,俱臻妙绝,即此些微小物尚复精工不苟,实奁具小物中之珍秘。"③(图 3-2:4)穿心盒的"中心贯通,可以穿之手巾角上",这里说得最为真切。

由卫生用具或小工具组合成的佩件,又发展

图[3-2]:穿心盒
❶唐鸿雁纹银穿心盒 日本大和文华馆藏
❷❸黑龙江省阿城金齐国王墓出土
❹项元汴《历代名瓷图谱》著录

① 韩伟《海内外唐代金银器萃编》,图二四三,三秦出版社一九八九年。
② 赵评春等《金代丝织艺术——古代金锦与丝织专题考释》,图九九、图一〇三,科学出版社二〇〇一年。
③ 福开森《校注项氏历代名瓷图谱》,图七五,鞞斋印书社一九三一年。按此书虽然今人多疑其伪,但穿心盒原有此式却是不错的。

出另外一种纯粹的妆饰品，即坠领和玎珰七事。《金瓶梅词话》第三十四回，曰"潘金莲下了轿，上穿着丁香色南京云紬撺的五彩纳纱喜相逢天圆地方补子，对衿衫儿，下着白碾光绢一尺宽攀枝耍娃娃挑线拖泥裙子，胸前撺带金玲珑撺领儿，下边羊皮金荷包"。又第七十八回，上元时节月娘妆扮的光鲜："头戴翡白绉纱金梁冠儿，海獭卧兔，白绫对衿袄儿，沉香色遍地金比甲，玉色绫宽襕裙，耳边二珠环儿，金凤钗梳，胸前带着金三事儿撺领儿，裙边紫遍地金八条穗子的荷包，五色钥匙线带儿，紫遍地金扣花白绫高底鞋儿。"两例都是盛装情景，而与盛装相配的一是金玲珑撺领儿，一是金三事撺领儿。前者在明代皇后像中大多表现得很清楚，即霞帔之间、束住外衣领口的一枚饰件（图3-3）。后者却与前面举出的三事儿不同，它的比较正式的名称，应作"坠领"。明顾起元《客座赘语》卷四："以金、珠、玉杂治为百物形，上有山云题若花题，下长索贯诸器物，系而垂之，或在胸曰'坠领'，或系于裾之要曰'七事'，又以玉作珮，系之，行步声璆然，曰'禁步'。"所谓"山云题若花题"，意即坠领顶端总束金事件或玉事件的牌子，或饰卷云或饰花草。此类妆饰品，唐代已经出现，比如陕西扶风法门寺地宫出土的铜事件[①]。辽代著名的一例，见于内蒙古奈曼旗辽陈国公主墓，发见于公主胸前。玉制的一朵倒垂莲，莲瓣之缘贯穿六根金链，金链下边各系玉制的觽、锥、刀、锉、剪子和勺。倒垂莲亦即"花题"上端的环柄上又一根短金链，上连着一枚金

图[3-3]
明穆宗孝安皇后像

---

① 韩金科《法门寺唐代地宫发掘记》，页49，《文物天地》二〇〇五年第一期。

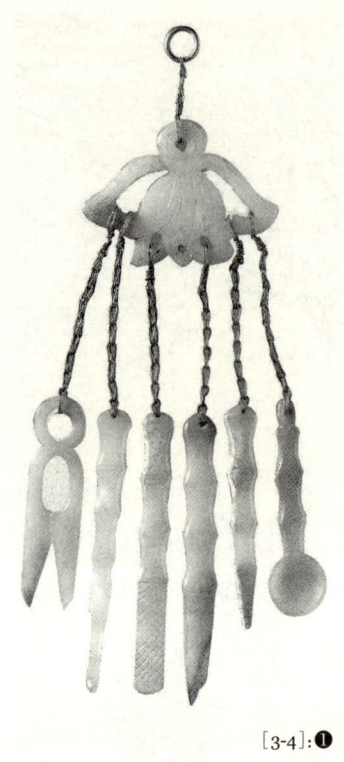
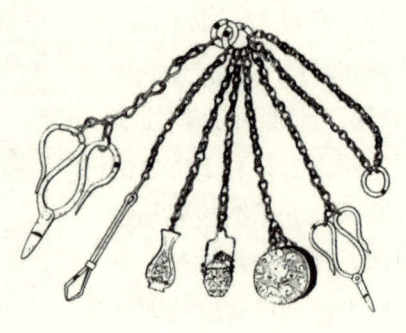

图[3-4]
❶ 玉事件　内蒙古奈曼旗辽陈国公主墓出土
❷ 银事件　河北迁安市开发区金代墓葬出土
❸ 银事件　元上都城南砧子山南区墓葬出土

环,以为佩系①(图 3-4:1)。金代的例子,可以举出河北迁安市开发区金代墓葬中出土的一件。银环,银链,银事件,一大一小两把剪子,一柄银镊,一枚刻着花草纹的小盒,一个带提梁的荷叶盖罐,一个四瓣瓜棱的小银瓶。它原佩系在棺床上一位少年女性的胸前②(图 3-4:2)。与它几乎相同的银事件也发现于元上都城南砧子山汉族居民丛葬地,小银盒,银盖罐,银玉壶春瓶,惟银链上挂着的剪刀和镊子是铜制品③(图 3-4:3)。若说明代的坠领由此而来,应当不错。北京南城右安门外明万贵夫妇墓出土的一件,

---

① 内蒙古自治区文物考古研究所《辽陈国公主墓》,彩版二三,文物出版社一九九三年。前举长沙市郊五代墓,也出土一件"铜五用器",已残,系用同一轴心的五种用具组成,可辨者为锉和刀,器柄做成鱼形,通长八厘米,《湖南长沙市郊五代墓清理简报》,图版一二:12。
② 唐山市文物管理处《河北省迁安市开发区金代墓葬发掘清理报告》,页 26,图七:1,《北方文物》二〇〇二年第四期。
③ 内蒙古文物考古研究所等《元上都城南砧子山南区墓葬》,页 659,图二一,《内蒙古文物考古文集》第一辑,中国大百科全书出版社一九九四年。

[3-4]:❺

[3-4]:❹

图[3-4]
❹ 金事件 北京右安门明万贵夫妇墓出土
❺ 玉贯耳瓶 上海松江区西塔林出土

颇为精致。花题做成一枚下覆的荷叶,荷叶背上立着一对鸳鸯。荷叶之缘坠着七根金链,下端分别系着锥、刀、剪子、花鸟纹荷包、牡丹双凤纹小盒、荷叶盖罐、龙首錾花小瓶①(图3-4:4)。万贵的长女是明宪宗之妃,万贵卒于成化十一年。此件与前举金代之例的相似,不消多说,而精致的工艺,自是明代特色。用做工细巧的小瓶小盒之类与各式小工具搭配在一起,大约直到明代前期都是常见的做法。此后坠领的事件儿除做成仿真的小工具之外,又常以吉祥物为主。上海松江区西塔林出土一件时代约当明初的青玉贯耳瓶,瓶上刻着蕉叶、饕餮等仿古纹样,宽三点一厘米,高不到五厘米②(图3-4:5),应即此类佩饰上的一个小件。辽宁鞍山倪家台明崔鑑夫妻合葬墓中,出于女子胸前的佩饰,是花题下用金丝串结的葫芦、童子之类,其质或水晶,或玉,或绿松石,凡九件③。墓葬年代在正德年间。《天水冰山录》中,"坠领"、"坠胸"并列,且皆以"挂"为量词,则二者之间或者还应有更为细致的分别。清初叶梦珠所作《阅世编》卷八云:"环珮,以金丝结成花珠,间以珠玉、宝石、钟铃,贯串成列,施于当胸,便服则在宫装之下,命服则在露(霞?)帔之间,俗名坠胸。"坠胸的佩系方式,清楚见于明末时候的

---

① 龙霄飞《京华瑰宝 异域生辉》,页45,《收藏家》二〇〇〇年第三期。
② 上海市文物管理委员会《上海出土唐宋元明清玉器》,页74,上海人民出版社二〇〇一年。
③ 辽宁省博物馆文物队等《鞍山倪家台明崔源族墓的发掘》,图版七:1,《文物》一九七八年第十一期。

容像，如丹麦国家博物馆所藏《李孺人像》，一挂花题束起的金玲珑嵌珠宝坠胸端端正正垂系于命服之上，正好与《阅世编》中的形容互为映发①（图3-5）。可以说，明代此类金玉挂件与项圈、项链有着相似的妆饰功能，但明代女子却不露胸，它于是与衣领上同样是细心安排的纽扣共同妆点前胸，而显示出无所不在的细密的妆饰用心。

佩垂在裙裾之上的玉事件，最为正式的一种，称作"禁步"，佩系不分男女，明俞汝楫编《礼部志稿》卷一八和《明史》卷六六《舆服二》又称它作"玉佩"，且对其形制有详细的规定。禁步渊源于先秦时代的组玉佩，虽然形制与佩系方式都有了不小的变化，但其中所包括的礼制的含义却与上古没有太大不同，作为禁步之组成部分的瑀、琚、冲牙等，也还保持着古老的名称，它在定陵出土器物中有完整的实例②（图3-6）。综合前引顾起元、叶梦珠之说，金玉挂件在胸，曰坠胸、坠领；而系于裙裾者，则曰"七事"，它原与禁步有别，且属女子服饰，而小说中的形容，也是如此。《醒世姻缘传》第七十一回列举家中首饰，曰"走珠箍儿，半铜半银的禁步、七事，坠领，挑牌，簪环，戒指"，禁步与七事，乃别作二事。《天水冰山录》有"银禁步五挂"，"银事件二挂"，七事，亦"银事件"之属。《金瓶梅词话》第九十一回，写孟玉楼改嫁李衙内之日，"戴着金梁冠儿，插着满头珠翠，胡珠子，身穿大红通袖袍儿，系金镶玛瑙带，玎珰七事，下着柳黄百花裙"。胡珠子，指耳环；玎珰七事，便是七事。而"事"之称，在明代以前已经有了，韩国近年发现的原刊《老乞大》曰"我引著您买些零碎行货"，其中即有"五事儿十副"；元人作《新编居家必用事类全集》"玉器"条下，则列有"玉五事"。玉五事在《礼部志稿》和《明史·舆服志》中，又称作白玉云样玎珰。玎珰七事的实物，湖北蕲春刘娘井明荆端王次妃刘氏墓有其例，上端金钩，下有如意云盖，其下垂系金花，葫芦，叠胜，双鱼③。南京太平门外板仓徐达家族墓地六号墓出土的一件金镶玉嵌宝玎珰，顶端是山云题，金累丝的花叶作底，一面嵌宝，一面嵌玉，下端金链上吊着各项玉事件：葫芦，灵芝，蝴蝶，方胜，金莲花上的玉童子，末端又是一个嵌宝嵌玉的花叶金坠④（图3-7）。同墓所出尚有耳坠等女子首饰，可知墓主人亦为女性⑤。《天水冰山录》中登录的

---

① Joan Hornby,Chinese Ancestral Poraits:Some Late Ming Style Ancestral Paintings in Scandinavian Mu, Bulletin of Masedm of Far Eastern Antiguities 1998,Vol 70 B55.
② 中国社会科学院考古研究所等《定陵》，彩版一三一，文物出版社一九九〇年。
③ 小屯《刘娘井明墓的清理》，封三，图一，《文物》一九五八年第五期。
④ 南京市博物馆《明朝首饰冠服》，页174，科学出版社二〇〇〇年。
⑤ 南京市博物馆《明中山王徐达家族墓》，页64，《文物》一九九三年第二期。

[3-5]

图[3-5]
《李孺人像》丹麦国家博物馆藏

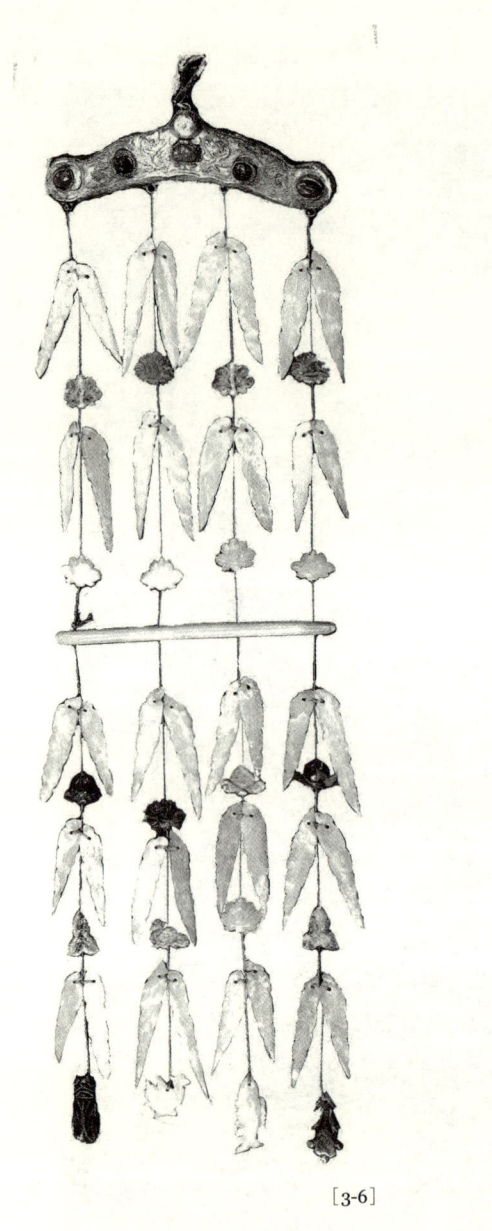
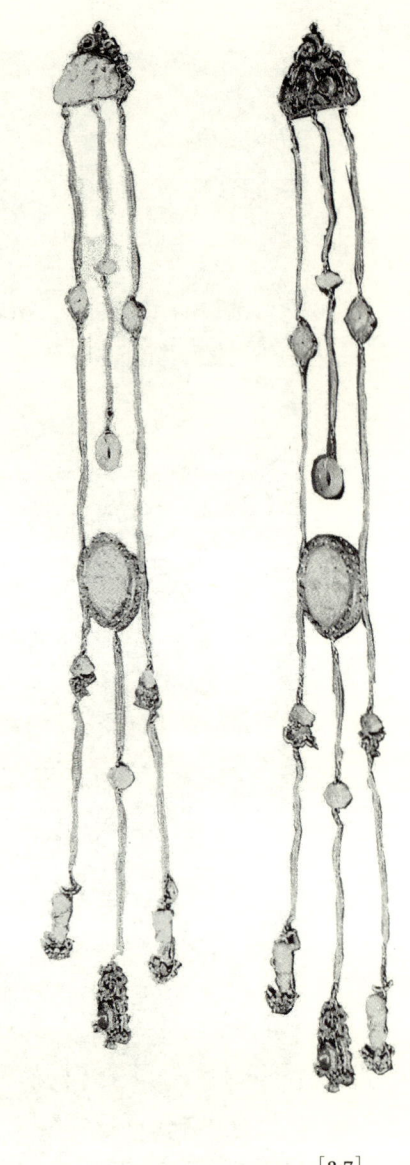

[3-6]

[3-7]

图[3-6]：禁步
北京定陵出土

图[3-7]：金镶玉嵌宝玎珰
南京徐达家族墓地出土

"金厢宝玉七事一挂"，应即此类。而真正有行步"玎珰"之风致的一例，见于四川平武王玺家族墓地中的朱氏墓——也是女性墓葬。小金球连缀成的系链下倒吊一枚金荷叶，下边一对鸳鸯各衔一串金事件：金如意云盖，小金钟,小金铃,金长头花①,多与文献中说到的"云样玎珰"相合②。

金银首饰之发达,明代可推为最,惹人惊叹的实物,考古工作中也多有发现。古代日常生活中曾经有着那样多的精致,古人在记述当日生活的时候也留下了很是生动的语言。几种小小的"事儿",实在只是旧时月色中若明若暗的一点光晕,但它却在文献与实物的呼应处,教人觑得格外分明。

---

① 《四川平武明王玺家族墓》,页33,图一一四。
② 《礼部志稿》卷一八"皇后常服"条列有:"白玉云样玎珰二:如佩制,每事上有金钩一,金如意云盖一件,两面鈒云龙文,下悬红组五,贯金方心云板一件,两面亦鈒云龙文,俱衬以红绮,下垂金长头花四件,中有小金钟一个,末缀白玉云朵五。"《明史》卷六六《舆服二》所述与此大致相同。此制为永乐三年定,不过以它后来的流行看,似乎并没有完全为礼制所限。

明代耳环与耳坠

明代耳饰可以别作两类,其一耳环,其一耳坠。明王圻等编《三才图会》在"内外命妇冠服"一项画出"环"的式样,可以代表明代耳环之一般(图4-1:1)。耳环用作簪戴的细弯钩,明人称作脚。明《礼部志稿》卷二〇"皇太子纳妃仪"的纳征礼物中,有"金脚四珠环一双"、"梅花环一双",其下并注"金脚五钱重",即此。似乎还可以说,耳环比耳坠更为正式。《明史》卷六七《舆服三》所列品官命妇冠服,耳饰均为环;又故宫旧藏明代皇后画像,与凤冠霞帔相配的多为耳环[1](图4-1:2),皆是其证。不过晚明情况稍有不同,画像中的穆宗孝安皇后[2]、神宗孝靖皇后[3](图4-1:3),耳边绘着的都是坠儿,而它与定陵中的情况正是一致——同孝端皇后盛妆相配的便是一副耳坠。由此微细之处,也可见出时代好尚的一点变化。

典型的明式耳环簪戴起来弯脚露出很长,耳坠则否。一个开口的圆环,下缀可以摇荡的饰件,明人称它作耳坠,耳坠簪戴不露脚。《金瓶梅词话》第七十八回曰"玉楼带的是环子,金莲是青宝

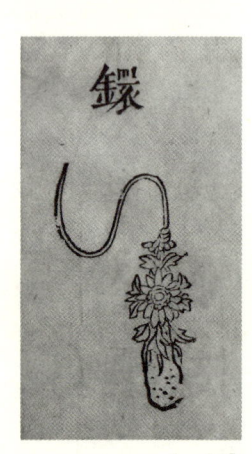

图[4-1]
❶《三才图会》中的耳环

---

[1] 申仁《故宫旧藏珍宝欣赏》,页22~29,上海科学技术出版社二〇〇〇年。
[2]《故宫旧藏珍宝欣赏》,页30。
[3] 张临生《中国古代的精金工艺》,页62,图四三,(台北)《故宫文物月刊》第二卷第二期一九八四年。

[4-1]:❷

[4-1]:❸

石坠子"，二者正区别得清楚。欧阳炯《南乡子》"耳坠金镮（一作環）穿瑟瑟"①，明代各式宝石坠子，似乎是它的延续，不过时属五代的宝石耳坠，却是鲜见。

明式耳环，可溯至于辽，只是弯钩式的长脚此际尚未形成。辽代最常见的是摩羯及各式鱼形耳环，内蒙古阿鲁科尔沁旗耶律羽之墓②（图4-2:1）、辽宁康平县后刘东屯辽墓所出③，制作皆精好。此类样式，影响且及于宋。《宋史》卷一五三《舆服五》曰景祐三年诏云，"凡命妇许以金为首饰，及为小儿铃铛、钗篸、钏缠、珥环之属，仍毋得为牙鱼、飞鱼、奇巧飞动若龙形者"。既明令"毋得"，可知曾是风行。江西彭泽湖西村北宋易氏

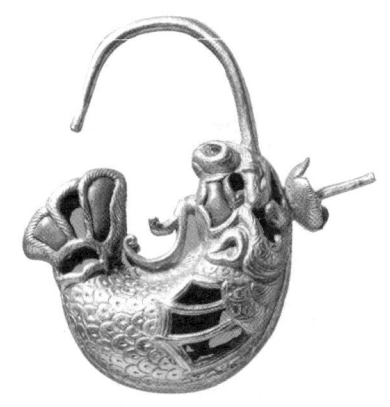
[4-2]:❶

图[4-1]
❷明成祖仁孝文皇后像
❸明神宗孝靖皇后像

图[4-2]：金耳环
❶辽耶律羽之墓出土

---

① 曾昭岷等《全唐五代词》，上册，页452，中华书局一九九九年。
② 内蒙古文物考古研究所《辽耶律羽之墓发掘简报》，页11，图一五，《文物》一九九六年第一期。
③ 康平县文化馆《辽宁康平县后刘东屯辽墓》，页924，图五:27，《考古》一九八六年第十期。

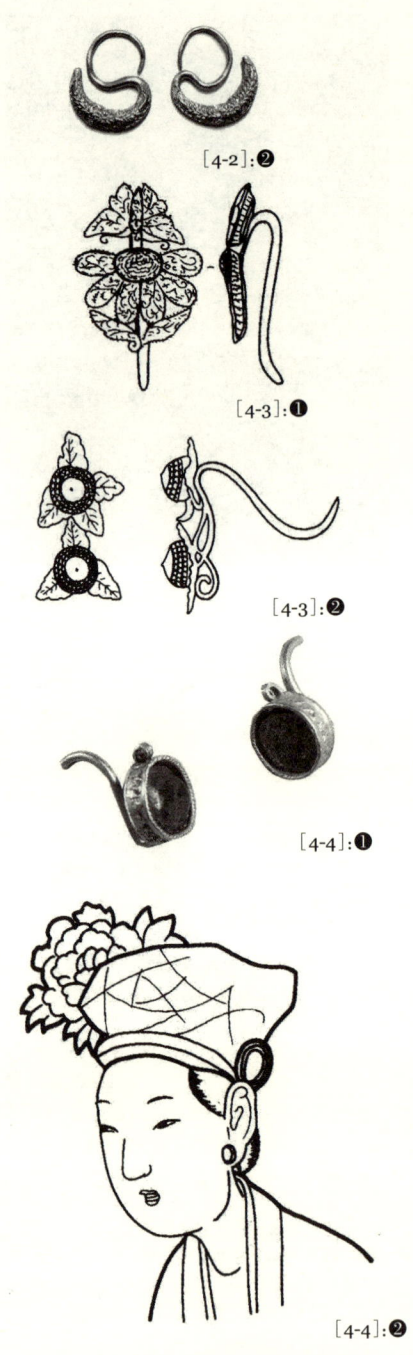

墓出土一对金耳环,虽然上面妆饰花叶纹,但造型却仿佛辽之飞鱼①(图4-2:2),正是一个很有意思的旁证。

蜂蝶花草,是宋金耳环的主要妆饰题材。洛阳邙山宋代壁画墓出土的一对金耳环,顶端一只采花蝶,下边是两枚金叶托起来的一朵金花,均以金丝做出的卷草纹衬底②(图4-3:1)。松花江下游奥里米古城及其周围金代墓葬所出花果草叶作妆饰的金耳环,也是同一旨趣③(图4-3:2)。又有一种,是在金制的小圆托里嵌宝,如黑龙江绥滨中兴古城金代墓葬所出④(图4-4:1),而宋人所作《杂剧图》,画中人戴着的耳环,恰是与它一般(图4-4:2)。宋金耳环的脚已与辽代不很相

图[4-2]:金耳环
❷江西彭泽北宋易氏墓出土

图[4-3]:金耳环
❶洛阳邙山北宋壁画墓出土
❷奥里米古城征集

图[4-4]
❶嵌宝金耳环 绥滨中兴古城金墓出土
❷宋人杂剧图(摹本)故宫博物院藏

---

① 《中国美术全集工艺美术编·金银玻璃珐琅器》,图九三,文物出版社一九八七年。
② 洛阳市第二文物工作队《洛阳邙山宋代壁画墓》,页46,图二二:7,《文物》一九九二年第十二期。
③ 黑龙江省文物考古工作队《松花江下游奥里米古城及其周围的金代墓葬》,页58,图六:8、9,《文物》一九七七年第四期。
④ 黑龙江省文物考古工作队《黑龙江畔绥滨中兴古城和金代墓葬》,页44,图八,《文物》一九七七年第四期。

[4-5]: ❶

[4-5]: ❷

同——至少其中已有部分如是,元明耳环即由此发展而来,不过把弯钩式的脚变得更细更长。

元代蒙古族女子戴掩耳。掩耳不是耳环,却是罟罟冠上面的妆饰,垂下来,掩在左右当耳处,故宫旧藏元世祖后彻伯尔像把它描绘得很是真切①(图4-5∶1)。然而曾几何时,掩耳离开了罟罟冠,而被巧匠用来装点佛教人物,两件景德镇窑青白釉观音坐像——其一为北京元大都遗址出土,其一藏英国国立维多利亚工艺博物馆,便是绝好之例②(图4-5∶2、3)。前者之掩耳同彻伯尔像作比较,可明显见出移植的痕迹;后者之掩耳,其实已近于耳环。武汉黄陂县周家田元墓

[4-5]: ❸

图[4-5]
❶元世祖后彻伯尔像
❷景德镇窑青白釉观音坐像 北京元大都遗址出土
❸景德镇窑青白釉观音坐像 英国国立维多利亚工艺博物馆藏

---

① 《故宫旧藏珍宝欣赏》,页19。
② 《中国陶瓷全集·11·元》,下册,图版一、三,上海人民美术出版社二〇〇〇年。

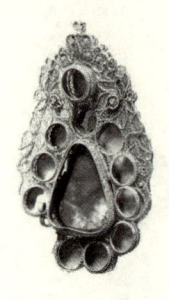
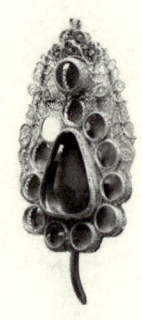

[4-6]

图[4-6]:金累丝莲塘小景纹耳环
武汉黄陂周家田元墓出土

出土的一对"金鬓饰",系以一枚薄金片为底衬,其表以累丝做成莲塘小景纹,当心嵌着翡翠,周环一圈小金托,原皆嵌珠嵌宝①(图4-6)。简报云"鬓饰背面用粗金丝制成别卡",此"别卡",应即耳环之脚,那么"金鬓饰",便是一对掩耳式耳环。不过这一式样只在明代壁画中时或出现②,实际生活中已不再广泛流行。

对明代影响最为直接的,是此际出现的葫芦形耳环。元熊梦祥《析津志》"风俗"条说到女子妆束,曰"环多是大塔形葫芦环,或是天生葫芦,或四珠,或天生茄儿,或一珠"。所谓"大塔形葫芦环",即三五颗或四颗珠儿用金丝装缀在一处,上端总覆一枚花叶,其式便略如塔形。它在元《朴通事谚解》中,又被称作"八珠环儿",那是《谚解》里边录着的当时人的说话:

你今日那里去?
我今日印子铺里当钱去。
把甚么去当?
把一对八珠环儿,一对钏儿。
那珠儿多大小?
圆眼来大的好明净。
当的多少钱?
当的二十两银子③。

"八珠环儿"句下注云:"珍珠大者,四颗连缀为一只,一双共八珠。"元明文献中提到它的尚有不少。成书于元末明初的《碎金》"服饰篇"之"北"首饰下,列有"葫芦三装五装环";《礼部志稿》卷二〇"皇帝纳后仪"的纳吉纳征告期礼物中有"四珠葫芦环一双";《天水冰山录》"耳环耳坠儿"一项,

---

① 武汉市博物馆《黄陂县周家田元墓》,页83,图九,《文物》一九八九年第五期。按本篇图4-6由武汉市博物馆提供。
② 比较清楚的一幅图像,见于山西右玉宝宁寺明代水陆画中的"顺济龙王安济夫人诸龙神众",《宝宁寺明代水陆画》,图一二三,山西省博物馆,文物出版社一九八八年。其式实与前举景德镇窑青白釉观音坐像一脉相承。
③ 《朴通事谚解》(京城帝国大学法文部影印奎章阁丛书本一九四三年)成书于元,虽经明人增补,但仍可据以认识元代风俗。

列着"金厢四珠耳环"、"金厢四珠宝耳环";收在《醒世恒言》中的《金海陵纵欲亡身》,曰"女待诏在身边摸出一双宝环放在卓子上,那环上是四颗祖母绿镶嵌的,果然耀日层光,世所罕见",似均可属之于"大塔形葫芦环"。它在明代大约是宫廷样式的一种,明孝康敬皇后像、孝洁肃皇后像①(图4-7:1),都清楚画出形制规整的金镶四珠宝耳环,而南昌明益宣王墓孙妃的首饰中,正有着与画像所绘几乎相同的一对②(图4-7:2)。

所谓"天生葫芦",由元《梅花仕女图》中的理妆女子可略见其形,它在明代皇后像中则表现得十分清楚,《金瓶梅词话》中屡屡提到的"二珠环子",亦此。可知宫廷、民间,都很流行。葫芦耳环多与盛装相配,皇后像固其例证,明代墓葬中的情况,也是如此。如南京太平门外板仓徐俌夫妇墓属继室王氏的一对③(图4-8:1),又

[4-7]:❶

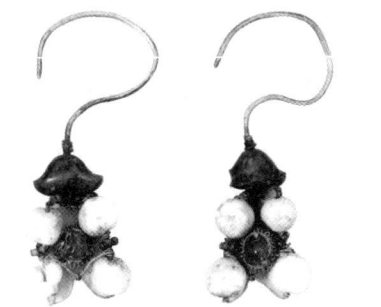

[4-7]:❷

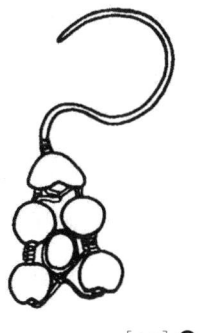

[4-7]:❸

---

① 《故宫旧藏珍宝欣赏》,页 28、29。
② 江西省文物工作队《江西南城明益宣王朱翊鈏夫妇合葬墓》,图版四:6,《文物》一九八二年第八期。本篇图 4-7:2 由江西省博物馆提供。
③ 南京市文物保管委员会《明徐达五世孙徐俌夫妇墓》,图版四:3,《文物》一九八二年第二期。

图[4-7]
❶明世宗孝洁肃皇后像(摹本)
❷❸金镶四珠宝耳环 南昌明益宣王墓出土

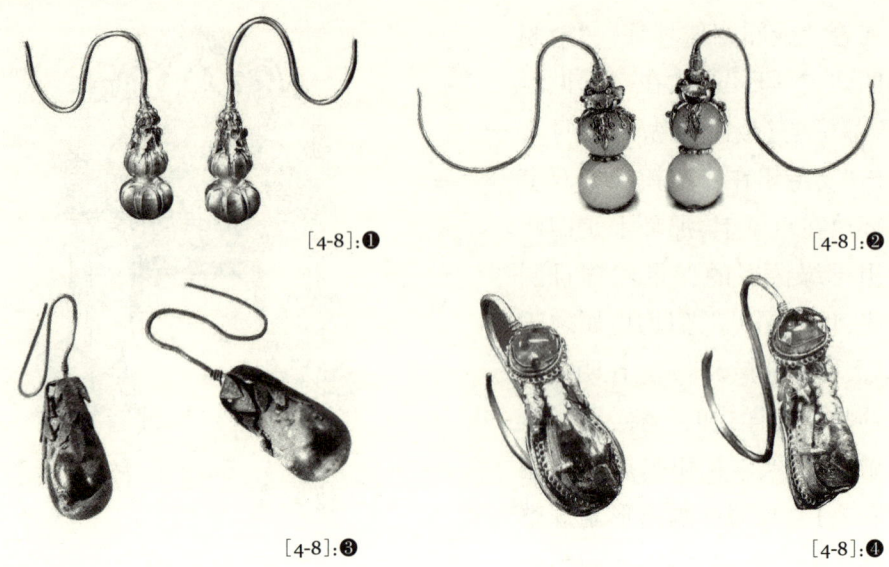

图[4-8]
❶金葫芦耳环　南京徐俌夫妇墓出土
❷金玉葫芦耳环　上海打浦桥明墓出土
❸金宝茄子耳环　无锡元钱裕夫妇墓出土
❹金镶宝茄子耳环　南京徐俌夫妇墓出土

四川平武王玺家族墓地十五号墓①、上海浦东陆家嘴陆氏墓②，与葫芦耳环同出的，都是作为盛装的一副头面。顶覆金瓜叶，中间二珠相缀若葫芦，亚腰处是小金珠做成的圆环，下端又用金叶托底，明代葫芦耳环的样式，此为梗概，其实"天生茄儿"与"一珠"之环，也同此式。至于细节，则要说中间那珠儿的制作各有争胜处——"珠"原可用着各种质料。一对金制的光素实心葫芦，小巧细致已自可爱，若空心，则多在上面做出六瓣、八瓣、十瓣的瓜棱，又或是金累丝的透空花球，两两相累，做成葫芦，玲珑之至。除前面所举之外，明墓中尚有多例，而上海卢湾区打浦桥明墓出土的一对，用了莹润的白玉做成二珠，累作葫芦之形，配着金花叶金珠圈，金玉相谐，竟又意外生韵③（图 4-8:2）。

"天生茄儿"，《碎金》称作天茄梭环，属之于"南"首饰。无锡元钱裕夫妇墓出土的一对，是金叶覆着的琥珀茄儿④（图 4-8:3）。前举徐俌墓属原配朱氏的一对，那茄儿却是一颗蓝宝石嵌在金托上，顶端之蒂，嵌着红宝石⑤（图 4-8:4）。当日宝石的加工与金细工艺不能相比，一对茄儿只是恰好借得形

---

① 四川省文物管理委员会等《四川平武明王玺家族墓》，页32，图一〇五，《文物》一九八九年第七期。
② 上海博物馆《上海浦东明陆氏墓记述》，图版七:3,《考古》一九八五年第六期。
③ 上海市文物管理委员会《上海出土唐宋元明清玉器》，图一三六，上海人民出版社二〇〇一年。
④ 周汛等《中国历代妇女妆饰》，页 155，图 199，三联书店(香港)有限公司一九八八年。
⑤ 《明徐达五世孙徐俌夫妇墓》，图版四:6。

似,蓝宝石又偏得俏色,皆仿佛"天生"。

"一珠"之环,早见于元顺宗后塔济像和元武宗后珍格像①(图4-9:1)。上海松江区华阳明墓七号墓出土一件,上覆银叶,下承银托,中间抱着一颗琉璃珠,依然元代风韵②(图4-9:2)。定陵孝靖皇后首饰中的一对,则把这式样用来妆饰耳坠。珠是白玉,上端照例做出蒂和叶,其上系珠嵌宝③,虽然珠宝金玉聚在了一处,但白玉之"一珠"乃精神所在,其余便成恰好的点缀(图4-9:3)。

《天水冰山录》"耳环耳坠"一项,仅葫芦型耳环,便列出多种,如金珠宝葫芦耳环,金光葫芦耳环,金摺丝葫芦耳环,金累丝葫芦耳环,金葫芦耳环,金珠茄子耳环,等等。清单中列着的尚有金厢珠宝累丝灯笼耳环,金摺丝灯笼耳坠;金厢珠宝童子攀莲耳环,金厢玉人耳环;金摺丝楼阁人物珠串耳环,金摺丝楼阁耳坠;金累丝寿字耳环,金玉寿字耳坠,等等,几乎都有工艺和题材与它大致相应的实物可见。比如南京徐达家族墓地出土的一件金耳环,花丝做成四阿顶的两重楼阁,底层一面为屏风,其余三面做出可以开合的双扇门,周回有廊,下边的承托,又正是楼阁之台。瓦垄、

---

① 《故宫旧藏珍宝欣赏》,页20、21。
② 上海博物馆考古研究部《上海市松江区华阳明代墓群发掘简报》,页647,图二七,上海博物馆集刊第九期,上海书画出版社二〇〇二年。
③ 中国社会科学院考古研究所等《定陵》,彩版一〇九文物出版社一九九〇年。

[4-9]:❶

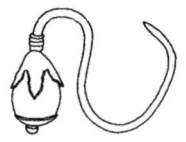

[4-9]:❷

[4-9]:❸

图[4-9]
❶元武宗后珍格像
❷一珠环 上海松江区华阳明墓出土
❸一珠耳坠 定陵出土

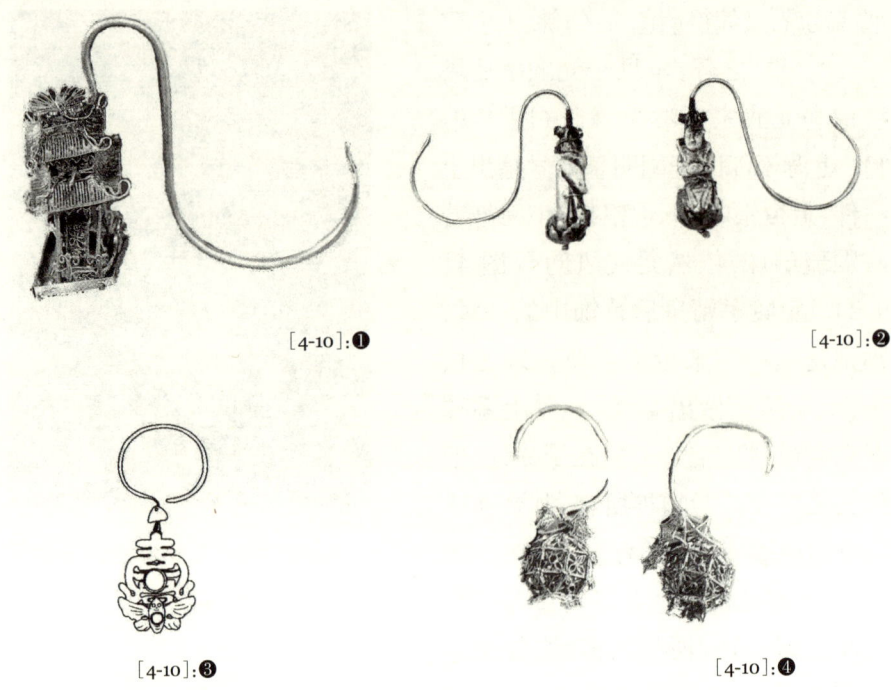

图[4-10]
❶ 金摺丝楼阁耳环　南京徐达家族墓地
❷ 金镶玉人耳环　无锡明华复诚夫妇墓出土
❸ 金玉喜相逢耳坠　定陵出土
❹ 金摺丝灯笼耳坠　南京鼓楼区出土

屏风、栏板、望柱,在在精细,顶端一朵金丝披垂的细瓣花提系起整座楼阁,于是精细中更见轻盈①(图 4-10:1)。若依《天水冰山录》之例,正该称它作"金摺丝楼阁耳环"。《录》中的"金厢玉人耳环",无锡明华复诚夫妇墓有其例②(图 4-10:2)。《录》有"金玉寿字耳坠",定陵则出土金玉喜字耳坠③(图 4-10:3)。不过这玉做的喜字下边尚衔着一只白玉的小蜜蜂,那么它又可以称作金玉喜相逢耳坠,"蜂",用以谐"逢"也。《天水冰山录》中又有"金摺丝灯笼耳坠",南京鼓楼区出土的一对,也与之相合④(图 4-10:4)。"耳上悬灯",清初似乎依然时兴。李渔《闲情偶寄》卷三《声容部》"首饰"条云:"饰耳之环,愈小愈佳,或珠一粒,或金银一点,此家常佩戴之物,俗名丁香,肖其形也。若配盛妆艳服,不得不略大其形,但勿过丁香之一倍

---

① 南京博物馆《明朝首饰冠服》,页 129,科学出版社二〇〇〇年。
② 无锡市博物馆《江苏无锡明华复诚夫妇墓发掘简报》,页 139,图二:3《文物资料丛刊》2,文物出版社一九八七年。
③ 《定陵》,图版二六七。
④ 《明朝首饰冠服》,页 131。

二倍。既当约小其形，复宜精雅其制，切忌为古时络索之样，时非元夕，何须耳上悬灯。若再饰以珠翠，则为福建之珠灯、丹阳之料丝灯矣。其为灯也犹可厌，况为耳上之环乎。"这里说的"丁香"，亦明式耳环，它的广泛流行，似在明代中晚期。《醒世恒言·乔太守乱点鸳鸯谱》中说道，耳上的环儿，"乃女子平常时所戴，爱轻巧的，也少不得戴对丁香儿，那极贫小户人家，没有金的银的，就是铜锡的，也要买对儿戴着"，即此。南京中华门外邓府山王克英夫人墓出土的一对金丁香，连脚通长一点五厘米①（图 4-11:1），应属"略大其形"者。故宫博物院藏明钱縠作《董姬像》，画中人的耳饰，也是这"丁香"，它与淡妆相配，很是素雅（图 4-11:2）。而《金瓶梅词话》中的一段描写，又有别样光景，"王六儿打扮出来，头上银丝鬏髻，翠蓝绉纱羊皮金滚边的箍儿，周围插碎金草虫啄针儿，白杭绢对衿儿，玉色水纬罗比甲儿，鹅黄挑线裙子，脚上老鸦青光素缎子高底儿，羊皮金缉的云头儿，耳边金丁香儿"，可谓"打扮的十分精致"（第六十一回）。不过金丁香配着的，总还是沉静之色②，不比"金灯笼坠子，黄烘烘的"（第二十三回），以致遗风犹存的清代，要被李渔诮作"耳上悬灯"。

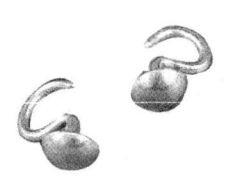

[4-11]:❶

耳饰的起源，可以追溯到远古，只是到了唐代却似乎中断，无论实物还是图像，都很少见，辽宋以降，它才又兴盛起来。元代格外重宝石，葫芦、天茄、一珠，皆宜于装宝，其时便很是风行，明代对此多有继承，不过又结合了金细工艺，而制作得更为精致细巧。

[4-11]:❷

---

① 《明朝首饰冠服》，页 142。
② 成书于清初的《醒世姻缘传》中，也有类似的形容："头上也不消多戴甚么，就只戴一对鬏钗，两对簪子。也不消戴环子，就是家常戴的丁香罢。也不消穿大袖衫子，寻出那月白合天蓝冰衫小袖衫子来，配着蜜合罗裙子。"（第五十九回）

图[4-11]
❶金丁香 南京王克英夫人墓出土
❷董姬像 故宫博物院藏

油缸

宋赵磻老《南柯子·和谢洪丞相送竹妆奁》:"体质娟娟静，花纹细细装。翠筠初得试新忙。睡起鬓云撩乱，趣泉汤。　多病心常捧，新词字带香。管教涂泽到云窗。办下谢君言语，巧如簧。"①词中说到的竹妆奁，使用的历史很久，曹操《内诫令》所谓"竹方严具"②，便是远早于它的例子。不过出土的妆奁，以漆制者为多，难得北宋"瑞昌县君"孙四娘子墓出土一件藤条编织的藤奁盒，藤条以篾片为胎心，外面一层极细薄的藤皮，盘绕编织出一个个菱形花纹之后，再涂以红漆③。体质娟娟，花纹细细，想见当年主人也曾有一番翠筠初得的欢悦。而赵磻老的《咏竹妆奁》本来算不得出色，但在宋人讲述宋人之物的契合处，却别有它的可喜。

[5-1]: ❶

图[5-1]: 银奁和托盘
❶苏州张士诚母曹氏墓出土银奁和梳妆用具

这一件藤奁盒中，原有漆盒二，铜镜二，梳子三枚，并一把细腰修刃剪刀。作为梳妆用具，它似欠完整。综合宋元绘画以

---

① 唐圭璋《全宋词》，册三，页 1631，中华书局一九六五年。
② 《内诫令》:"孤不好鲜饰严具，所用杂新皮韦笥，以黄韦缘中。遇乱无韦笥，乃作竹方严具，以帛衣粗布作里，此孤之平常所用也。"《曹操集》，页 52，中华书局一九五九年。
③ 苏州博物馆等《江阴北宋"瑞昌县君"孙四娘子墓》，页 39，《文物》一九八二年第十二期。

[5-1]:❷

图[5-1]：银奁里的梳妆用具
❷苏州张士诚母曹氏墓出土银奁和梳妆用具

及同一时代的出土器物，可知完整的一套妆具，除此之外，尚有竹签、竹剔、棕刷、盘、盅或碗，以及两只小罐。依此，元末张士诚母曹氏墓中出土的梳妆用具，当是最为齐整的一套①（图 5-1）。成书于元末明初的一部日用小百科《碎金》，其家生篇"妆奁"条列有妆盘、减妆、镜台、照匣、粉匨、花筒、唾盂，等等。妆盘，当是梳妆时用来盛放小件用具。唐人张碧《美人梳头》"玉容惊觉浓睡醒，圆蟾挂出妆台表。金盘解下丛鬟碎，三尺巫云绾朝

---

① 苏州市文物保管委员会《苏州吴张士诚母曹氏墓清理简报》，页 294~295，《考古》一九六五年第六期。

翠"①,妆盘,便是唐人诗中的"金盘"之属。曹氏墓的妆奁中有银碟两件,则即妆盘也。减妆即梳妆匣。镜台、照匣、粉匲,均有实物可比照,不必多论。妆具中的刷,两汉已见,《北堂书钞》卷一三六引晋张敞《东宫旧事》云"太子纳妃有漆画猪发犀刷大小三枚",亦此物。曹氏墓中出土大小两件银柄棕刷,制作精好,也是此类。刷之一原用作理发,嵇康《养生论》所谓"劲刷理鬓"是也。又梁朱超《咏镜诗》"安钗钏独响,刷鬓袖俱移"②,乃言女子梳妆,情景尤切。刷之二便是用作刷梳。明人纂辑的《三才图会》,"器用部"也列有大小二刷,大者称作"梳寻",云用作"去梳垢",小者称作"刷",云"刷以掠发",其使用历史可谓久长。唾盂在考古发现中常与梳妆用具同出,有银制,也有漆制。花筒大约是盛放用作簪戴的花朵。元乔吉[双调]《水仙子》咏"花筒儿":"玲珑高插楚云岑,轻巧全胜碧玉簪,红绵水暖春雪沁,是惜花人一寸心,净瓶儿般手捻著沉吟。滴点点蔷薇露,袅丝丝杨柳金,是个画出来的观音。"③而《碎金》"妆奁"下列举的物品,尚有"油瓶"一项。瓶通缸,则即油缸。曹氏墓的奁盒中有一大一小两只银罐,小的一只,盖下且连着一柄小勺(图5-2:3)。同样之例,见于浙江湖州三天门南宋墓④,又安徽六安花石咀宋墓⑤(图5-2:1、2)。末一件通高五厘米,小口,鼓腹,周身镌

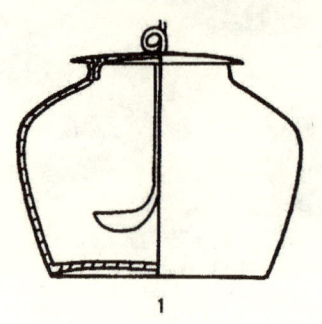

[5-2]:①

[5-2]:②

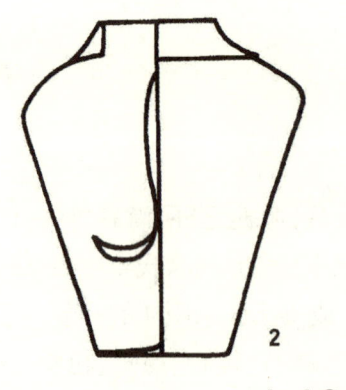

[5-2]:③

图[5-2]:油缸
① 浙江湖州三天门南宋墓出土
② 安徽六安花石咀宋墓出土
③ 曹氏墓出土

---

① 《全唐诗》,册一四,页5339,中华书局一九六〇年。
② 逯钦立《先秦汉魏晋南北朝诗》,下册,页2095,中华书局一九八三年。
③ 《乔吉集》,页197,山西人民出版社一九八八年。
④ 湖州市博物馆《浙江湖州三天门宋墓》,页43,《东南文化》二〇〇〇年第九期。
⑤ 安徽六安县文物工作组《安徽六安花石咀古墓清理简报》,页919,图版八:6,《考古》一九八六年第十期。

刻萱草、芙蓉、秋葵、栀子等花样，其上扣合平顶覆钵式盖，盖内中心焊接一个直柄小勺。若把这带勺的小银罐认作油缸，当无不妥。梳妆用油，可别作两种，其一面油，其一头油。《碎金》家生篇"梳洗"条下列着"面油，省头木犀油"，即此。面油是膏油，无须用勺舀取，那么油缸所盛，当是头油。宋梅尧臣《韩玉汝遗油》"君能致以清油壶，暝照文字灯焰舒。妇将膏发云鬟梳，瓶底浊浓留脂车"[①]，依诗中情景，竟是一壶清油而三用。不过当日头油本可依方配置。元初之《新编居家必用事类全集·庚集》"闺阁事宜"中载有搽头竹油方，略云："每香油一斤，枣枝一根剉碎，新竹片一根，截作小片，不拘多少，用荷叶四两，入油同煎至一半，去前物，加百药煎四两与油再熬，入香物一二味，依法搽之。"赵磻老作《浣溪沙》，句有"懒画娥眉倦整冠，笋苞来点镜中鬟"[②]，这"点鬟"之"笋苞"，或即搽头竹油之代指。

略大于油缸的，是一只荷叶盖罐。它见于两宋绘画的梳妆图，如王诜《绣栊晓镜图》（图5-3），又旧题苏汉臣《妆靓仕女图》（图5-4），也常见于

[5-3]

图[5-3]
《绣栊晓镜图》（局部）
台北故宫博物院藏

---

① 《全宋诗》，册五，页3226。
② 《全宋词》，册三，页1632。

[5-4]
图[5-4]
《妆靓仕女图》美国波士顿美术馆藏

宋元墓葬的妆奁中,如福州浮仓山南宋黄昇墓和茶园山南宋许峻墓①。但也有别样形制,如前举湖州三天门南宋墓,与油缸同出的,便是一件柳斗形鎏金银罐,其罐内置一小银碟,碟上放置小梳、小铁刀,以及"云鬟"。"云鬟",乃简报中语,但未附图像,未知究竟如何。不过它却提示了银罐的用途,即用来盛放饰鬟之水。《碎金》家生篇"梳洗"条列有"补鬟"。元王和卿[仙吕]《一半儿·题情》句有"鸦翅般水鬟似刀裁,小颗颗芙蓉花额儿窄,待不梳妆怕娘左猜"②。明秦徵兰《天启宫词》:"觅得丹方助艳姿,不须银海贮桑脂。云鬟细染群仙液,会遣长如二八时。"自注云:"宫眷捣桑叶取汁,杂诸香物,贮之银海,用以饰鬟。银海,小银盂也。惟客氏令美女数辈,各持梳

---

① 《福州南宋黄昇墓》,页77;福建省博物馆《福州茶园山南宋许峻墓》,页24、25,《文物》一九九五年第十期。
② 隋树森《全元散曲》,页42,中华书局一九八一年。

图[5-5]
《李卓吾先生批评西厢记真本》插图

具,时时环侍左右,偶欲饰鬟,辄以梳具入口,挹津唾用之,昏暮亦然。自谓此方传自海外异人,名曰群仙液,能令老无白发。"客氏之"仙方",未免令人作呕,宫眷捣桑叶取汁自制香水,应是平常人所用,这里把银盂的用途解释得很清楚,而荷叶盖罐在晚明小说戏曲版画如崇祯刊本《李卓吾先生批评西厢记真本》中的梳妆场景中依然出现(图5-5),可为宫词之证,也可因此接通它与宋元实物之联系。

每回拈著长相忆

两情相悦,作为表记的赠物,自古没有一定。举早期的例子,自然是"诗三百"。《邶风·静女》:"静女其娈,贻我彤管。彤管有炜,说怿女美。""自牧归荑,洵美且异。匪女之为美,美人之贻。"所谓"柔荑",即尚未从茅草叶苞中秀出的嫩穗。北宋苏辙有一首作于初春的《游景仁东园》诗,句云"浊酒瀹浮蚁,嘉蔬荐柔荑"①,那么这嫩穗是可用来荐酒的。柔荑自是微物,但"匪女之为美,美人之贻",作为信物,它便足以温暖相悦之心。至于彤管,却是很难了结的一桩公案,虽然历来不乏讨论,甚且是极为热烈的讨论。朱熹《诗集传》云:"未详何物,盖相赠以结殷勤之意耳。"如此,作为故事存之可也。

到了曹魏建安时代的繁钦笔下,相赠以结殷勤之物,则已被诗人铺陈得格外繁丽。他在《定情诗》中说道:

我既媚君姿,君亦悦我颜。何以致拳拳,绾臂双金环。
何以致殷勤,约指一双银。何以致区区,耳中双明珠。
何以致叩叩,香囊系肘后。何以致契阔,绕腕双跳脱。
何以结恩情,佩玉缀罗缨。何以结中心,素缕连双针。
何以结相於,金薄画搔头。何以慰别离,耳后玳瑁钗。
何以答欢欣,纨素三条裙。何以结愁悲,白绢双中衣②。

如此构思,自然是受了张衡《四愁诗》的影响,即所谓"美人赠我金错刀,何以报之英琼瑶","美人赠我金琅玕,何以报之双玉盘",等等。《四愁

---

① 《全宋诗》,册一五,页9902。
② 逯钦立《先秦汉魏晋南北朝诗》,上册,页386,中华书局一九八三年。

诗》、《定情诗》,其中的寓意又都是从屈子的美人香草而来,这在《四愁诗》前面的小序中已经写得明白。但《定情诗》中的种种借喻,却委实铺陈得好,金环、约指、耳珰、香囊、跳脱、玉佩、双针之绣、纨素之裙、亲体之衣、钗与搔头,竟好像是一份"信物大全",后世两心相许之互赠,太半不出它的范围。诗中说到的"何以结中心,素缕连双针",元伊世珍《嫏嬛记》引《谢氏诗源》曰:"昔有姜氏与邻人文胄通殷勤,文胄以百炼水晶针一函遗姜氏,姜氏启履箱,取连理线,贯双针,结同心花以答之,故'定情篇'曰'素缕连双针'。"虽未必是确解,故事却可取。"连理"、"同心",信物中最常用到,庾信《题结线袋子》"交丝织龙凤,镂彩织云霞。一寸同心缕,千年长命花"①,与此正相仿佛。梁武帝萧衍《有所思》"腰中双绮带,梦为同心结"②,这同心结不必说,后来更是成为情爱的象征。

  与同心结常在一处的香囊,历代诗文中也极常见。如南宋高观国《思佳客》:"剪翠衫儿稳四停,最怜一曲凤箫吟。同心罗帕轻藏素,合字香囊半影金。 春思悄,昼窗深。谁能拘束少年心。莺来惊碎风流胆,踏动樱桃叶底铃。"③元乔吉[双调]《水仙子·楚仪赠香囊赋以报之》:"玉丝寒皱雪纱囊,金剪裁成冰笋凉,梅魂不许春摇荡,和清愁一处装,芳心偷付檀郎,怀儿里放,枕袋里藏,梦绕龙香。"④又明冯梦龙编《古今情史类纂》卷六有《扇肆女》一则,曰福建林生,慕市中扇肆小女,欲时睹芳容,而日往买扇,"女见生青年美质,且怜其意,遗以香囊汗巾并银簪一支,约某夕会于后门"。等等。总之,小说写事,多半把信物作为实在的线索以铺展情节,词曲写情,便多借着咏物,把思绪写得伶俐婉转。香囊的实物以清代为多,但早于此者也不算罕见。新疆尼雅遗址所出香囊,原与梳子、铜镜等放在一件漆奁里边,香囊前面开口,里面衬绢,背面用褐,正面则用着色彩明艳的"金凤池"锦,时代为汉晋之际⑤。辽宁法库叶茂台辽墓出土一件香囊,纱地上绣一只衔穗的小鸟,又用钉金绣勾出几处轮廓,周围以两根银线钉线框边,再用锁绣做出外缘⑥。又内蒙古额济纳黑城遗址出土的一件,香囊做成

---

① 《先秦汉魏晋南北朝诗》,下册,页2407。
② 《先秦汉魏晋南北朝诗》,中册,页1514。
③ 唐圭璋《全宋词》,册四,页2359,中华书局一九六五年。按末句本唐故事,《开元天宝遗事》卷一:"天宝初,宁王日侍,好声乐,风流蕴藉,诸王弗如也。至春时,于后园中纫红丝为绳,密缀金铃,系于花梢之上,每有鸟鹊翔集,则令园吏掣铃索以惊之,盖惜花之故也。"不过词把它用在这里却又别存意味。
④ 隋树森《全元散曲》,页617,中华书局一九六四年。
⑤ 赵丰等《沙漠王子遗宝》,图四三,艺纱堂/服饰工作队。
⑥ 高汉玉《中国历代织染绣图录》,参考图版二五一,商务印书馆香港分馆等一九八六年。

[6-1]:❶

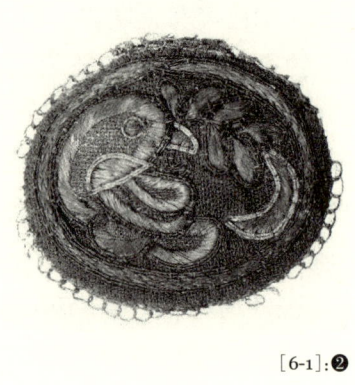

[6-1]:❷

[6-1]:❸

图[6-1]:香囊
❶新疆尼雅遗址出土
❷辽宁法库叶茂台辽墓出土
❸内蒙古额济纳黑城遗址出土

葫芦形,下边缀着用一串同心结编结相连的长穗子,葫芦一面绫,一面罗,两面各绣着花枝和人物,亚腰处也打着同心结的扣①(图6-1)。作为旧时的寻常佩件,香囊自未必件件"和清愁一处装",但"合字香囊半影金","怀儿里放,枕袋里藏",种种形容,总不免教人觉得这里的金线银线也曾经结着情思和故事。

唐代为人艳称的情事,大约首推唐明皇与杨贵妃。陈鸿《长恨歌传》云,定情之夕,明皇"授金钗钿合以固之"。玉环死后,方士以术访之于"玉妃太真院",妃"指碧衣取金钗钿合,各析其半,授使者曰:为我谢太上皇,谨献是物,寻旧好也"。作为定情之物的金钗钿合,一始一终,挽结了全部的凄艳。

故事中的钿合,却不见于繁钦的《定情诗》,因为盒的制作,兴盛在唐,金盒、银盒、玉盒,唐代遗存中多有精品。出土于西安市东南洪庆村的一件鎏金小银盒,约如掌心大小,盒盖妆饰卷草纹和伎乐人,盒底表面用纤细的阴刻线条刻绘出一

---

① 常沙娜《中国织绣服饰全集》,图一〇四,天津人民美术出版社二〇〇四年。

[6-2]:❶   [6-2]:❷   图[6-2]:玉盒
❶❷西安唐宫城遗址出土

对并立的男女,上方则是"二人同心"四个字①。又西安唐宫城遗址内出土的一件青玉小盒,大小亦约略如手心,有子母口可扣合,有金环钮可启闭,盒面剔地雕出折枝牡丹,盒的上端凸起一对镂空的鸳鸯,正中的镂空处,可以用来系佩②(图6-2)。不过唐代此类小盒多用作盛放口脂香膏,并且常常是朝廷赐物,王建《宫词》"黄金合里盛红雪,重结香罗四出花。——傍边书敕字,中官送与大臣家"③,纪其事也。而它作为信物,却也合适不过。许尧佐《柳氏传》有"以轻素结玉合,实以香膏"的情节;韩偓杂言诗《玉合》"罗囊绣两凤凰[一作鸳鸯],玉合双雕䴔䴖,中有兰膏渍红豆,每回拈著长相忆。长相忆,经几春。人怅望,香氤氲。开缄不见新书迹,带粉犹残旧泪痕"④,正是借玉合以言相思,玉合其式,与前举青玉小盒,大约相去不远。小盒作为信物,在陈鸿和白居易的笔下特别确定了身分,我们看唐代此类制品的秀巧和精致,也可知这方寸之物,原容得下无数悲欢离合。明代小说依然取了它来编织故事。《二刻拍案惊奇》中有《权学士权认远乡姑,白孺人白嫁亲生女》一则,便是以旧紫金钿盒儿的一扇为由,引出一个才子寻佳人的传奇。钿盒儿在这里不断设置出情节,并且是一个贯穿始终的线索,虽然这悬念不必很费心思也猜得破,但能够引起几回会心的微笑,它在一幕喜剧中也就功德圆满了。

　　铜镜,也常常是两心相照的证见。乐昌公主破镜重圆的故事自是人人

---

① 阎磊《西安出土的唐代金银器》,页34,图六,《文物》一九五九年第八期。
② 《中国玉器全集·5·隋唐至明》,图三五,河北美术出版社一九九三年。
③ 《全唐诗》,册一〇,页3443,中华书局一九六〇年。
④ 《全唐诗》,册二〇,页7835。

[6-3]:❶   [6-3]:❷

图[6-3]:"两心同长存"铜镜
❶❷辽宁朝阳北塔出土

耳熟能详。宋《京本通俗小说》有一则《冯玉梅团圆》,曰议婚之日,夫以祖传的鸳鸯宝镜为聘礼,这宝镜"乃是两镜合扇的,清光照彻,可开可合,内铸成'鸳鸯'二字,名为'鸳鸯宝镜'"。后来乱中夫妻相别,即把宝镜来一分为二,各执其一。一番磨难之后,终获团圆,相认之际,便以宝镜为凭。当日玉梅之夫于丈人面前"揭开衣袂,在锦裹肚系带上解下一个绣囊,囊中藏着宝镜。冯公取观,遂于袖中亦取一镜合之,俨如生成"。据小说中的形容,此镜乃可袖可怀,度其尺寸,或者大不逾掌。辽宁朝阳北塔辽重熙年间重砌的天宫中曾出土一批小铜镜,其中一件直径七点五厘米,却是做成五瓣三重的一朵莲花,中间一重花瓣上刻着"两心同长存"五个字①(图 6-3)。它与"二人同心"的唐代鎏金小银盒,不妨说是异曲同工。不过它们很可能是"批量生产",带了这种通行的色彩,若不是附丽于曲折缠绵的故事,它也就精光不再。但是我们讨论信物,这"二人同心"、"两心同长存"的自铭,总可以教人确认它的身分,而唤起"我思古人"的一份爱惜。

　　元杂剧和明清传奇更喜欢以两心相悦而私相赠受的表记作线索敷演故事,如元贾仲明《对玉梳》,明高濂《玉簪记》,清李渔《玉搔头》。明末路迪作传奇《鸳鸯绦》,写张淑儿与杨真方的初之巧遇,后之巧合。"巧遘"一场曰淑儿救杨生脱险,临别之际——〈旦〉:转来转来。〈生〉:又怎么?〈旦〉:你草草去了,只道我漏泄机关,且站住片时,自有道理。〈虚下,取砌末上〉些须白镪权以赠君。还有鸳鸯白玉绦一枚,为后日鸳鸯之兆——末了果然凭着鸳鸯绦有情人终成眷属。崇祯本卷首张淑儿小像所绘正是伊人捧了鸳

---

① 朝阳北塔参考古勘察队《辽宁朝阳北塔天宫地宫清理简报》,页 12,图二二,《文物》一九九二年第七期。

鸯绦的模样(图6-4:2)。鸳鸯不必说是白玉制就,绦儿之用,自是束腰。但它同当日男子所用的绦带似有不同,明末阮大铖作传奇《燕子笺》,其明刻本卷前的华行云小像可为一证。靓妆丽服的华行云腰间所系恰是鸳鸯绦,鸳鸯却原来是结在束腰绦儿的中心打结处(图6-4:1)。上海松江区西塔林出土的双体鸳鸯佩有玛瑙、白玉各一件①(图6-5),又正好可以衔接起鸳鸯绦的线索。《定情诗》"何以结恩情,佩玉缀罗缨",余响可谓不绝如缕,尽管此佩与彼佩式样已经不同。

南宋许棐有一首题作《帕子》的小诗:"万缕纵横如妾恨,一方轻薄似郎恩。多时不系纤腰舞,却对花前拭泪痕。"②此中似系无限伤心,只是究竟有着怎样的故事我们无从知晓。帕子当然也是信物之一。乔吉[双调]《水仙子》咏手帕云:"对裁湘水縠波纹,捼皱梨花雪片云。束纤腰舞得春风困,衬琼杯蒙玉笋,殢人娇笑揾脂唇。宫额上匀香汗,银筝上拂暗尘,休染上啼痕。"③此曲把手帕的用途一一道明,"衬琼杯蒙玉笋",这情景在金元壁画也是常见。明清多把此类帕子称作汗巾儿,其尺寸却是不小,五代十国时已然,闽徐夤《尚书筵中咏红手帕》句有"鹤绫三尺晓霞浓,送与东家二八容。罗带绣裙轻好系,藕丝红缕

---

① 《上海出土唐宋元明清玉器》,图三八、图三九。著者断其时代为元,不过西塔林所出遗物的时代下限可到明前期。
② 《全宋诗》,册五九,页36843。
③ 《全元散曲》,页617。

[6-4]:❶

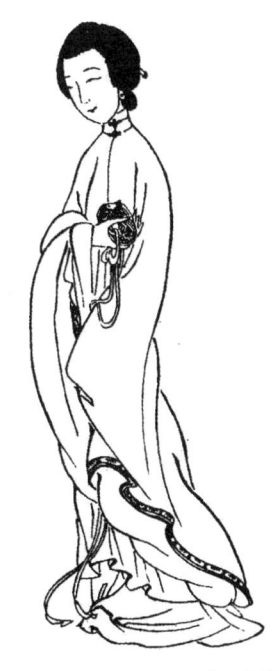

[6-4]:❷

图[6-4]
❶《鸳鸯绦》中的张淑儿小像
❷《燕子笺》中的华行云小像

[6-5]:❶

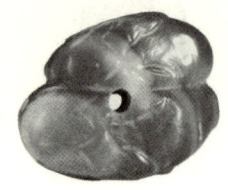

[6-5]:❷

[6-5]:❸

[6-5]:❹

图[6-5]:上海松江区西塔林出土鸳鸯佩
❶❷玛瑙鸳鸯
❸❹白玉鸳鸯

细初缝"①。唐尺有大小之分,大尺平均三十厘米。"鹤绫三尺",总是系得纤腰,即如徐夤、许棐、乔吉所咏。明代实物,略与此同。江苏泰州明刘湘夫妇合葬墓出土四件缎帕,其中一件,宽约一尺,长不及三尺。两端妆饰卍字不到头的宽沿儿,边上缀着丝穗,中间以梅花、菊花、莲花配着缠枝牡丹②。《墨娥小录》卷一四"中原市语"条"手帕儿系腰:只是一遭",正说到它的用途。《金瓶梅词话》第五十一回曰潘金莲央陈经济捎几方汗巾儿,说到那式样是"娇滴滴紫葡萄颜色四川绫汗巾儿,上销金,间点翠,十样锦,同心结,方胜地儿,一个方胜儿里面一对喜相逢,两边栏子儿都是缨络珍珠碎八宝儿"。这番交代被陈经济笑作是"琐碎一大堆",不过同心结、方胜、喜相逢,都有着两情相谐的寓意,正是汗巾儿讨人喜欢的式样,而它作为信物在小说中本来常见,《喻世明言》中的《蒋兴哥重会珍珠衫》,陈大郎与王三巧儿传递相思,即用着羊脂玉凤头簪一根,并"八尺多长一条桃红绉纱汗巾"。其时尚有形制近方的一种小手巾,它有别于汗巾而在明清或被称作"帕子"与"绢子"。北京南苑苇子坑明代墓葬出土一件妆花缎手帕,周边飞着仙鹤祥云,中间是一首祝寿诗③。清姚际恒《好古堂家藏书画记》卷下云"宋锦寿帕一方,中织成诗一首,曰'一幅鲛绡五彩

---

① 李调元《全五代诗》,下册,页1659,巴蜀书社一九九二年。
② 泰州市博物馆《江苏泰州明代刘湘夫妇合葬墓清理简报》,页71,《文物》一九九二年第八期。
③ 北京市文物工作队《北京南苑苇子坑明代墓葬清理简报》,图版八:3,《文物》一九六四年第十一期。

鲜,云孙织就不知年。霞明秋水天然丽,露浥春花分外妍。曾裹灵丹藏绮袖,每持寿酒献华筵。殷勤更致长生祝,乞与蓬莱顶上仙'。行押书如钱大,圆劲有法。"诗与明墓所出者一字不差,则所谓"宋锦寿帕",应是明代物,又可知它是当时常见的样式。这一方手帕自然无关于情事,不过此类帕子作为信物总免不掉要用诗来表明心迹。《喻世明言·张舜美灯宵得丽女》,引子里讲了一个小段子,说某公子元宵到乾明寺看灯,"忽于殿上拾得一红绡帕子,帕角系一个香囊,细看帕上,有诗一首云云",于是以此为缘,终得两情好合。只是这故事已成俗套,实未可动人。惟《红楼梦》借帕子写两心相许,才有了入微的写心之笔。第三十四回《情中情因情感妹妹,错里错以错劝哥哥》,写宝玉打发晴雯往潇湘馆送了两条家常用的旧帕子,"这黛玉体贴出绢子的意思来,不觉神痴心醉。想到宝玉能领会我这一番苦意,又令我可喜;我这番苦意,不知将来可能如意不能,又令我可悲。要不是这个意思,忽然好好的送两块帕子来,竟又令我可笑了。再想到私相传递,又觉可惧。他既如此,我却每每烦恼伤心,反觉可愧。如此左思右想,一时五内沸然,由不得余意缠绵,便命掌灯,也想不起嫌疑避讳等事,研磨蘸笔,便向那两块旧帕上写道"——其诗不必再多抄录,实在这几处笔墨,人人背也背得下来。这里仍用得着开篇所引的一句诗:"匪女之为美,美人之贻。"信物本无一定,两心相印,何劳远取,"在天愿作比翼鸟,在地愿为连理枝",果然誓言不虚,则柔荑可珍也。

粉蛾交关与孟家蝉

李商隐诗的魅力之一,是诗中多有别出机杼的物象,虽平常之物,却每以命意新异而使诗情生出涟漪,题作"日高"的一首,便是一例。此篇似约略同于他的诸多《无题》,即题目原是从诗中拈出两个字,有题亦如无题。这一首虽非名篇,但诗之意象种种却也有奇丽之妙。诗曰:"镀镮故锦縻轻拖,玉笙不动便门锁。水精眠梦是何人,栏药日高红髲鬖。飞香上云春诉哀,云梯十二门九开。轻身灭影何可望,粉蛾帖死屏风上。"刘学锴、余恕诚《李商隐诗歌集解》演述诗之作意曰:"此诗内容,不过写一娇艳贵家女子,日高尚酣卧未起,而水精帘外窃观之人,则徒怀想望而不能亲近。此艳体诗常有之内容。概言之,则正所谓'偷看吴王苑内花'也。'水精眠梦'者,或为贵家姬妾一流。'栏药'句对'水精眠梦是何人'之设问,不作正面回答,宕开写景,推出栏中芍药于丽日春风中融怡摇荡之特写镜头,象征手法运用绝妙。陈贻焮先生谓'飞香''粉蛾'象征'无法抑制的春情'和'绝望的相思',亦善于妙悟。借李白诗句言之,则前幅即所谓'一枝红艳露凝香',后幅则'云雨巫山枉断肠'是也。"①此说阐发全诗之意固然惬当,然而作为此诗重要象征之一的"粉蛾帖死屏风上",古人、今人却都只是把它看作一句切实的比喻而无解。

但它果然是一句切实的比喻么?未免实在不合常理,或者说完全不合粉蛾的习性。如揆之常理而不可通,则作为比喻也就没有意义。玉谿生诗虽称晦涩,但却并非如此不通。因此"粉蛾"句实当作别解,即它只能是一

---

① 刘学锴、余恕诚《李商隐诗歌集解》,页1931,中华书局二〇〇七年。

个意象的拟喻。试看唐代屏风,便可于此了然。

作为用于灵活布置室内空间的活动屏障,屏风自上古以来至唐代,几乎为室内陈设所必须,而唐代最为流行的是多曲屏风,多曲屏风中最常见的是六曲,李商隐《屏风》诗"六曲连环接翠帷",即此。多曲屏风的相连处每使用金属合页,时或称作"交关",故李贺《屏风曲》句云"蝶栖石竹银交关,水凝绿鸭琉璃钱。团迴六曲抱膏兰,将鬟镜上掷金蝉"。清王琦《李长吉歌诗汇解》注云:"屏风上画蝴蝶栖石竹之形,而以银作交关。交关者,盖屏风两扇相连属处,即今之铰链也。又作鸭绿水波之文,或以琉璃作钱文加其上,盖言屏风上之雕饰。"此释交关是不错的。但细绎诗意,"蝶栖石竹银交关,水凝绿鸭琉璃钱",原是两句分咏两事,即前句言交关之式,后句言屏风之饰,则"蝶栖石竹银交关",便非是"屏风上画蝴蝶栖石竹之形,而以银作交关",却是意为交关的样式好似蝴蝶之栖于石竹。而玉谿生之"粉蛾帖死屏风上",命意正与此同,不过赋予意象以绝望的色彩——作为连属屏风的粉蛾交关,一切都已死灭,正如绝望之春情①。

然而唐代果然有此蝴蝶交关么?检阅出土材料,实例乃不止一件,如河北邢台市唐墓出土对蝶式铜合页②,又宁夏吴忠西郊唐墓出土之数副。出自邢台市唐墓者,原是女子妆奁匣上物,但与当日屏风所用是一致的,因可作为粉蛾交关最为切近的旁证③(图7-1、2)。可知

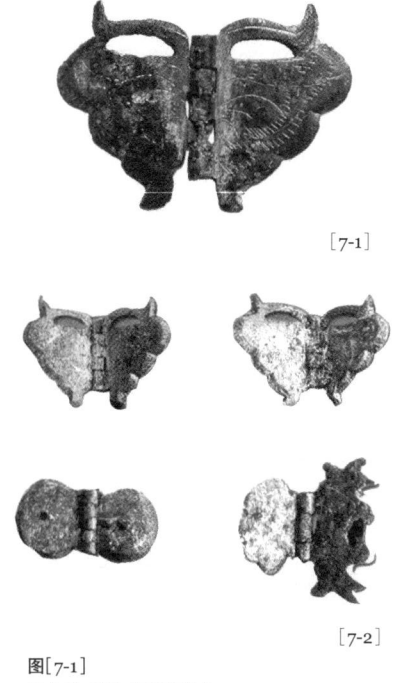

[7-1]

[7-2]

图[7-1]
铜合页 邢台市唐墓出土

图[7-2]
铜合页 宁夏吴忠西郊唐墓出土

---

① 南宋周弼有诗题作《春浓曲》,颇与玉谿生的这一首情韵相近,诗曰:"雨膏蒸土兰芽热,粉魂淡艳凝绌缅。柳条无力受东风,桃叶春江弄花月。枕函坠发昏眠重,绮帐惊寒替花恐。屏琐虫栖化粉蛾,帘甲蜂钻抱残蛹。麦门冬长柔堪结,桐轮辗尽棠梨雪。门掩车箱铜铰闲,瓶敲井干青丝绝。君不见楚王宫中乐酣宴,嫌怕旁人说春晚。玉钗埋遍细腰人,章华台上苍苔满。"其中"屏琐虫栖化粉蛾"之句,即由"粉蛾帖死屏风上"化出。《全宋诗》,册六〇,页37739。
② 邢台市文物管理处《河北邢台市唐墓的清理》,页52,图版五,《考古》二〇〇四年第五期。
③ 宁夏文物考古研究所等《吴忠西郊唐墓》,彩版一一:2,文物出版社二〇〇六年。

诗之幽奇的意象本是得自现实生活中的妆饰艺术。真实的物转换为诗中的意象，虚拟的感情历程因此变得可触可感。

有意思的是，连属多曲屏风的粉蛾又催开了妆饰艺术中一系列新颖的设计构思，而成为风行于唐宋时代的一种妆饰纹样，即对蝶图案以及由此而发展出来的对蝶饰件。陕西扶风法门寺地宫出土银金花香囊上面的合页妆饰一对粉蛾，似已开启辽宋对蝶饰件的先声①（图7-3）。而双蝶对飞的纹样，另一个借鉴大约是唐代流行的夹缬或绞缬——由它的工艺特征，实在很容易产生这样的图案构思。留存至今的丝绸实物中，有一个可作参证的例子，即法国吉美博物馆藏出自敦煌的一枚团窠对蝶纹妆花绫残片：白色的经线和纬线交织为地子，在显花的部分加入一组黄色的浮纬，以通经回纬的方法织出图案，便是一周四朵牡丹花构成的团窠，团窠中心两只抵首相对的展翅蝴蝶②（图7-4）。其时代，被定为晚唐至五代。

[7-3]

[7-4]

图[7-3]
金花银香囊合页 陕西扶风法门寺地宫出土

图[7-4]
团窠对蝶纹妆花绫残片 法国吉美博物馆藏

对蝶纹样在宋代的使用更为广泛，当日又别有名称曰"孟家蝉"。宋熊克《中兴小记》卷五引朱胜非《闲居录》曰："绍圣间，宫掖造禁缬，有匠者姓孟，献新样两大蝴蝶相对，缭以结带，曰'孟家蝉'，民间竞服之。"所谓"新样两大蝴蝶相对，缭以结带"，其式样与用途已经说得很明白，而它适为夹缬类所采用的图案，并且蝉

---

① 韩生《法门寺文物图饰》，页252，文物出版社二〇〇九年。
② 赵丰等《敦煌丝绸艺术全集·法藏卷》，图一一六，东华大学出版社二〇一〇年。

为对蝶图案的名称,似乎也是由唐而来——唐王建《宫词》句云"缠得红罗手帕子,当中更画一双蝉";秦韬玉《织锦妇》"合蝉巧间双盘带,联雁斜衔小折枝",所云"双蝉"、"合蝉",即是也。"宫样"传出,很快成为时尚,"民间竞服之",自非虚语。

风气之下的新产品之一,为银对蝶佩,如浙江省博物馆收藏的一件。银佩系上下两片扣合为一,即在分别打作成形的两片蝴蝶上端交错做出两对扁管,把一根轴杆穿入其中,然后将两端卷起以为蝴蝶须子,轴杆两边的两片蝴蝶于是可张可敛①(图7-5)。相似的银饰件也见于四川德阳孝泉镇宋代银器窖藏、浙江湖州龙溪乡三天门宋墓,又福州南宋黄昇墓,等等,可见它在当日的流行。

[7-5]:❶

[7-5]:❷

图[7-5]
❶❷银对蝶　浙江省博物馆藏

作为饰件的孟家蝉颇见宋人题咏,如姜夔《观灯口号》之三"游人总戴孟家蝉,争托星毬万眼圆"②。又潘汾有词一阕,作《孟家蝉·蝶》,上半阕云"向卖花担上,落絮桥边,春思难禁。正暖日温风里,斗采遍香心。夜夜稳栖芳草,还处处、先骖春禽。满园林。梦觉南华,直到如今"③。"向卖花担上",语作双关,卖花担之"花",本来是包括各种饰物的,这里的一层意思便是点明孟家蝉的用途。"梦觉南华",则是用着《庄子》梦蝶之典以明形象。如此,两宋之银对蝶佩件时名孟家蝉,应该是不错了。而从粉蛾交关到孟家蝉,我们看到在诗与物的传递和蜕变中不断孕育着新的诗,也不断孕育着新的物,大约也可以算作读诗赏物的另一种体验。

---

① 照片承浙江省博物馆提供。
② 《全宋诗》册五一,页32054。
③ 赵闻礼编《阳春白雪》卷一。

帽顶与炉顶

有一种流行于元明时期的小型透雕玉饰，高约在三厘米到九厘米之间，做工均极精好，题材则很是多样，秋山与鹿，鹭鸶与荷，祥云牡丹中的行龙和舞凤，又有口里衔着花枝的嬉戏鸳鸯，等等，传世与出土数量都不算少，而传世品中，有很多是嵌在小型香炉的木盖顶端。它本来就是炉顶，亦或如明人所说，乃由元人的帽顶改作炉顶，学界至今还没有一致的看法。近年出版的《中国隋唐至清代玉器学术研讨会论文集》即收有意见相反的两篇论文。持炉顶说者认为，玉雕帽顶，"在所有关于帽饰的记载中，没有片言只语"，而"帽顶之制，史料上素有记载，但指的却是'顶珠'"，因此明代被用作炉顶捉手的玉雕，与元代帽顶无关[①]。

这里首先须要明确两个问题，一，关于玉雕帽顶的文献记载；二，帽顶究竟是怎样的，即何谓帽顶，何谓顶珠。然后我们可以讨论一种有捉手的香炉盖是如何产生，以及帽顶与炉顶究竟有没有联系。

一，关于玉雕帽顶的文献记载。帽端妆饰珠宝乃元代风习，其时编纂的汉语识字读本《朴通事》和《老乞大》都曾提到。《朴通事谚解》卷上形容一个舍人打扮的，说他头上戴着"江西十分上等真结综帽儿，上缀着上等玲珑羊脂玉顶儿，又是个鹚䴗翎儿"。玲珑玉，自然是透雕，其下当有用作嵌玉的座儿，只是这里把它略去。同书卷下："你看我这帽顶子，帐房门上磕着，塌了半边，颜色也都消了，你就馈我掠饬，我不算工钱，多多的赏你。"这一节说的都是金银加工，此磕塌了半边的帽顶子，自然也是金银之

[①] 王正书《"炉顶"、"帽顶"辨识》，页 278，《中国隋唐至清代玉器学术研讨会论文集》上海古籍出版社二〇〇二年。

属。近年韩国发现的原刊《老乞大》对各式帽顶形容得最细，并且全用着当日的口语："头上戴的帽子，好水獭毛毡儿，貂鼠皮簷儿，琥珀珠儿西番莲金顶子，这般一个帽子结裹二十锭钞。又有单挑牛尾笠子，玉珠儿羊脂玉顶子，这般笠子通结裹三十锭钞有。又有裁帛暗花紵丝帽儿，云南毡海青帽儿，青毡钵笠儿，又有貂鼠簷儿皮帽，上头都有金顶子，又有红玛瑙珠儿。"

二，帽顶形制究竟如何。前引文献对此已作出解释，即虽笼统称作帽顶，其实它本由两部分组成，其一为宝，即帽珠，亦即这里说的各式珠儿，当然也包括玉珠儿；其一为嵌宝之托，即帽顶，亦即这里说的各式顶子。此式在传世的元代帝王画像中表现得十分清楚。明代沿用此制，且在舆服制度中作出明确规定。《明史》卷六七《舆服三》，曰凡职官，一品、二品"帽顶、帽珠用玉"；三品至五品，"帽顶用金，帽珠除玉外，随所用"；六品至九品，"帽顶用银，帽珠玛瑙、水晶、香木"，"庶人帽，不得用顶，帽珠止许水晶、香木"。江苏无锡元钱裕墓出土的玉器中，有一件白玉制作的半圆形饰，高三点五厘米，素面抛光，椭圆形的底上有一对象鼻穿，研究者推测它为帽顶[1]，应可据，也不妨说它原是嵌在帽顶托座上的玉珠儿。形制更为明确的例子见于湖北钟祥明梁庄王墓，据称墓中发现"冠顶"共六件，《简报》揭载的两件均出在王的棺床之上，一件编号为"棺:28"，一件编号为"棺:33"。棺:28是一个金制的仰覆莲座，莲瓣上嵌着红蓝宝石，莲座顶端穿出一根金丝，上系一颗橄榄形的水晶珠，通高七点五厘米，直径四点八厘米，重七十六点七克。棺:33则是一个椭圆形的仰覆莲金座，莲瓣上也镶嵌各色宝石，莲座里却是一个龙穿云的玲珑玉顶，通高六点三厘米，重八十五克。两件冠顶都有沿着莲花座缘的小穿孔，前者十，后者八[2]。《简报》对此作出两个推测，一是帽饰，一是其他器物的附件。自以前者为是。当然更确切的名称，应作"帽顶"。纪录严嵩抄没资财的《天水冰山录》中有"帽顶"一项，所谓"金厢珠宝帽顶"，"金厢玉帽顶"，便是此类。它在元代应该称作"七宝帽顶"，见《元史》卷二四《仁宗本纪一》。梁庄王墓属明代前期墓葬，所出两种类型的帽顶，即金镶珠宝帽顶和金镶玉帽顶，与元明文献均可对应，正是

---

[1] 徐琳《元钱裕墓出土部分玉器研究》，页299，上海古籍出版社二〇〇二年。
[2] 湖北省文物考古研究所《湖北钟祥明代梁庄王墓发掘简报》，页15，图二九；封三，图一，《文物》二〇〇三年第五期。

[8-1]

[8-2]

图[8-1] 金镶珠宝帽顶 湖北钟祥明梁庄王墓出土

图[8-2] 金镶珠宝帽顶 湖北钟祥明梁庄王墓出土

很好的实例(图 8-1、2)。其中金镶玉帽顶上面的玉雕,与故宫收藏的一件元代龙凤穿花青玉顶相对看,除体量稍小之外,无论造型还是纹样都很一致①(图 8-3)。而以为帽顶只可能是珠,却不可以是玉,对照文献与实物,此说之不能成立,是显然的了。

不过明代中期以后帽端妆饰珠宝的制度似逐渐不行,以至于到了明代晚期,帽珠竟与帽顶分离而移作他用。《金瓶梅词话》第二十一回曰李瓶儿"拿出一件金镶鸦青帽顶子,说是过世老公公的,起下来上等子秤,四两八分重",于是"教西门庆拿与银匠,替他做一对坠子"。所谓"起下来",自然是从帽顶金制的托座上起下来,"上等子秤"的,不必说便是那作为帽珠的鸦青石。至于嵌玉的帽顶,可由明沈德符《万历野获编》卷二六中得其大概:"近又珍玉帽顶,其大有至三寸,高有至四寸者,价比三十年前加十倍,以其可作鼎彝盖上嵌饰也。问之,皆曰此宋制,又有云宋人尚未办此,必唐物也,竟不晓此乃故元时物。元时除朝会后,王公贵人俱戴大帽,视其顶之花样为等威。尝见有九龙而一龙正面者,则元主所自御

① 《中国玉器全集·5·隋唐至明》,图一六七,河北美术出版社一九九三年。

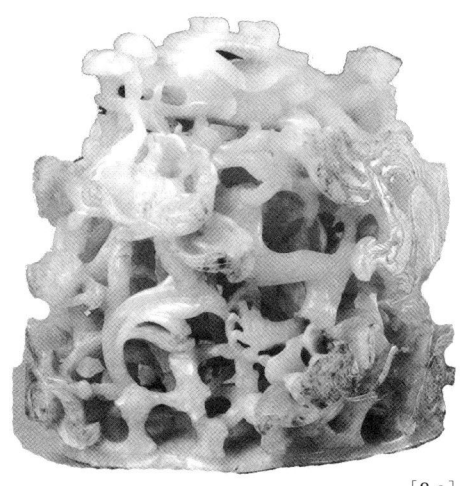

[8-3]

图[8-3]
龙凤穿花青玉顶 故宫博物院藏

也。当时俱西域国手所作,至贵者值数千金。"元代及明前期的玉帽顶被后人用作炉顶起初也许是偶然,不过,认清其原始,并了解香具在不同时代的若干变化以及炉顶出现的原因,便可知它的成为风气,并不在情理之外。至于妆饰题材乃至造型都颇多相似的小型透雕玉饰,究竟何为帽顶,何为炉顶,并且时代的分别究竟如何,则须从碾琢工艺及图案安排的诸多细节去认真考虑,此又当别论。

"蒙恬将军"瓶与插翎之冠

一

图[9-1]
❶青花蒙恬将军玉壶春瓶 湖南省博物馆藏

历史故事,是元青花的一个重要妆饰题材。一件著名的作品是湖南省博物馆藏景德镇窑青花人物故事玉壶春瓶,它与两件元代青花双鱼大盘同时收集于常德,报道认为,"从其圈足保存的泥锈来看,应当是出土物,而非传世品"[①]。

玉壶春瓶上是连续的两组画面,其一为书有"蒙恬将军"四字的牙旗下一身戎装的将帅,面前则一持弯弓、佩矢箙者,栩栩然作报告状;其一便是他的手指处,乃一身锦绣,为追兵所迫,跪在尘埃的青年[②](图9-1)。此器胎质细腻,白釉泛青,是典型元青花成熟时期的一件精品,它因此被海内外为数不少的图录选入,只是均未说明其中具体的故事情节。

---

① 高至喜《元代青花人物故事玉壶春瓶》,页100,《文物》一九七六年第九期。
② 汪庆正《中国陶瓷全集·元》(下),图一八一,上海人民美术出版社二〇〇〇年。

[9-1]:❷
[9-1]:❸
[9-1]:❹
[9-1]:❺

图[9-1]
❷❸❹❺青花蒙恬将军玉壶春瓶 湖南省博物馆藏

蒙恬的事迹,首见于《史记·蒙恬列传》,其中说道:"秦已并天下,乃使蒙恬将三十万众北逐戎狄,收河南。筑长城,因地形,用制险塞,起临洮,至辽东,延袤万余里。"蒙恬衔命往北塞筑长城的情景,在流行于元代的平话中,则有更为具体的描绘。元至治年间新安虞氏刊本《全相平话秦并六国》卷下:"帝(始皇)令蒙恬兴兵三十万,北伐匈奴抵拒,收河南地四十四县,可

[9-2]:❶   [9-2]:❷   [9-2]:❸

图[9-1]
❶莫高窟第二二〇窟维摩诘经变(摹本)
❷《宋时大理国描工张胜温画梵像卷》(摹本)
❸元人《番王礼佛图》(摹本)

筑长城,因地形,用制险塞,临洮至辽东之地,延袤万余里,镇压边疆。……蒙恬往北塞为诏讨,管领三十万人,文字下诸郡,三丁抽一,来赴沙场,筑起城墙,不问士宦豪杰之家,尽行起发赴场,如违,差兵捉拿,斩首号令。"

所谓"不问士宦豪杰之家,尽行起发赴场,如违,差兵捉拿,斩首号令",正是这一件玉壶春瓶在连续画面中所表现的内容,其情其景,可谓刻画生动。典型的元青花成熟在元代中晚期,它与平话《秦并六国》的时代也约略相当。虽然无论史书还是平话,蒙恬都不是其中的英雄,太史公且对他颇有微辞,但元青花的兴趣似乎只在于讲故事。

玉壶春瓶中蒙恬的服饰,尤其是首服,即一顶插翎之冠,平话中并未提及,而它既非秦代制度,亦非元代服饰的实写,当别有所本①。插翎之冠的形象,很早便出现在表现异域人如所谓"番人"、"蛮人"、"胡人"的绘画中。《宋时大理国描工张胜温画梵像卷》(台北故宫博物院藏),北宋无款之《六尊者像》(故宫藏)、传赵光辅作《蛮王礼佛图卷》(美国克里夫兰艺术博物馆藏),又故宫藏元代一幅无款《番王礼佛图》(图9-2),图中的"番王"或"蛮王",均戴插翎之冠。"胡人",也不外如是。北宋梅尧臣《观韩玉汝胡

---

① 武士戴插翎之冠,中原地区本来也有着自己的传统,商代墓葬中出土的铜胄,其上装有细管,应即用作插翎。"鹖冠"也早见于先秦文献,这一传统一直通行到明代,不过它与异域以及后来用作表现异域人物的插翎之冠不属一个系统。此外,明代皂隶帽子的一侧插翎,此见于同时代的戏曲版画和寺观壁画,明叶梦珠《阅世编》中也曾提到,当然这又是别一系统。

人供奉图》："时世重古不重新，破图谁画四胡人。臂鹰捧盘犀利水，铁锁狮子同麒麟。翘翘雉尾插头上，深目鉅鼻青搭巾。涂朱点绿画笔大，筋骨怒露蛮祠神。茜袍白马韩公子，从何得此来秘珍。定应海客远为赠，中国未睹难拟伦。公子自言吴生笔，吴笔精劲瘦且匀。我恐非是不敢赞，退归书此任从嗔。"①元代王逢《任月少监职贡图引》，也说道"厥酋高鼻深目胡，冠插翟尾服绣襦"②。梅氏所见韩生珍藏的"胡人供奉图"是否出自吴道子笔，无从判定，不过"翘翘雉尾插头上"这一种对于异域人的表现形式，却的确有着古老的根据。出自唐章怀太子李贤墓的一幅为人熟知的"客使图"，其中的新罗使节，即头戴插翎之冠，对此已有学者考证得很详细③。唐僧义净《南海寄归内法传》卷

[9-3]
图[9-3]
《昭君出塞图》局部

一："彼国敬鸡神而取尊，故戴翎羽而表饰矣。"当然有冠羽之俗的并不止于古代朝鲜人。敦煌壁画中的异域王子，颇有戴插翎之冠的形象，如莫高窟第二二〇窟维摩诘经变中的诸国王子问疾④。而早期绘画中，对于域外人的形象，多是据实描绘，但元代以后，绘画中的"番人"、"蛮人"、"胡人"已逐渐不重写实，插翎之冠因此成为一种近乎程式化的表现形式，而被推广到中心统治地区之外的许多异域人物。其中虽然仍不乏直接或间接的现实依据⑤，但观念的成分似已居要，职贡图、礼佛图一类的传统题材，便多有因袭旧式的做法。时属南宋的一幅无款《昭君出塞图》，其中的匈奴使臣，也戴插翎之冠⑥（图9-3），则南宋或者已稍开风气。只是这一类题材的

---

① 《全宋诗》，册五，页3247。
② 顾嗣立《元诗选·初集》，下册，页2196，中华书局一九八七年。
③ 云翔《唐章怀太子墓壁画客使图中"日本使节"质疑》，《考古》一九八四年第十二期。
④ 贺世哲《敦煌石窟全集·法华经画卷》，图一九八，商务印书馆（香港）有限公司一九九九年。
⑤ 如沈德符《万历野获编》卷三十"外国"条之"西域记"："别失八里，沙漠之地也，今马哈麻王子主之。马哈麻者，元之余裔，袭封居此"，"其王带小罩刺帽，簪鹔鹴翎。"
⑥ 此图收入《天籁阁宋人画册》；明仇英《摹天籁阁宋人画册》之十一所摹即此幅（上海博物馆藏）。

图[9-4]
榆林窟第三窟甬道北壁元代供养人（摹本）

绘画，并不是"蒙恬将军"瓶创作的直接依据。

蒙元贵族与官吏也戴插翎之冠，当然二者在形制上颇有分别。其形象见于拉施特《史集》巴黎抄本中的插图，如《窝阔台即位图》、《窝阔台汗赦免血族图》、《拖雷及其夫人》，等等，元杨允孚《滦京杂咏》因有"翎出王侯部落多"之句①。又安西榆林窟第三窟甬道北壁的元代供养人②（图9-4），则表现的是一位官吏或家臣，元代出自朝鲜人之手的汉语读本《朴通事谚解》描写舍人打扮云"八瓣儿铺翠真言字妆金大帽上，指来大紫鸦忽顶儿，傍边插孔雀翎儿"③，与此大致相合。不过与这一类形象关系更直接的，是元青花中的另一个重要表现题材，即昭君出塞图，例见日本出光美术馆所藏元代青花罐④（图9-5）。画面中的人物，所著皆非汉装⑤。"蒙恬将军"瓶中的形象自与它不同。

插翎之冠又见于元杂剧中武将的形象描写。《汉高皇濯足气英布杂剧》：

[张良云]两阵对圆，门旗开处，俺这壁英元帅出马怎生打扮，戴一顶描星辰、晃日月、插鸡翎、排凤翅、玲珑三角叉枣穰紫金盔，披一付汤的刀、避的箭、锁鱼鳞、掩月镜、柳叶砌成的龟背狻猊铠，衬一领摄人魄、耀人目、染猩红、夺天巧、西川新十样无缝锦征袍，系一条拆不开、纽不断、裹香绵、攒彩线、紧紧妆束的

---

① 《元诗选·初集》，下册，页1906。
② 敦煌研究院《中国石窟·安西榆林窟》，图一七八，文物出版社一九九七年。
③ 《朴通事谚解》卷上，页58~59，京城帝国大学法文学部影印奎章图丛书本，一九四三年。按鸦忽即电气石。又同卷另一处说到"张舍"，其下注云："王公大人之家必有舍人，即家臣也。"
④ 中野彻等《展开写真による中国の文様》，图四五，平凡社一九八五年。
⑤ 金人宫素然有《明妃出塞图》，所绘为风沙中艰难行进的情景，但以昭君出塞为题材的青花罐，却是别样情调与风格，而元杂剧《风雨像生货郎担》中的一段描写，则与此情景恰相仿佛，虽然它是用来形容汉人眼中的一位女直（真）千户："据一表仪容非俗，打扮的诸余里俏簇。绣云胸背雁衔芦，他系一条兔鹘，兔鹘。海斜皮偏宜衬连珠，都是那无瑕的荆山玉，整身躯么么哥，缯髭鬚么么哥，打着鬏胡，走犬飞鹰驾着鸦鹘，恰围场过去，折跑盘旋骤着龙驹，端的个疾似流星度，那行朝么么哥，恰浑如么么哥，恰浑如和番的昭君出塞图。"臧晋叔《元曲选》，册四，页1653，中华书局一九八九年。

图[9-5]
昭君出塞图青花罐 日本出光美术馆藏

八宝狮蛮带,穿一对上杀场、踢宝蹬、刺犀皮、攒兽面、吊根墩子制吞云抹绿靴①。

玉壶春瓶上的蒙恬将军,其穿着与这里的一番形容相较,大抵相合,只不过后者更多一点文学描写的夸张。因此可以说,这一件青花人物故事瓶,取材于平话《秦并六国》中的一个情节,人物穿戴则本于当日的戏曲服装。

二

从画中人物的表现形式来看,蒙恬将军的插羽之冠乃是一种移植,即以传统用来表现异域人物的服饰,移至表现中原人物,而它与元杂剧中的形象又适相一致,那么这里可以附带讨论的一个问题是,它与戏曲服装的关系。

插翎之冠在明代戏剧中成为明确的穿戴规制。《脉望馆钞本古今杂剧·虎牢关三战吕布》中,吕布的服饰在剧本的"穿关"之部列作:

三义冠雉鸡翎 抹额 蟒衣曳撒 袍 项帕 直缠 裙膊 带 三髭髯

《脉望馆钞本古今杂剧》虽成书于明季,但所录之穿关产生的年代当早于此,其中且多存前朝旧制,它因此与玉壶春瓶中的蒙恬将军依然可以

---

① 《元曲选》,册三,页1296。

相互对应。衣饰的考证已溢出本题之外,这里仍只说首服,即"三义冠雉鸡翎"。

"三义淡金冠"的名称,已见于平话《秦并六国》,所谓"三义",应即三叉。元郑德辉《三战吕布》第三折"[吕布领卒子上云]紫金冠,分三叉,红抹额,茜红霞"①,可证。而"紫金冠,分三叉"的形象,早见于契丹服饰,如内蒙古阿鲁科尔沁扎嘎台苏木花根塔拉辽墓出土的一件人形金饰件②(图9-6)。"三义冠"的来历,原有线索可寻。金《刘知远诸宫调》云知远示三娘以九州安抚使印信,"三娘见,喜不自胜,真个发迹也!体挂布衣翻作锦绣,拢头草索变作金冠"③。《元史·礼乐五》"乐队"条言天寿节时,寿星队中"男子八人,冠束发冠,金掩心甲,销金绯袍,执戟"。以金银为质地制作束发冠,并不是中原男子传统服饰中的通例,然而南宋末年北方的情景,则如郑思肖《大义略

图[9-6]
人形金饰件 阿鲁科尔沁旗花根塔拉出土

叙》所言,今南人"愿充虏吏,皆习蒙古书","衣服、饮食、性情、举止、气象、言语、节奏,与之俱化,惟恐有一毫不相似"④,它当然会影响于戏剧服装的设计。不过《脉望馆钞本古今杂剧》中的穿关,记录的是明代宫廷演剧中的装扮,此际的戏剧服饰已经在不断演进中趋于成熟,与早期的式样,也当有所不同,而以宫廷故事为参照,当可窥见它更为近实的形制。明秦徵兰《天启宫词》"宝冠随猎竞相夸,云拥双龙雉尾斜",自注云:"内臣所戴金丝束发冠,旧有此式,至当时而加奢矣。蟒龙蟠绕,下加翠额,插雉尾,前捧朱缨,傍缀宝玉。"⑤刘若愚《酌中志》卷一九记此事,则明确说"如戏子所戴,左右插长雉羽","凡遇出外游幸,先帝圣驾尚此冠",而"如唱咬脐郎打围

---

① 隋树森《元曲选外编》,册二,页485,中华书局一九八七年。
② 中国历史博物馆等《契丹王朝——内蒙古辽代文物精华》,页49,中国藏学出版社二〇〇二年。
③ 凌景埏等《诸宫调两种》,页59,齐鲁书社一九八八年。
④ 《郑思肖集》,页188,上海古籍出版社一九九一年。
⑤ 《明宫词》,页20,北京古籍出版社一九八七年。

故事"①。咬脐郎打围,即《白兔记》中的《出猎》,咬脐郎乃刘知远之子,是一位年轻英俊的武将,其装扮正与吕布相当。吕布之"三义冠雄鸡翎",当可由此得其仿佛,当然宫廷的戏装远较民间为侈丽。后来出现在京剧舞台上的吕布、周瑜、卢俊义、陈友谅等青年将领与草莽英雄,以及孟获、金兀术等传统观念中的番兵番将,均于冠上插翎,正是由此发展而来,虽然冠的式样发生了很大的变化,插冠之翎,也成艺术之夸张。而"蒙恬将军"瓶所表现的插翎之冠,一个特别的意义即在于,它是这发展演变过程中关系清楚的承前启后之点。

---

① 《酌中志》,页172,北京古籍出版社一九九四年。

"满池娇"源流

一

二十世纪末,在河北隆化鸽子洞发现了一处元代窖藏,散失后,经征集,复收得文物六十六件。其中最引人注目的是做工精良的数十件丝织品,根据同出的纪年文书,知其下限为至正二十二年[①]。

简报刊布的丝织品中,有两件刺绣花卉蝴蝶饰物,各由有里有面的两片不规则梯形布片缝合而成,左右两片尺寸相同,而用辫绣连在一起,其

图[10-1]
刺绣花卉蝴蝶护膝 鸽子洞元代窖藏

一内心絮棉,其一絮驼绒。棉芯的一件横长二十一点五厘米,纵十七点五厘米,葱绿暗花绫做面,白色暗花绫衬里,四缘用绛红绢包边,沿边用编环绣妆饰白色山形纹。正面则是分作上下两区的彩绣,上方绣山石、蝴蝶和丛生的花卉,下方绣缠枝桃花和牡丹(图10-1)。驼绒芯的一件与之形制相同,惟尺寸稍小,面料颜色和刺绣花样稍

[①] 隆化县博物馆《河北隆化鸽子洞元代窖藏》,页4~25,《文物》二○○四年第五期。

异。简报未刊照片。

这两件"饰物",应是两对护膝,不过各失其一。

关于元代的护膝,朝鲜汉语会话读本《朴通事谚解·上》中有一番很详细的形容——

"我这几日差使出去,好姐姐,你做馈我一副护膝。"

"我没裁帛。"

"这的你休愁,我有明绿纻丝。护膝上但使的都说与我着,如今铺里买去。"

"诸般绒线,砌山子、吊珠儿的粗白线,不要纸金,要五钱皮金,紫官素段子一尺,三尺半白清水绢,做带子和里儿。毡子、驼毛我都有,其余的你如今买去。做一对护膝,不算功钱时,没有五六钱银子结裹不出来。"①

可知一副讲究的护膝须缎子作面,绢做里儿,内里或衬毡子或絮驼毛。绒线、皮金,用作面上的刺绣,其上又缀珠儿,砌山子。所谓"砌山子",《谚解》注云:"砌,即结成之意,俗呼筑城曰砌城,谓叠石而筑成之也。"鸽子洞棉芯护膝的绛红绢包缘上用编环绣妆饰山形纹,应即这里说到的"砌山子"。它也见于内蒙古额济纳旗黑城遗址出土的一件刺绣莲花双鹅暗花绫的边饰②(图10-2)。护膝尚有绢帛做的带子,带子固定在护膝中央,刺绣图案上下两区之间因此要留出空白。美国克利夫兰博物馆藏一对式样相同的元代刺绣品尚保存着护膝大体完整的形制,正是恰好的对照③(图10-3)。

护膝的使用,《朴通事谚解·上》也有说,原是用作描写一位舍

[10-2]

图[10-2]
刺绣莲花双鹅暗花绫 额济纳旗黑城遗址出土

---

① 汪维辉《朝鲜时代汉语教科书》,册一,页238~239,中华书局二〇〇五年。
② 常沙娜《中国织绣服饰全集·2·刺绣卷》,图一〇五,天津人民美术出版社二〇〇四年。
③ 其一长三十四点九厘米,其一长三十一点七厘米;内心均絮丝绵。James C.Y.Watt and Anne E. Wardwell, When Silk Was Gold:Central Asian and Chinese Textiles, p.180~181, Metropolitan Museum of Art exhibition catalogue, New York, 1997. 按作者称之为头巾,定其时代为辽,此从赵丰《织绣珍品》中的断代(页166,艺纱堂/服饰工作队一九九九年)。

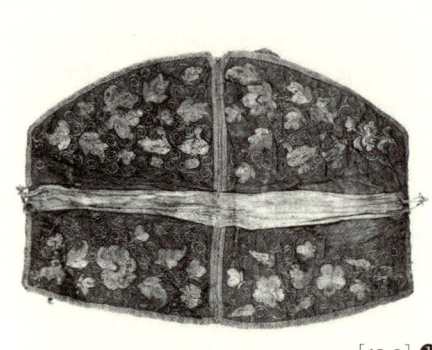

[10-3]:❶ [10-3]:❷

[10-4]:❶

图[10-3]
❶❷刺绣满池娇护膝 克利夫兰博物馆藏

图[10-4]
❶宝宁寺明代水陆画

人的妆扮,道是"脚穿着皂麂皮嵌金线蓝条子、卷尖粉底、五彩绣麒麟柳绿纻丝抹口的靴子,白绒毡袜上,拴着一副鸦青段子满刺(剌)娇护膝"①。可知由下而上,依次为靴子、袜子、护膝。若求更为具体的着装形象,时代稍后的山西右玉宝宁寺水陆画中绘散乐伶官的一幅,可为参照②(图10-4)。这里形制的略有不同,大约在于图中所绘乃是戏装,护膝在这里更多妆饰意味,而不大有保暖的功能。

《朴通事谚解》中提到护膝上面的刺绣花样,而名之为"满池娇",其下注曰:"《质问》云:以莲花、荷叶、藕、鸳鸯、蜂蝶之形,或用五色绒绣,或用彩色画于段帛上,谓之满刺(剌)娇。今按:刺,新旧原本皆作池,今详文义,作'剌'是,池与剌音相近而讹。"其实剌与池皆可通,不过前者更指明其工艺。据此,前举克利夫兰博物馆藏品可以得到一个准确的命名,便是"满池娇护膝"。

满池娇是元代中期以后刺绣中的一个常见题材,因此颇见于时人题咏。著名的一例是

---

① 《朝鲜时代汉语教科书》,册一,页227。
② 壁画约成于明天顺年间。山西省博物馆《宝宁寺明代水陆画》,图一七九,文物出版社一九八八年。

柯九思《宫词》:"观莲太液泛兰桡,翡翠鸳鸯戏碧苔。说与小娃牢记取,御衫绣作满池娇。"注云:"天历间御衣多为池塘小景,名曰满池娇。"①天历是元文宗的年号。天历二年,文宗设奎章阁学士院,柯九思得授文林郎参书,次年任奎章阁学士院鉴书博士。《宫词》一组即作于此际。后此,有张昱《宫中词》:"鸳鸯鸂鶒满池娇,彩绣金茸日几条。早晚君王天寿节,要将著御大明朝。"②又张翥有《江神子·枕顶》一阕,对此更有一番细致的描绘:"合欢花样满池娇,用心描。数针挑。面面芙蕖,闲叶映兰苕。刺到鸳鸯双比翼,应想象,为魂销。 巧盘金缕缀倡条,隐红绡。翠妖娆。白玉函边,几度坠鸾翘。汗粉啼红容易浣,须爱惜,可怜宵。"③与张翥同一时代的鸽子洞窖藏中也有四件刺绣枕顶,其中一件刺绣花样适与词人的形容大体对应。素白绫地子,浅褐色绫函边,闲叶兰苕,面面芙蕖,鸳鸯比翼,虽未"巧盘金缕",却也见得一片"翠妖娆"(图10-5)。如此,它的名称正合称作"满池

[10-4]:❷

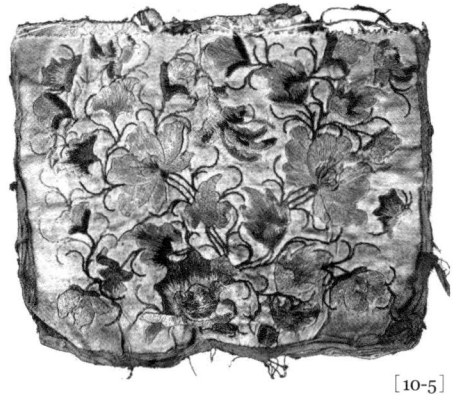

[10-5]

图[10-4]
❷宝宁寺明代水陆画

图[10-5]
刺绣满池娇枕顶 鸽子洞元代窖藏

---

① 陈衍《元诗纪事》,页393,上海古籍出版社一九八七年。按柯九思生于至元二十七年,卒于至正三年。
② 《元诗纪事》,页608。按张昱生于元至大元年,卒于明洪武二十三年。
③ 唐圭璋《全金元词》,页1016,中华书局一九七九年。按张翥卒于至正二十八年。

娇"。由这里举出的几例——实物的抑或文献的,均可见出构成满池娇图案的两个基本要素,即荷花与鸳鸯,它经过不断传承和演变而成为基本要素不变的固定式样。

二

作为御衫图案的"满池娇",其源可以追溯到辽代四时捺钵制度中的"春水"、"秋山",即辽代皇帝每年春秋两季必趋某水某山行猎,乃名春猎之水为春水,秋猎之山为秋山。所谓"捺钵",原是契丹语,本意为行营,行帐,营盘,即辽帝出行居止之帐幕,后用作指称这一种四时出行的制度。傅乐焕《辽代四时捺钵考五篇》于此论述最详①,其引言中说道:"所谓捺钵者,初视之似仅为辽帝弋猎网钩,避暑消寒,暂时游幸之所,宜无足重视。然而夷考其实,此乃契丹民族生活之本色,有辽一代之大法,其君臣之日常活动在此,其国政之中心机构在此。"捺钵于国政的重要这里不必多论,其曰"此乃契丹民族生活之本色",实在概括得很好,"春水"、"秋山"的意象,因此也成为当时艺术作品中常见的图案。内蒙古巴林右旗辽圣宗永庆陵中室壁画绘有一组四季山水图。春之幅,即为"春水"景象。占据画面中心的是蒹葭桃树春花春草掩映簇拥的一片水,水中对对天鹅和鸳鸯,水面一只刚刚飞来的雁(图10-6)。秋之幅,则是由松树、红枫、山麓林间的鹿,还有南飞的鸿雁合成一幅"秋水"图②。辽圣宗卒于一〇三一年。墓室壁画中的"春水"和"秋山",似乎可以说是同类题材的一个标准图式。如敖汉旗大甸子乡新地窖藏出土的一件辽代铜镜,圆形,宽平缘,桥形钮,环钮一圈八个宝珠纹,其外一周相间对称排列两种四组团花图案。图案之一为抚琴,又一,则是山林中的群鹿③,亦即

[10-6]

图[10-6]
庆陵壁画四季山水图·春

---

① 见所著《辽史丛考》,页36~172,中华书局一九八四年。
② 《中国美术全集·绘画编·12·墓室壁画》,图一四三、图一四六,文物出版社一九八九年。
③ 邵国田《敖汉文物精华》,页168,内蒙古文化出版社二〇〇四年。

"满池娇"源流

[10-7]:❶

[10-7]:❷

"秋山"图(图10-7)。又如赤峰市阿鲁科尔沁旗辽耶律羽之墓出土的一方刺绣残片,是罗地上的山林奔鹿纹团花[①](图10-8);而内蒙古巴林左旗滴水湖辽墓壁画有身著"秋山"团花服的侍从[②](图10-9)。几个例子,与庆陵"秋山"图的图式都很一致。

至于"春水",它的基本图式原是水与水生植物与水禽。《辽史》卷三二《营卫志》"行营"一节

[10-8]

图[10-7]
❶辽代铜镜中的"秋山"图(拓本) 敖汉旗大甸子乡新地窖藏
❷辽代铜镜中的"秋山"图(局部) 敖汉旗大甸子乡新地窖藏

图[10-8]
罗地刺绣"秋山"图残片 耶律羽之墓出土

图[10-9]
巴林左旗滴水湖辽墓壁画

[10-9]

① 盖之庸《探寻逝去的王朝——辽耶律羽之墓》,页108,内蒙古大学出版社二〇〇四年。
② 王青煜《辽代服饰》,页87,辽宁画报出版社二〇〇二年。

[10-10] [10-11]

图[10-10]
罗地刺绣莲花天鹅(图案摹本) 伦敦私人藏

图[10-11]
罗地刺绣莲花天鹅(单元之一) 私人藏

述春猎制度云,"皇帝正月上旬起牙帐,约六十日方至。天鹅未至,卓帐冰上,凿冰取鱼。冰泮,乃纵鹰鹘捕鹅雁"。其时"皇帝冠巾,衣时服,系玉束带"。"衣时服",正是此项活动里一个很重要的细节,与"时"相谐,那么该是妆饰"春水"图案的衣着。虽然如此之"时服"至今尚未发现,不过据《辽代丝绸》一书的著录,有着"春水"图案的辽代刺绣数量不算很少,如两件罗地刺绣莲花天鹅①(图10-10、图10-11)。其中之一似为罗衣残件,但两组大的单元图案都保存得很完整。粼粼水波中的慈姑,莲叶,结着莲蓬的莲花,对飞的蜻蜓,贴水展翅的天鹅——虽然春捺钵以"纵鹰鹘捕鹅雁"为要旨,但"春水"图案却意在用丝缕绣出水的明丽和此中蕴涵的生意。金赵秉文《滏水集》卷三《扈从行》句有"年年扈从春水行,裁染春山波漾绿",亦是也,因为捺钵制度也为金所沿袭。

关于"衣时服",《金史》中的表述更为清楚。卷四三《舆服下·衣服通制》曰金人之常服,"胸臆肩袖,或饰以金绣,其从春水之服则多鹘捕鹅,杂

---

① 赵丰《辽代丝绸》,页130、页218,沐文堂美术出版社有限公司二〇〇四年。也许可以认为,莲叶、慈姑,天鹅,是构成"春水"图的几个基本要素。山西大同市博物馆藏一面辽镜,圆形、圆钮,镜背满布莲叶和慈姑,两对天鹅展翅其间(曹彦玲《大同市博物馆藏铜镜选珍》,页78,图六,《文物世界》二〇〇五年第二期)。此镜亦可名之为"春水"图镜。而辽代工艺品中的这一类图式,其来源是共同的。

[10-12]：❶

[10-12]：❷

图[10-12]
❶春水玉带扣 故宫博物院藏
❷秋山玉带板 故宫博物院藏

花卉之饰；其从秋山之服则以熊鹿山林为文"。又，"吐鹘，玉为上，金次之，犀象骨角又次之"，"其刻琢多如春水秋山之饰"。吐鹘，即带。玉也，金也，均指带的饰件，即带銙和带扣。金代以"春水"和"秋山"为题材的玉带饰故宫博物院即藏有多件①（图10-12），研究者对此已有详细的讨论②。

捺钵制度至元不衰。以海东青拿天鹅为题材的春水之服也有实物可见，如美国大都会博物馆藏蒙元时期的绿地"春水"夹子妆金绢③（图10-13）。以散答为单元的图案里，海东青在上，上以云气纹显其高；天鹅在下，

---

① 《中国玉器全集·5》，图一五八、图一五九，河北美术出版社一九九三年。
② 杨伯达《女真族"春水"、"秋山"玉考》，页 9~13，《故宫博物院院刊》一九八三年第二期。
③ When Silk Was Gold:Central Asian and Chinese Textiles, p.112~113。作者定其时代为金，此从赵丰《织绣珍品》中的断代（页 174）。

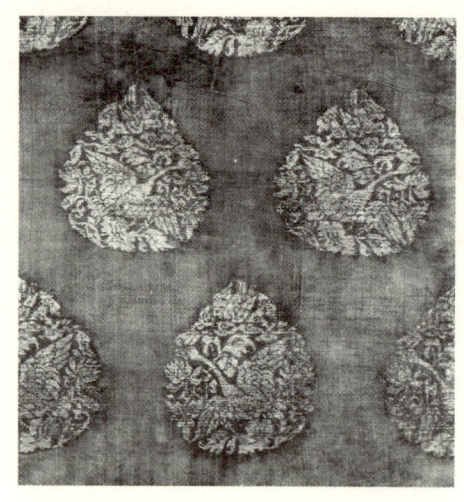

[10-13]

[10-14]

[10-15]:❶ [10-15]:❷

图[10-13]
绿地"春水"答子妆金绢 大都会博物馆藏

图[10-14]
春水玉绦环 无锡市雪浪乡钱裕墓出土

图[10-15]
❶❷莲花鹭鸶玉帽顶 上海青浦县元任氏墓地出土

下以莲花布满水意。无锡市雪浪乡元延祐七年钱裕墓出土一副"春水"图案的玉绦环也是同一模式的构图①(图10-14)。"春水"图案中的海东青固然矫健,而天鹅也总有着翩然的妩媚,教人感觉到它的主旨其实更在于表现生命的力和韵。

长久的流传过程中,以"春水"图式为源,元代又发展出不少其他样式,水禽也变得多样,并且还有了生长在长江流域以南的鹭鸶。其中最稳定的因素仍然是水,即便水可以不出现,而只用莲花和水禽来作为象征。上海青浦县重固乡元代任氏墓地出土的一件玲珑玉帽顶,是莲叶芦苇掩映下从容踱步的鹭鸶②(图10-15);敖汉旗克力代乡太吉合窑元代窖藏中

---

① 出土时绦环和绦钩不在一处,后经无锡市博物馆徐琳组合复原,相关论述见《元钱裕墓、明顾林墓出土部分玉器研究》,页289~290,《中国隋唐至清代玉器学术讨论会论文集》。
② 此出在任明墓中。任明为任仁发弟仲夫之子,生于元世祖至元二十三年,卒于惠宗至正十一年。上海市文物管理委员会《上海出土唐宋元明清玉器》,页150,上海人民出版社二〇〇一年。按编者称此玉饰为"炉顶",不确。

[10-17]:❶

[10-16]

[10-17]:❷

的一件银带饰,为水波托起的莲叶莲花和一对鸳鸯①(图10-16);前举额济纳旗黑城遗址出土的暗花绫刺绣莲花双鹅,也是构思相近的一例(图10-2)。可以称作集大成者,当推元集宁路故城窖藏中的一件紫罗地刺绣夹衫②(图10-17)。分布于夹衫的图案计有九十九,最大的一组为刺绣过肩莲花白鹭。蒹葭,慈姑,香蒲,莲叶,莲花;一对白鹭头顶和胸前飘垂着如丝的长翎,其一玉立在水边,其一带着祥云宛转而下,天和地由此而相连,水也因此见出开阔。这一图式的安排,与前举蒙元时期绿地"春水"笘子妆金绢的构思很

[10-17]:❸

---

① 《敖汉文物精华》,页198。
② 这一批窖藏出土在集宁路遗址内的官署地区,同出的一件提花绫有沾染上的反体墨书"集宁路达鲁花赤总管府"等字迹。潘行荣《元集宁路故城出土的窖藏丝织物及其他》,页34,《文物》一九七九年第八期。

图[10-16]
莲花鸳鸯银带饰 敖汉旗太吉合窖藏

图[10-17]:**紫罗地刺绣夹衫**
❶❷❸元集宁路故城窖藏

[10-17]:④

[10-17]:⑤

[10-17]:⑥

[10-17]:⑦

图[10-17]:紫罗地刺绣夹衫
④⑤⑥⑦元集宁路故城窖藏

是相似,不过放进了更多的内容。罗衫刺绣又有水中的莲花和天鹅自成单元,却好像是从"春水"图截取来的局部。刺绣中的水上泛舟,水边倚树看鹅等图案,则又是有意添加的江南风味,而主题纹样中的鹭鸶也是南方的水禽。绣针把南北风景纳在一起,使它有了集锦式的包容。在主题图案里,更令不少研究者看到了后来元青花图案中的"满池娇"同它的亲缘关系①。

三

满池娇图案产生于宋,名称的出现则不晚于南宋。吴自牧《梦粱录》卷一三胪举杭城夜市中出售的各式物品,中有"挑纱荷花满池娇背心儿"②。只是名称之外未作任何解释,图案的具体构成便难知究竟,与之对应的实

---

① 如刘新园《元文宗——图帖睦尔时代之官窑瓷器考》,页61,《文物》二○○一年第十一期。
② 又《天水冰山录》记述抄没的严嵩家财,中有"崔白《满池娇》八轴",又有宋人"绣满池娇、绣山水人物并鹤鹿共十一轴"。其命名或也本自宋人。

[10-17]:⑧　　　　　　　　　　　　　　　　　[10-17]:⑨

图[10-17]:紫罗地刺绣夹衫
⑧⑨元集宁路故城窖藏

物自然也不易确指①,不过其中有荷花是一定的。

　　荷花作为妆饰题材在中土出现得很早,战国时代已有精美纯熟的造型。把荷花和鸳鸯结合在一起撑满画面不留空白的构图,在宋代瓷器中最为常见,如寺龙口越窑址出土的莲叶莲花鸳鸯纹碗残片②,上林湖窑址出土的莲叶鸳鸯纹盘残片③,又浙江省博物馆藏一件北宋莲花鸳鸯水波纹碗④(图10-18:1、2、3)。南宋织染图案中,"池塘小景"大约已是一种流行样式。与缂丝多直接摹自名人画作有别,织染通常是把花鸟画图案化。如福州南宋黄昇墓出土的或彩绘或刺绣的各式领边,亦即"领抹",其中一件为彩绘荷萍鱼石鹭鸶,窄长的领边,上用彩绘妆饰一组莲叶浮萍湖石游鱼,又一组湖石荷叶鹭鸶,两组之间间以折枝果木⑤(图10-18:4)。推想刺绣中的满池娇与此类构图相去不远。它与辽、金艺术品中"春水"图的构成当有若

---

① 宋代缂丝图案中常有"池塘小景",如上海博物馆藏朱克柔缂丝莲塘乳鸭,如台北故宫博物院藏宋人刻丝翠鸟秋荷(《中国织绣服饰全集·1·织染卷》,图二九二、二七九)、宋人刻丝花卉翎毛(《故宫文物月刊·149》首页彩版,一九九五年),等等。而这一类作品多直接摹自名人画作,并且当时也同样成为观赏性艺术品。在图样来源以及表现手法上,作为实用品的"挑纱荷花满池娇背心儿"之类的绣样,应与之有别。
② 时代为北宋。浙江省文物考古研究所等《寺龙口越窑址》,页47,彩图二九,文物出版社二〇〇二年。
③ 时代为北宋。慈溪市博物馆《上林湖越窑》,页73,图三六:2,科学出版社二〇〇二年。
④ 李刚《青瓷风韵》,页112,浙江人民美术出版社一九九九年。
⑤ 《福州南宋黄昇墓》,页114,图六四,文物出版社一九八二年。按此例承赵丰先生提示。

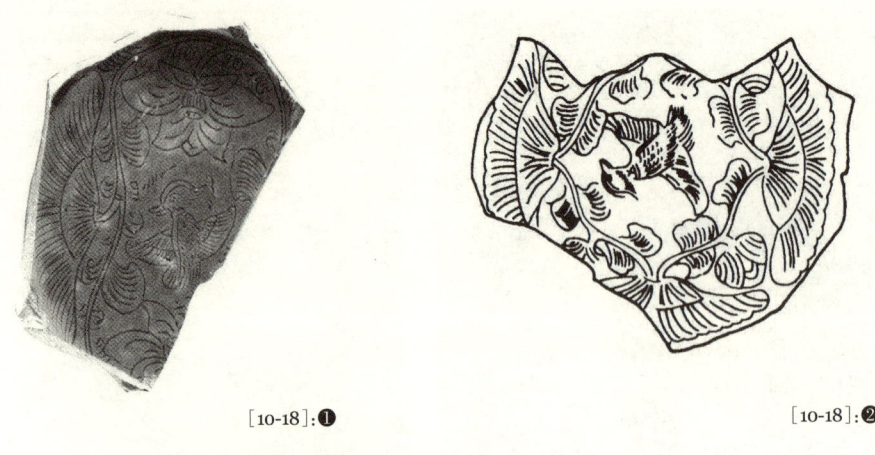

[10-18]:❶   [10-18]:❷

[10-18]:❸

图[10-18]:
❶莲叶莲花鸳鸯纹碗残片　寺龙口越窑址出土
❷莲叶鸳鸯纹盘残片　上林湖越窑址出土
❸莲叶鸳鸯水波纹碗　浙江省博物馆藏
❹彩绘荷萍鱼石领边　福州南宋黄昇墓出土

干相同的基本要素，但内涵却并不一致。即以水来说，前者是"池"，后者是"海子"。池里的水禽，常常是传统的鸳鸯、鸂鶒亦即紫鸳鸯(图10-19:3)，又或鹭鸶。海子里则多是属于另一传统的天鹅和雁，那是春天北来的候鸟(图10-19:1、2)。而池和海

[10-18]:❹

子的区别不仅仅在于一小一大,更在于后者是流动的,水的感觉便几乎无所不在。

元文宗御衫上的刺绣满池娇,自应由"春水"一系而来,虽然也许已经略被汉风,前举集宁路窖藏紫罗地刺绣夹衫可以说是一个比较切近的参照。而御衫刺绣图案的命名,见于前引柯九思《宫词》,即"观莲太液泛兰桡,翡翠鸳鸯戏碧苕。说与小娃牢记取,御衫绣作满池娇"。柯九思是台州仙居人,入仕前虽有京师之游,但仍是久居南方。文宗即位后置奎章阁学士院,柯九思方有给事禁苑的短暂经历。诗注所谓"池塘小景",应是基于他的文化背景和生活经验而对图案作出的一种解释①,其实还应该说,原出宋人的满池娇之名在这里乃是移植。

元起朔漠,本不善于弄舟,这一首宫词中说到的太液观莲,原是汉俗,不过它已先见于武宗故事。陶宗仪《元氏掖庭记》:"己酉仲秋,武宗与诸嫔妃泛舟于禁苑太液池中,月色射波,波光映天,绿荷香藻吐秀,游鱼浮鸟竞戏群集,于是画鹢中流,莲舟夹持,舟上各设女军,居左者号曰凤队,居右者号曰鹤团,又彩帛结成采莲采菱之舟,往来如飞。"

集宁路窖藏紫罗地刺绣夹衫,其时代也差不多在武宗朝前后②,那么可以说,大约与汉风传

[10-19]:❶

[10-19]:❷

[10-19]:❸

图[10-19]
❶天鹅
❷鸿雁
❸䴙䴘

---

① 前引咏及满池娇的张昱和张翥,也都是江南籍。
② 同出的一件漆碗,底有"己酉"年款,此"己酉",应是一三〇九年,即至大二年。《元集宁路故城出土的窖藏丝织物及其他》,页35。

[10-20]:❶

[10-20]:❷

[10-20]:❸

图[10-20]
❶青花罐 辽宁省博物馆藏
❷青花盘 故宫博物院藏
❸青花碗 日本大阪市立东洋陶瓷美术馆藏

入元代宫廷同步，来源于"春水"的刺绣图案与"满池娇"也在融合为一，而二者本来有着相近乃至相同的构成因素。"满池娇"这一汉风名称的移植，便正好相宜。它包容了来自不同传统的创作构思和表现手法，而成为一种显示着元代特色的新意象。只是作为刺绣纹样的满池娇仍在变化，汉化的强势使得"春水"意象逐渐淡出，水禽中的天鹅与雁也演变为鸳鸯或鸂鶒，池塘和海子的分别变得模糊了。到了时属元末的鸽子洞窖藏满池娇枕顶，它已是名副其实的满"池"娇，这里已没有流动之水的感觉，而与张翥《江神子·枕顶》所咏正是一致，乃所谓"以莲花、荷叶、藕、鸳鸯、蜂蝶之形，或用五色绒绣，或用彩色画于段帛上"，因此后来的人为《朴通事》作注，会认为"池"是"刺"之讹。

不过在此之前，满池娇又成为"至正型"元青花的妆饰图案之一，并且好像有一个共同的样范，标准图式中，始终保存着两个基本要素，即莲花和水禽。盘心、碗心、八棱罐的开光里，满池娇的表现手法与同器之上图案化的边饰形成很鲜明的对比，活泼自然的莲叶、莲花和鸳鸯总带出漫溢着的涓涓水意和水面的风(图 10-20)。研究者认为它"肯定有种高贵的范本"，而可以当之者，"惟有文宗皇帝的御衣刺绣满池娇"，并指出集宁路窖藏紫罗地刺绣夹衫是很好的参照①。如果此说可以成立，那么需要补充的是，如前所述，天历御衫的刺绣满池娇原是由"春水"一系而来，其图式所保存的对流动之水的感觉，正是海子在这里留下的记忆。

明初，青花中的满池娇仍在流行，只是国内存世的实物不多。明中期金银器也用到满池娇，四川平武王玺家族墓地出土的几件首饰亦即金分心，

[10-21]

图[10-21]
文殊满池娇分心　四川平武王玺家族墓地出土

可以为例，不过它已是别一种风格的构图②(图 2-23:4)。一池娇花或与观音或与王母、仙人结合在一起，用以营造佛道仙境，水禽则演变为一对凤凰，甚至凤凰也可以没有(图 10-21)。当然元青花的满池娇中已经出现了省略掉水禽的变体，而此际水禽的有无更是无关紧要，因为这是名称的又一次借用，它保存的仅仅是传统构图中的一池莲花，却脱离开自然景色和人对自然风物的关照，而赋予它新的含义，即明代工艺品中最为流行的在花团紧簇的图案中寓意吉祥祝福，《天水冰山录》所谓"点翠满池娇银山一座"，《金瓶梅词话》所谓"金厢玉观音满池娇分心"(第二十回)，其意可见也。

---

① 尚刚《元代工艺美术史》，页 113~115，辽宁教育出版社一九九九年。
② 四川省文物管理委员会等《四川平武明王玺家族墓》，页 28，图八八；页 29，图九一，《文物》一九八九年第七期。

望野博物馆藏红绿彩人物塑像丛考

望野博物馆近年所征集十二至十三世纪红绿彩瓷，是一批引人注目的材料，它多采集于河南、河北等地的旧城改造工地，可谓古代城市社会生活资料一份难得的遗存。收藏者先后以不同形式披露了这批彩瓷中的精品，同时也发表了自己的研究心得，为人们的进一步研究提供了极大的方便①。

红绿彩中的人物塑像，集中刊布于近期问世的《精彩》一书。从发表的情况来看，似可大致分作两类，即释道神仙为一类，百戏玩具为一类，而都是很有民间趣味的作品。

一　释道神仙

这一类人物塑像中的佛像，与早期佛造像已经大不相同，即对于人物形象所灌注的宗教哲学意义的理解是很少的，也并不遵从释典中的仪轨，因此造型特有自由活泼之趣，其中最有兴味的自然是弥勒佛的形象，比如著录于《精彩》一书的"手指白云弥勒像"（图11-1）。所谓"手指白云弥勒"，是其自铭，像高三十五点六厘米。弥勒左手提布袋，右手指天，此由五代契此即所谓"布袋和尚"演变而来的形象，早是中土化的弥勒，离开释典原意已经很远了。自铭之"手指白云"，原是取自《景德传灯录》卷二七所载

---

① 望野《天边的彩虹：中国十至十三世纪釉上多色彩绘陶瓷研究》，大象出版社、上海书店出版社二〇〇五年；《河南中部迤北发现的早期釉上多色彩绘陶瓷》，《文物》二〇〇六年第二期；《精彩》，文物出版社二〇〇九年。按两部专著均承作者惠赐，特此深致谢忱。

图[11-1]
"手指白云弥勒"像

图[11-2]
《药山李翱问答图》局部 日本南禅寺藏

布袋和尚偈语"一钵千家饭,孤身万里游。青目睹人少,问路白云头"①。而右手指天的造型设计,似乎是从著名的禅宗公案中借来一点创意,即药山惟俨与李翱问答"云在青天水在瓶"。传世绘画中有日本南禅寺藏传宋人马公显《药山李翱问答图》,又美国大都会博物馆藏传宋人直翁《药山李翱问道图》②,前幅绘药山右手上指,曰:"云在天,水在瓶"(图11-2)。"手指白云弥勒"与药山神态和姿势的相似,或许不是巧合。"云在青天水在瓶"的故事似乎也是宋金时代常见的话题,金代全真道士马丹阳有诗题作"五台月老来点茶,询予曰'古人言云在青霄水在瓶,如何'"③。那么这一为时人所熟悉的形象被融汇于匠师的设计构思,应该是可能的。

此外有特色者,则为一些民间神祇,比如《精彩》中著录延津市采集的

---

① 按此承黄阳兴博士示教。
② 张曦等《宋画全集》,第七卷第二册,图九三;第六卷第四册,图四六,浙江大学出版社二〇〇八年。
③ 诗云"月师谈论古人云,云在青霄水在瓶。予会水云颠倒过,一溪风月酒初醒"。薛瑞兆等《全金诗》,册一,页257,南开大学出版社一九九五年。

[11-3]　　　　　　　　　　　　　　　　　　　　　　[11-4]

图[11-3]
红绿彩人物塑像　延津市采集

图[11-4]
晋祠圣母塑像

一件"凤冠贵妇像"①（图11-3）。像高32.1厘米，妇人高髻正面戴花箍，上端插一支金凤簪，后覆红包髻；四合如意云肩的上面戴一个金项牌，团花披帛；明金带下系大绶、小绶②；足登高头履。伊人服饰的特别之处在于上罩的袖口处做出羽饰，略如唐代舞人的"霓裳羽衣"，然而在此却是表现神仙之服，因此可以推知妇人原是民间供奉的一方神祇，她与太原晋祠圣母殿中圣母像的性质，当属同一类。而两相对照，也正可见出二者形象塑造及衣着处理方面的诸多相似（图11-4）。以世间帝后的舆服制度为依据，复添助以古式以及在此基础上的想象与发挥，宋金时代民间神祇的服饰

---

① 《精彩》，图六。
② 《金史》卷四三"皇后冠服"述绶制曰"明金带，大绶一，长五尺，阔一尺，黄赤白黑缥绿六彩织成，小绶三色同大绶，间七宝钿窠……"。

[11-5]

[11-6]

图[11-5]
黼黻纹残片 安阳市东大街工地采集

图[11-6]
金处士《十王图》局部 大都会博物馆藏

设计，大约不出于此。甚至不妨设想，当日颇有几种流行的粉本为工匠所取用。藏品中一枚采集于安阳市东大街工地的黻纹"衣襟残片"，也是一例①（图11-5）。

黻纹自是帝王衮服中的十二章之属，不过出现在红绿彩，它的完整形象，也应是道教神仙或民间神祇，前举太原晋祠圣母像，圣母所着蔽膝即塑出黻纹一对。又大都会博物馆藏宋人金处士《十王图》②、奈良国立博物馆藏陆信忠《十王图》，冥王均有下着红地黼黻纹下裳的形象③（图11-6~7）。山西芮城永乐宫三清殿元代壁画也绘出道教至尊衮服中的十二章，比如东壁太上昊天玉皇上帝，又北壁东侧的中宫紫微北极大帝，北壁西侧的勾陈星宫天皇大帝（图11-8）。衮衣中的日、月、星辰、龙、山、华虫、火、宗彝，绣裳中的藻、粉米、黼、黻，都表现得很清楚，与世间帝王的舆服制度是一致的④。由是可知出自安阳的红地金色黻纹"衣襟残片"，原本表现的也

---

① 《河南中部迤北发现的早期釉上多色彩绘陶瓷》，页58，图一二。
② 《宋画全集》，第六卷第四册，图五〇。按其中第四轴有朱砂题款："□宋明州车桥西金处士家画。"
③ 《宋画全集》，第七卷第一册，图三二。
④ 《宋史》卷一五一"衮冕之制"条："衮服青色，日、月、星、山、龙、雉、虎蜼七章。红裙，藻、火、粉米、黼、黻五章。"《金史》卷四三"天子衮冕"条曰"衮，用青罗夹制，五彩间金绘画……"；"裳一，……红罗八幅夹制，绣藻三十二、粉十六、米十六、黼三十二、黻三十二"。

[11-7]:❶

[11-7]:❷

[11-8]

图[11-7]
❶陆信忠《十王图》局部一　奈良国立博物馆藏
❷陆信忠《十王图》局部二　奈良国立博物馆藏

图[11-8]
永乐宫三清殿东壁壁画太上昊天玉皇上帝

是下裳，亦即舆服制度中的彩绣藻、粉米、黼、黻之文章的"红裙"。明代以前，关于衮服的实物资料是很少的，因而此虽残片，亦属可贵。

又有《精彩》中著录的一件"太上老君像"①（图 11-9），像高二十九点八厘米。图版说明曰："造型为一老翁坐于石台上，头顶梳双髻，黑彩绘眉眼，颔下长髯。……就此像之造型神态处理，可以确认其应为道教神祇'太上老君'。"不过这里想提出另外的一个意见，即此像为八仙中的钟离权。钟离权的神仙说起于北宋②，《宣和书谱》卷一九云"神仙钟离先生，名权，不知何时人，而间出接物，自谓生于汉"，又称他能诗，书则"飘然有凌云之气"。而"状

---

① 《精彩》，图二七。
② 浦江清《八仙考》，页33，《浦江清文录》，人民文学出版社一九八九年。

其貌者,作伟岸丈夫,或羲冠绀衣,或虬髯蓬鬓,不冠巾而顶双髻"。可知汉钟离的虬髯、双髻,在北宋之际即已形成相貌特征,因此金代晋真人《髽髻》诗起句便云"髽髻原是钟离留,昆仑顶上安日头"①。永乐宫纯阳殿北门门额壁画"八仙过海"中的汉钟离可以算作一幅"标准像",只是明清时的一柄芭蕉扇,此际尚未成为他的道具(图11-10)。以此幅为比照,这一身红绿彩人物塑像的名称也就不难确定②。而作为早期形象且又保存完好,自然殊为难得。

二 百戏玩具

塑像中的百戏玩具之类,今天常常被称作某某"俑",其实在生产它的时代,这些塑像早已没有"俑"的性质,而是活跃于日常生活中的工艺品,即玩具或曰耍货之属。北宋李新有《磁钓翁》二首,其一云:"磁钓翁宁傍钓矶,且当兀坐小盆池。模形陶氏不须怪,入手苍鲸未可知。风雨不渝端此志,江湖归去定何时。闲惟秋水礴谿谷,船入芦花笛卧吹。"③所咏磁

[11-9]

[11-10]

---

① 薛瑞兆等《全金诗》,册一,页238,南开大学出版社一九九五年。
② 这一形象也进入戏曲,被设计为人物妆扮,《脉望馆钞校本古今杂剧·马丹阳三度任风子》"穿关"中,为钟离规定的穿戴便是"双髻陀头"、"猛髯"。按《脉望馆钞校本古今杂剧》"穿关"之部末尾题识中大都注明录自"内本"或据"内本"校过,可知"穿关"所纪录的乃是明代宫中演出这些剧本时的妆扮情况。
③ 《全宋诗》,册二一,页14210。又二首之二句云"更与甄陶一抔土,铃斋相伴岂无因"。此外另有同题一首,句云"尺䗝方壶小,泓泉渤海深。陶公慈母手,抔土故人心"(页14179)。

图[11-9]
红绿彩人物塑像

图[11-10]
永乐宫纯阳殿北门门额壁画局部

钓翁，便是这一类人物塑像。而所谓"人物儿"，其时又或统称为"山亭儿"，宋人话本《山亭儿》中提到它，道是："合哥挑着两个土袋，撅着二三百钱，来焦吉庄里，问焦吉上行些个山亭儿，拣几个物事，唤作：山亭儿，庵儿，宝塔儿，石桥儿，屏风儿，人物儿。"①镇江古城宋元泥塑作坊遗址出土的泥楼阁、泥孩儿等，便是这一类实物遗存②（图 14-1）。在宋人画笔下的货郎担上也可以看到它，如台北故宫博物院藏李嵩《市担婴戏图》（图 11-11）。明清风俗亦然，而见于载籍者，所述更为详明。明末小说《鼓掌绝尘》第十三回，曰夏虎到了岳王坟，"只见石牌坊下，一张小桌上，摆列着花红紫绿的无数泥菩萨"，原是用作掷色赌钱顽耍的，夏虎一连掷了十个顺色，于是"把那泥人儿逐个个拣选好的，恰是些：牧羊苏武，洗马尉迟。庐州婆打花鼓，孟姜女送寒衣。东方朔偷桃子，张天师吃鬼迷。诸葛亮七擒孟获，屠岸贾三叱张维。张翼德桃园结义，王司徒月下投机。把一个黄香扇枕，换了那李白骑鱼"。前称"泥菩萨"，后称"泥人儿"，可知两个名称可以互换，而泥人儿原是把泥菩萨也包括在内的。这里有神仙道士，也有各种小说戏曲人物。清顾禄《桐桥倚棹录》卷一一曰：虎丘耍货之"头等泥货在山门以内，其法始于宋时袁遇昌，专做泥美人、泥婴孩及人物故事，以十六齣为一堂，高只三五寸，彩画鲜妍，备居人供神攒盆之用"；"他如泥神、泥佛、泥仙、泥鬼、泥花、泥树、泥果、泥禽、泥兽、泥虫、

图[11-11]
《市担婴戏图》局部 台北故宫博物院藏

---

① 此即明兼善堂本《警世通言》第三十七卷《万秀娘仇报山亭儿》，程毅中《宋元小说家话本集》（齐鲁书社二〇〇〇年）将之辑入，此从该书之断代。
② 霍强等《宋元时期的镇江泥塑》，页 51，《文物天地》二〇〇三年第十一期。

图[11-12]
《风俗人物画·耍货铺》故宫博物院藏

泥鳞、泥介、皮老虎、堆罗汉、荡鞦韆、游水童,精粗不等"。这里的泥神、泥佛、泥仙、泥鬼、泥美人、泥婴孩,等等,也是统称为泥货,正与前例相同。因此一些小型的释道神仙像,其实也可以归入百戏玩具之类。故宫藏一部清代《风俗人物图册》,其中一开为"耍货铺"①。图绘傍溪小小的一个铺面,铺内墙壁悬绳,绳上挂着戏人面具,靠墙的桌子上设瓶,瓶里插着戏曲道具刀枪剑戟。外面又是一张方桌,上面陈放着各式人物:戴幞头者,裹巾者,骑马者,约莫十二三,买主正在拣选,更有一群兴致勃勃的小主顾,欢悦之声似可闻(图11-12)。虽无法确认这些"人物儿"的质地,但当以泥塑或陶

---

① 金卫东《故宫博物院藏文物珍品大系·明清风俗画》,图七三:六,上海科学技术出版社等二〇〇八年。

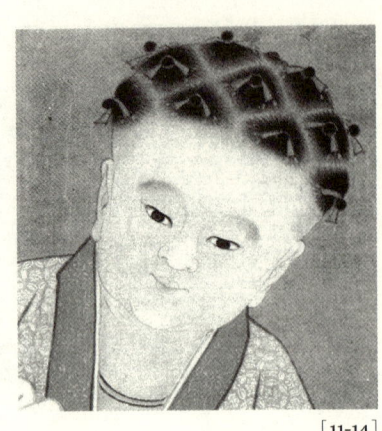

[11-13]:❶ [11-13]:❷ [11-14]

图[11-13]
❶❷红绿彩童子像

图[11-14]
冬日婴戏图局部 台北故宫博物院藏

瓷之类为常。《鼓掌绝尘》曰"花红紫绿",《桐桥倚棹录》曰"彩画鲜妍",早期红绿彩原属低温加彩陶瓷,用来制作百戏玩具自是合宜,说它开启了明清"耍货"制作之先声,大约不错。由新近发现的这一批,正可见宋金时期此类百戏玩具制作的繁盛之一面。

　　百戏玩具之可爱者,当属姿态不同的各式孩儿(图11-13)。持荷,骑鼓,逗鸟,玩傀儡戏,还有襁褓亦即宋人所谓"绷衫"中裹着一团吉祥喜庆的婴儿。不仅佩服真切鲜明,如项牌、手镯、荷叶帽,即发式之"撮数小角儿",也是宋金时代童子妆的真实写照。宋《道山清话》:"周穜言:垂帘时,一日早朝,执政因理会事,太皇太后命一黄门于内中取案上文字来,黄门仓卒取至,误触上幞头坠地,时上未著巾也,但见新髻头,撮数小角儿。"①"上"者,宋哲宗也,即位时年仅十岁。垂帘之"太皇太后",乃英宗高皇后,为神宗之母。所谓"撮数小角儿",亦即"满头为髻"②,台北故宫博物院藏《冬日婴戏图》中在庭院里逗引狸奴的童子便是如此形象(图11-14),红绿彩孩儿群像正与此不差。

　　宋金时代戏剧的繁荣昌盛,也为当日的儿童生活带来特别的乐趣,虽贵为至尊也不例外。前引《道山清话》同一则纪事之下又曰:"一日,辅臣帘

---

① 《说郛》(涵芬楼本)卷八二,作者署"道山先生"。
② 周密《齐东野语》卷一三"优语"条曰:宣和中,一日内宴,教坊伎之"一人满头为髻如小儿",云云。

[11-15]

[11-16]:❶

前论事甚久,上忽顾一小黄门,附耳与语,小黄门者既去,顷之复来,亦附耳而奏,上忽矍然而兴。俄闻御屏后小锣钹之声交作。须臾,上即复出,一黄门抱上御椅子,再端拱而坐,直待奏事毕,乃退。太后亦顾上笑。"此则纪事真是很有意思,虽然不能确知"御屏后小锣钹之声交作"究竟是怎样的游戏,不过由宋人画笔下的儿童娱戏也可窥其大概,如波士顿艺术馆藏《荷亭戏婴图》(图11–15),如克里夫兰艺术博物馆藏《百子图》①(图11–16),台北故宫博物院藏《五瑞图》②(图11–17),等等。击鼓、击钹,"抹土搽灰"③,戴假面做

[11-16]:❷

图[11-15]
《荷亭戏婴图》局部 波士顿艺术馆

图[11-16]
❶❷《百子图》局部 克里夫兰艺术博物馆藏

---

① 《宋画全集》,第六卷第一册,图三四;第六卷第二册,图二九。
② 《婴戏图》,图三,台北故宫博物院一九九〇年。
③ 面上涂抹黑白两色。南戏《张协状元》"何沓搽灰抹土,歌笑满堂中";《错立身》"一意随它去,情愿为路歧,管甚么抹土搽灰"。

[11-17]

[11-18]:❶

院本,乃是宋金时代最为流行的儿童游戏。望野博物馆藏红绿彩人物塑像中的击鼓童子、玩傀儡戏童子、"抹土搽灰"的净扮童子,还有各式假面①,正是那一叶风俗故事中丰富多彩的艺术语汇。

百戏玩具中更有许多戏曲人物,除作为一对滑稽角色的副净与副末之外,又有《精彩》中著录的一件"文士立俑"②(图11-18)。图版说明曰:"文吏黑发披肩,一条巾带(似为红彩脱色)束发,分垂两边。黑彩绘眉眼,鼻翼下两撇黑胡过唇角,下巴颏出一缕长髯,两鬓有两缕垂髯。"但这里想说,此像非"俑",亦非"文士",而是戏曲人物,其发式名作蓬头或陀头。金代晋真人《鬅头》诗曰:"本是太上古家风,一法才通万法通。

图[11-17]
五瑞图局部 台北故宫博物院藏

图[11-18]
❶红绿彩人物塑像

---

① 《河南中部迤北发现的早期釉上多色彩绘陶瓷》,页60,图一五;页70,图五九;页78,图一〇二;页70,图五七至五八。
② 《精彩》,图一三。

放下丝毫无垢染，自然一性合天公。"①这种妆扮大约当时即进入戏剧，并为后世长久沿用。《脉望馆钞校本古今杂剧》所录"穿关"，亦即人物穿戴，有"双髻陀头"，"双髻蓬发陀头"，"撒发陀头"，乃用于行者、和尚、道童、道士之类。如《二郎神醉射锁魔镜》，"穿关"之部为剧中驱邪院主设定的首服即为"撒发陀头"。由当代京剧对这一妆扮的使用，可知在长期沿革中它的式样并没有太大的变化，包括细节如左右分垂的"飞鬓"或曰"耳毛"②。而此身红绿彩人物塑像则为人们提供了宋金时代戏曲穿戴的一个完整实例。

宋辽金大曲中的舞蹈人，也可算作百戏玩具之一，并且也是彼一时代绘画、雕刻创作者颇为热衷的艺术形象。各类作品几十年来多有发现，廖奔《宋辽金大曲图考》、《广元南宋墓杂剧、大曲石刻考》曾举出不少实例③。金人王寂有诗题作"丁卯，予卧榻围屏四幅，皆著色画大曲故事，公余少憩，各戏题一绝"④，其时大曲之风行，此亦旁证。

大曲是汉魏以来流行不衰的一种包含器乐、声乐和舞蹈的传统大型乐舞形式，宋金时代的发展演变使它的内容和形式更加多样。不过平日里的演奏，多是摘取一个大曲中的几叠，因而是随意灵活的⑤。比较常见的表现大曲舞蹈的图像，是六七人的一支乐队，持奏笙、箫、笛、鼓、拍板等，舞蹈者二，相对而舞。又或"一工独进，但以手袖为容，踏足为节，其妙串者，虽风旋鸟骞不逾其速矣"⑥。山西高平县西李门村二仙庙大殿露台须弥座

图[11-18]
❷红绿彩人物塑像

[11-18]：❷

---

① 《全金诗》，册一，页238。
② 齐如山《国剧艺术汇考》第六章《行头》中列有"大蓬头：顶上满头假发，垂于背后，约长尺余，前面覆额，扮武松用此，神将及大鬼头均用之"；"小蓬头：式如大蓬头而小，扮小鬼用之"；"双抓髻：形如蓬头，两旁有小髻，金钱豹即戴此"（页199，辽宁教育出版社一九九八年）；又见刘月美《中国京剧衣箱》"盔箱"一章的"假发"类（页82，上海辞书出版社二〇〇二年）。
③ 均收入廖奔《戏曲文物发覆》，厦门大学出版社二〇〇三年。
④ 《全金诗》，页427。
⑤ 《宋辽金大曲图考》，页225。作者又特别指出"金朝大曲文物比宋辽更为普遍和常见，在金统治区的黄河以北地区可以说比比皆是"（页227）。
⑥ 宋陈旸《乐书》卷一八五"俗部·雅乐·女乐下"。

[11-19]

的金代石刻图像,即是表现清晰的一例①(图 11-19)。《精彩》中著录一件"辫发舞蹈俑"②(图 11-20),形象姿容正与二仙庙大曲石刻中的舞蹈者相似,当然他也不是"俑"。此舞人髡顶,余发打作左右两根发辫,身着飞雁纹红袍,上覆四合如意云肩,腰系一条闹妆带,带悬荷包,足着黑靴,手抠白色舞巾而小半藏在窄袖里③,定格在侧首、偏身、左右分别回袖的一瞬间。以二仙庙大曲石刻为比照,可以推测他也是大曲中的舞者,而尚有一种可能,即他原本是一组塑像中的一个。

红绿彩人物塑像以它的色彩鲜妍且多有写实之笔,而常能把服饰方面的若干特色表现得很清楚。除以上拈出释道神仙、百戏玩具的服饰之外,宋

[11-20]

图[11-19]
高平二仙庙金代石刻局部

图[11-20]
红绿彩人物塑像

---

① 项阳等《中国音乐文物大系·山西卷》,页 206,大象出版社二〇〇〇年。按本书主编曰此为"队戏",廖奔《宋辽金大曲图考》考证其为大曲舞旋(页 229)。
② 《精彩》,图三一。
③ 它令人想到后世戏曲服饰中的水袖,这里显示的也许正是发展演变中的一个环节。

金时代的人物服饰在塑像中也有颇可注意者,如《精彩》著录的一件"白衣交手文吏像"①(图11-21)。男子身着白衫,衫有朵云图案,绿色边襕;腰系一条皂丝绦,头裹一顶黑巾,此巾应名蹋鸱巾。宋周煇《北辕录》曰金人"男子衣皆小窄","无贵贱,皆着尖头靴,所顶巾谓之蹋鸱"②。范成大《石湖集》卷一二使金组诗中有《蹋鸱巾》一首,题下作者注云:"接送伴田彦皋爱予巾裹,求其样,指所戴蹋鸱,有愧色。"又他所著《揽辔录》纪乾道六年使金事,云"东京虏改为南京,民亦久习胡俗,态度嗜好与之俱化。男子髡顶,月辄三四髡,不然亦间养余发,作椎髻于顶上,包以罗巾,号曰'蹋鸱',可支数月或几年"。则此巾也流行于宋金时期的金人辖区。而为田彦皋所爱之"巾裹",原是汉族男子所戴幞头巾子的传统式样,虽依造型不同而有各种名称,要之,造型总是见出规矩模样,即宋人所谓有"样范儿"。而蹋鸱巾却仅仅是以巾覆首而已,未有仪型。此所以田彦皋"指所戴蹋鸱,有愧色"也。而金代蹋鸱巾可见得如此真切者,这一件红绿彩人物塑像似乎是唯一的一例③。

总之,望野博物馆所收十二至十三世纪红绿彩瓷中,此前未曾发现的全新的材料,在其中占了很大的分量,而为宋金时代的

[11-21]

图[11-21]
红绿彩人物塑像

---

① 《精彩》,图一一。
② 《说郛》(涵芬楼本)卷五四。
③ 关于蹋鸱巾,孙机《宣化辽金墓壁画拾零》有考证,所举图例为宣化下巴里四号墓壁画(页60,《寻常的精致》,辽宁教育出版社一九九六年)。

社会生活史提供了不少宝贵而丰富的细节。虽非出自考古发掘,但通过采集的方式、且多有采集地点的纪录,而得以集中保存下来,未始不是遗憾中的一件幸事。它的价值以及所蕴涵的文化信息,当会在进一步的研究和开掘中更多展现出来。

从孩儿诗到百子衣

一 孩儿诗与童嬉

国人自古以多子为祥,但是中国古代专咏儿童的诗却实在少得可怜,佳作则更寥寥。最早也是最好的一首,当推西晋左思的《娇女诗》,其后是陶渊明的《责子诗》。"白发被两鬓,肌肤不复实。虽有五男儿,总不好纸笔。阿舒已二八,懒惰故无匹。阿宣行志学,而不好文术。雍端年十三,不识六与七。通子垂九龄,但觅梨与栗。天运苟如此,且进杯中物"①。黄庭坚《书陶渊明〈责子诗〉后》:"观渊明之诗,想见其人岂弟慈祥戏谑可观也。俗人便谓渊明诸子皆不肖,而渊明愁叹见于诗,可谓痴人前不得说梦也。"②正是会心人语。

唐诗中可以称道的有李商隐《骄儿诗》,卢仝的《寄男抱孙》③,此外便是路德延的《孩儿诗》五十韵。卢诗虽通篇诫子,而"岂弟慈祥戏谑",与陶翁正有同致。"他日吾归来,家人若弹纠,一百放一下,打汝九十九",末了几句也说得有趣,虽然左思《娇女诗》结末数言"任其孺子意,羞受长者责。瞥闻当与杖,掩泪俱向壁"④,先已令人怃然。玉谿生的《骄儿诗》前边都写

---

① 逯钦立《先秦汉魏晋南北朝诗》,中册,页 1002,中华书局一九八三年。"而不好文术",他本"好"皆作"爱"。
② 《山谷集》,卷二六。
③ 《全唐诗》,册一二,页 4369,中华书局一九六〇年。又韦庄《下邽感旧》、《途次逢李氏兄弟感旧》两诗追记儿时嬉戏故事,也有传神之笔,如后者句云"晓傍柳阴骑竹马,夜阑灯影弄先生。巡街趁蝶衣裳破,上屋探雏手脚轻"。不过诗以经旧里、逢故人,"追思往事"而多伤感之音(事见《太平广记》卷一七五),实不以咏儿童为主旨。
④ 《先秦汉魏晋南北朝诗》,页 736。

得好,惟末后数联的缀以感慨,便如胡震亨所说"惜结处迂缠不已,反不如玉川《寄抱孙》篇以一两语谑送为斩截耳"①。

宋人诗写孩儿写得有趣,可以举出孔平仲的《代小子广孙寄翁翁》,又《常父寄半夏》②。后者略云,"齐州多半夏,采自鹊山阳。累累圆且白,千里远寄将。新妇初解包,诸子喜若狂。皆云已法制,无滑可以尝。大儿强占据,端坐斥四旁。次女出其腋,一攫已半亡。须臾被辛蛰,弃余不复藏。竟以手扪舌,啼噪满中堂。父至笑且惊,亟使唊以姜。中宵方稍定,久此灯烛光……"这里说的半夏,指天南星科植物半夏的块茎,干燥者表面呈白色或淡淡的黄白色,形若圆球或半圆球。《证类本草》卷一〇,"半夏,味辛平,生微寒,熟温,有毒";"生令人吐,熟令人下。用之汤洗令滑尽";"生槐里川谷"。"陶隐居云:槐里属扶风,今第一出青州,关中亦有,以肉白者为佳,不厌陈久。用之皆先汤洗十许过,令滑尽,不尔,戟人咽喉。方中有半夏必须生姜者,亦以制其毒故也"。苏颂《本草图经》则曰半夏"今在处有之,以齐州者为佳"。可知诗写一包半夏惹出的热闹乃是实录,小儿女的懵懂调皮,种种情态刻画入微。只是末了"大钧播万物,不择窳与良"云云,是不忘教训也,不免蛇足。杨万里《闲居初夏午睡起》是人人熟知的名篇:"梅子留酸软齿牙,芭蕉分绿与窗纱。日长睡起无情思,闲看儿童捉柳花。"诗人自己很得意一个"捉"字的好③,明代画家也为它作得好画,如周臣的《闲看儿童捉柳花句意》。不过儿童之戏在这一首诗里毕竟只是配景。南宋赵必𤩽《小亭夜坐即景》"儿童戏逐月边星"④,亦然。总之,唐宋诗词中不乏咏及儿童的一二佳句⑤,但全篇趁意之作却难得一见。

专为孩儿写照且以一片童心把童嬉写得亲切,惟路德延《孩儿诗》一篇:

情态任天然,桃红两颊鲜。乍行人共看,初语客多怜。臂膊肥如瓠,肌肤软胜绵。长头才覆额,分角渐垂肩。散诞无尘虑,逍遥占地仙。排衙朱阁上,喝道画堂前。合调歌《杨柳》,齐声踏《采

---

① 冯浩《玉谿生诗集笺注》卷二引,上海古籍出版社一九七九年。
② 《全宋诗》,册一六,页10842;页10834。
③ 周密《浩然斋雅谈》卷中:"诚斋亦自语人曰:工夫只在一'捉'字上。"(上海古籍出版社影印美术丛书本一九八六年)
④ 全诗为:"小亭夜坐涤炎蒸,顿觉风清趣已成。数点流萤亭外度,儿童戏逐月边星。"《全宋诗》,册六六,页41388。
⑤ 如僧法振《赵使君生子晬日诗》"见人空解笑,弄物不知名"(尤袤《全唐诗话》卷六"僧法振"条);如姜夔《鹧鸪天·丁巳上元》"娇儿学作人间字,郁垒神荼写未真"(《全宋词》,册三,页2172),等等。

莲》。走堤冲细雨,奔巷趁轻烟。嫩竹乘为马,新蒲掉作鞭。莺雏金镞系,猧子彩丝牵。拥鹤归晴岛,驱鹅入暖泉。杨花争弄雪,榆叶共收钱。锡镜当胸挂,银珠对耳悬。头依苍鹘裹,袖学柘枝揎。酒殢丹砂暖,茶催小玉煎。频邀筹箸挣,时乞绣针穿。宝箧挐红豆,妆奁拾翠钿。短袍披案褥,尖帽戴靴毡。展画趋三圣,开屏笑七贤。贮怀青杏小,垂额绿荷圆。惊滴沾罗泪,娇流污锦涎。倦书饶娅姹,憎药巧迁延。弄帐莺绡映,藏衾凤绮缠。指敲迎使鼓,箸拨赛神絃。帘拂鱼钩动,筝推雁柱偏。棋图添路画,笛管欠声镌。恼客初酣睡,惊僧半入禅。寻蛛穷屋瓦,探雀遍楼椽。抛果忙开口,藏钩乱出拳。夜分围榾柮,朝聚打鞦韆。折竹装泥燕,添丝放纸鸢。互夸轮水硙,相效放风旋。旗小裁红绢,书幽截碧笺。远铺张鹳网,低控射蝇弦。吉语时时道,谣歌处处传。匿窗肩乍曲,遮路臂相连。斗草当春径,争毬出晚田。柳旁慵独坐,花底困横眠。等鹊潜篱畔,听蛩伏砌边。傍枝粘舞蝶,隈树捉鸣蝉。平岛跨骐上,层崖逞捷缘。嫩苔车迹小,深雪履痕全。竞指云生岫,齐呼月上天。蚁窠寻径𪓰,蜂穴绕阶填。樵唱回深岭,牛歌下远川。垒柴为屋木,和土作盘筵。险砌高台石,危跳峻塔砖。忽升邻舍树,偷上后池船。项橐称师日,甘罗作相年。明时方在德,戒尔减狂颠①。

诗除结末宕开一笔别寓讽意外②,通篇只写孩儿的各式游戏,种种活泼顽皮。"倦书饶娅姹,憎药巧迁延。弄帐莺绡映,藏衾凤绮缠",二十字牵出一串小儿无赖故事,这情景并没有怎样的时代隔膜,不费想象也足以令人启颜。"娅姹"此处是象声用法,则其声可闻,其状可见。"走堤冲细雨"从《娇女诗》的"贪走风雨中,倏忽数百适"化出,"宝箧挐红豆,妆奁拾翠钿"也有《骄儿诗》的"凝走弄香奁,拔脱金屈戌"在先。"头依苍鹘裹,袖学柘枝揎",而《娇女诗》云"从容好赵舞,延袖象飞翻",《骄儿诗》"忽复学参军,按声唤苍鹘"也,当然《孩儿诗》的柘枝舞已经带了异域色彩。"垒柴为屋木,和土作盘筵",该是古今孩儿共有的爱好,佛经拈此作喻,也有传神的形

---

① 《全唐诗》,册二一,页8255。若干字句据赵与时《宾退录》卷六(四库本)酌改。
② 《太平广记》卷一七五:路德延,儋州严相之犹子也,天祐中,授左拾遗,会河中节度使朱友谦领镇,辟掌书记,友谦初颇礼待之,然德延性浮薄骄慢,动多忤物,友谦稍懈礼,德延乃作《孩儿诗五十韵》以刺友谦,友谦闻而大怒,有以搆祸,乃因醉沉之黄河(事又见《唐诗纪事》卷六三)。不过诗的结末两联实是此类作品中常用的套语,就诗说来本是败笔,却很难说有怎样的讽意。

[12-2]

[12-1]

容①。与《娇女诗》和《骄儿诗》不同，路诗不是为特定的娇女或骄儿写照，而是天下古今孩儿的一幅写生图。它以赋笔直直落落铺排出琐细微末，情景的真切则令互不关联的许多故事聚在一处而能够流转生色。"嫩竹乘为马，新蒲掉作鞭"，竹马戏也。"杨花争弄雪"，捉柳花也。藏钩，斗草，放纸鸢，打秋千，节令游戏也。听蛩，捉蝉，曳车，和土，也都是传统的童嬉。弄鸟控弦的孩儿在陕西长安南郊韦顼墓石刻线画中可以看到，时代为开元六年②（图12-1）。小儿作歌舞之嬉的情景见于莫高窟第六一窟南壁《法华经·譬喻品》中的火宅之喻，时属五代③（图12-2）。"垂额绿荷圆"，"猢子彩丝牵"，则是唐代艺术品中常见的孩儿形象。故宫博物院藏一面唐代铜镜，铜镜内区是莲花化生图案，下端当心挺出一茎莲叶，一左一右斜斜秀出两枝盛开的莲花，头顶荷叶帽的两个孩儿手持花枝舞蹈于花心④（图12-3）。"垂额绿荷圆"仿佛为

---

① 《韩非子·外储说左上》"夫婴儿相与戏也，以尘为饭，以涂为羹，以木为胾"；《三国志》卷二九《魏书·管辂传》引《辂别传》曰，辂年八九岁，"与邻比儿共戏土壤中"。《大智度论》："辟如人有一子，喜不净中戏，聚土为谷，以草木为鸟兽，而生爱着，人有夺者，嗔恚啼哭。"
② 王子云《中国古代石刻画选集》，图二○:5，中国古典艺术出版社一九五七年。
③ 贺世哲《敦煌石窟全集·法华经画卷》，图一○三，商务印书馆（香港）有限公司一九九九年。
④ 郭玉海《故宫藏镜》，图一○一，紫禁城出版社一九九六年。

图[12-1] 陕西长安南郊韦顼墓石刻线画（摹本）

图[12-2] 莫高窟第六一窟五代壁画

它写神,"合调歌《杨柳》,齐声踏《采莲》",诗与图案也在这里拍合得紧。新疆阿斯塔那出土的唐代屏风画,残件之一是一对身著条纹裤的孩儿,左边一个抱着猧子,长长的牵线从手臂上低垂下来①(图12-4:1)。西安何家村唐代金银器窖藏中的一件银方盒上也刻着小儿捉飞鸟、趁猧子的图案②(图12-4:2)。《敦煌变文集·父母恩重经讲经文》"五五相随骑竹马,三三结伴趁猧儿";"捉蝴蝶,趁猧子,弄土拥泥向街里"③,正是画笔写真的依据。所谓"猧子",原是当时的外来货,其故乡在东罗马亦即拜占廷帝国,唐人称作"大秦"或"拂菻",研究者曾有专文考证猧子传入中土的前前后后④,可知诗中的"猧子彩丝牵"与抱猧孩儿的屏风画,均为写照当时。

"短袍披衾褥,尖帽戴靴毡",令人想见模仿胡人妆扮的滑稽,"展画趋三圣,开屏笑七贤",也别有一分可爱,此中且各存故事。三圣,西方三圣也,此概指佛。《贤愚经·阿输迦施土品》云佛在舍卫国祇树给孤独园,"晨与阿难入城乞食,见群小儿于道中戏,各聚地土,用作宫室,及作仓藏财宝五谷。有一小儿遥见佛来,见佛光相,敬心内发,欢喜踊跃,生布施心,即取仓中名为谷者,即以手掬,欲用施佛,身小不逮,语一小儿:'我登

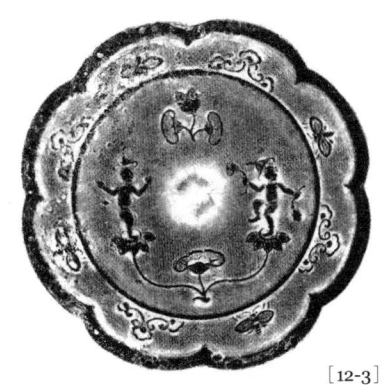

[12-3]

[12-4]:❶

图[12-3]
故宫博物院藏唐镜

图[12-4]
❶阿斯塔那出土唐代屏风画

---

① 新疆维吾尔自治区文物事业管理局等《新疆出土文物》,图一一三,文物出版社一九七五年。
② 陕西历史博物馆等《花舞大唐春——何家村遗宝精粹》,页201,文物出版社二〇〇三年。
③ 王重民等《敦煌变文集》,页684,人民文学出版社一九八四年。
④ 蔡鸿生《唐代九姓胡与突厥文化》,页211~219,中华书局一九九八年。

图[12-4]
❷西安何家村唐代窖藏出土银盒纹饰

汝上,以谷布施。'小儿欢喜,报言可尔。即蹑肩上,以土奉佛。佛即下钵,低头受土"。布施的童子于是得到佛的预言,即将来当作国王,字阿输迦①。《贤愚经》为元魏凉州沙门慧觉等译。此也见于西晋安法钦译《阿育王传》、梁僧伽婆罗译《阿育王经》,等等。佛教艺术便多摄取此节而表现为阿育王施土故事。它在犍陀罗雕刻中已是常见的题材,但似乎并无固定的表现形式②。北魏佛教造像中,有一佛三童子的造型,如云冈昙曜五窟之一第十八窟南壁所刻。面向本尊的一身佛立像右足下三个童子,两个在下做承托状,一个在上做布施状③。今藏日本大阪市立美术馆的一方北魏石造四面像,其中一面所刻亦其例。画面中三小儿,其一伏在佛的身边,蹑其肩、蹑其背的两个小儿于是捧土向佛,世尊则微微探首,稍稍俯就,正是伸手接纳的一刻④(图 12-5:1)。不过三小儿的上方又有一匍匐者,那么这里大约

---

① 《大正藏》,第四卷,页 349。按阿输迦即阿育王之别译,意译无忧王。
② 中村元《释尊——その前生と生涯の美術》,图一二〇~一二二,日本放送出版协会一九九四年。
③ 日人长广敏雄最早把这一组合的图像推定为阿育王施土故事,见《雲岡石窟における二、三の因缘像》,页 272~274,《中國の佛教美術》,平凡社一九六八年。
④ 松原三郎《中国仏教彫刻史论·図版编二》,页 154,吉川弘文馆一九九六年。

[12-5]:❶

[12-5]:❷

又结合了定光佛授记故事,而一佛三童子的造型,北朝时期也是定光佛授记的表现形式①,如河北邯郸水浴寺石窟第一窟中的雕刻,时代则为北齐②(图12-5:2)。后世童子礼佛的绘画,此或其源,当然发展过程中有了不少变化,并且逐渐从原来的佛经故事中独立出来。敦煌莫高窟第一九七窟时属中唐的壁画中绘有童子礼佛③(图12-6),《骄儿诗》"又复纱灯旁,稽首礼夜佛",《孩儿诗》"展画趋三圣",似乎都和它遥相呼应,而诗中所咏,是艺术,也是生活。出自宋人之手的一幅《百子嬉春图》,中有童子拜观音的场面(图12-7)。垒砖为塔似乎已成宋代

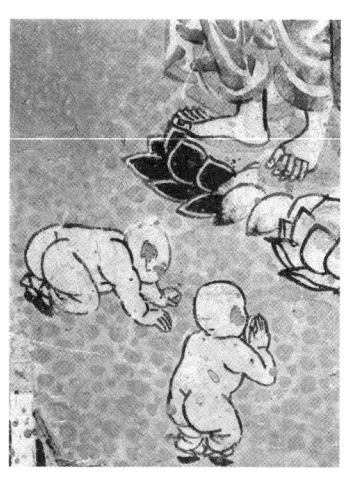
[12-6]

图[12-5]
❶北魏石造四面像
❷水浴寺石窟第一窟雕像

图[12-6]
莫高窟第一九七窟中唐壁画

---

① 王振国《关于邯郸水浴寺石窟的几个问题》,页67,《中原文物》二○○二年第二期。按据该文,水浴寺西窟定光佛授记本生故事雕刻有题记刻于右上角:"武平五年甲午岁十月戊子朔,明威将军陆景妻张元妃,敬造定光佛并三童子。愿三界群生,见前受福,亡者托荫花中,俱时值佛。"
② 《中国石窟雕塑全集·6·北方六省》,图版一四七,重庆出版社二○○一年。按图版说明云:"立像的右侧三个裸体顽童,一童四肢爬地,一童踩于其肩,双手捧钵,作乞讨状。"误也。
③ 谭蝉雪《敦煌石窟全集.25·民俗画卷》,图八四,商务印书馆(香港)有限公司一九九九年。

图[12-7]
❶《百子嬉春图》 故宫博物院藏
❷局部（摹本）

图[12-8]
❶《合欢多子图》 日本东京国立博物院藏

小儿经常的游戏，陆游《群儿》诗句云："野行遇群儿，呼笑运甓忙。共为小浮图，嶙峋当道旁。蚬壳以注灯，碗足以焚香。须臾一哄散，无益亦何伤。"①今藏日本东京国立博物院的《合欢多子图》，绘有童子拜塔②，塔中有佛，亦礼佛之意（图12-8）。画有陈洪绶款，而画风实与之不类，但出自明人应该不错。可以说，童子礼佛此际已是婴戏图的表现程式之一，故宫博物院藏陈洪绶《戏婴图》，正是以此为题材，从构图方式中，也可以看到它与前朝

---

① 《全宋诗》，册三九，页24803。
② 《吉祥特别展——中国美术にこめられた意味》，图一六〇，东京国立博物馆一九九八年。

 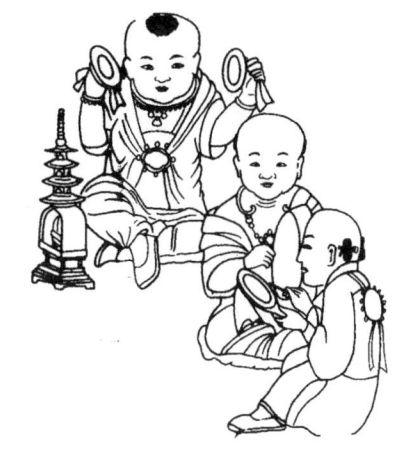

[12-8]: ❷

绘画的继承关系(图 12-9)。童子拜塔又成为明清时代各种工艺品的婴戏图中常常用到的图式,如今藏台北故宫的明代雕漆百子图印匣,图中小儿围在塔边嬉戏的场景,自然也是与童子拜塔同出一源的创作构思①(图 12-10)。

"展画"情景在《骄儿诗》里形容得最好,"古锦请裁衣,玉轴亦欲乞",真的是童稚的淘气和可爱。而出现在传宋人《长春百子图》中的观画,其情状已经很有些成人化②(图 12-11)。它后来也成为明清婴戏图的图式之一,前举雕漆百子图印匣,即有观画的场面。"开屏笑七贤",七贤,竹林七贤也,此与上联之"三圣"

[12-9]

---

① 如台北故宫博物院藏明百子图雕漆印匣,袁旃《云篆徽名 信章萃古》,页 101,(台北)《故宫文物月刊》第四卷第七期(一九八六年)。
② 《婴戏图》,图八之一。

图[12-8]
❷《合欢多子图》局部(摹本)

图[12-9]:《戏婴图》(陈洪绶)
故宫博物院藏

为对，而它本来又是流行的绘画题材。一个"笑"字犹可见出孩子气，只是较之《骄儿诗》的形容已有不及。

《孩儿诗》中的节令游戏，多有古老的渊源。晋宗懔《荆楚岁时记》云，寒食，有打毬、鞦韆之戏；五月五日，"有斗草之戏"；"岁前又为藏弓区之戏"。藏弓区之弓区，亦作钩，此指蜷起来的手。段成式《酉阳杂俎·续集》卷四："旧言藏钩起于钩弋，盖依辛氏《三秦记》，云汉武钩弋夫人手拳，时人效之，目为藏钩也。""弓区与抠同，众人分曹，手藏物，探取之。""《风土记》曰：藏钩之戏，分二曹以较胜负，若人耦则敌对，若奇则使一人为游附，或属上曹，或属下曹，名为飞鸟。"分曹，即分作两方，一方藏物，一方猜物。藏者以一微物握手中，或传递，或佯作传递己方的某人，晋庾阐《藏钩赋》"钩运掌而潜流，手乘虚而密放；示微迹于可嫌，露疑似之情状"[1]，正是此刻情形；而猜物的一方则察形观色，判断其物究竟在谁手中。后世也把它称作猜枚，并且又可以成为两个人的游戏，即甲藏，乙猜。元姚文奂《竹枝词》："晚凉船过柳洲东，荷花香里偶相逢。剥将莲肉猜拳子，玉手双开各赌空。"[2]赌空亦猜枚之别称。《聊斋志异·双灯》记益都魏运旺与双灯夜会，置酒欢饮，"赌

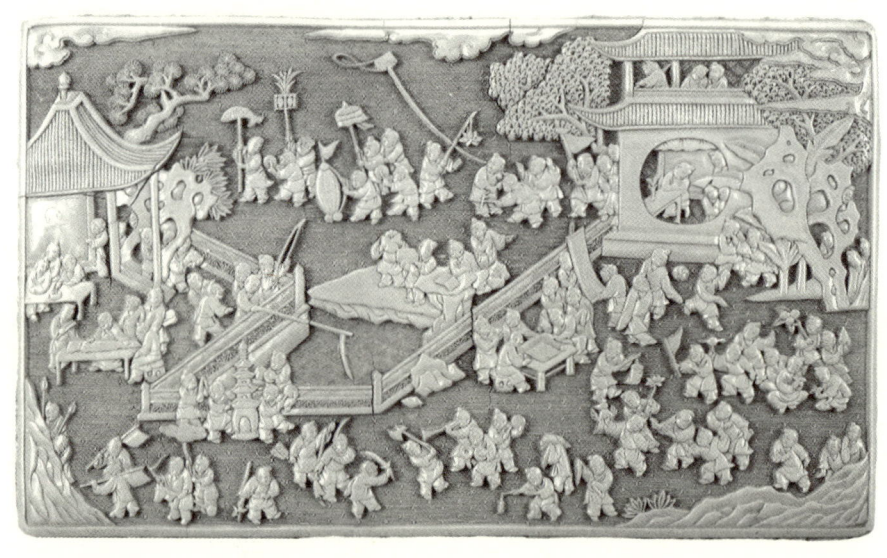

[12-10]

图[12-10]：明雕漆百子图印匣
台北故宫博物院藏

---

[1] 欧阳询《艺文类聚》卷七四引，上海古籍出版社一九六五年。
[2] 陈衍《元诗纪事》卷二四，上海古籍出版社一九八七年。

藏枚，女子什有九赢，乃笑曰：'不如妾约（一作握，意同）枚子，君自猜之，中则胜，否则负。若使妾猜，君当无赢时"。双灯，狐仙也，自然屡猜屡中。作为孩儿之戏，或者以甲藏乙猜丙作"游附"为常。"藏钩乱出拳"，正是小儿态度。此戏之流也格外远长。故宫藏清初嵌螺钿加金银片黑漆箱上面的百子图①，其中作猜枚之戏的孩儿，仍是"藏钩乱出拳"一个合式的图解。

《孩儿诗》中的童嬉多可在汉代寻其源。如竹马戏，见《后汉书》卷三一《郭伋传》②，又同书卷七三《陶谦传》。

[12-11]

图[12-11]：《长春百子图》（局部）
台北故宫博物院藏

后者注引《吴书》曰："陶谦父，故余姚长，谦少孤，始以不羁闻于县中，年十四，犹缀帛为幡，乘竹马而戏，邑中儿童皆随之。"《唐歌儿》"竹马梢梢摇绿尾"③；《骄儿诗》"截得青篔筜，骑走恣唐突"，诗人的写生，则使形象更加鲜明。敦煌莫高窟第九窟东壁门南侧时属晚唐的壁画中绘有童子骑竹马，虽小儿眉眼已经漫漶，但胯下一枝弯弯青竹依然清晰，由手中摇着的竹马鞭，也可窥得"嫩竹乘为马，新蒲掉作鞭"的得意神情④（图12-12:1）。宋金时期，竹马戏更是成为磁州窑工匠手中挥洒自如的题材⑤（图12-12:2）。

与竹马并提的常常是鸠车之戏。萧齐王融《三月三日曲水诗序》，句有"稚齿丰车马之好"，吕延济注："稚齿，小子也。年五岁有鸠车之乐，七岁有

---

① 王世襄《中国古代漆器》，图版75，文物出版社一九八七年。
② 传云伋为并州牧，"始至行部，到西河美稷，有童儿数百，各骑竹马，道次迎拜。伋问：儿曹何自远来？对曰：闻使君到，喜，故来奉迎"。
③ 李贺《唐歌儿·杜鄜公之子》，《全唐诗》，册一二，页4396。
④ 《敦煌石窟全集·民俗画卷》，图八二。
⑤ 张子英《磁州窑瓷枕》，页278，人民美术出版社二〇〇〇年。

[12-12]:❶

[12-12]:❷

图[12-12]:竹马戏
❶敦煌第九窟晚唐壁画(摹本)
❷磁州窑枕图案(骑竹马)

竹马之欢,皆谓得其天性也。"①骑竹与牵车因此又成为小儿一个特定的形象,元稹《哭女樊四十韵》即特别以"骑竹痴犹子,牵车小外甥"而写出追忆亡女的举目伤情②。小儿弄鸠车的形象汉画像石中已有不少,鸠车的实物今天也还能见到,如河南巩义市新华小区汉墓出土的一件③(图12-13:1、2)。北魏鸠车,见于元谧石棺线刻画中的老莱子娱亲图④;六朝鸠车,《重修宣和博古图》中录有一件(图12-13:3、4)。汉代至于南北朝,鸠车形象没有很大变化,不过辽宋以后的玩具车却并不一定再取鸠的造型,而多半做成小小的四轮车。如辽宁朝阳前窗户村辽墓出土鎏金婴戏纹银带中小儿手牵的玩具车⑤(图12-13:5)。宋以及宋以后的婴戏图,所绘多为此式(图12-13:6)。《孩儿诗》"嫩苔车迹小",用字颇见斟酌,其车自是小儿玩具,这里却没有特别指明它是鸠车,或许已经不是前朝旧式。

骑马可以作战,乘车可以出行,两项节目合在一起,又成为"设部伍"的游戏。《三国志》卷一五《魏书·贾逵传》云逵儿时"戏弄常设部伍,祖父习异之,曰:'汝大必为将'"。《孩儿诗》的"排衙朱阁上,喝道画堂前",也是"设部伍"之类。它后来成为婴戏图——尤其是明清时代——几乎

---

① 《文选》卷四六。
② 《全唐诗》,册一二,页4514。
③ 《河南巩义市新华小区汉墓发掘简报》,页46,图一二:1。又有日本藤井友邻馆藏一件汉代铜鸠车,日人林巳奈夫对此已有考证,见《漢代の文物》,页416~417,又插图之部页176,图八-60至八-64。
④ 《中国画像石全集·8·石刻线画》,图版六六,山东美术出版社等二〇〇〇年。
⑤ 靳枫毅《辽宁朝阳前窗户村辽墓》,页21,《文物》一九八〇年第十二期。

不可或缺的一项内容。相比于"截竹作马走不休，小车驾羊声陆续"①，此中实在少了很多孩儿的天真之趣，无怪贾习见孙儿做"设部伍"之戏会"异之"。明清时代，人们对它的热中多半在"意"不在"趣"。而所谓"意"，当然是成人心理，由此又发展出以课读为内容的坐堂审案的图式②，而成为明清婴戏图中一种特有的表现形式。如湖北荆州地区博物馆藏明嘉靖百童游戏青花罐③，日本出光美术馆藏明嘉靖青花罐④，又伦敦大学戴维德中国艺术基金会藏明代青花盘⑤（图12-14）。

"旗小裁红绢"，便是《陶谦传》中说到的"缀帛为幡"，不过把幡变成了三角形的小彩旗，以后它也一直是孩儿喜欢的游戏。《西湖老人繁胜录》记各项玩物的买卖，中有杖头傀儡，锡小筵席，杂彩旗儿，竹马儿，小龙船。"杂彩旗儿"，亦即由缀帛之幡变化而来的裁绢之旗，其式即如

---

① 陆游《喜小儿辈到行在》，《全宋诗》，册三九，页24260。
② 作为童嬉，当然它早就有了，北宋张耒曾借此戏写了一首讥讽时事的诗，即《有感三首》之二："群儿鞭笞学官府，翁怜痴儿傍笑侮。翁出坐曹鞭复呵，贤于群儿能几何。儿曹相鞭以为戏，翁怒鞭人血流地。等为戏剧谁后先，我笑谓翁儿更贤。"《全宋诗》，册二〇，页13109。
③ 王毓彤《介绍一件明嘉靖百童游戏青花罐》，页95，《文物》一九九三年第二期。
④ 中野徹等《展开写真によろ·中国の文样》，图六八，平凡社一九八五年。
⑤ D.Macintosh Chinese Blue and White Porcelain, p.48, Bamboo Publishing Ltd, 1986.

[12-13]:❶

[12-13]:❷

[12-13]:❸

[12-13]:❹

[12-13]:❺

[12-13]:❻

图[12-13]：鸠车
❶❷河南巩义市新华小区汉墓出土铜鸠车
❸北魏元谧石棺线刻画中的鸠车
❹《重修宣和博古图》中的六朝鸠车
❺辽墓鎏金婴戏纹银带中的玩具车
❻苏汉臣《婴戏图》中的玩具车

宋人《冬日婴戏图》所绘(图 12-15:1)。作为玩具的"小龙船"之类也出现在宋人的《子孙和合图》里(图 12-15:2)。以图中有子，有荷，而谐其音名作"子孙和合"乃出自后人，宋人的笔绘孩儿多重童趣，以吉语寓意命名，此际尚未形成风气。

风筝作为儿戏，唐代才开始兴盛，虽然在此之前它已不止一次用于军事。不过风筝在唐代多以纸鸢为称，所谓"风筝"，其实别有所指①。"折竹装泥燕，添丝放纸鸢。互夸轮水硙，相效放风旋"，最是《孩儿诗》中的隽句，磁县博物馆藏一件金代瓷枕正不妨为它写意②(图 12-16:1)。宋代放纸鸢多在清明前后③，李纲《清明日》"游女踏青寻苑草，戏童引线送风筝"④；李

曾伯《因赋风筝与黄郎偶》："竹君为骨楮君身，学得飞鸢羽样轻。出手能施千丈缕，举头可问九霄程。高穷寥旷宁无力，少假扶摇即有声。所惜峥嵘能

---

① 今人言风筝，每举唐高骈的《风筝》诗，即"夜静弦声响碧空，宫商信任往来风。依稀似曲才堪听，又被风吹别调中"(《全唐诗》，册一八，页 6923)，却是一个很大的误会。高诗所咏乃房檐下的铁马，此诗本事，见《唐诗纪事》卷六三："骈镇蜀日，以南诏侵暴，筑罗城四十里，朝廷虽加恩赏，亦疑其固护。或一日，闻奏乐声响，知有改移，乃题《风筝》寄意曰：'……'旬日报道，移镇渚宫。"唐诗以风筝喻铁马者尚有多篇，如李白《登瓦官阁》"两廊振法鼓，四角吟(一作吹)风筝"(《全唐诗》，册六，页 1836)；杜甫《冬日洛城北谒玄元皇帝庙》"风筝吹玉柱，露井冻(一作动)银床"(同上，册七，页 2387)；刘禹锡《酬湖州崔郎中见寄》"风筝吟秋空，不肖指爪声"(同上，册一一，页 3990)；又李商隐《燕台四首·秋》"西楼一夜风筝急"(同上，册一六，页 6233)，等等。与后来人们所称的风筝完全无干，是以时代之异而名称有别，明杨慎对之辨析甚明，见《升庵集》卷五七。
② 《磁州窑瓷枕》，图版一三。
③ 当然也不乏秋日里的纸鸢之戏，寇准《纸鸢》："碧落秋方静，腾空力尚微。清风如可托，终共白云飞。"《全宋诗》，册二，页 1006。
④ 《全宋诗》，册二七，页 17561。

从孩儿诗到百子衣

[12-14]:❶

[12-14]:❷

图[12-14]:明青花瓷器中的婴戏
❶湖北荆州地区博物馆藏明嘉靖青花罐(摹本)
❷日本出光美术馆藏明嘉靖青花罐展开图
❸伦敦戴维德中国艺术基金会藏明青花盘

[12-14]:❸

[12-15]:❶

[12-15]:❷

[12-16]:❶

[12-16]:❷

图[12-15]：
❶《冬日婴戏图》(局部) 台北故宫博物院藏
❷《子孙和合图》(局部) 台北故宫博物院藏

图[12-16]：
❶磁州窑枕 磁县都党乡冶子村出土
❷《风鸢图》(局部)

几日，儿曹偻指已清明。"①均记其事。元代北方的放风筝，喜欢在秋高气爽的八月。《朴通事谚解·上》："八月里却放鹞儿。有几等鹞儿：鹅老翅鹞儿，鲇鱼鹞儿，八角鹞儿，月样鹞儿，人样鹞儿，四方鹞儿，有六七等鹞儿。八月秋风急，五六十托粗麻线也放不勾。"这是元代朝鲜人所作汉语会话读本，其中多记当时风俗。这里说的四方鹞儿，便是前举磁州窑枕图案中小儿手牵的那一种。明清风筝之戏仍以清明为盛。明刘嵩《风筝曲》句云"缉麻合线长百丈，要系风筝待晴放。有风须及清明前，作得鲇鱼爱新样"②。清潘荣陛《帝京岁时纪胜》曰清明时节，扫墓者"各携纸鸢线轴，祭扫毕，即于坟前施放较胜"。放风筝更是历代婴戏图中历久不衰的表现题材，只是明清时代的婴戏图不仅多半程式化而且成人化，再少见宋金时代作者笔下的童心童趣。清石涛《风鸢图》绘两小儿放纸鸢，游丝一线牵向天际，空白处题一小诗："我爱二童心，纸鹞

---

① 《全宋诗》，册六二，页38746。
② 《槎翁诗集》卷四。

[12-17]:❶

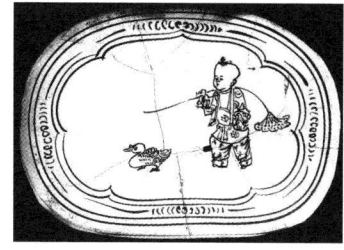

[12-18]:❶

[12-18]:❷

[12-17]:❷

图[12-17]
❶莫高窟第二三窟盛唐壁画（聚沙小儿）
❷长沙窑青釉褐彩戏球童子（戏球童子）

图[12-18]：磁州窑枕上的婴戏
❶天津市历史博物馆藏
❷日本白鹤美术馆藏

成游戏。取乐一时间，何曾作远计。"①（图12-16:2）诗虽敬礼童心，却依然不是为小儿而作，笔底自然少了真实的童趣。

二 婴戏图与百子图

以婴戏为题材的绘画，大约唐代已趋成熟。明张应文《清秘藏》著录有唐周昉《戏婴图》②；张丑《清河书画舫》申集"秦观"条下云吴能远藏有五代周文矩《戏婴图卷》。唐五代时期的敦煌壁画中，有不少出自民间画匠之手的嬉戏小儿③（图 12-17:1）。绘画之外，以婴戏为题材的艺术品也有不少，

---

① 《石涛书画集》第三卷，人物花卉册七，东京堂一九七七年。
① 又，宋王铚有《追和周昉琴阮美人图诗》，其序云："龙眠李亮工家藏周昉画《美人琴阮图》，兼有宫禁富贵气象，旁有竹马小儿欲折槛前柳者。亮工官长沙，而黄鲁直谪宣州，过之，叹爱弥日，大书一诗于黄素上曰：'周昉富贵女，衣饰旧相兼。髻重鬘根急，薄妆无意添。琴阮相予误，听玆不观手。敷暎竹马郎，跨马要折柳。'此画后归禁中，胡马惊尘，流落何许，而诗亦世不传，独仆旧见之，位置犹可想象也。"（《全宋诗》，册三四，页 21209）婴戏虽是此幅画作中的配景，但却以它的生动而很是夺人眼目。
③ 如敦煌莫高窟第二三窟北壁西侧时属盛唐的法华经变中聚沙为塔的小儿。敦煌文物研究所《中国石窟·敦煌莫高窟》第三卷，图版一六一，文物出版社一九八七年。

如常州市博物馆藏一件长沙窑青釉褐彩戏球童子[①](图 12-17：2)。《孩儿诗》可以说是把很多分散的材料聚拢来,而使它成为一个小小的风俗画卷。诗中的童嬉固写当时,但多半古已有之,并且后世依然,即如前面举出的各项,此诗便又仿佛一部儿童游戏的小百科,而成为后来婴戏图、百子图的最佳蓝本。

今天所能看到的婴戏图,以宋代作品为出色。除前举若干之外,《孩儿诗》中说到的下棋("棋图添路画"),蹴鞠("争毬出晚田"),扑蝶("傍枝粘舞蝶"),捉蟋蟀("听蛩伏砌边"),弄鹅鸭("驱鹅入暖泉");又"莺雏金镟系,猢子彩丝牵",等等,都是辽宋金婴戏图常见的情节,磁州窑枕图案中也多有刻画生动的形象[②](图 12-18)。

婴戏图中的经典,自然是台北故宫博物院藏苏汉臣的《秋庭戏婴图》[③](图12-19)。身著罗衫的一对姐弟全神贯注于推枣磨的游戏占据了画面中心,而另一端坐墩上摆着的小物件同样是画家一丝不苟的安排(图 12-20)。一对漆罐,当是棋子盒。一

[12-19]：❶

[12-19]：❷

图[12-19]:《秋庭戏婴图》
❶❷台北故宫博物院藏

---

① 常州市博物馆《常州文物精华》,图一九,文物出版社一九九八年。
② 《中国の白磁·7·磁州窑》,图三五,平凡社一九九六年。
③ 《中国绘画全集·6·五代辽宋金》,图版一〇〇,浙江人民美术出版社、文物出版社一九九九年。

座小小的玲珑宝塔，则为当时的小儿玩具。宋人话本《山亭儿》中提到它，道是："合哥挑着两个土袋，撼着二三百钱，来焦吉庄里，问焦吉上行些个山亭儿，拣几个物事，唤作：山亭儿、庵儿、宝塔儿、石桥儿、屏风儿、人物儿。"①山亭儿，便是这一类玩具的总称，而这里的一件，应唤作"宝塔儿"。故宫博物院藏一幅宋人《小庭婴戏图》，图中滚落在地上的，也是这样一件（图12-21：1）。镇江古城宋元泥塑作坊遗址出土的"陶楼"，则是山亭儿的实物②（图12-21：2）。

坐墩当心丁字形的木架上又立着一个大轮盘，盘中耸出一柱，柱中横贯一竿，竿的两端各有一个骑马小人，其中穿蓝袍的一个正在弯弓射箭。轮盘上面画出八个格子来，每个格子里各画一个小物件，旁边一个同样分作八个小格若尺子一样的长板，每个格子里各置与轮盘格中所画一一对应的小物件。宋周密《志雅堂杂钞》卷上："余儿时游中都市井间"，"有王尹生者，善一技，每设一大轮盘，径五六尺，盘中尽小器，具花鸟人物，凡千余事。每以楮为小羽箭，或三或五，皆如人意。既而运转大轮如飞，使客随意施箭掷之，皆能预定，初箭中某物，次箭中某物，无毫厘差忒。或俾其自射，且预命之曰：以初箭中某物，以次箭中某物，如虾须、蜞脚燕翅、

［12-20］：❶

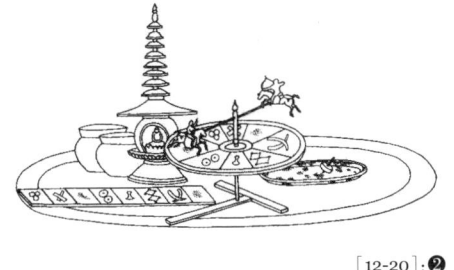

［12-20］：❷

图［12-20］
❶❷《秋庭戏婴图》中的玩具（轮盘儿）

---

① 此即明兼善堂本《警世通言》第三十七卷《万秀娘仇报山亭儿》，程毅中《宋元小说家话本集》将之辑入，此从该书之断代。
② 霍强等《宋元时期的镇江泥塑》，页51，《文物天地》二〇〇三年第十一期。

[12-21]:❶

鱼鼋之类,虽极微眇,无不中,其精妙若神"①。王生欲神其技,轮盘因此做得精巧繁复,游戏方式也颇奇绝,但游戏之具的基本形制,与这一幅戏婴图中的轮盘却是相似,由此可以推知图中之器的游戏规则,即快拨轮盘使它旋转,待得停止,视横竿一端的小人落在某格,便可获取某格中的物事,亦即长板上面放着的小物件。周密《武林旧事》卷六有"小经纪"条,末云:"若夫儿戏之物,名件甚多,尤不可悉数,如相银杏,猜糖,吹叫儿,打娇惜,千千车,轮盘儿。"那么它的名称,应即唤作"轮盘儿",而它与孩儿自制的旋转枣磨,也当有着一种暗中呼应——两组对应的玩具原理相同,其一精致细巧,其一质朴自然,所谓"童心"却总是天然偏向后者,作为画家讲述的故事,它该是《秋庭戏婴图》中一个最有意思的情节。

[12-21]:❷

图[12-21]
❶《小庭婴戏图》中的宝塔儿
❷镇江宋元泥塑作坊遗址出土山亭儿

① 此又见其《癸辛杂识·后集》"故都戏事"条,字句略有异。

南宋绘画尤其是其中的小品，常常很讲究情节以及情节中一点巧妙的小趣味，此在苏汉臣的笔底已见端倪。

轮盘儿的一侧，又是一个浅浅的玳瑁盘，盘中一个带捻的陀罗。清翟灏《通俗编》卷二二："《景物略》：陀罗者，木制，实而无柄，绕以鞭之绳，卓于地，急掣其鞭，则转，顶光旋旋，影如不动也。按宋时儿戏物有千千，见《武林旧事》。《道古堂集》妆域诗序云：妆域者，形圆圜如璧，径四寸，以象牙为之，当背中央凸处置铁针，仅及寸。界以局，手旋之，使针卓立，轮转如飞，复以袖拂，则久久不能停。逾局者有罚。相传为前代宫人角胜之戏，如宋人所谓'千千'也。此皆陀罗之类。"这里提到《武林旧事》中的所谓"千千"，即前引卷六"小经纪"条中列举的儿戏之物"千千车"。此称"千千"，乃将其下之一个"车"字属下读；而方以智《通雅》卷三五又称作"惜千千"，则是将其上之"打娇惜"的"惜"字属下读。自以"千千车"于义为长。所谓《景物略》，明刘侗之《帝京景物略》也，此节见其书卷二。《道古堂集》，清杭世骏著，此节见诗集卷一《橙花馆集》之《妆域联句》，原是诗前小序。联句所咏妆域为宫中之物，自然精致，若民间，则不必以象牙。至于玩法，却略无不同，即以手捻为戏，《妆域联句》所谓"一锥空倒卓"，"风车盘数数"是也。直到近世也还如此，俗称碾转或捻捻转，故宫藏明嘉靖货郎图剔彩盘上有小儿玩此戏的情景①（图12-22：1）。而所谓"陀罗"，其始可溯至新石器时代②。《齐民要术·种榆、白杨》："梜者锼作独乐及盏。"梜者，梜榆；独乐，即陀罗，此称后来又传到日本③。如《景物略》所云，陀罗不是手捻为戏，而是鞭之使转。台北故宫博物院藏苏汉臣《婴戏图》中小儿鞭陀罗的场面，可以作为比较（图12-22：2）。

苏汉臣以及苏汉臣风格的婴戏图多半典丽工细，与它同时的磁州窑枕则是简笔传神的质朴之风，而注重写实二者却是一致。可以说，这一时期婴戏图的好，即在于有个性，多童趣，正如左、李的《娇女诗》、《骄儿诗》。

婴戏之集成，则为百子图，如今台北故宫博物院藏传宋人《长春百子图》，又美国克里夫兰美术馆藏南宋《百子杂剧图》④。辛弃疾《鹧鸪天·祝良显家牡丹一本百朵》"恰如翠幕高堂上，来看红衫百子图"⑤，此虽以百子图

---

① 王世襄《中国古代漆器》，图版六十三。
② 王宜涛《我国最早的儿童玩具——陶陀罗》，页46~49，《考古与文物》一九九九年第五期。
③ 其制乃"削木如莲房形，大可拳，以铁钉为心，缠卷丝绳，引舞之"。寺岛良安《和汉三才图会》卷一七"嬉戏部"（东京美术一九七〇年）。
④ 《海外藏中国历代名画·3·南宋》，图二七，湖南美术出版社一九八九年。
⑤ 唐圭璋《全宋词》，册三，页1924，中华书局一九六五年。

来比喻一枝百朵的牡丹花，但我们却也不妨反过来看。元欧阳玄诗《题四时百子图》，句有"当时富贵傍观羡，至今宇宙流传遍"①，可知百子图多以它的富贵气象而特为时人所喜。明以后，此类绘画皇室尤其爱赏，清朱彝尊提到前朝瓷器时说："百子图者，龙文五彩者，皆昔日皇居帝室之所尚也。"②婴戏图本来也还有着祈福求子的意义。宋陈造有《题龚养正孩儿枕屏二首》，题下自注云："养正方苦少子。"③百子图亦然。清彭孙遹有诗题作《当湖冯生四十无子，命吴兴沈绍绘百子图，属予题句其上》④，即其例。今所能见到的作品很不少，而百子图中的童嬉已经有了标准的范式，即多为节令娱戏和传统的儿童游戏，如《程氏墨苑》中的百子图及程大约《百子图诗》⑤。正是在这一点上，它与《孩儿诗》异曲同工，我们因此可以接通二者之间虽然遥远

[12-22]：❶

图[12-22]
❶明嘉靖货郎图剔彩盘

---

① 《圭斋文集》卷四。
② 《曝书亭集》卷三六《感旧集序》。
③ 《全宋诗》，册四五，页28212。
④ 《松桂堂全集》卷一二。
⑤ 《程氏墨苑》卷三《人官》录程氏所作《百子图歌》："闾阎万户何庆门，图中风物宛堪论。群儿嬉戏垂漏百，化日舒长漏温。盼倩风神剪秋水，激昂意气掀剔暾。小者跳池作虎子，大者行空如鹏骞。凤鹅高敖务寥廓，竹马常骑习结屯。礼容或能设俎豆，斗芳竞得拾荃荪。藉草抟沙作羹饭，观鱼激水翻瓮盆。辨难时指东禺日，延伫讵谈西邻豚。傀儡市场刘项城，雍容揖酒唐虞存。先导攀花作羽盖，高标曳楮列旌幡。亦自彬彬成礼乐，似哑哑多笑言。成行在右倏在左，群儿自小还自尊。已欢梓里金兰合，讵数谢庭玉树繁。凤麟有美歌毛趾，水木居然穷本源。借问桐乡丽不亿，副墨之子洛诵孙。"明代艺术品中的百子图，作为一种范式，影响且及于日本。日本公文こども文化研究所藏一件江户时代的《唐子游绘卷》，似可作为代表。它以庭院为背景，在长卷中细绘四季中的儿童嬉戏。骑竹，斗鸡，放纸鸢，鞭陀罗，扑蝶，戏鸟，踢毽，牵车，舞狮子，放爆竹，凡此种种，几乎尽以中土的百子图为式。当然此中尚有社会的与美术史的背景，对此日本学者已有详细的讨论，见黑田日出男《〈唐子〉论——历史としての子どもの身体をめぐって》，见《東アジア美術における〈人のかたち〉》，東京国立文化財研究所一九九四年。

却始终不曾间断的联系。

明定陵地下宫殿孝靖王太后棺内出土图案大体相同的两件百子衣,正是一个好例。百子衣用色丰富,针法复杂,绣工精细,为明代绣品之上乘自不待言,就绣样来说,它又可称为百子图的集大成。其中编号为J55:3的一件为四季暗花罗地,前胸绣二龙戏珠,龙首顶部绣两个"万"字。后背绣衔珠坐龙,一

[12-22]:❷

图[12-22]
❷《婴戏图》(局部)

个"寿"字绣在龙首上方。百子之间,则点缀八宝、蝙蝠、山石,又松、竹、梅等各式花卉。衣虽有残损,但仍存小儿九十一。若依绣样中的情节来分,则可别作三十九个画面[①](图12-23)。另一件编号J55:1,图案多与它相同(图12-24)。蹴鞠、藏钩、下棋、扑蝶、弄鸟、戏竹、牵车、排衙喝道,《孩儿诗》里的故事,百子衣中一一布置。宋人婴戏图中的执旗、观鱼、浴儿、摸虾、角觝、放爆竹、鞭陀罗、推枣磨、戏蟾蜍、捉迷藏、傀儡戏、千千车、宝塔儿,也无不展示在百子衣中。小儿摘果,其式源自宋人的《扑枣图》(图12-25:1)。百子衣中占据醒目位置的"同胞一气",当以元人之作为蓝本(图12-

---

① 中国社会科学院考古研究所等《定陵》,上册,图二二四A、图二二四B,文物出版社一九九○年。

25∶3)。"包"与"胞"谐音,"汽"与"气"谐音,即以小儿围着笼屉吃包子,而寓同胞相亲之意①,这正是串连"百子"的一大要旨。执旗的小儿依然是缀帛为旗,小儿卧眠的图式,可以举出磁州窑枕中的先例②(图 12-26∶1),《孩儿诗》"柳旁慵独坐,花底困横眠",更见得这一图式并非空无依傍。戏鸟图样中的鸟笼也与宋人婴戏图中的鸟笼同式,甚至戏鸟孩儿的姿式

图[12-23]∶绣百子暗花罗方领女夹衣(J55∶3)局部
❶千千车,猜枚,骑竹马,鞭陀螺,琉璃瓶和倒掖气,推枣磨,逗鸟
❷扑蝴蝶,放风筝,踢毽子,浴儿
❸执杂彩旗儿,放鞭炮

---

① 《定陵》报告把它解释为"分食图",曰"地上放一船形果盘,内置果子"(页138),误也。
② 《磁州窑瓷枕》,图版七一。

都不是没有来处(图12-26:3)。又有元代已经流行的放空钟,《朴通事谚解上》:"街上放空中的小厮们好生广,如今这七月立了秋,祭了社神,正是放空中的时节。"句下注曰:"《音义》云:用檀木旋圆,内用刀子剜空,以绳曳之,在地转动有声。《质问》云:顽童将葫芦用木钉串之,傍作一眼,以绳系扯,旋转有声,亦谓之空中。"可知百子衣所选取的图式,多为在它之前即已发展成熟的表现形式,而明代婴戏图中的普遍样式,如课读、跳百索、踢毽子,又琉璃瓶和倒掖气,在百子衣中也有选粹式的安排。后者见《帝京景物略》卷二,"东之琉璃厂店,西之白塔寺,卖琉璃瓶,盛朱鱼,转侧其影,小大俄忽。别有衔而嘘吸者,大声唳唳。小声哱哱,曰倒掖气"。

路德延《孩儿诗》是唐及唐以前儿童游戏的集大成,在此意义上也可以说,它是我们理解这一时期以婴戏为题材的艺术作品和与之同时的社会风俗的一个最好参照,并且它以表现内容的丰富,而对后世婴戏图基本范式的形成产生影响。宋代咏及儿童的诗,虽有一二佳作,但再没有这样的巨制,不过宋代的婴戏图却格外发达。它有对前朝的继承,而更多自己的创造,并因此而成为婴戏图的一个艺术尖峰。虽然婴戏图本身原有着对生活充满热爱与祝福的温馨

[12-24]:❶

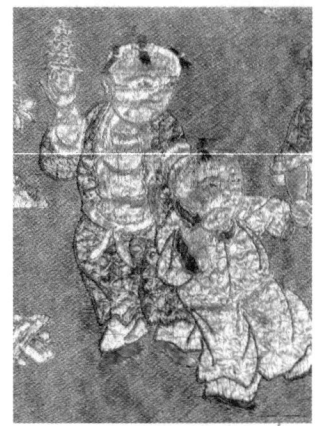

[12-24]:❷

[12-24]:❸

图[12-24]:绣百子暗花罗方领女夹衣(J55:1)局部
❶课读
❷托宝塔儿
❸推枣磨
❹猜枚

[12-24]:❹

[12-25]:❶

[12-25]:❷

[12-25]:❸

[12-25]:❹

图[12-25]:百子衣图式来源(一)
❶❷宋人《扑枣图》与百子衣
❸❹元人《同胞一气图》与百子衣

情调,并不以纯粹表现童趣为主旨,但宋代绘画注重写实的精神和画家对生活的细微观察,却能够使以婴戏为题材的绘画总是童趣盎然。明清婴戏图逐渐向吉祥题材转化,前朝图样至此多成为固定的程式,并且多以谐音为之添加吉祥的寓意。定陵所出百子衣是历代儿童游戏的集大成,也是历代婴戏图的集锦。它的好,即在于内容繁复构图却十分和谐,虽一一遵循程式却又无一刻板。它以天真活泼的童趣来表达吉祥的祝福,却并没有流于对吉祥词汇作笨拙而庸俗的图解,工艺的精湛,更使其图样设计所显示的艺术与生活的结合臻于完美。它属于富丽精致的宫廷艺术,但却依然充

[12-26]:❶

[12-26]:❷

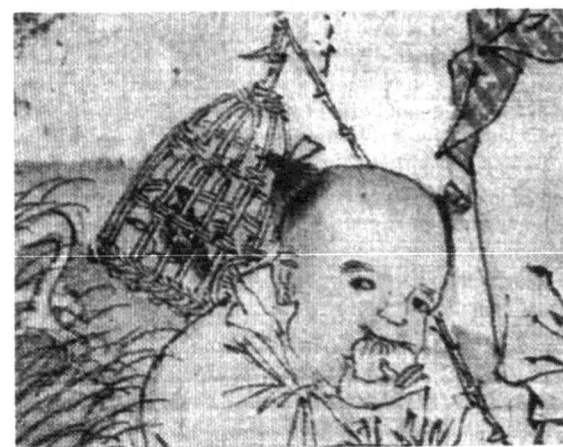

[12-26]:❸

[12-26]:❺

[12-26]:❹

图[12-26]:百子衣图式来源(二)
❶❷磁州窑枕与百子衣(睡童枕)
❸❹❺宋李嵩《市担婴戏图》、宋佚名《子母牛图》与百子衣

[12-27]:❶

[12-27]:❷

图[12-27]
❶清缂丝百子图帐料（局部）北京艺术博物馆藏
❷清红缎刺绣五彩百子图桌套料（局部）故宫博物院藏

溢着蓬蓬勃勃的生活气息,尽管它并不是为儿童的艺术,也正如《孩儿诗》并不是为儿童的文学。清代织绣中仍有百子图,如北京艺术博物馆所藏红地缂丝百子图帐料（清初)(图12-27:1),木红地百子纹锦夹被（乾隆时期),红纱地纳绣百子图门帘(光绪时期)[1],又故宫博物院及台北故宫博物院所藏清代百子题材诸绣品[2](图12-27:2),但形象与构图皆远逊。就表现内容来说,也不及定陵百子衣丰富,且殊少超越前代的创造,承其余绪而已。

---

[1] 北京市文物局《北京文物精粹大系·织绣卷》,图一五五;图一八一;图二二三,北京出版社二〇〇一年。

[2] 《中国织绣服饰全集·刺绣卷》,下册,图二二三,图二四二,图二六六,天津人民美术出版社二〇〇四年。

琉璃砲灯中鱼

琉璃砲灯中鱼
头角未峥嵘，潜宫号水晶。
游时虽逼窄，乐处在圆明。
有火疑烧尾，无波可动情。
一朝开混沌，变化趁雷轰①。

诗作者南宋叶茵，字景文，笠泽人，是当时为数不少的江湖派诗人之一。曾出仕，但久不得调，于是退居筑室，取杜甫《营屋》诗"洒然顺所适"之意，名之曰顺适堂，有《顺适堂吟稿》五卷。他的一首《参选有感》，可见身世，也可见志向："元是江湖萧散客，谁将幽梦落南柯。十年不调幸然好，一著才差悟处多。肯使北山驰鹤信，且随西舍唱渔歌。野人自喜无弹缴，却恐金章羡绿蓑。"②

《琉璃砲灯中鱼》不是两宋诗中的名篇，也不是《吟稿》中常被人提到的作品，而题材却很是新鲜。"有火疑烧尾"，句下自注云："鱼化龙时，雷火烧尾。出《封氏闻见记》。"不过作者记忆有误。《封氏闻见记》卷五"烧尾"条："士子初登荣进及迁除，朋僚慰贺，必盛置于酒馔音乐以展欢宴，谓之'烧尾'，说者谓虎变为人，惟尾不化，须为焚除，乃得成人，故以初蒙拜受，如虎得为人，本尾犹在，体气既合，方为焚之，故云烧尾。一云新羊入群，乃为诸羊所触，不相亲附，火烧其尾则定。"这里并未言及"鱼化龙时，雷火烧尾"。其实此说早在唐人封演之前，《艺文类聚》卷九六引辛氏《三秦记》：

---

① 《全宋诗》，册六一，页 38222。
② 《全宋诗》，册六一，页 38217。

"龙门之下,每岁季春有黄鲤鱼自海及诸川争来赴之。一岁中,登龙门者不过七十二。初登龙门,即有云雨随之,天火自后烧其尾,乃化为龙矣。"唐人作品已多用此典,许浑《晚登龙门驿楼》"风云有路皆烧尾,波浪无程尽曝腮"①,其例也。这里的"有火疑烧尾",却只是形容鱼的颜色,但不知它是否为家池饲养的金鱼——叶茵《扫榻》诗原有"添水种金鱼"之句②。不过全诗所咏究属何物,仍然不能明白。巧的是台北故宫博物院藏苏汉臣《婴戏图》,图中正画着此物。所谓"游时虽逼窄,乐处在圆明",对照此图,可以说分毫不爽(图 13-1)。"水晶宫"的形容,也是恰切。范成大《上元纪吴中节物俳谐体三十二韵》句云:"方缣繙史册,圆魄缀门衡。掷烛腾空稳,推毬滚地轻。映光鱼隐见,转影骑纵横。"所述皆为上元灯。"映光鱼隐见"句下自注:"琉璃壶瓶贮水养鱼,以灯映之。"③可知它是吴中的上元节物。又南宋

[13-1]

图[13-1]:玻璃砲灯中鱼
《婴戏图》(局部)台北故宫博物院藏

---

① 《全唐诗》,册一六,页 6099,中华书局一九六〇年。
② 南宋金鱼故事,陈桢《金鱼的家化与变异》(科学出版社一九五九年)书述之最详,可参看。
③ 《全宋诗》,册四一,页 25969。

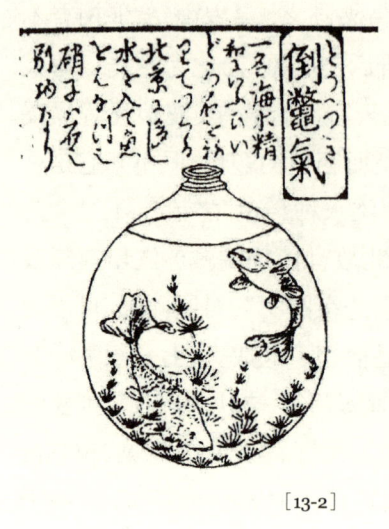

图[13-2]
《唐土训蒙图汇》中的倒鳖气

图[13-3]
❶定陵出土百子衣(摹本)

释居简《琉璃灯中鱼子》:"玄珠透水明,玉鱲弄晶晶。跃碍冰痕薄,潜疑月色新。器宏斯可乐,水浅易持盈。归趁烧灯后,蘋洲拍拍春。"①烧灯,亦上元也。居简潼川人,曾居杭,晚居天台。琉璃砲灯中鱼后世也见于北方,不过已与灯不大有关联,因也不必系于上元。元熊进祥《析津志》"岁纪"条云,二月二日谓之龙抬头,"自此后,市人以竹拴琉璃小泡,养数小鱼在内,沿街擎卖"。明《朱氏舜水谈绮》卷下"宝货"类曰其名为"倒鳖气"。日人编纂《唐土訓蒙図彙》"倒鳖气"条绘有图式②(图13-2)。刘侗《帝京景物略》卷二"城东门内外","春场"条下云:"东之琉璃厂店,西之白塔寺,卖琉璃瓶,盛朱鱼,转侧其影,小大俄忽。"又卷三"城南内外","金鱼池"条:"岁谷雨后,鱼则市,大者,归他池若沼;小者,归盆若盎。若琉璃瓶,可得旦夕游活耳。"这却已是明末情景,而与叶景文眼中笔下之物,略无二致。中国国家博物馆藏《明宪宗行乐图》图中绘有殿堂里两边长案上相对陈放的鱼游琉璃瓶(图13-3:2、3);定陵出土孝靖后百子衣,衣上绣着一手拿彩旗一手举着小瓶的孩儿,小瓶的式样一如苏汉臣笔下的《婴戏图》(图13-3:1),那么这也正是明代帝京仍然风行的琉璃瓶了。

---

① 《全宋诗》,册五三,页33126。
② 朝仓治彦《訓蒙図彙集成·一七·唐土訓蒙図彙》,大空社一九九八年。

琉璃砲灯中鱼

[13-3]:❷

[13-3]:❸

图[13-3]:《明宪宗行乐图》(局部)
❷❸中国国家博物馆藏

摩睺罗与化生

摩睺罗(或写作磨喝乐、魔合罗),宋人亦称"泥孩儿",为七夕节物之一。上世纪三十年代末,傅芸子先生写有《宋元时代的"磨喝乐"之一考察》,详细考证磨喝乐得名之由来,即它源出于佛典中的"摩睺罗迦"(Mahoraga),自印度传来,经过一番中土化,而由蛇首人身的形象演化为美妙可爱的儿童。傅文又一一引述孟元老《东京梦华录》、吴自牧《梦粱录》、周密《武林旧事》等宋人记载,考论颇为精到。文见《白川集》①。这里便只说傅文所未及者。

摩睺罗之名,唐代已经出现。《酉阳杂俎·续集》卷五《寺塔记上》云,道政坊宝应寺"有王家旧铁石及齐公所丧一岁子,漆之如摩睺罗,每盆供日出之"。盆供日,指七月十五中元节。宗懔《荆楚岁时记》:"七月十五日,僧尼道俗悉营盆供诸佛。"据杜公瞻注,此俗缘出《佛说盂兰盆经》的目连救母故事,盆供,即"具百味五果以著盆中,供养十方大德",而"后人因此广为华饰,乃至刻木割竹,饴蜡剪彩,模花叶之形,极工妙之巧"。敦煌文献中也有相关的记载,如伯·三一一一"庚申年七月十五日于阗公主施舍纸布花树及台子簿",其中即列有"摩睺罗壹拾"②。不过风俗之盛则在宋。宋金盈之《新编醉翁谈录》卷四"京城风俗记"之"七月"条云:七夕,"京师是日多博泥孩儿,端正细腻,京语谓之摩睺罗,小大甚不一,价亦不廉,或加饰

---

① 《白川集》,一九四三年东京求文堂初版,后与氏著《正仓院考古记》合为一编,收入辽宁教育出版社《新世纪万有文库》,于二〇〇〇年出版。
② 黄永武《敦煌宝藏》,册一二六,页328,新文丰出版公司一九八六年。此外尚有多例,如伯·二九一七"某寺器物簿"所列有"汉摩睺罗贰"(同上,册一二五,页220),等等。

以男女衣服,有及于华侈者。南人目为巧儿。"宋王安中《七夕日送泥儿与彭少逸代简》:"此儿眉宇大儇好,中但泥沙相合和。造化作人日无数,凭君熟看几争多。"①诗虽不佳,但记述七夕风俗,也还实在。又宋许棐《泥孩儿》:"牧渎一块泥,装塑恣华侈。所恨肌体微,金珠载不起。双罩红纱厨,娇立瓶花底。少妇初尝酸,一玩一心喜。潜乞大士灵,生子愿如尔。岂知贫家儿,呱呱瘦于鬼。弃卧桥巷间,谁或顾生死。人贱不如泥,三叹而已矣。"②泥孩儿的种种形容,正所谓妆饰之"及于华侈者",不过此诗却是一片悲悯情怀,其实借题以叹世道之不公。当然讲究的更有玉制的摩侯罗儿。宋人话本《碾玉观音》说咸安郡王欲以一件奇巧物事上献官家,因寻出一块透明的羊脂美玉来,叫了门下碾玉待诏,问这块玉堪作甚么,一个道:"这块玉上尖下圆,好做一个摩侯罗儿。"郡王道:"摩侯罗儿只是七月七日乞巧使得,寻常间又无用处。"即是一例。

制作泥孩儿,很有些能工巧匠。陆游《老学庵笔记》卷五:"承平时,鄜州田氏作泥孩儿,名天下,态度无穷,虽京师工效之,莫能及,一对至直十缣,一床至三十千,一床者,或五或七也。小者二三寸,大者尺余,无绝大者。予家旧藏一对卧者,有小字云'鄜畤田玘制'。绍兴初,避地东阳山中,归则亡之矣。"又《渭南文集》卷二九《跋嵩山景迁集》:"景迁《鄜畤排闷》诗云:'莫言无妙丽,土稚动金门。'盖鄜人善作土偶儿,精巧,虽都下莫能及,宫禁及贵戚家争以高价取之。丧乱隔绝,南人不复知,此句遂亦难解,可叹。"鄜州,即今陕西富县。陕西铜川黄堡镇宋代耀州窑址曾发现不少瓷塑童子的残件,报告认为此应即"磨喝乐"③。陆游的两则纪事,皆不胜家国沧桑之感,这原是放翁的一生情怀。不过南人虽不晓"土稚"之称,但制作泥孩儿的手艺,较之北地工匠却并不少逊。宋祝穆《方舆胜览》卷二"平江府"之"风俗"一项有"七夕摩睺罗"条,其下引《吴郡志》云:"土人工于泥塑,所造摩睺罗尤为精巧。"明王鏊《姑苏志》卷五六"人物"项下,记宋人袁遇昌"居吴县木渎,善塑化生摩睺罗,每搏埴一对,价三数十缗"。清顾禄《桐桥倚棹录》卷一一"工作"类"虎丘耍货"条:"头等泥货在山门以内,其法始于宋时袁遇昌,专做泥美人、泥婴孩及人物故事,以十六出为一堂,高只三五寸,彩画鲜妍,备居人供神攒盆之用。"镇江宋元泥塑作坊遗址近年

---

① 《全宋诗》,册二四,页 16008。
② 《全宋诗》,册五九,页 36865。
③ 陕西省考古研究所《宋代耀州窑址》,页 658,文物出版社一九九八年。

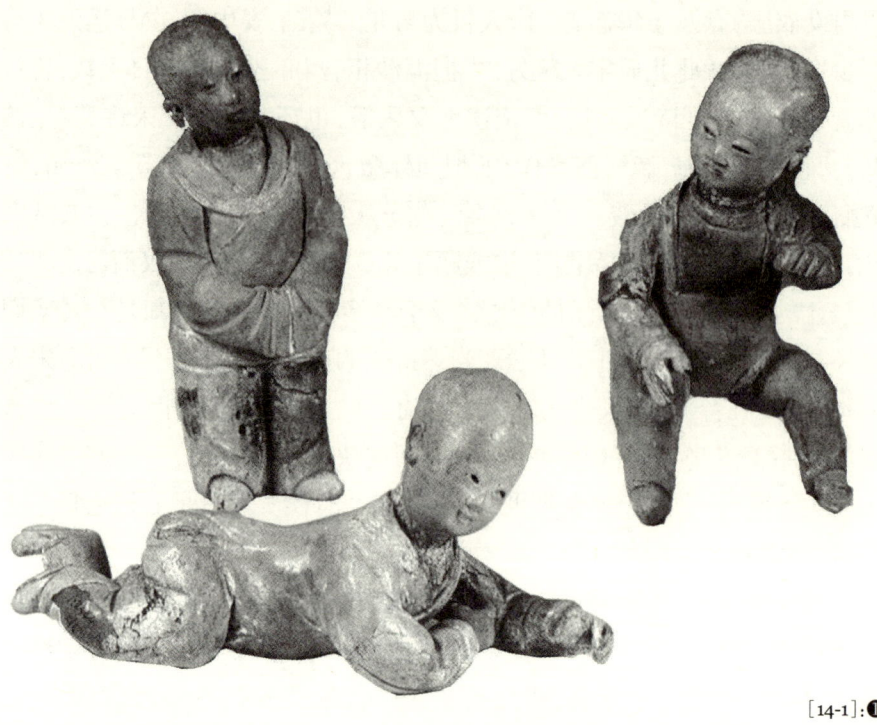

[14-1]:❶

[14-1]:❷   [14-1]:❸

图[14-1]
❶❷❸镇江宋元泥塑作坊出土泥孩儿(摩睺罗)

出土不少泥孩儿，大小略如拳，或坐或立或伏卧，姿态各异，很是娇憨可爱①（图14-1）。这些泥孩儿，便是宋人盛称的"摩睺罗"，它与文献中的记载，适可互证。放翁云田氏所做泥孩儿每以小字书名款；元孟汉卿《张孔目智勘魔合罗》杂剧中也特别说道："我与他一个魔合罗儿，你牢牢收着，不要坏了，底下有我的名字，道是高山塑。"后来这"高山塑"即成剧中的破案线索。镇江出土的一组泥孩儿，身后各有"吴郡包成祖"、"平江包成祖"、"平江孙荣"等楷书阴文戳记，与宋元人的记述正好一致。

　　清张尔岐《蒿庵闲话》："唐人诗云：七月七日长生殿，水拍银盘弄化生。或曰'化生'，摩侯罗之异名，宫中设此，以为生子之祥。"所谓"唐人诗"，即薛能的《吴姬十首》之一，《全唐诗》作"芙蓉殿上中元日，水拍银台弄化生"，而明徐应秋《玉芝堂谈荟》引薛诗，末句为"水拍银盆弄化生"，似以"银盆"为是。唐人《辇下岁时记》云："七夕俗以蜡作婴儿形，浮水中以为戏，为妇人宜子之祥，谓之'化生'。"摩睺罗原是释典中摩睺罗迦之略语，正如傅芸子先生的考证，自然不是"化生"的异名。不过"化生"其源也出自佛典。《无量寿经》卷下："若有众生，明信佛智乃至胜智，作诸功德，信心回向，此诸众生，于七宝华中，自然化生，跏趺而坐，须臾之顷，身相光明智慧功德如诸菩萨，具足成就。"《法华经·提婆答达多品》中也说到"若在佛前，莲华化生"。而《报恩经·论议品》中鹿母夫人的故事，则把莲花和童子联系在一起。故事说，波罗奈王见到行路步步生莲花的鹿母夫人，心生怜爱，遂娶至宫中。以后鹿母夫人怀孕，分娩之日，却产下一朵莲花。夫人因此遭谴，莲花也被弃置在后园池中。一日王在园中池畔宴乐，震动莲花池，"其华池边有大珊瑚，于珊瑚下有一莲华迸堕水中。其华红赤有妙光明"，"其华具足有五百叶，于一叶下有一童男，面首端正形状妙好"，王于是知道这是鹿母夫人所生，此后的一切，自然是万般皆喜，成就一个大团圆的局面②。情节相似的故事，也见于《杂宝藏经》中的《莲华夫人缘》《鹿女夫人缘》③，却未如此篇曲折、完整和美丽。

　　"化生"的形象，在中土出现得很早，但形象的安排却并不十分拘泥于经义，而常常是作为一种意象，灵活布置在各种形式的艺术品中，如雕刻，如绘画。新疆和田曾发现约当五世纪的陶制莲花化生像④；河南洛阳汉魏

---

① 《文物天地》二〇〇二年第六期首页彩色照片；又霍强等《宋元时期的镇江泥塑》，页51，《文物天地》二〇〇三年第十一期。
② 《大正藏》，册三，页138~140。
③ 《大正藏》，册四，页451~453。
④ 韩国国立中央博物馆《中央アジアの美術》，图47，三和出版社一九九八年。

[14-2]:❶　　　　　　　　　　　　　　　　　　　　[14-2]:❷

图[14-2]
❶莲花化生泥塑　新疆和田出土
❷莲花化生瓦当　洛阳汉魏故城遗址出土

故城遗址则出土了时属北魏的莲花化生纹瓦当①（图 14-2）；开凿在北魏孝明帝正光二年之前的龙门石窟莲花洞，南壁外侧佛龛的龛外雕饰中，有莲花童子的形象②。制作于东魏天平三年的一件七尊佛龛像，侧面雕刻则为莲花捧出的一对女童③。莫高窟第二二〇窟南壁初唐的阿弥陀经变中，七宝池里，三片透明的荷花瓣合抱为花苞，上著红衫、下著条纹裤的一个化生童子合掌立在花心④（图 14-3）。元稹形容小女有"红葉捧化生"之句⑤，可知这是当时很常见的艺术形象。在佛经里，莲花化生，成佛也；莲花童子，成人也。传入中土之后，形象的表现则各有变化。关于前者，日人吉村怜曾有过很仔细的讨论⑥。不过广泛渗入世俗生活中的，似乎是后者。唐代"化生"已别有它的"世间相"，如长沙窑釉下彩童持莲花纹壶中的形象⑦；两宋，"化生"则定型为持花或攀枝的童子，而成为一种运用极普遍的艺术妆饰。北宋李诚《营造法式》卷一二"彫作制度"项下云，彫混作之制，有八品，一曰神仙，二曰飞仙，三曰化生；注云，"以上并手执乐器或芝草、华果、

---

① 国家文物局等《国之瑰宝》，页 170，朝花出版社一九九九年。
② 龙门文物保管所《中国石窟·龙门石窟》第一卷，图五五，文物出版社一九九一年。
③ 松原三郎《中国仏教彫刻史論·図版編一》，页 258，吉川弘文館一九九六年。
④ 敦煌研究所《敦煌石窟全集·民俗画卷》，图一三三，上海世纪出版集团等二〇〇一年。
⑤ 《全唐诗》，册一二，页 4514，中华书局一九六〇年。
⑥ 吉村怜《天人诞生图研究——东亚佛教美术史论文集》，中国文联出版社二〇〇二年。
⑦ 长沙窑课题组《长沙窑》，图版五七，紫禁城出版社一九九六年。

摩睺罗与化生

[14-3]

图[14-3]: 莲花童子
莫高窟第二二〇窟南壁壁画

[14-4]:❶

[14-4]:❷

[14-4]:❸

图[14-4]:山西侯马金墓砖雕
❶拱眼壁砖雕
❷❸藻井梯形背板

瓶盘、器物之属"。其后附图,所绘"化生"即莲花上的舞蹈童子。山西金墓里仿真建筑的雕作妆饰中,多见或者持花或者攀枝的小儿①(图14-4),也便是《法式》中说到的手持花果的化生。它又是宋代玉器、瓷器中常见的题材,持荷童子与攀枝童子的玉雕,传世与出土均不鲜见。如故宫博物院藏宋童子攀枝白玉坠②,如四川广汉南宋窖藏中的童子持荷青玉坠③(图14-5)。同样题材的瓷枕也颇有精品。开封博物馆藏宋磁州窑珍珠地刻花腰圆枕,枕面周环一道回纹,当心一个戴项圈穿兜肚的童子,手里举着长长的一束荷叶④(图14-6)。今藏美国旧金山亚洲美术馆的一件宋

---

① 山西省考古所《平阳金墓砖雕》,图一九八、二二〇,山西人民出版社一九九九年。
② 《中国玉器全集·5·隋唐至明》,图一二六,河北美术出版社一九九三年。
③ 邱登成等《四川广汉南宋窖藏玉器》,页22~23,图四、图五,上海古籍出版社二〇〇七年。
④ 唐冬冬《馆藏宋代磁州窑瓷器珍品》,页71,《开封文博》二〇〇一年第一、二期合刊。

[14-5]:❶

[14-6]

[14-5]:❷

[14-7]

图[14–5]:
❶童子攀枝白玉坠 故宫博物院藏
❷童子持荷青玉坠 四川广汉南宋窖藏

图[14–6]:磁州窑枕
❶开封博物馆藏

图[14–7]:定窑白瓷枕
美国旧金山亚洲博物馆藏

定窑白瓷枕,一小儿乖乖巧巧仰卧在底座上,好像是随风翻卷的一枝大荷叶从臂间擎出,恰好做成有弯弧的枕面①(图 14-7)。同类作品,此最为巧制。童子与荷叶的组合,虽仍由化生而来,但它的本义大约已经很少有人记得,却多半只是作为活泼泼的意趣和一种温暖、明亮的色调而用来装点日常生活。

---

① 《中国の陶瓷.5·白磁》,图四五,平凡社一九九八年。

说"勺药之和"

"勺药之和",语出司马相如《子虚赋》。其赋云,楚王田猎归来,"乃登阳云之台,泊乎无为,澹乎自持,勺药之和具而后御之"。日人青木正儿曾以此为题写过一篇很有意思的考证文章。他先列举了古人的两种意见,其一,勺药乃植物之芍药,为调味品中的一种;其一,此所谓勺药与植物之芍药无关,原是调和五味之意,末则认为前说为是①。文章勾画了先秦至于明清的调味品小史,很有些独到的眼光,不过谈调味品不能脱离开烹饪,则我们不妨从烹调史的角度再来看这"勺药之和"。

上古饮食,生冷一类占了很重要的部分。取新鲜的鱼肉细切作脍,食用时佐以醯醢②,此生食也。薄切鲜肉,暴干而为脯;薄切后匀入姜、桂和盐,暴干则为有滋味的脩③。脩和脯,食用的时候通常都无须再作加工,那么可以入冷食一类。熟食则烹也,炮也,燔也。烹即煮,肉煮熟了切成大块,便称作胾,胾也须醯醢来佐餐④。炮即烤制,多取牲之小者,外面整个裹上泥巴,烤熟后剥泥取肉。把肉穿成串架在火上烤,便是燔,细分尚有炙,炙是炙肝。燔和炙的区别在于前者距火近,后者距火远,肝易熟,肉反之,故

---

① 《芍薬の和》,青木正儿《中华名物考》,页 113~132,平凡社一九八八年。
② 《诗·大雅·韩奕》:"其殽维何,炰鳖鲜鱼。"郑笺:"鲜鱼,中脍者也。"孔疏:"新杀谓之鲜,鱼馁则不任为脍。"《礼记·内则》:"肉腥,细者为脍。"又《内则》详列饭、膳、饮、酒、羞所包品类,"膳"下且明诸物之排列,第四行自东向西为醢、豕胾、芥酱、鱼脍。此醢乃为豕胾设,芥酱则为鱼脍设也(孙希旦《礼记集解》有说)。
③ 《周礼·天官·膳夫》:"凡肉脩之颁赐皆掌之。"郑注引郑司农云:"脩,脯也。"是脩、脯可通。《腊人》郑注:"薄析曰脯,捶之而施姜桂曰锻脩。"则分言二者有异。
④ 《仪礼·士虞礼》:"胾四豆,设于左。"郑注:"胾,切肉也。"胾以醢配,见②引《内则》。

有此加工方法的不同①。燔炙品的食用多配以盐和蒜。把肉切成片晒干,然后细切,入以麹、盐和酒,放在罐子里密封,百日成醢②。也是酿制而成的酸味的醢,与菹与醯皆可以统称作酱③,这是当日最为重要的佐餐食品④,《周礼·天官·膳夫》因此说为王准备的酱百有二十瓮。那时候的食,大约很少有扑打眼睛的秀色,时令菜蔬的新绿恐怕难得一见⑤,采集来的野蔬多半要寸切为段,酿制为菹。主食最平常的加工方式是蒸和熬。先秦文献中的所谓"熬",后世训诂家或释作"即今所谓炒也"⑥,其实二者是很有些区别的。上古之熬,乃是用慢火去除食品中的水分,"干煎"、"火干",皆其意也,并且多是用作熬五谷⑦,亦即炒米麦。它与后世的小炒锅布滚油急火快速翻炒的炒菜之炒,完全不同。熟食中最为普及的一种乃是羹。《礼记·内则》:"羹食,自诸侯以下至于庶人,无等。"郑注:"羹食,食之主也,庶羞乃异耳。"此所谓"无等",不过是说与庶羞相比羹为常食,至于原料与制作的精粗自然大有分别。上品之羹亦即肉羹之味美者,为臐、膮、臐。臐是牛肉制成,臐则羊,膮为豕⑧。此外有肉菜合作之羹,入梁入稻之羹,等等。制羹

---

① 《诗·小雅·瓠叶》:"有兔斯首,炮之燔之。"毛传:"毛曰炮,加火曰燔。"此所谓"毛",意为不去毛,乃与去毛之燔相对言。《小雅·楚茨》:"或燔或炙。"郑笺:"燔,燔肉也。炙,肝炙也。"孔疏:"燔者,火烧之名。炙者,远火之称。以难熟者近火,易熟者远之,故肝炙而肉燔也。"《韩非子·内储说下》:"文公之时,宰臣上炙而发绕之,文公召宰人而谯之曰:'女欲寡人之哽邪,奚为以发绕炙?'宰人顿首再拜,请曰:'臣有死罪三:援砺砥刀,利犹干将也,切肉肉断而发不断,臣之罪一也;援锥贯脔而不见发,臣之罪二也;奉炽炉,炭火尽赤红,炙熟而发不烧,臣之罪三也。堂下得微有疾臣者乎?'公曰:'善。'乃召其下而谯之,果然。乃诛之。"又引或说则谓晋平公觞客,少庶子进炙而发绕之,平公趣杀炮人,炮人云云。其中说到"桑炭炙之,肉红白而发不焦"。所谓"援锥贯脔","桑炭炙之",说炙法,此为详也。
② 《周礼·天官·醢人》郑注:"作醢及臡者,必先膊干其肉,乃后莝之,杂以梁麹及盐,渍以美酒,涂置甀中,百日则成矣。"
③ 《说文·西部》:"酱,醢也。"《论语·乡党》皇侃疏:"古者酱、齐、菹三者通名也。"孙诒让《周礼正义》引江永云:"酱者,醢菹之总名。"(《膳夫》)后世有豉酱、豆酱,但曰"酱",所包仍广。《资治通鉴》卷一七九《隋纪三》"菹酱一合",胡注:"淹菜为菹。酱,醢也。肉酱、豉酱皆谓之醢。又菜菹谓之酱。"
④ 《仪礼·公食大夫礼》:"宾三饭,以涪酱。"食礼用饭,一手谓之一饭。其时用餐以手,取肉之匕,取饭之栖,则犹今之公筷、公匙。一饭既,乃饮肉汁,复以殽品蘸酱,此为食礼之正馔。又《礼记·曲礼上》:"凡进食之礼,左殽右胾。食居人之左,羹居人之右。脍炙处外,醯酱处内。"郑注:"皆便食也。殽,骨体也。胾,切肉也。食,饭属也。居人之左右,明其近也。殽在俎,胾在豆,近醯酱者,食之主。脍炙皆在豆。"孙希旦《礼记集解》:"凡胾与脍,必配醯设之。《公食礼》及《内则》三牲之胾与牛鲊、牛脍皆有醢,《特牲礼》羞庶羞四豆,有醢,《少牢礼》羞胾两瓦豆,有醢。此有胾有脍,则有醯酱必矣。"
⑤ 当日很少栽培之蔬,见于《诗经》的菜蔬近四十种,而出园圃所艺者寥寥。时饮食所取,多由采集而来。梁家勉《〈诗经〉之农业及农植物研究》有说,见《梁家勉农史文集》,页309~322,中国农业出版社二〇〇二年。
⑥ 《周礼·天官·笾人》孙诒让正义。
⑦ 《说文·火部》:"熬,干煎也。"《方言》卷七:"熬,火干也。凡以火而干五谷之类,自山而东齐楚以往谓之熬。"《礼记·丧服记》"熬,君四种八筐",郑注:"熬者,煎谷也。"
⑧ 《仪礼·公食大夫礼》"臐以东臐、膮",郑注:"臐、臐、膮,今时臛也。牛曰臐,羊曰臐,豕曰膮,皆香美之名也。"《礼记·内则》:"膳:臐、臐、膮。"《释文》引《字林》云:"臐、臐、膮,皆肉羹之香美者。"

的最后一道工序是"调以滑甘",即用米粉和野蔬以勾芡①。它的一大特点是有滋味——不致五味的大羹专为祭祀而用,自然不在此列。五味调和,便很需要些手段,"齐和"因此成为烹调的专门技艺乃至最高境界,和羹常用来比拟政事②,伊尹说商汤以至味的故事因此流传得格外长久。单调的烹调方式也因为有此"齐和"而可以"齐味万方"③。

今人说上古饮食,每喜欢举《楚辞》之《招魂》与《大招》,而诠释其中列举的美食常常用了现代人的眼光④。其实诗人心中眼中的世间盛宴,即所谓"胹鳖炮羔","鹄酸臇凫";"醢豚苦狗","吴酸蒿蒌",不脱蒸煮炮炙,依旧羹臛菹醢,湖北荆门市包山楚墓出土遣策中列举的饮食正是它一份合适的参照⑤,二者的相应之处,可使我们窥见上古食事中的一点真实。

如此之饮食结构与烹调手段,调味品自然显得格外重要。大部分调味品都兼有杀菌解毒的功用,生冷食品居多,固以"不撤姜食"为宜。醯与梅子于肉食者有解腻消食之效,平民鲜肉少菜,以调味品佐食,也可聊助滋味,稍润清寡。其时虽然远远谈不到烹调的精致,但礼与生活的合一却使饮食之事处处都有仔细郑重的安排。在其中充任重要角色的便是作为调味之主的酱。烹炙品食用时不可缺少醯醢,《诗·大雅·行苇》"醓醢以荐,或燔或炙",其事也。凡盛馔设食,皆肴与酱相间,不同的肴亦即胾和炙,必要配以不同的酱,《礼记·内则》对此规定得至为详尽。孔子说"不得其酱不食",所谓"不得其酱",即酱与肴的搭配错了位置⑥。酱为食之主,食礼中因

---

① 《仪礼·公食大夫礼·记》云:"铏芼:牛藿,羊苦,豕薇;皆有滑。" 铏芼即调和五味而制成的肉羹,"牛藿"云云,乃肉与野蔬之搭配也,"滑"即《周礼·天官·食医》中的"调以滑甘",郑注"滑"所用物有堇、榆、潃、瀡等,潃、瀡,这里指米粉(《食医》孙诒让正义有说)。

② 《诗·商颂·烈祖》:"亦有和羹,既戒既平。"郑笺:"和羹者,五味调,腥熟得节,食之于人性安和,喻诸侯有和顺之德也。"《左传·昭公二十年》齐侯问"和",晏子对曰:"和如羹焉,水火醯醢盐梅以烹鱼肉,燀之以薪,宰夫和之,齐之以味,济其不及,以洩其过。君子食之,以平其心。"

③ 《淮南子·齐俗训》:"今屠牛而烹其肉,或以为酸,或以为甘,煎熬燎炙,齐味万方,其本一牛之体。"

④ 如林乃燊对《招魂》的一段诠译:"吴厨师的拿手酸辣羹,真叫人口水直流;红烧甲鱼,挂炉羊羔,蘸上清甜的蔗糖,炸烹天鹅,红焖野鸭,铁扒肥雁和大鹤,配着腻腻的酸浆;卤汁油鸡,清炖大龟,你再饱也想多吃几口。"见《中国饮食文化》,页64~65,上海人民出版社一九八九年。徐海荣主编《中国饮食史》(华夏出版社一九九九年)第二卷亦以林译为说(页347)。其实旧注对二"招"中关于烹调词汇的诠释多可从,而这里的别出新解却既没有训诂学依据,又与当时的物质资料背景不合。

⑤ 刘彬徽《包山二号楚墓简牍释文与考释》,页369,文物出版社一九九一年。

⑥ 语出《论语·乡党》。刘宝楠《论语正义》:"殽与醢并设食,则以其物濡醢而食之。盖此节乃侍御陈设者之失,非烹调之失。"又《管子·弟子职》曰弟子侍先生食,"摄衽盥漱,跪坐而馈。置酱错食,陈善毋悖。凡置彼食,鸟兽鳖。必先菜羹,羹胾中别。胾在酱前,其设要方"。

有主人为宾设酱之仪①,又因此养老之礼,天子也要"执酱而馈"②。其时庶羞的食用曰"濡"曰"染",均指蘸酱③,食礼中对此都有详细的规定,"设酱"与"执酱"也因此能够成为表示敬意的一种特殊方式。

《礼记·内则》中记述的八珍似可作为先秦美食的代表,即所谓淳熬,淳母,炮豚,炮牂,捣珍,渍,熬,肝膋。八珍的烹调手段并没有什么特别,不过加工过程繁复,其命名也因此多与烹调工序有关。狗肝一副,外挂狗之网油,复入以调味品,慢火匀炙,即为肝膋。膋,肠间脂也。熬,《内则》云:取牛肉必新杀者,薄切之,必绝其理,"捶之去其皽,编萑布牛肉焉,屑桂与姜以洒诸上,而盐之,干而食之。施麋,施鹿,施麇,皆如牛羊。欲濡肉,则释而煎之以醢,欲干肉,则捶而食之"。可知熬的做法如精制肉脯,即鲜肉薄切之后,捶捣去其筋膜,复摊开在芦箔,匀布姜、桂与盐,干之即可。新杀之牛肉薄切作片,好酒浸一日,取食之际配以各种酸汁或酱,此即名渍。取牛羊鹿肉之精者,未熟之前与既熟之后,皆反复捶捣而去其筋膜,最后调以醯醢,便是捣珍。淳熬、淳母,米饭做熟,然后浇上加热的酱,复拌以动物油脂,区别只在淳熬用稻,淳母用黍。淳在这里的意思是沃,亦即浇,熬意为煎沃。母,模也,把稻换作黍,依方模制也。至于最为复杂的炮豚、炮牂,则是加工方法的集大成,其第一步亦如平常之"炮"法,其后则煎,则煮——煮的办法且有些特殊,食用时再佐以酱。宋末元初之际的方回续评论说:"淳熬、淳母,既煎,皆沃以膏,犹今之米食以酱以膏煎饦热饭,犹易也;炮豚、炮羊,实枣其腹,编萑涂墐,既熟,擘去皮膜,实之枣,小鼎置之镬汤,或全或析,三日三夜,而后和以今之醋酱,而后食之,不亦劳乎,不过枣肉与猪肉羊肉相入,先炮后煮耳。"④

八珍中有六珍半吃的时候都要调之以醯醢,其中更有两珍半且须热食亦即"趁热吃",淳熬其一,淳母其二,此外则是熬,曰"半",乃因它有两种吃法,其实若论特色大约也即在此。所谓"欲濡肉,则释而煎之以醢,欲干肉,则捶而食之",郑玄注云,"醢或为醯";"欲濡欲干,人自由也"。"释而煎之以醢"的"醢",似以郑玄之或说作"醯"为是,醯其时并不专指醋,而可

---

① 《仪礼·公食大夫礼》:"宰夫自东房授醯酱,公设之。"授,授公也;设,公为宾设也。
② 《礼记·祭义》:"食三老五更于大学,天子袒而割牲,执酱而馈。"此节亦见于《乐记》。孙希旦《礼记集解》:"食三老五更于大学,谓以食礼养老于大学也。执酱而馈者,酱为食之主,凡食礼,主人必亲置其酱,故《公食大夫礼》'宰夫自东房授醯酱,公设之',今天子养老亦然也。"
③ 《说文·手部》:"擩,染也。"《公食大夫礼》"以辩擩于醢",郑注:"擩犹染也。"按这里说的是擩祭,为食祭九种之一,乃"以肝肺菹擩盐醢中以祭也"(《周礼·春官·六祝》"六曰擩祭"郑注引郑司农云)。
④ 魏了翁(方回续)《古今考》卷三四,台湾学生书局影印本一九七一年。

以概指用作调味的酸汁,这里说的"濡肉",便是把熬亦即精制的肉脯放在加热的调味汁里使它入味而软,如此,自然须要现吃现做并且趁热食用,这在当时算是很有些特别,因此成为"养老之珍具"。则把肉脯抟至珍物之席的依然是酱。

与先秦相比,汉代少了许多礼的束缚,但传统的烹调手段与饮食习惯仍多半保存下来。长沙马王堆一号西汉墓出土的遣策是一份可靠的菜单①,它同汉代文献中关于饮食的记述多可对应,而与《楚辞》中的美食也相去不远,可见其品类与先秦时代大致相同。与它同时代的湖南沅陵虎溪山沅陵侯吴阳墓曾出土载录着"美食方"的竹简多枚,内容很是丰富,不过从取用的原料和成品名称来看,烹调方式并没有太多的改变②。两汉直到魏晋,庖厨图中最常见的是釜灶,则蒸煮仍是主要的烹调手段,包括鱼和肉的制作。安徽宿县褚兰汉画像石墓二号墓石祠东壁的一方庖厨图,刻一具船形灶,灶上坐釜,一人在灶前烧火,釜中露出鱼头和鱼尾③(图15-1)。"谁能亨鱼,溉之釜鬵"(《诗·桧风·匪风》),《诗》中的情景,东汉依然可见。而陆玑作《毛诗草木鸟兽虫鱼疏》,说到各种野蔬的烹调也不外凉拌和蒸煮,这却已经是三国时代。与先秦相同,炒字此际仍未曾通行,而多写作熘,又或作熬,通常是指焙炒,即所谓"火干",并且同"熬"一样,多指焙炒五谷,《方言》卷七:"熬,火干也,凡以火而干五谷之类,秦晋之间或谓之熬。"

燔炙品依然是汉代的美食,《释名·释饮食》所列炙法种种是其例,马王堆汉墓遣策中炙品的丰富也见出它的显赫。汉代人崇拜西王母,为她安排的美馔竟也有平常人所艳羡的燔炙品,出自山东嘉祥和江苏徐州的两方画像石,正是很有意思的两例④(图15-2)。炙须用炉,汉代墓葬因此多出烤炉,其质或铜或铁或陶。陕西历史博物馆藏一件绿釉陶烤炉,高八厘米,长二十五厘米,炉的外壁浮雕铺首衔环,环之间是奔跑着的走兽,炉底有条形的漏灰孔,下边四个熊足。烤炉的口沿两边各架着四只

---

① 湖南省博物馆等《长沙马王堆一号汉墓》,页130~143,文物出版社一九七三年。
② 湖南省文物考古研究所《沅陵虎溪山一号汉墓发掘简报》,页54,《文物》二〇〇三年第一期。按材料尚未全部发表,此仅就已公布的部分而论。
③ 造墓立祠之年为汉灵帝建宁四年(一七一年)。王叔毅《安徽宿县褚兰汉画像石墓》,页537,图二九,《考古学报》一九九三年第四期。
④ 江继甚《汉画像石选》(汉风楼藏),图八五(按图版说明曰手持之肉串为三珠果,误也,三珠树在西王母画像中别有它的表现程式,与此完全不同),上海书店出版社二〇〇〇年;《徐州汉画像石》,图二五七,江苏美术出版社一九八五年。

蝉蛹①（图 15-3:1）。这一件烤蝉炉可以代表汉代烤炉的基本形制。洛阳老城六十一号西汉墓壁画中清楚绘出烤炉边用两歧簇燔炙牛肉的情景②（图 15-3:2），张家山汉简《奏谳书》案例中提到炙肉用铁炉和桑炭，适可为壁画作一注解③。

炙品食用必配以盐蒜，直到南北朝依然如此。《南齐书》卷四一《张融传》："豫章王大会宾僚，融食炙，始行毕，行炙人便去，融欲求盐蒜，口终不言，方摇食指，半日乃息。"张融的行事颇多怪异，齐高帝所以说他"不可无一，不可有二"。这里欲求盐蒜口终不言的恢诡也有异于常人，而因此可知当日食炙不能少了盐蒜。一张考究的食案，其上自当备有调味品，如盐，如豉，如醋与酱汁。

旧属楚地的两汉墓葬，随葬品中常有若干细竹筒，

[15-1]

[15-2]:❶

[15-2]:❷

图[15-1]
安徽宿县褚兰汉画像石墓庖厨图（局部）

图[15-2]：画像石中的烤肉串
❶山东嘉祥
❷江苏徐州

---

① 陕西历史博物馆《寻觅散落的瑰宝——陕西历史博物馆征集文物精粹》，页 40，三秦出版社二〇〇一年。
② 河南省文化局文物工作队《洛阳西汉壁画墓发掘报告》，彩版二，《考古学报》一九六四年第二期。按此类样式的烤炉早已出现于战国。安徽省博物馆藏寿县出土的一件战国铜炉，长方形，平底，下设四个蹄足，口长七十二点六厘米，高二十四点五厘米，两端附环链，口部有铭文"铸客为集脰为之"七字。集脰在这里乃指食官（郝本性《寿县楚器集脰诸铭考释》，页 210~212，《古文字研究》第十辑，中华书局一九八三年），则炉的用途可知。
③ 张家山二四七号汉墓竹简整理小组《张家山汉墓竹简·二四七号汉墓》，页 225，文物出版社二〇〇一年。

[15-3]:❶

[15-3]:❷

图[15-3]:汉代烤炉
❶陕西历史博物馆藏
❷洛阳老城六十一号西汉壁画

长二十至四十厘米不等,直径三四厘米至七八厘米不等,遣策或称之为"筹",其器也有自名为"篕"者。江陵张家山汉简《算数书》有伐竹作卢唐的算题,此卢唐,亦即篕①。篕本是竹筒的一个通名,实在并没有固定的用途,《说文·竹部》"篕,大竹筒也",所谓"大",或是相对而言。大大小小的竹筒

---

① 彭浩《张家山汉简〈算数书〉注释》,页94,科学出版社二〇〇一年。

都可以因用途的不同而再别命他名。如篞，乃用以盛箸，《广雅·释器》："簪，箸筩也"①。如椭，乃用以盛放调味品，《史记》卷一二九《货殖列传》注引《三仓》云："椭，盛盐豉器"②。《急就篇》卷三："椭杅槃案桮閜盌。"这里的杅(盂)和盌(碗)是用作盛饭，桮(杯)与閜盛酒，槃(盘)，其小者可盛佐食之羞，大者便是无足之案。合此诸般置之于案，乃成一套齐整的食具。杯盘盂碗，汉代漆器中常见。椭，《急就篇》颜师古注："小桶也，所以盛盐豉。"桶或即椭的俗称。《颜氏家训·书证》："《三辅决录》云：'前队大夫范仲公，盐豉蒜果共一筒。''果'当作魏颗之'颗'。"此亦盐豉蒜颗几种必备的调味品合著一器，虽然已是南北朝时代③。汉代形若小桶之椭，前面提到的细竹筒即是也。如湖北江陵凤凰山一六八号西汉墓出土的九件，其一长二十四厘米，直径五点四厘米，正面用红黑两色彩绘几何纹，侧面墨书"枇篞"二字，内置竹箸十支，此自箸筩无疑。其余八件长多在四十厘米左右，也都是整竹锯制，竹节处做成底和口，口部的竹节凿出一个小孔，口部上面是竹子破开来特意留下的半边，高二点五厘米，其近两端处各钻一个小孔以系绳提携。竹筒正面同样施着朱墨彩绘，侧面则分别墨书"苦酒"，"盐"，"肉酱"等标明用途④(图15-4)。苦酒，醋也。大致相同的竹筒也见于凤凰山一六七号西汉墓，竹筒上墨书写着"醯"，"肉酱"，"盐"，与同墓所出遣策上的记录适相一致⑤。《战国策·东周策》曰秦兴师临周而求九鼎，周人颜率以舌辩而免周王之患，其辞有曰"夫鼎者，非效醯壶酱甄耳，可怀挟提挈以至齐者"，可怀挟，自然其器不会太大，可提挈，则竹筒的形制可证也。曰椭，曰壶，曰桶，不过各取其形而名之，其实盛放调味品的器皿并没有一个固定

---

① 汉墓所出遣策即有"箸筩"之称，与墓中所出实物对应(金立《江陵凤凰山八号汉墓竹简试释》，页73，《文物》一九七六年第六期)。遣策又有称作"枇箸筩"者，墓中也有相应的实物(吉林大学历史系考古专业处赴南城开门办学小分队《凤凰山一六七号汉墓遣策考释》，页42，《文物》一九七六年第十期)。又湖北云梦大坟头一号汉墓所出遣策录有"竹篞四"，报告曰："墓内出土的三件圆竹筒，当即木牍所记的'竹篞四'，但实物为三件。"(湖北省博物馆《云梦大坟头一号汉墓》，页19，《文物资料丛刊·4》，文物出版社一九八一年)按墓中另有盛箸的竹筒一件，应即竹篞之四。

② 《说文·木部》释"椭"为车中之器，曰："椭，车笭中椭，椭器也。"包山二号楚墓与车器同出的有两件小竹筒，其近边沿处钻有一排数个小圆孔，直径六点四厘米，通高十三点五厘米，湖北省荆沙铁路考古队《包山楚墓》，页237；图版七三：3 文物出版社一九九一年。此当为车中之椭器。

③ 盐豉蒜颗为必备，史籍颇有其例，如《晋书》卷四《惠帝纪》云八王之乱时，成都王颖挟帝走洛阳，"所在买饭以供，宫人止食于道中客舍。宫人有持升余秕米饭及燋蒜盐豉以进帝，帝噉之"，其事也。

④ 湖北省文物考古研究所《江陵凤凰山一六八号汉墓》，页493，图三八，《考古学报》一九九三年第四期。

⑤ 凤凰山一六七号汉墓发掘整理小组《江陵凤凰山一六七号汉墓发掘简报》，页37，《文物》一九七六年第十期。

[15-4]:❶

[15-4]:❷

[15-5]:❶

图[15-4]:江陵凤凰山一六八号墓出土竹笥
❶竹笥上的文字
❷竹笥展开图

图[15-5]:盛放盐豉的陶壶
❶陕西历史博物馆藏

的形制，以地域不同而式样不一也很自然，此外与用作贮存调味品的器皿如墓葬出土标明"盐豉"之类的各式陶罐不同，食案上的用具原当多花费制作者的一番心思。陕西历史博物馆藏一件长方形并排开有两口的陶器，长九厘米，高十四点五厘米，一边写着"齐盐"，一边写着"鲁豉"①（图15-5）。《北堂书钞》卷一四六"豉"条下引古艳歌云："白盐海东来，美豉出鲁门。"那么所谓"齐盐""鲁豉"，乃意在夸耀，犹曰好盐豉。《太平御览》卷八五五"豉"条引谢承《后汉书》："羊续为南阳太守，盐豉共壶。"史笔意在称扬续的俭素，这一件自明用途的陶器便恰如此壶。壶也可以认为是此类器具的一个通名。《战国策》所谓"醯壶酱甀"，甀与壶对文，若散文则通，标明用途的纳醯纳酱之器形制并无不同，可证也。舍陶壶而用漆壶该是奢华者的上选，盐与豉自然也不必"共壶"。参照此件陶壶的式样，可知安徽天长市三角墟西汉墓所出两组形制特殊的漆壶②，也是同样的用途。其中一组是两件平底的扁方壶，漆壶

---

① 《寻觅散落的瑰宝——陕西历史博物馆征集文物精粹》，页37。
② 安徽省文物考古研究所《安徽天长县三角圩战国西汉墓出土文物》，页17，《文物》一九九三年第九期。两组均出自西汉一号墓。

[15-5]:❷

[15-6]:❶   [15-6]:❷

图[15-5]:盛放盐豉的陶壶
❷陶壶上面的文字

图[15-6]:
❶❷安徽天长市三角墟西汉墓出土漆壶

之一高九点三厘米,长七点三厘米,上端四面做成委角,顶上一个浅颈的小圆口,通体髹黑漆,惟在边缘处妆饰纤细如发的线纹。另外一组是形制相同的四件,漆壶做成略呈三角形的柱体,不过三角的一面是曲线柔和的一弯内凹弧,上有长颈,圆口有盖,漆壶的边缘用锥画的方式装点几何纹[①](图15-6)。

---

① 《中国漆器全集·3·汉》,图二一八;图一八八,福建美术出版社一九九八年。按简报发表的方壶为另一件,高八点八厘米,,朱绘怪兽云气纹,《安徽天长县三角圩战国西汉墓出土文物》,图版四:1。

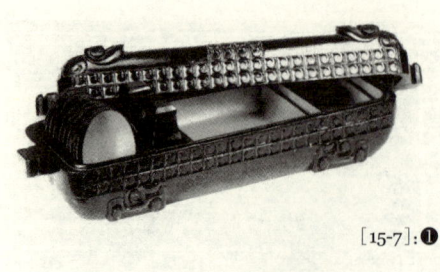

[15-7]:❶

[15-7]:❷

[15-7]:❸

[15-7]:❹

图[15-7]：战国楚墓出土食具盒
❶❷望山一号楚墓出土
❸纪城一号楚墓出土
❹包山二号楚墓出土

椭盂杯盘是汉代食案上妥帖周详的一种安排，而它成为富贵之家一套餐具的完美组合实际早已完成在东周。湖北江陵望山一号楚墓出土一件妆饰华丽的漆盒，盒里设了形状不一大小不同的四个格子，里边分别装着漆耳杯九，大小漆盘各一，又漆壶一对。引人注目的正是这里外素净、一色漆黑的小壶，长方口，短直颈，高十三点二厘米，形制大小完全相同，正好像一个扁圆的壶从中间切开对分为二，破开处的形状便原样保存下来，又仿佛它依然可以复原——合拢来放在漆盒的格子里刚好合式①（图15-7:1、2）。时代约略相当的包山二号楚墓也出有形制大体相同的一套，稍稍不同的只是一对黑漆壶分置在漆盒的两个格子里②（图15-7:4）。又江陵纪城一号楚墓出土的一具漆盒，盒里用两纵一横的隔板分作三段四格，分别放置倒扣着的一大一小两件方盘，又扁壶一件，耳杯则有缺，存三件。杯与盘一例内红外黑，惟黑漆扁壶里外一色，其造型与望山所出者相仿③（图15-7:3）。杯盘齐整，自是专为用餐而设计，那么它该称作食具盒。一对黑漆壶用作盛放盐

---

① 湖北省文物考古研究所《江陵望山沙塚楚墓》，页85，图版二六、二七，文物出版社一九九六年。
② 《包山楚墓》，页135，图八四:2；图版四〇:2、四一:4。
③ 《中国漆器全集·1·先秦》，图八三，福建美术出版社一九九七年。

豉,在这里正是最为恰当的用途。与其他餐具同在一处而偏偏颜色特异,还有尤其别致的造型,似乎都是一种提示。时代更早的例子,还可以举出曾侯乙墓出土食具箱中的漆壶①。可知前面所举汉代盛放调味品的陶壶漆壶,原本有着对前代的继承。汉代随葬品中用作贮存调味品的器皿通常是同五谷在一起,一面显示财富,一面寄托生活优裕的祝福②(图 15-8);同样出在墓葬,食案上常备的用来盛放调味品的各式小壶,则意在强调饮食的周到和讲究。

汉代食案上不可缺少的当然还有酱。酱的重要本是先秦以来的传统——秦至西汉,饮食结构与先秦相比,没有很大的变化,酱则依然是重要的佐餐食品。湖北云梦睡虎地秦简《秦律十八种》中的《传食律》乃驿站供给饮食之法,其中明确规定:"御史卒人使者,食稗米半斗,酱驷(四)分升一,采(菜)羹,给之韭葱。""不更以下到谋人,稗米一斗,酱半升,采(菜)羹,刍藁各半石。"不更,秦爵第四级;谋人,秦爵第三级簪袅之别称。而上造即秦爵第二级乃至上造以下及无爵者,伙食标准中,便没有酱若干的一

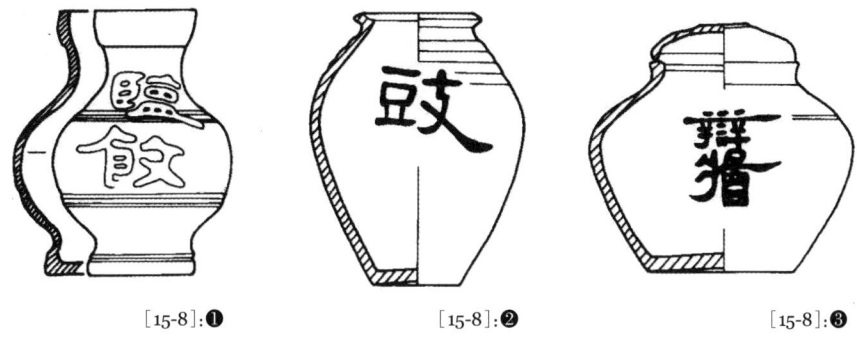

[15-8]:❶   [15-8]:❷   [15-8]:❸

图[15-8]:储存调味品的陶壶
❶洛阳烧沟汉墓出土
❷❸洛阳五女冢新莽墓出土

---

① 湖北省博物馆《曾侯乙墓》,页 359,图版一二七:1、一二九:1、2,文物出版社一八九年。食具盒里分格放置漆方盒四,漆壶一,耳杯十六,并鸡骨、鱼骨若干,又有木勺、竹筴各两件。漆壶鼓腹,平底,子母口承盖,通高十六点八厘米。
② 此在汉墓中颇为常见,洛阳汉墓尤其集中。例见洛阳区考古发掘队《洛阳烧沟汉墓》(科学出版社一九五九年),页 156~159 所列器物文字统计表;又页 108 之图五三:3 为粉书"盐豉"二字的小陶壶。不过报告释读小有误,陈直《洛阳汉墓群陶器文字通释》(《考古》一九六一年第十一期)已指出(页 630)。又洛阳五女冢新莽墓出土书"辩酱"、"肉酱"等陶壶多件,洛阳市第二文物工作队《洛阳五女冢二六七号新莽墓发掘简报》,页 45,《文物》一九九六年第七期。

项①。张家山汉简《二年律令》中的《传食律》和《赐律》也有与此相似的规定②。

酱通常放在耳杯里。马王堆一号西汉墓遣策简一九五"漆画小具杯廿枚，其二盛酱、盐"③，其例也。又前举凤凰山一六七号汉墓遣策简十九录有"酱桮卅枚"④，此外凤凰山八号墓，又湖北云梦大坟头一号墓等所出遣策都有"酱桮"若干的记载⑤。或以为酱杯之"酱"是表明颜色，然而传世的两汉文献却不见如此用法。《太平御览》卷七五九"杯"条下引《通俗文》曰："酱杯曰盉，或谓之溫。"这里的酱杯当然不是指颜色。以马王堆汉墓遣策为据，曰酱杯之酱乃指称用途，或者没有太多的疑问。

又有一种带座的耳杯，制作多很精致。杯有釦，或铜，或铜鎏金，铜鎏银。铜座的式样则大体相同，通常高十厘米左右，喇叭形的圈足，束腰上边弯出四个花枝形的托爪捧住上面的耳杯。茂陵一号无名冢一号从葬坑出土的一对止剩下鎏金铜座⑥，南京博物院藏时属西汉晚期的一对，其中一件完好无损⑦，因可得知托爪原是从左右前后的四个角直接嵌入漆木耳杯的底部，杯与座于是牢牢固接为一⑧（图15-9：1）。若由此上溯，则河南泌阳官庄北岗三号秦墓出土的一件似乎是它的早期样式。耳杯木胎挖制，底边沿嵌镀银箍一周，然后在箍的四角铸接四个兽蹄足，杯长二十二厘米，通高十一厘米⑨（图15-9：2）。晚期之例，则有山东邹城西晋刘宝墓出土带有铜支架的耳杯，支架通高六点八厘米，通长十一点四厘米，两边做成夔龙，中间架起一对横梁，简报推测此器"为架笔之用"⑩（图15-9：3）。如此

---

① 睡地秦墓竹简整小祖《睡虎地秦墓竹简》，页101~102，文物出版社一九七八年。
② 《张家山汉墓竹简·二四七号汉墓》，页164、173。
③ 《长沙马王堆一号汉墓》，页145。
④ 《凤凰山一六七号汉墓遣策考释》，页39。
⑤ 《江陵凤凰山八号汉墓竹简试释》，页73；《云梦大坟头一号汉墓》，页20。又荆州萧家草场二六号汉墓遣策录有"小酱桮十"，与之对应的是同墓所出外髹黑漆内髹朱漆形制相同的小耳杯十件。遣策又有"黑杯十"，对应者则通体髹黑漆的耳杯十件。可知或以形色质地名，或以用途名，并不一律，也正如"食于(盂)一双"与"小瓦于(盂)一枚"。湖北省荆州市周梁玉桥遗址博物馆《关沮秦汉墓简牍》，页181~182，中华书局二〇〇一年。
⑥ 咸阳地区文物管理委员会《陕西茂陵一号无名冢一号从葬坑的发掘》，页15，图五一，《文物》一九八二年第九期。安徽涡阳汉代崖墓亦出鎏金铜耳杯座一件，与此形制相同。刘海超等《安徽涡阳稽山汉代崖墓》，页30，封三：3，《文物》二〇〇三年第九期。
⑦ 《中国漆器全集·3·汉》，图二八五。
⑧ 两件均为征集品，另一件微残，原出自一座汉代木椁墓。游咏《西汉铜座漆耳杯及相关问题的讨论》，页94，《东南文化》一九九九年第二期。
⑨ 《中国漆器全集·2·战国至秦》，图一一二。
⑩ 山东邹城市文物局《山东邹城西晋刘宝墓》，页19、22，图五三，《文物》二〇〇五年第一期。

形制的耳杯，无论饮还是食，都很不适用，若说它是酱杯或染杯，也许可以算作一个合理的推论，可作为旁证的是与它同时本来有着自名"染杯"的铜耳杯，如容庚《秦汉金文录》著录的一件"史侯家铜染桮"①，其用途是盛酱，而下边置炉。此外更有咸阳市博物馆藏一副所谓"温酒炉"，其实是铜染具②（图15-10：1、2）。长方形的铜炉前高后低，高的一面扣一个弧形的护壁，炉底有孔以泄炭灰，炉侧有孔以穿手柄，不过手柄已失。炉上架着的圜底铜杯口沿两边各有飞鸟衔环，而鸟爪所立之物是一个滑槽。滑槽置于铜炉的口沿上边，便可以根据火势大小的需要将铜杯来回滑移。前举西晋刘宝墓出土带着铜支架的耳杯，用途与它应该是相似的，只是失了与之配套使用的烤炉。

[15-9]：❶

[15-9]：❷

[15-9]：❸

图[15-9]：带铜座的漆耳杯
❶西汉，南京博物院藏
❷秦，河南泌阳北岗秦墓出土
❸带铜支架的耳环　山东邹城西晋刘宝墓出土

---

① 全铭为"史侯家铜染桮第四重一斤十四两"；国立中央研究院一九三一年。
② 罗红侠《奇特罕见的温酒炉》，《中国文物报》二〇〇九年十一月二十五日。

[15-10]：❶   [15-10]：❷

图[15-10]：汉代染器
❶❷咸阳市博物馆藏

先秦之八珍，流行开来的是熬，其味香远至汉而不衰，郑注"熬"曰"今之火脯似矣"，正是以当日事为比况。《史记》卷一二九《货殖列传》胪举经商成功的例子，说到"胃脯简微耳，浊氏连骑"，《索隐》引晋灼云："太官常以十月作沸汤燖羊胃，以末椒姜粉之讫，暴使燥，则谓之脯，故易售而致富。"《正义》则云："胃脯，谓和五味而脯美，故易售。"两解大约各道其一面，马王堆一号汉墓遣策中记有各种肉脯，胃脯亦其中之一。以制脯而致富，固然这里有着制作的特色——其实不外传统的齐和五味，而脯之大受时人欢迎也由此可见。一种主要流行于西汉的称作染杯与染炉的铜器，或即为"火脯"而设，火脯即汉代之"熬"也，"释而煎之以醢"的食用方法因也施行于讲究之家，又以出土数量之多而见得它曾成为一时风气①。染具以耳杯与炉合作一套，并且常常是一对。长方形的折沿炉，高通常在十二三厘米，长则十六七厘米左右，下边四个兽蹄足，炉腹中空以容炭火，炉的口

---

① 粗略统计已有一二十件。如茂陵一号无名冢一号丛葬坑出土两件，炉的一侧均设长曲柄，《陕西茂陵一号无名冢一号丛葬的发掘》，页9，图一二、一六；芝加哥美术馆所藏亦为形制完整的一对，陈梦家《海外中国铜器图录》第一集，上册，图十五，国立北平图书馆刊本一九四六年；又陕西泾阳县雪河乡汉堤村出土一件，《寻觅散落的瑰宝——陕西历史博物馆征集文物精粹》，页25；又陕西富县文管会藏一件，李西兴《陕西青铜器》，图三一一，陕西人民出版社一九九四年；又上海博物馆藏一件，炉的一侧设长曲柄，时属东汉，国家文物局《中国文物精华大辞典·青铜卷》，图一二一六，上海辞书出版社等一九九六年，等等。这一类染器最初曾被认为是调色之具或古人刺绣时用以染丝（容庚《汉代服御器考略》，页414，《燕京学报》第三期，一九二八年）；中国科学院考古研究所《长沙发掘报告》（中国科学院考古研究所，科学出版社一九五七年）则认为耳杯用作置羹，炉的用途在于温羹，因名之为烹炉（页112）；孙机《汉代物质文化资料图说》以古文献为据，指出它是食肉时所用的染器（页308）。

沿两侧铸接镂出卷云纹或四灵纹的承托支架，支架上面置耳杯。完整的一套，炉底尚有一个浅浅的承盘①。河北南和左村西汉墓出土的一件，承盘两侧的口沿又各系一个六连环的拉手，拉手顶端之环做成弓形的握柄，两边且妆饰双龙首，浅盘底部还装了三个小轮子②（图15-11:3）。山西襄汾县吴兴庄汉墓出土一件下有承盘一侧有柄的筒形炉，炉壁交错排列六个长方孔，炉沿上突起三个小支子③，其上若置耳杯正好合式，则它也应是染具之属。设链设轮

[15-11]:❶

[15-11]:❷

图[15-11]:染器
❶修武府染器 陕西咸阳塔儿坡秦墓出土
❷西汉清河食官染器 中国国家博物馆藏
❸西汉染器 河北南和左村出土

[15-11]:❸

---

① 如河南陕县汉墓出土的一对，《陕县东周秦汉墓》，页184，图一四三；又江苏邗江县甘泉乡姚庄村西汉墓出土一件，徐良玉《扬州馆藏文物精华》，页25，江苏古籍出版社二〇〇一年；又长沙西汉后期墓葬出土一件，《长沙发掘报告》，页114，图九一、九二；又山西太原尖草坪汉墓出土，炉的一侧有长曲柄，惟耳杯已失，山西省博物馆《山西省博物馆馆藏文物精华》，图一〇〇，山西人民出版社一九九九年；又山东昌邑县发现的一件，炉身一侧设直柄，山东省文物管理处《山东文物选集》（普查部分），图一四六，文物出版社一九五九年；又安徽省博物馆藏时属东汉的一件，《中国文物精华大辞典·青铜卷》，图一二二〇，等等。
② 《中国文物精华大辞典·青铜卷》，图一一六二。
③ 李学文《山西襄汾县吴兴庄汉墓出土铜器》，页982，图版一:3，《考古》一九八九年第十一期。

设柄,以当日食皆分餐而有移动之便也①。染具多见于陕西、山西、河南等地的汉代墓葬,安徽、江苏等处也有出土,形制基本相同。国家博物馆收藏的一套染具,其杯与炉皆有刻铭,云属"清河食官"②(图 15-11:2)。西汉清河国始建于景帝三年,其地在今河北清河、枣强和山东临清、夏津一带,此具当是清河府用器。先秦之"濡肉"法,至此可以说臻于极致。

汉代染炉也有它的早期样式。陕西咸阳塔儿坡出土的一套染具,上为铜杯,下为铜炉,耳杯与炉的下边都是四个蹄足,杯足固定在炉盘里,炉与杯都刻有"脩武府"三字(图 15-11:1)。脩武战国时属魏地,后并于秦,与温炉配套的耳杯目前所知以此为最早③。反观前面举出的泌阳秦墓所出漆耳杯,与这一套染具中的铜杯形制几乎无别,那么这里显示的正是两条线索,即战国秦汉以来流行着两种染具,一种是耳杯下承托座,一种是耳杯下承温炉。二者都是用餐时盛放各式酱品的器具,不同只在于后者须加热,前者则否。

关于"勺药之和",宋王观国《学林》中的一番考释很得要领④,其卷一 "勺药"条云:

[15-11]:④

图[15-11]:染器
④西汉染器 江苏邗江姚庄村出土

《溱洧》诗曰:"维士与女,伊其相谑,赠之以勺药。"毛氏传曰:"勺药,香草也。其别则送以勺药,结恩情也。"观国按:崔豹《古今注》曰:"勺药,一名将离,将行则送之以勺药。"以此观之,则勺药,离草也,离别则

---

① 两汉亦如先秦,食均分餐。宴饮之际,地设席,主、客位井然。席前设案,案设杯盘,羹饭菜肴皆置其上,酌酒布菜乃有专人,其职位高低,则依宴饮规格而定。魏晋南北朝依然如此。《世说新语·德行》:"顾荣在洛阳,尝应人请,觉行炙人有欲炙之色,因辍己施焉。同坐嗤之,荣曰:'岂有终日执之,而不知其味者乎。'"其事也。前举《张融传》亦其例。
② 《中国文物精华大辞典·青铜卷》,图一〇七七。
③ 《陕西青铜器》,图三一〇。
④ 其后则有清王引之的说勺药,曰勺药乃由"適歷"声转为"勺药",適歷,均调也,则五味之和总谓之为勺药,载王念孙《读书杂志》卷五《汉书第十》"勺药"条。青木正儿引为第二种意见者,即此。

[15-11]:❺

[15-11]:❻

图[15-11]:染器
❺ 西汉染器　山西太原尖草坪出土
❻ 汉代染器　芝加哥美术馆藏

赠之,以见志也。江淹《别赋》曰:"下有芍药之诗。"淹用为离别事,盖可见矣。若曰香草,则草之香者多矣,奚必芍药而后可以接恩情也。司马相如《子虚赋》曰:"芍药之和具而后御之。"服虔注曰:"芍药以兰桂调食。"文颖注曰:"五味之和也。"晋灼注曰:"《南都赋》云:归雁鸣鵽,香稻鲜鱼,以为芍药,酸甜滋味,百种千名。"颜师古注曰:"诸家之说皆未当也。芍药,药草名,其根主和五脏,又辟毒气,故合之于兰桂五味,以助诸食,因呼五味之和为芍药耳。今人食马肝马肠者,犹合芍药而煮之,岂非遗法乎。"观国按:《子虚》、《南都》二赋言芍药者,芍音酌,药音略,乃以鱼肉等物为醯酱食物也,与《溱洧》诗所言芍药异矣。《诗》之芍药,乃草类也,今芍药花是已。……《子虚赋》曰:"芍药之和具而后御之。"所谓"御"者,御食物也,未有御五味者也。《南都赋》曰"归雁鸣鵽,香稻鲜鱼,以为芍药",盖以雁鵽鱼稻为食也。又按枚乘《七发》曰:"于是使伊尹煎熬,易牙调和。熊蹯之臑,芍药之酱,薄耆之炙,鲜鲤之脍。"……又按张景阳《七命》曰:"穷海之错,极陆之毛。伊公爨鼎,庖丁挥刀。味重九沸,和兼芍药。晨凫露鹄,霜鵽黄雀。"五臣注《文选》曰："勺音酌,药音略。"然则读勺药为酌略者,是以鱼肉等物为醯酱食物,非《溱洧》之勺药明矣。

两汉美食仍以鲜鱼之脍、鲜肉之胾与炙为要,于是多不离调味之品,亦即调和五味制成的各种醯酱。汉赋铺陈美味因此总要说到勺药,其意不外两解,一则如观国所云,"乃以鱼肉等物为醯酱食物",一则概指调和五味。《子虚赋》所用为前者。

不过赋中尚有另外的一笔,便是与"勺药之和具而后御之"的优雅从容相对应,齐王之猎乃"终日驰骋,曾不下舆,脟割轮焠,自以为娱",而与"脟割轮焠"首尾呼应的则又是"骛于盐浦,割鲜染轮",这是赋之开篇先已简笔勾画的齐王之猎。

"骛于盐浦,割鲜染轮",《史记》卷一一七《司马相如列传》〈集解〉引郭璞曰:"盐浦,海边地多盐卤。鲜,生肉也。染,擩也,音而沿反,又音而悦反。擩之于轮,盐而食之。骛,驰也。"又〈索隐〉曰:"李奇云:'鲜,生肉也。染,濡也。切生肉濡盐而食之。'染或为'淬',与下文'脟割轮焠'意同也。"而《文选》卷七吕向注则云:"鲜,牲也,谓割牲之血染于车轮也。"那么这里又出现了两种意见。其一解作把新获之兽当场脔割,佐以车轮因在盐浦驰骋而裹挟之盐。其一则以为"染轮"谓割牲之血染污了车轮。自以前说为切。生肉之可食,汉代原有其例。《史记》卷七《项羽本纪》,曰樊哙带剑拥盾撞入鸿门宴中,项王嘉其勇,"曰:'赐之彘肩。'则与一生彘肩。樊哙覆其盾于地,加彘肩上,拔剑切而啗之"。则齐王的"割鲜染轮"亦汉代食事之一面,虽然并非饮食之常;在《史记》所以是赞赏,在《子虚赋》所以是轻嘲也。

两宋之煎茶

煎茶与点茶,均是两宋时代的饮茶方式,前者是将细研作末的茶投入滚水中煎煮,后者则预将茶末调膏于盏中,然后用滚水冲点①。站在宋人的立场,自然要说煎茶是古风,由南唐入宋的徐铉在咏茶之作里已经申明"任道时新物,须依古法煎"②,今人考察两宋茶事,也认为点茶早是这一时代普遍的习俗。与陆羽《茶经》讲述煎茶法不同,宋人茶书,如蔡襄《茶录》、宋徽宗《大观茶论》,所述均为点茶法,曰两宋点茶盛行,诚然。然而与此同时,传统的煎茶之习却并未少衰,检点付诸吟咏的茶事,这是一个清楚不过的事实,绘画作品、出土器物,也可以成为它的佐证。而辨名、辨物之外,

图[16-1]:《萧翼赚兰亭图》中的煎茶(摹本)
❶辽宁省博物馆藏

[16-1]:❶

---

① 关于点茶法与煎茶法,详论见孙机《中国茶文化与日本茶道》,辽宁教育出版社一九九六年。
② 《和门下殷侍郎新茶二十韵》,《全宋诗》,册一,页106。

图[16-1]:《萧翼赚兰亭图》中的煎茶（摹本）
❷台北故宫博物院藏

[16-1]:❷

更要说明的是,煎茶以它所蕴涵的古意特为士人所重,这实在是两宋茶事中不应被忽略的一个重要细节。

《萧翼赚兰亭图》是绘画中的名品,旧题唐阎立本作,今多认为出自宋人之手。所见有辽宁博物馆藏一幅,台北故宫博物院藏一幅(图 16-1)。其图绘煎茶情景,笔致细微难得,尤在细节的刻画。如辽博所藏之幅,图中绘一"具列",长方形的四足小矮床,上陈圆形器皿一,带托的茶盏一,具列的编竹之迹宛然可见。台北所藏之幅,具列上面摆放的则是茶碾一,荷叶盖罐一,茶托一,器为竹编,也表现得很清楚。具列之称,见于陆羽《茶经》,卷中"四之器":"具列,或作床,或作架,或纯木、纯竹而制之,或木法竹,黄黑可扃而漆者,长三尺,阔二尺,高六寸。具列者,悉敛诸器物,悉以陈列也。"①不过具列之称,在唐宋诗文中却很少见,常见的,则是茶床。唐张籍《和陆司业习静寄所知》"山间登竹阁,僧到出茶床"②;宋王珪《宫词》"撮角茶床金钉校"③;宋徽宗《宣和宫词》"司珍新奏玉茶床"④;又宋陈骙《南宋馆

---

① 本文所引陆羽《茶经》,陶氏涉园均据宋本景刊百川学海本一九二七年,个别字句参酌他本校改。
② 《全唐诗》,册一二,页4317,中华书局一九六〇年。
③ 《全宋诗》,册九,页5997。
④ 《全宋诗》,册二六,页17047。

阁续录》卷六《故实》"临幸赐宴"条，录其仪注有："次看盏人稍前，谢上殿，两拜，次进御茶床。""酒席毕，作乐讫，举御茶床。"唐诗所云茶床，即《茶经》所谓"具列"，而宋人著作中的茶床则不是陈列茶具所专用，凡看食、看菜、匙箸、盐楪醋罐，亦皆以茶床为陈列之具，见《梦粱录》卷三"皇帝初九日圣节"条。不过出自禁中者，制作更为讲究，故"玉"也，"金钉校"也。论其形制，则与《萧翼赚兰亭》中的具列或无太大不同，即下有四足之案①。

两幅《萧翼赚兰亭》，皆绘有风炉和风炉上面的铫子。辽宁省博物馆所藏之幅，用于放置风炉的是一长案，案上又有一盂，盂中有勺。此即《茶经》中说到的"熟盂"，用作出水和入水。白居易《谢李六郎中寄新蜀茶》"汤添勺水煎鱼眼，末下刀圭搅麴尘"②；《茶经》卷下"五之煮""第二沸出水一瓢"，"有顷，势若奔涛溅沫，以所出水止之，而育其华也"。都是煎茶时的情景。

风炉与铫子，为煎茶所用之器。《茶经》卷中"四之器"："风炉以铜铁铸之，如古鼎形"，"凡三足"，"其饰，以连葩垂蔓、曲水方文之类。其炉，或锻铁为之，或运泥为之。其灰承，作三足铁柈枱之"。煎茶之器，《茶经》则曰鍑，云"洪州以瓷"，"莱州以石"，又或以铁，以银。但鍑在两宋却并不流行，诗词中习见的是"铫"与"铛"，又或"鼎"、"石鼎"、"折脚鼎"、"折脚铛"。至于风炉，则有"汤炉"、"茶炉"、"茶灶"之称。北宋吴则礼《周介然所惠石铫取淮水瀹茶》句云"吾人老怀丘壑清，洗君石铫盱眙城。要煎淮水作蟹眼，饭饱睡魔聊一醒"③。又李光《饮茶歌》云"山东石铫海上来，活火新泉候鱼目。汤多莫使云脚散，激沸须令面如粥"④。当然最有名的一首是苏轼《次韵周穜惠石铫》："铜腥铁涩不宜泉，爱此苍然深且宽。蟹眼翻波汤已作，龙头拒火柄犹寒。薑新盐少茶初熟，水渍云蒸藓未干。自古函牛多折足，要知无脚是轻安。"⑤释慧琳《一切经音义》卷五九"须铫"条释铫云："余招反，《广雅》：铜谓之铫。《说文》：温器也。以鬲上有环，山东行此音。又徒吊反，今江南行此音。铫形似鎗而无脚，上加踞龙为攀也。"两宋诗词所云"铫"，音

---

① 张师正《倦游杂录》"茶床谜"条："陈恭公以待制知扬，性严重，少游宴，时陈少常亚罢官居乡里，一日上谒，公谓曰：'近何著述？'亚曰：'止得一谜。'因谓之曰：'四个脚子直上，四个脚子直下，经年度岁不曾下，若下，不是风起便雨下。'公思之良久，曰：'殊不晓，请言其旨。'亚曰：'两个茶床相合也。''方欲以此为对，然不晓风雨之说。'亚笑曰：'乃待制厅上茶床也。苟或宴会，即掔值风，涩值雨也。'公为之启齿，复为之开樽。"
② 《全唐诗》，册一三，页4893。
③ 《全宋诗》，册二一，页14298。
④ 《全宋诗》，册二五，页16399。
⑤ 王文诰辑注《苏轼诗集》，册四，页1726，中华书局一九九二年。

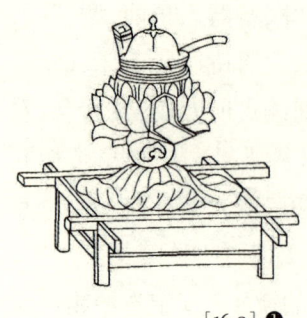

[16-2]:❶

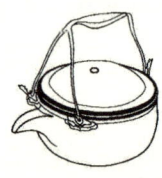

[16-2]:❷

[16-2]:❸

图[16-2]:风炉和铫子(一)
❶宋《人物图》(摹本)
❷传刘松年《撵茶图》(摹本)
❸北宋定窑瓷铫子(摹本)

和义,均取后者,东坡诗便已形容得亲切。所谓"鎗",即铛。铛与铫,皆有长柄,柄上或饰龙头。而铫有短流,铛则否;铛有三足,铫则否。诗词或曰折脚铛,是铫也,"要知无脚是轻安","折脚铛中味最长"①,皆其例。至于出现在煎茶情景中的"鼎",则是铛或铫的雅称,陆游《效蜀人煎茶戏作长句》"正须山石龙头鼎,一试风炉蟹眼汤"②,是也。不过此时也还有一种无柄的铫子,却是在铫子上做出三股交合的提梁,即如台北故宫博物院所藏一件北宋定窑瓷铫③(图16-2:3),又四川德阳县孝泉镇清真寺所出宋代银器中的一件所谓"银匜形器"④,而刘松年《撵茶图》中所绘正是此类⑤(图16-2:2)。

与铫子类似的煎茶之器尚有急须。北宋黄裳《龙凤茶寄照觉禅师》句云"有物吞食月轮尽,凤蠹龙骧紫光隐";"寄向仙庐引飞瀑,一簇蝇声急须腹",其句下自注曰:"急须,东南之茶器。"又其《谢人惠茶器并茶》句有"遽命长须烹且煎,一簇蝇声急须吐"⑥,亦此。急须,即短流而一侧有横直柄的壶,此在唐代即已出现于南方,长沙窑产品中便很常见,或

---

① 释德洪《秋夕示超然》,《全宋诗》,册二三,页15231。
② 《全宋诗》,册四〇,页24889。
③ 张临生《重器重宝——历代器物重宝选介》,页40,(台北)《故宫文物月刊》第三卷第七期(一九八五年)。
④ 沈仲常《四川德阳出土的宋代银器简介》,页9,图七,《文物》一九六一年第十一期。与它同出的尚有银盏托和银茶盏。
⑤ 《画中家具特展》,页30,台北故宫博物院一九九六年。此种铫子使用的历史很长,清代小说中还提到它,如《海上花列传》第二回:"外场提水铫子来冲茶。"
⑥ 《全宋诗》,册一六,页11017;页11019。

有在横柄上作"龙上"二字者,似亦铫子"上加踞龙为攀"之意①(图 16-3：1)。作为煎茶用具,"急须"之器与名也传往日本②(图 16-3：2)。不过不论中土还是东瀛,它的流行范围都不算很广。

风炉也多见宋人吟咏。释永颐《茶炉》诗:"炼泥合瓦本无功,火暖常留宿炭红。有客适从云外至,小瓶添水作松风。"③洪适《汤炉》:"蟹眼候松风,云腴挟霜月。炉下岂常炎,灰飞即烟灭。"④又梅尧臣《茶灶》:"山寺碧溪头,幽人绿岩畔。夜火竹声干,春瓯茗花乱。兹无雅趣兼,薪桂烦燃爨。"⑤所咏皆风炉。石铫与风炉本煎茶所必须,诗词因此通常二者并举。如黄庭坚《奉同六舅尚书咏茶碾煎烹三首》"风炉小鼎不须催,鱼眼长随蟹眼来"⑥;陆游《冬晴与子坦子聿游湖上》"会挈风炉并石鼎,桃枝竹里试茶杯"⑦;张伦《诉衷情·咏闲》"闲中一盏建溪茶。香嫩雨前芽。砖炉最宜石铫,装点野人家"⑧。

当然铫子并不仅仅用于煎茶,但若煎茶,它却是上选。两宋绘画中,用作煎茶的风炉与铫子并不鲜见。除两幅《萧翼赚兰亭》之外,又有上海博物馆藏南宋《白莲社图卷》,今

[16-3]：❶

[16-3]：❷

图[16-3]
❶长沙窑窑址出土急须(摹本)
❷日本之急须

---

① 《长沙窑》,页 38;页 37,图二四。不过唐代急须其时未必俱用作煎茶,长沙窑窑址所出急须,其柄上亦有作"注子"二字者。
② 今通行之辞典或释作煎茶器,或释作陶制小茶壶,前者应是它的古义。
③ 《全宋诗》,册五七,页 35992。
④ 《全宋诗》,册三七,页 23428。
⑤ 《全宋诗》,册五,页 2716。
⑥ 《全宋诗》,册一七,页 11566。
⑦ 《全宋诗》,册四〇,页 25052。
⑧ 唐圭璋《全宋词》,册三,页 1420,中华书局一九六五年。

[16:4]

[16:5]:❶

图[16-4]
冯晖墓出土莲花托座

图[16-5]:风炉和铫子(二)
❶宣化下八里辽金壁画墓出土

① 咸阳市文物考古研究所《五代冯晖墓》,图版七七、七八,重庆出版社二〇〇一年。按此墓曾多次被盗。
② 北京市文物工作队《北京西便门外发现铜器》,页170,图一:4、5,《考古》一九六三年第三期。
③ 何明《记塔虎城出土的辽金文物》,页46,图三:2,《文物》一九八三年第七期。
④ 吉林市博物馆《吉林市郊发现的金代窖藏文物》,页63,图四:10,《文物》一九八二年第七期。
⑤ 河北省文物研究所《宣化辽墓》,图版七六:6;图版七九:4,文物出版社二〇〇一年。
⑥ 河北省博物馆等《河北省出土文物选集》,图三五二,文物出版社一九八〇年。瓷炉上的"刁斗"应为茶铫,已经廖宝秀指出,见所著《宋代吃茶法与茶器之研究》,页72,台北故宫博物院一九九六年;但同文认为除此之外不见其他实物,则不然。

藏台北故宫博物院的一幅宋代《人物图》和传刘松年《撵茶图》(图 16-2)。画中与风炉配套的煎茶之器,均是铫子。《人物图》中的莲花托座风炉,虽至今未见完整的实物,但是上承风炉、下接底座的一件莲花托座,在时属五代的冯晖墓中已经出现。器为泥质灰黑陶,高十七、口径四十四、底径二十一厘米,器底中央一个直径十厘米的圆孔①(图 16-4)。铜铫在辽、金的出土器物中则多有发现,如北京西便门外一处辽代寺院遗址②,辽上京道长春州州治遗址③,吉林市郊金代窖藏④,此中被称作"匜"与"带流勺"的铜器,实即铫子。河北宣化下八里辽金壁画墓的三号墓中,出土一件陶炉,侈口、直腹、宽平沿、五蹄足,腹间开有圆孔和条形孔,器高十五、口径十四点七厘米⑤。此炉,应即风炉。同出又有瓷茶托,又一件陶"匜",平底,长柄,一侧有小流,高六点六、口径十二点三厘米。此"匜",便是与风炉配套之铫(图 16-5:1)。二者皆为明器。又有著名的一件定窑白釉瓷炉,上附"刁斗",七十年代出自河北曲阳县涧磁村,炉上之"刁斗",亦为铫⑥(图 16-5:2)。不过这一套煎茶之器尺寸很小，乃是模型。

与风炉配套的尚有一种短流的煎茶瓶。黄庭坚《谢曹子方惠二物二首》，其一即为"煎茶瓶"，句云："短嘴可候煎，枵腹不停尘。蟹眼时探穴，龙文已碎身。"[1]"蟹眼"句，乃煎茶之候汤；"龙文"，指茶饼，"龙文已碎身"，便是茶饼已细研作末，正可入于汤之老嫩合度的煎茶瓶中。起句特别点明"短嘴"，可知它与用作点茶，即须注汤有力而做成长流的汤瓶不同。煎茶瓶在河北宣化下八里张匡正墓和张文藻墓的壁画中可见，它正好坐在一个下有莲花托座的风炉之上[2]。两墓时属辽大安九年。与此形成对比的，是宣化下八里张世古墓壁画中一件长流的用作点茶的汤瓶[3]。此墓时属辽天庆七年，与前者约略同时，三墓与诗人生活的年代也正相当，可以互证（图16-6）。

风炉与铫子用于煎茶，至于点茶，却是用汤瓶，而不用铫子，马廷鸾"砖炉石铫竹方床，何必银瓶为泻

[16-5]:❷

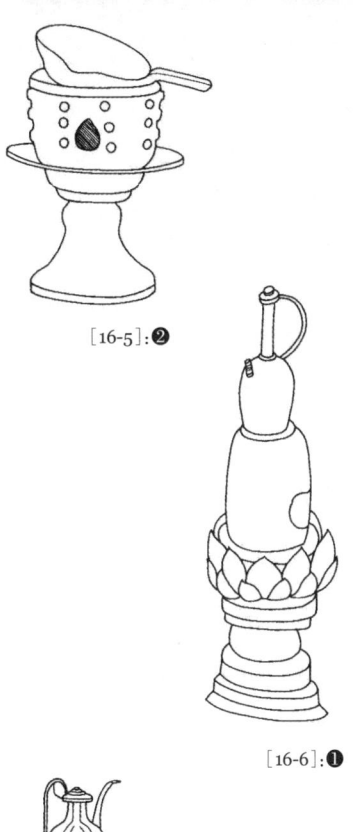

[16-6]:❶

图[16-5]:风炉和铫子(二)
❷曲阳县涧磁村出土

图[16-6]
❶宣化下八里张匡正墓壁画（摹本）
❷宣化下八里张世古墓壁画（摹本）

[16-6]:❷

①《全宋诗》，册一七，页11576。
②《宣化辽墓》，彩版五。
③《宣化辽墓》，彩版七八。

[16-7]:❶

[16-7]:❷

[16-7]:❸

图[16-7]
❶《货郎图》局部一
❷❸《货郎图》局部二(摹本)

汤"①,"石铫"、"银瓶"对举,前者指煎茶,后者谓点茶,是茶器不同,而烹茶之法迥异。故宫博物院藏李嵩《货郎图》,货郎担子里正有一组茶具:一摞盏托,一摞茶盏,一把长流汤瓶,一柄点茶所必须的茶筅(图 16-7)。又陕西历史博物馆藏一方北宋砖雕,画面浮雕方桌旁边分立的两名侍女,其一手持盏托,上边坐着茶盏,其一一手举着点茶用的汤瓶,一手持茶筅,正是点茶情形②(图 16-8-1)。山西汾阳东龙观宋金墓壁画中也有同样

---

① 《谢龙山惠拄杖并求石铫四首》,《全宋诗》,册六六,页 41269。
② 陕西历史博物馆《寻觅散落的瑰宝——陕西历史博物馆征集文物精粹》,页 96,三秦出版社二〇〇一年。

[16-8]：❷

图[16-8]
❷山西汾阳东龙观宋金墓壁画

的场景①(图 16-8-2)。

汤瓶煎水,一般也不取风炉,而多半用方形的"燎炉",亦称"方炉"。宋王安中有《睿谟殿曲宴诗》②,详记宣和元年的一次宫中之宴③。诗前之长序胪举盛况,其中说道"户牖屏柱,茶床燎炉,皆五色琉璃,缀以夜光火齐,照曜璀璨"。茶床与茶床之用,已见前引诗文,这里以燎炉与之并举,可知同为烹茶之器。又南宋赵蕃《海监院惠二物戏答》"打粥泛邵州饼,候汤点上封茶。软语方炉活火,清游断岸飞花"④,亦此。

与煎茶多用于二三知己的小聚与清谈不同,点茶多用于宴会,包括家宴,也包括多人的雅集。两种情景,在宋代绘画中一一表现分明。验之以宋徽宗《文会图》,旧题唐人、实为宋代作品的《春宴图卷》,又南宋《会昌九老

---

① 山西省考古研究所等《二〇〇八年山西汾阳东龙观宋金墓地发掘简报》,封二:2,《文物》二〇一〇年第二期。

② 《全宋诗》,册二五,页 15972。

③ 王明清《挥麈后录》卷四:"徽宗宣和七年十二月二十一日,就睿谟殿张灯预赏元宵,曲燕近臣,命左丞王安中、中书侍郎冯熙载为诗以进。"而冯诗中明明咏道"宣和初载元冬尾,瑞白才消尘不起",则事当在宣和元年(冯诗见《全宋诗》,册二五,页 16183)。刘永翔《清波杂志校注》(中华书局一九九四年)于此已考证甚详(页 248)。

④ 《全宋诗》,册四九,页 30760。

[16-8]:❶

[16-9]:❶

[16-9]:❷

图[16-8]
❶北宋砖雕点茶图

图[16-9]:燎炉与汤瓶
❶《文会图》(摹本)
❷《会昌九老图》局部一

图》,可证大型聚会所用皆为上置候汤点茶之汤瓶的"方炉",亦即王安中诗序中说到的"燎炉"①(图16-9)。若煎茶,则前面提到的《撵茶图》可以为例。画面分作两部,一边绘高僧据案挥毫欲作书,两学士观坐在一旁,此为书事。另一边绘假山花木,其旁置桌,桌上摆着玳瑁茶筒、茶盏、盏托等。桌旁一具风炉,炉上坐着带提梁的铫子。炉旁的碾茶者用脖颈上挂着的襻膊儿搂住衣袖,正在"危坐只手旋乾坤"②(图16-10)。张元干《浣

---

① 著名的四方北宋妇女画像砖(中国国家博物馆藏),其中的"烹茶图"所表现的也是点茶所用之器,即汤瓶和燎炉(《文物》一九七九年第三期,图版七:2)。至于宋程大昌《演繁露》卷二"镣炉"条考证镣炉应即燎炉,亦即"今之生麻秕(原注:音身),盆也",却是一种直口宽沿、下有蹄足的火盆,即如前举河北宣化辽墓壁画中所见,戴表元《舒子俊见过》"燎炉暖糟床响,随分欢留作好春"(《全宋诗》,册六九,页43707),应即此类。

② 故宫博物院藏宋人《百马图》中的铡草者脖颈上也挂着襻膊儿,沈从文《中国古代服饰研究》特将它指出(页346,商务印书馆[香港]有限公司一九九二年)。《西湖老人繁胜录》"诸行市"条、《武林旧事》卷六"小经纪"条所列诸物,均有"襻膊儿"一项。又,李霖灿《刘松年的撵茶图与醉僧图》推论《撵茶图》中的高僧应是怀素,学士之一则为怀素舅父钱起。李文并认为此图命名不确,即图之重点为翰墨而非茶事。(台北)《故宫文物月刊》第二卷第十一期,一九八五年。不过画作茶事与书事的平均用力,正反映出当日二者的密不可分,张元干词也是与它呼应的一例。

[16-9]:❸

[16-10]:❶

图[16-9]：燎炉与汤瓶　　图[16-10]
❸《会昌九老图》局部二　　❶《撵茶图》局部一

溪沙》："棐几明窗乐未央。熏炉茗盌是家常。客来长揖对胡床。　蟹眼汤深轻泛乳，龙涎灰暖细烘香。为君行草写《秋阳》。"[1]词与画适可对看。

作为时尚的点茶，其高潮在于"点"，当然要诸美并具——茶品，水品，茶器，技巧——点的"结果"才可以有风气所推重的精好，而目光所聚，

---

[1]《全宋词》，册二，页1086。

[16-10]：❷

图[16-10]
❷《撵茶图》局部二

是点的一刻。士人之茶重在意境，煎茶则以它所包含的古意而更有蕴藉。南宋洪咨夔有《作茶行》，颇道出此中意趣："磨斫女娲补天不尽石，磅礴轮囷凝绀碧臼劚。扶桑挂日最上枝，婺珊勃窣生纹漪。吴罡小君赠我杵，阿香藁砧授我斧。斧开苍璧粲磊磊，杵碎玄玑纷楚楚。出臼入磨光吐吞，危坐只手旋乾坤。碧瑶宫殿几尘堕，蕊珠楼阁妆铅翻。慢流乳泉活火鼎，浙瑟微波开溟涬。花风迸入毛骨香，雪月浸澈须眉影。太一真人走上莲花舫，维摩居士惊起狮子床。不交半谈共细啜，山河日月俱清凉。桑苎翁，玉川子，款门未暇相倒屣。予方抱《易》坐虚明，参到洗心玄妙旨。"①作茶，即碾磨茶，陆游《秋晚杂兴十二首》之五"聊将横浦红丝硙，自作蒙山紫笋茶"，句下自

① 《全宋诗》，册五五，页 34580。

注:"乡老旧谓碾磨茶为作茶。"①洪诗因起首说石,举出茶臼。"扶桑挂日"云云,指茶饼。斧分茶饼,然后用茶臼粗研,再入茶磨细碾,直要它细如仙宫之尘,丽姝之粉②。"慢流乳泉活火鼎,渐瑟微波开溟涬",煎茶也,鼎指风炉。"不交半谈共细啜,山河日月俱清凉",真正是茶事的至境,于是得与茶贤接通声气——陆羽、卢仝在茶诗中几乎是不可或缺之典,煎茶自然更须用它来揭明要义,依傍这古典的记忆而持守茶事之清,而把茶事引向独立于流俗之外的意境,结末的所谓"虚明"因此可以指实景,也可以指心境。此或近于玄思,但宋人本来是把玄思融入日常,茶事也不外如此。

  煎茶与点茶,是烹茶方法的古今之别,其中当然也还有着茶品之别,亦即常品与佳品之别。宋王观国《学林》卷八"茶诗"条云:"茶之佳品,其色白,若碧绿色者,乃常品也。茶之佳品,芽蘖微细,不可多得,若取数多者,皆常品也。茶之佳品,皆点啜之;其煎啜之者,皆常品也。""齐己茶诗曰:'角开香满室,炉动绿凝铛。'丁谓茶诗曰:'末细烹还好,铛新味更全。'此皆煎茶啜之也。煎茶啜之者,非佳品矣。"此说虽然不很完全,但用来概括一般情景,大致不错。不过付诸吟咏的两宋茶事,煎茶与点茶之间,隐隐然又有着清与俗之别。陈与义《玉楼春·青镇僧舍作》"呼儿汲水添茶鼎。甘胜吴山山下井。一瓯清露一炉云,偏觉平生今日永"③;林景熙《答周以农》"一灯细语煮茶香,云影霏霏满石床"④;黄庚《对客》"诗写梅花月,茶煎谷雨春"⑤;陆游《雪后煎茶》"雪液清甘涨井泉,自携茶灶就烹煎。一毫无复关心事,不枉人间住百年"⑥。如此之例,两宋诗词中不胜枚举。煎茶之意古,所用之器古,因总以它不同于时尚的古雅而与诗情相依。与燎炉相比,风炉自然轻巧得多,当有携带之便,且与燎炉用炭不同,风炉通常用薪,则拾取不难,何况更饶山野之趣,诗所以曰"藤杖有时缘石磴,风炉随处置茶

---

① 《全宋诗》,册四一,页 25524。按洪咨夔乃於潜人(今浙江临安县西于潜),则陆游之所谓"乡",当不局限于山阴一地。

② 无论点茶还是煎茶,皆要把茶碾得细。曾几《李相公饷建溪新茗奉寄》句云"碾处曾看眉上白",其下自注"茶家云碾茶须令碾者眉白乃已"(《全宋诗》,册二九,页 18571)。前引黄裳《龙凤茶寄照觉禅师》句有"颐指长鬓运金碾,未白眉毛且须转",即此。又黄庭坚与人书云:"耒阳茶硙穷日,可得二两许,未能足瓶子,且寄两小囊,可碾罗毕,更熟碾数百,点得自浮花泛乳可喜也。"(《山谷简尺》卷下)至于苏轼的"井好能凿冰,茶甘不上眉"(《道者院池上作》,《全宋诗》,册一四,页 9380),则是反其意而用之。

③ 《全宋词》,册二,页 1069。

④ 《全宋诗》,册六九,页 43477。

⑤ 《全宋诗》,册六九,页 43567。

⑥ 《全宋诗》,册四一,页 25652。

杯"①;而所谓"岩边启茶钥,溪畔涤茶器。小灶松火然,深铛雪花沸。瓯中尽余绿,物外有深意"②,更是煎茶独有的雅韵。

在煎茶与点茶之别中特寓微意,则有苏轼的名作《试院煎茶》:"蟹眼已过鱼眼生,飕飕欲作松风鸣。蒙茸出磨细珠落,眩转绕瓯飞雪轻。银瓶泻汤夸第二,未识古人煎水意。君不见昔时李生好客手自煎,贵从活火发新泉。又不见今时潞公煎茶学西蜀,定州花瓷琢红玉。我今贫病常苦饥,分无玉盌捧蛾眉。且学公家作茗饮,砖炉石铫行相随。不用撑肠拄腹文字五千卷,但愿一瓯常及睡足日高时。""银瓶泻汤夸第二",此前数句皆言点茶;"未识古人煎水意",以下俱言煎茶。苏辙《和子瞻煎茶》"相传煎茶只煎水,茶性仍存偏有味"③,是其意。邹浩《次韵仲孺见督烹小团》"方欲事烹煎,薑盐以为使",自注:"蜀人煎茶之法如此"④。所谓西蜀煎茶法,便是茶汤中佐以薑盐,前引苏诗句有"薑新盐少茶初熟",亦可证⑤,它在宋代原是作为古法而常常用于煎茶⑥。李生句,则用唐李约煎茶故事⑦。诗作于熙宁五年(一○七二),东坡在杭州监试。是时甫用王安石议,改取士之法,东坡有《监试呈诸试官》诗述其事,且于其中微存讽意,《试院煎茶》则暗用当日茶事中的古今之别再度风之⑧,"且学公家作茗饮,砖炉石铫行相随",实在是借煎茶而表现了一种姿态的。

风炉以煎茶所必须,久而又成为表现文人风度的道具。辽宁省博物馆

---

① 陆游《开东园路北至山脚因治路傍隙地杂植花草六首》,《全宋诗》,册四〇,页 25099。
② 张伯玉《后庵试茶》,《全宋诗》,册七,页 4727。
③ 《全宋诗》,册一五,页 9872。
④ 《全宋诗》,册二一,页 13936。
⑤ 薑盐煎茶,黄庭坚有《煎茶赋》述其事甚详,此篇也很为宋人所喜,曾入选于吕祖谦编《宋文鉴》,见其编卷七。南宋林正大也有词括其意而咏之,见《全宋词》,册四,页 2458。又黄庭坚与人书云"蒸牙一合,虽是分宁茶,味不甚佳,但可用薑盐煎,以领关、张尔"(《山谷简尺》卷下)。是薑、盐、茶可作结义弟兄,但用于茶之"味不甚佳"者。
⑥ 如南宋虞俦《和林正甫碾茶》:"肝胆由来自一家,人间何许是真茶。不妨更著薑盐伴,可但丘中咏有麻。"(《全宋诗》,册四六,页 28593)末句出自《诗·王风·丘中有麻》,此应是借用其中"将其来食"句而表达情意。
⑦ 赵璘《因话录》(江苏广陵古籍刻印社影印笔记小说大观本一九八三年):"(李)约天性惟嗜茶,能自煎,谓人曰:茶须缓火炙,活火煎。活火,谓炭火之[有]焰者也。客至,不限瓯数,竟日执持茶器不倦。曾奉使行至陕州硖石县东,爱渠水清流,旬日忘发。"
⑧ 王文诰辑注《苏轼诗集》页 371,《试院煎茶》注引翁方纲云:"是时甫用王安石议,改取士之法,罢诗赋、帖经、墨议,专以策,限定千言。故先生呈诸试官诗云'聊欲废书眠,秋涛春午枕',正与此篇末句意同。'未识古人煎水意,且学公家作茗饮',亦皆此意。"呈诸试官诗,即《监试呈诸试官》,同书,页 366。按两诗所咏为一事,但"聊欲废书眠,秋涛春午枕",与此篇末句之意却并不相同。前者意为且吃茶去,后者则以烹茶法的不同而拟喻寄意。

藏元人《子方扁舟傲睨图》,远山阔水,傍岸处一叶扁舟,童子煎茶,舟子操楫;一函书,一张琴,与倚坐船头的主人相伴(图 16-11)。舟中用作煎茶的,依然是辽宋常见的莲花托座风炉。"船中自带红泥灶,亭上亲煎白乳泉。唯有溪山知此意,水风吹面晚萧然"①;"书生调度清且苦,臭味不同谁与论"②,元人的潇洒风流,仍存宋诗遗意。此际不同流俗的煎茶之韵

[16-11]:❶

[16-11]:❷

图[16-11]
❶《子方扁舟傲睨图》(局部)
❷《子方扁舟傲睨图》(摹本)

---

① 毛滂《题贵溪翠颜亭二首》,《全宋诗》,册二一,页 14124。
② 虞俦《赠孙尉姑苏紫石铫孙有诗次韵》,《全宋诗》,册四六,页 28470。

中,原来是"傲睨"①。

饮茶当然不自陆羽始,但自陆羽和陆羽的《茶经》出,茶便有了标格,或曰品味。《茶经》强调的是茶之清与洁,与之相应的,是从采摘、制作直至饮,一应器具的清与洁。不过《茶经》最有意味的文字,却在卷下"九之略":

> 其造具,若方春禁火之时,于野寺山园,丛手而掇,乃蒸乃舂,乃复以火干之,则又棨、朴、焙、贯、朋、穿、育等七事皆废。其煮器,若松间石上可坐,则具列废。用槁薪鼎𨰕之属,则风炉、灰承、炭挝、火筴、交床等废。若瞰泉临涧,则水方、涤方、漉水囊废。若五人已下,茶可末(或作味)而精者,则罗废。若援藟跻岩,引絙入洞,于山口炙而末之,或纸包合贮,则碾、拂末等废。既瓢、盌、筴、札、熟盂、醯篮悉以一筥盛之,则都篮废。但城邑之中,王公之门,二十四器阙一,则茶废矣。

既入高门,则茶之清,舍精细、济楚之待遇外,不能保存。而若依松傍岩,瞰泉临涧,二三知己品茗于朗月清风之间,则人与事,双清并,其器其具,其一应之微细,皆可不论。可以说,此方为茶之三昧,也不妨说,《茶经》凡不可略者,皆是为俗饮说法,惟此之可略,方是陆子心中饮茶之至境,此便最与诗人会心,其影响至宋而愈显。《茶录》与《大观茶论》固然是雅,然而以"九之略"为衡,则依然是俗。"欲知花乳清泠味,须是眠云跂石人"②,宋人深会此意。风炉石鼎,茶烟轻轻,其器古朴,其韵疏清;煎茶,保存的正是如此意境。当然这并不意味着时有雅饮之一派,凡茶必煎,又有俗饮之一派,凡茶必点。二者在日常生活中,本是既并行,又交叉。而饮茶方式的选择,既与茶品、时地、饮茶之人相关,在某种情况下,也与意境之追求相关。从另一面说,此又与诗人、画家以胸襟气度及创作背景之异而选择不同的话题相关。南宋张栻云:"予谓建茶如台阁胜士,草茶之佳者如山泽高人,各有风致,未易疵也。"③持此以喻点茶与煎茶之别,也正合宜。

结论如是,不妨仍以煎茶之意叩诸宋人,其或应声而答:"不置一杯酒,惟煎两碗茶。须知高意别,同此对梅花。"④

---

① "扁舟傲睨",或取意于南宋林景熙诗"客星谪下桐江湄,傲睨烟雨何年归"(《谒严子陵祠》);《全宋诗》,册六九,页43477)。
② 刘禹锡《西山兰若试茶歌》,《全唐诗》册一一,页4000。
③ 《定叟弟频寄黄蘗仰山新芽尝口占小诗适灾患亡聊久不得遣寄今日方能写此》,句云"不入贡包供玉食,只应山泽擅高名",其下自注"坡公贬草茶,未为确论"云云。《全宋诗》,册四五,页27934。
④ 邹浩《同长卿梅下饮茶》,《全宋诗》,册二一,页14058。

附：关于分茶与斗茶

一　分茶

对于分茶的解释，有几种不同意见。一九五八年版《宋诗选注》释陆游《临安春雨初霁》，以为"分"就是宋徽宗《大观茶论》所谓"鉴辨"。蒋礼鸿则以《"分茶"小记》为题对此发表了不同看法，认为分茶有二解，其一，为酒菜店或面食店；其一，指用沸水（汤）冲（注）茶，使茶乳幻变成图形或字迹[①]。许政扬《宋元小说戏曲语释》"分茶"条中也提出详细意见，结论是："分茶"就是烹茶、煎茶[②]。一九八二年版《宋诗选注》摒弃旧释，曰："'分茶'是宋代流行的一种'茶道'，诗文笔记里常常说起，如王明清《挥麈余话》卷一载蔡京《延福宫曲宴记》，杨万里《诚斋集》卷二《澹庵座上观显上人分茶》；宋徽宗《大观茶论》也有描写，黄遵宪《日本国志》《物产志》自注说日本'点茶'即'同宋人之法'：'碾茶为末，注之以汤，以筅击拂'云云，可以参观。"此外，今人《剑南诗稿校注》卷一二《疏山东堂昼眠》下释分茶曰："分茶，宋人泡茶之一种方法，即以开水注入茶碗之技术。杨诚斋《澹庵座上观显上人分茶》云云，可想象其情况。"[③]又，今人《陈与义集校笺》在《和周绍祖分茶》诗下，引证亦详，末云："分茶一辞，宋人无释，各种茶谱亦不载"，"据各家所咏或记载，盖以茶匙（茶谱云：茶匙要重，击拂有力）取茶（汤）注

[①]《蒋礼鸿文集》，册四，页393~395，浙江教育出版社二〇〇一年。
[②]《许政扬文存》，页30~33，中华书局一九八四年。
[③] 钱仲联《剑南诗稿校注》，页964，上海古籍出版社一九八五年。

盏中，为分茶也。简斋此诗云'小杓勿辞满'，当即以茶匙击拂之意"①。

诸家之释，以一九八二年版《宋诗选注》为近实。不过，若求详实与确切，则仍嫌不足。此为其书体例所限，不烦苛求。

分茶之意究竟如何，须从唐宋饮茶法以及期间发生的变化说起。

唐宋时代的饮茶，乃茶末与茶汤同饮，饮后不留余滓。至于烹茶法，元明以前，则可大别为二：其一煎茶，其一点茶。如前说述，煎茶盛行于唐，陆羽《茶经》载其法最详；两宋则盛行点茶，蔡襄《茶录》、宋徽宗《大观茶论》，乃点茶法经典②。煎茶与点茶，皆须煎汤亦即煎水。前者煎汤于茶铫，后者煎汤于汤瓶。汤至火候恰好之际，若煎茶，则将细碾且细罗之后的茶末投入滚汤。若点茶，此前便须炙盏，《茶录》所谓"凡欲点茶，先须熁盏令热，冷则茶不浮"。嗣后以小勺舀取茶末，在盏中调作膏状，于时以汤瓶冲点，边冲点边以竹制的茶筅或银制的茶匙在盏中回环搅动，即所谓"击拂"。点茶需要技巧，又以因击拂之法不同盏面泛起之乳花不同而有各种名目，自第一汤至第七汤而各有不同③。

点茶尤重盏面浮起之乳花。王明清《挥麈余话》卷一录蔡京《保和殿曲燕》云："赐茶全真殿，上亲御击注汤，出浮花盈面。"又引其《延福宫曲宴记》云："上命近侍取茶具，亲手注汤击拂，少顷，白乳浮盏面，如疏星淡月，顾诸臣曰：'此自布茶。'""上"，徽宗也，"疏星淡月"云云，即见于他的《大观茶论》④，王安中《临江仙·和梁才甫茶词》"延和行对台臣。宫瓯浮雪乳花匀"⑤，亦咏其事。只是烹茶重乳花，却不自点茶始，陆羽《茶经》讲述煎茶法时已叙述得详细。《茶经》卷下"五之煮"：

> 第二沸出水一瓢，以竹筴环激汤心，则量末当中心而下。有顷，势若奔涛溅沫，以所出水止之，而育其华也。凡酌，置诸盌，令沫饽均。沫饽，汤之华也。华之薄者曰沫，厚者曰饽，细轻者曰花，如枣花漂漂然于环池之上，又如回潭曲渚青萍之始生，又如晴天爽朗有浮云鳞然。其沫者如绿钱浮于水渭，又如菊英堕于镈俎之

---

① 白敦仁《陈与义集校笺》，页136，上海古籍出版社一九九〇年。
② 以下引《茶经》、《茶录》，均据百川学海本，个别字句据他本校改；《大观茶论》，据《说郛》宛委山堂本。
③ 《大观茶论·点》。以"七"为数，应即由卢仝《走笔谢孟谏议惠新茶》而来。"七碗"在两宋茶诗中也常常用作茶的代称。
④ 《大观茶论·点》云注汤时，"搅动茶膏，渐加击拂，手轻筅重，指绕腕旋，上下透彻，如酵蘖之起面，疏星皎月，灿然而生"。
⑤ 《全宋词》，册二，页750。

中。馎者,以滓煮之,及沸,则重华累沫皤皤然若积雪耳。《荈赋》所谓"焕如积雪,烨若春薮"有之①。

又同书"七之事"引《桐君录》云:"茗有馎,饮之宜人。"

不过唐代之煎茶,乃茶在釜中煎好,然后分酌入盏,陆羽虽云"凡酌,置诸盌,令沫馎均",然而分酌之际,总难免稍坏浮花。两宋之点茶,则无此虞。北宋张扩《均茶》所以云:"密云惊散阿香雷,坐客分尝雪一杯。可是陈平长割肉,全胜管仲自分财。"②乳花在两宋且颇多俗名与雅称,曰云,曰云脚③,曰花,曰乳花、玉花、琼花、雪瓯花,或仍依《茶经》称枣花④。而此际所重,又不仅在于乳花,更在乳花泛盏之久,此即谓之"咬盏"。《大观茶论》:"乳雾汹涌,溢盏而起,周回凝而不动,谓之咬盏。"梅尧臣《次韵和再拜》句有:"烹新斗硬要咬盏,不同饮酒争画蛇。从揉至碾用尽力,只取胜负相笑呀。"⑤所谓"次韵",乃次欧阳修韵,原唱《尝新茶呈圣俞》句有"停匙侧盏试水路,拭目向空看乳花"⑥。又释德洪《空印以新茶见饷》"要看雪乳急停筅,旋碾玉尘深注汤"⑦、《无学点茶乞诗》"盏深扣之看浮乳,点茶三昧须饶汝"⑧;刘才邵《方景南出示馆中诸公唱和分茶诗次韵》"欲知奇品冠坤珍,须观乳面啮瓯唇。汤深不散方验真,侧瓶飞瀑垂岩绅"⑨,等等,皆其例。

咬盏与否,茶品之优劣是其要⑩,其次则在于击拂,郭祥正"急手轻调北苑茶,未收云雾乳成花"⑪,是也。击拂之器为茶筅或茶匙。毛滂《谢人分寄密云大小团》"旧闻作匙用黄金,击拂要须金有力"⑫;梅尧臣《次韵和永

---

① 《艺文类聚》卷八二,杜育《荈赋》:"惟兹初成,沫沉华浮,焕如积雪,晔如春敷。"
② 《全宋诗》,册二四,页16092。
③ 向子諲《浣溪沙》"茗盌分云微醉后,纹楸斜倚髻鬟偏",《全宋词》,册二,页975。梅尧臣《宋著作寄凤茶》"云脚俗所珍,鸟觜夸仍众"(册五,页2788);又《谢人惠茶》"以酪为奴名价重,将云比脚味甘回"(册五,页2980);陈东《茶》(一作《索友人春茗》):"偏爱君家碧(一作白)玉盘,建溪云脚未尝干。书生自恨无金换,聊以诗章乞数团。"(册二九,页18749)
④ 林逋《尝茶次寄越僧灵皎》"瓶悬金粉师应有,筯点琼花我自珍"(《全宋诗》,册二,页1225);葛胜仲《谢太守惠茶》"破看鲜馥欺瑶草,煮验漂漾枣花"(册二四,页15662)。
⑤ 《全宋诗》,册五,页3262。
⑥ 《全宋诗》,册六,页3646。
⑦ 《全宋诗》,册二三,页15244。
⑧ 《全宋诗》,册二三,页15167。
⑨ 《全宋诗》,册二九,页18846。
⑩ 苏轼《西江月·茶词》"汤发云腴酽白,盏浮花乳轻圆"(《全宋词》,册一,页284);傅干注:"云腴、花乳,茶之佳品如此。"(《傅干注坡词》卷二,北京图书馆出版社二〇〇〇年)
⑪ 《城东延福禅院避暑五首》之三,《全宋诗》,册一三,页8982。
⑫ 《全宋诗》,册二一,页14095。

叔尝新茶杂言》"石铫煎汤银梗打,粟粒铺面人惊嗟"①,银梗,茶匙也,粟粒铺面则是第三汤点茶,盏面所现之象②。《大观茶论》有专条说茶筅,两宋诗词也有专咏茶筅之作,而以元谢宗可《咏物诗》中的《茶筅》最为传神:"此君一节莹无瑕,夜听松声漱玉华。万缕引风归蟹眼,半瓶飞雪起龙牙。香凝翠发云生脚,湿满苍髯浪卷花。到手纤毫皆尽力,多应不负玉川家。"③虽咏茶筅,而点茶之要在其中。"香凝翠发云生脚,湿满苍髯浪卷花",实为击拂要领,所谓纤毫尽力,便是意在使盏面起乳花。《大观茶论》"筅疏劲如剑脊,则击拂虽过而浮沫不生",二者所言角度不同,其意一也。

点茶如此,分茶如何?其实所谓"分茶",除蒋礼鸿先生所揭第一义外,两宋通常皆指点茶,或曰分茶即点茶之别称。王安中《进和御制芸馆二诗》"风好知从宫扇动,茶香宜入御瓯分"④;虞俦《和孙尉登空翠堂鼓琴酌茗有怀冷令二首》"巧分茗椀消磨睡,静拂琴徽断送愁"⑤;晁补之《和答曾敬之秘书见招能赋堂烹茶二首》"一碗分来百越春"⑥;华岳《赠楞伽老瑛上人》"拂床展卷呈诗稿,炙盏分茶当酒盃"⑦;又吴文英《望江南·茶》"玉纤分处露花香"⑧,王千秋《风流子》"卷茵停舞,侧火分茶。笑盈盈,溅汤温翠盌,折印启湘纱。玉笋缓摇,云头初起,竹龙停战,雨脚微斜"⑨,由诗词中的形容,可知其"分"与"分茶",皆指点茶。不过偶然也有专指,这时所谓"分茶",便是点茶法中特有的一种技巧,对此,诗也描写分明。仅举诸家称引较多的三例。

例一,陈简斋《和周绍祖分茶》:

  竹影满幽窗,欲出腰膂懒。何以同岁暮,共此晴云椀。
  摩挲蛰雷腹,自笑计常短。异时分忧虞,小杓勿辞满。

晴云,自指点茶时盏面浮起的乳花,简斋别有诗云"收杯未要忙,再试晴天云"⑩,亦此。末联之"分",却是义取双关。如前所述,两宋之分茶,原从

---

① 《全宋诗》,册五,页3262。
② 《大观茶论·点》。按此与茶品也有关。宋子安《东溪试茶录》"壑源"条云其地"土皆黑埴,茶生山阴,厥味甘香,厥色青白,及受水,则淳淳光泽(民间谓之冷粥面),视其面,涣散如粟"。
③ 顾嗣立《元诗选·初集》,中册,页1501,中华书局一九八七年。
④ 《全宋诗》,册二四,页15978。
⑤ 《全宋诗》,册四六,页28496。
⑥ 《全宋诗》,册一九,页12871。
⑦ 《全宋诗》,册五五,页34409。
⑧ 《全宋词》,册四,页2897。
⑨ 《全宋词》,册三,页1466。
⑩ 《陪诸公登南楼啜新茶家弟出建除体诗诸公既和余因次韵》,《全宋诗》,册三一,页19486。

两宋之煎茶

[16-12]:❶

图[16-12]
❶《十八学士图》局部一
❷《十八学士图》局部二

[16-12]:❷

点茶而来，与煎茶不同，点茶乃预分茶末、调膏盏中，然后一一冲点，此即所谓"分"意之一。小杓，舀取茶末之器也①，台北故宫博物院藏传宋徽宗《十八学士图》中有此情景（图16-12）。简斋诗则借以拟喻分忧。

例二，陆放翁《临安春雨初霁》：

世味年来薄似纱，谁令骑马客京华。小楼一夜听春雨，深巷明朝卖杏花。矮纸斜行闲作草，晴窗细乳戏分茶。素衣莫起风尘叹，犹及清明可到家。

诗之"分茶"，点茶也。放翁《疏山东堂昼眠》"吾儿解原梦，为我转云团"，句下自注云："是日约子分茶。"约，名子约，放翁第五子。"转云团"，点茶之击拂也。而细乳分茶，放翁诗中原不止一见，如"觉来隐几日初午，碾就壑源分细乳"②，如"墨试小螺看斗砚，茶分细乳玩毫杯"③。毫杯，兔毫盏也，以其色深而衬得乳花分明，特为宋人所爱④（图16-13）。项安世"自瀹霜毫爱乳花"⑤，适可与陆诗对观。可知此诗之"玩"与彼诗之"戏"，意同。不过北宋韩驹有诗题作《六月二十一日子文待制见访热甚追忆馆中纳凉故事漫成一首》，诗云："汉阁西头千步廊，与君长夏对胡床。阴阴桧色连宫草，寂寂棋声度苑墙。细乳分茶纹簟冷，明珠擘荚小荷香。身今老病投炎瘴，最忆冰盘贮蔗浆。"⑥陆诗"分茶"句或即由韩作脱胎。

例三，诚斋《澹庵座上观显上人分茶》：

[16-13]：❶　　　　　　　　　　　　　[16-13]：❷

图[16-13]

❶❷建阳市水吉芦花坪窑址出土兔毫盏　福建省博物院藏

---

① 取水之器，也有小杓之称，苏轼《汲江煎茶》"大瓢贮月归春瓮，小杓分江入夜瓶"（《全宋诗》，册一四，页9567），赵希逢《和寄范茂卿》"揀芽雀舌乍辞枝，小杓分江欲试时"（《全宋诗》册六二，页38927），皆其例；然各从诗题，各有语境，不容混淆也。
② 《全宋诗》，册三九，页24520。
③ 《全宋诗》，册四〇，页25081。
④ 福建博物院《福建博物院文物珍品》，图五五，福建教育出版社二〇〇二年。
⑤ 《以琴高鱼茶芽送范蜀州》，《全宋诗》，册四四，页27415。霜毫，同兔毫。
⑥ 《全宋诗》，册二五，页16630。

分茶何似煎茶好，煎茶不似分茶巧。蒸水老禅弄泉手，隆兴元春新玉爪。二者相遭兔瓯面，怪怪奇奇真善幻。纷如劈絮行太空，影落寒江能万变。银瓶首下仍尻高，注汤作字势嫖姚。不须更师屋漏法，只问此瓶当响答。紫薇山人乌角巾，唤我起看清风生。京尘满袖思一洗，病眼生花得再明。汉鼎难调要公理，策勋茗碗非公事。不如回施与寒儒，归续茶经传纳子①。

杨诗之前，记述如此之艺者，有托名陶谷的《清异录》②，其《茗荈》之部"生成盏"条："馔茶而幻出物象于汤面者，茶匠通神之艺也。沙门福全生于金乡，长于茶海，能注汤幻茶成一句诗，并点四瓯，成一绝句，泛乎汤表。"又同部"茶百戏"："茶至唐始盛。近世有下汤运匕，别施妙诀，使汤纹水脉成物象者，禽兽虫鱼花草之属纤巧如画；但须臾即就散灭。此茶之变也，时人谓之'茶百戏'。"杨诗所谓"屋漏法"，亦见于《清异录》，即"漏影春"条所记。此乃点茶法运用至妙之戏。不过戏成而"须臾即就散灭"，陈棣诗所以曰"急景岂容留石火，余香何处认空花"③。或曰"茶叶溶质在水中扩散成花草图案，是由于饮茶者在茶溶解过程中以羹匙类食器搅动所致"④，不过这里的"饮茶者"当易作"点茶者"，"食器"，当易作"茶器"。至于烹茶之际盏面乳花蒙茸，茶的加工方法是重要因素之一。放翁《入蜀记》，记其经镇江，"赴蔡守饭于丹阳楼"，"蔡自点茶颇工，而茶殊下。同坐熊教授，建宁人，云：'建茶旧杂以米粉，复更以薯蓣，两年来，又更以楮芽，与茶味颇相入，且多乳，惟过梅则无复气味矣。非精识者，未易察也'"⑤。此言之最切。《大观茶论》说点茶，曰"量茶受汤，调如融胶"，茶而能够"调如融胶"，即因经过加工的茶饼，其中掺入米粉、薯蓣、楮芽之类。

点茶之别称，尚有泼茶与试茶。孔平仲《会食》"泼茶旋煎汤，就火自烘盏"⑥；王庭珪《次韵刘英臣早春见过二绝句》"客来清坐不饮酒，旋破龙团泼乳花"⑦，又廖刚《次韵卢骏给事试茶》"蟹眼翻云连色起，兔毫扶雪带香

---

① 《全宋诗》，册四二，页 26085。
② 《清异录》非出陶谷之手，陈振孙《直斋书录解题》、王国维《庚辛之间读书记》皆论之，余嘉锡《四库提要辨证》撮录各家之说，而以王说为是，见卷一九《子部》九。
③ 《次韵王有之主簿》，《全宋诗》，册三五，页 22032。
④ 戴念祖《中国科学技术史·物理学卷》，页 439，科学出版社二〇〇一年。
⑤ 《陆游集》，册五，页 2412，中华书局一九七六年。又祝穆《方舆胜览》卷六八述巴州风物，土产一项记"米膏饼"曰："《广雅》云：荆巴间采茶作饼，既成，以米膏出之。欲煮饼，先炙令色变，捣末瓷器中，以汤浇覆之，用葱姜芼之。"
⑥ 《全宋诗》，册一六，页 10845。
⑦ 《全宋诗》，册二五，页 16843。

浮"①;卢襄《玉虹亭试茶》"试遣茶瓯作花乳,从教两腋起清风"②;陆游《试茶》"苍爪初惊鹰脱韝,得汤已见玉花浮"③,皆其例。而所谓"烹茶",则是总称,煎茶抑或点茶,皆可谓之烹茶。

二 斗茶④

两宋茶事,今人通常推斗茶为第一,且以为此是宋代风气。其实不然。

若考斗茶之源,可溯至唐代。白居易《夜闻贾常州崔湖州茶山境会想羡欢宴因寄此诗》:"遥闻境会茶山夜,珠翠歌钟俱绕身。盘下中分两州界,灯前合作一家春。青娥递舞应争妙,紫笋齐尝各斗新。自叹花时北窗下,蒲黄酒对病眠人。"⑤茶山即湖州顾渚山,其地出茶名紫笋,常州义兴所产为阳羡,唐代均列作贡品,而两地邻壤相接,每造茶时,两州刺史亲至其处,因有如此之隆重。"紫笋齐尝各斗新",便是品第高下的试茶情景,可知斗茶风气正始于贡新,当然它与宋代的斗茶并不相同。

两宋斗茶,述之最详且最早者,为范仲淹《和章岷从事斗茶歌》。章岷,建州浦城人,《全宋诗》收其作六首,然《斗茶歌》原唱不见⑥,不过建人的斗茶情景,从和诗中仍能觑得真切。

年年春自东南来,建溪先暖冰微开。溪边奇茗冠天下,武夷仙人从古栽。
新雷昨夜发何处,家家嬉笑穿云去。露牙错落一番荣,缀玉含珠散嘉树。
终朝采掇未盈襜,唯求精粹不敢贪。研膏焙乳有雅制,方中圭兮圆中蟾。
北苑将期献天子,林下雄豪先斗美。鼎磨云外首山铜,瓶携江上中泠水。
黄金碾畔绿尘飞,紫玉瓯心雪涛起。斗余味兮轻醍醐,斗余香兮薄兰芷。
其间品第胡能欺,十目视而十手指。胜若登仙不可攀,输同降将无穷耻。
于嗟天产石上英,论功不愧阶前蓂。众人之浊我可清,千日之醉我可醒。
屈原试与招魂魄,刘伶却得闻雷霆。卢仝歌不歌,陆羽须作经。

---

① 《全宋诗》,册二三,页 15409。
② 《全宋诗》,册二四,页 16220。
③ 《全宋诗》,册三九,页 24385。
④ 刘昭瑞《宋代的"斗茶"艺术》对斗茶的方式以及所用之器作了比较详细的梳理,不过其中的若干意见似有可商;至于以卢骏元诗"清风两腋为渠生"为"人们操茶筅击拂茶汤时,肘臂张合,似有清风自腋下生"(页 320,《文史》第三十二辑,中华书局一九九〇年),则误之甚矣。
⑤ 《全唐诗》,册一三,页 5027。
⑥ 明董斯张《吴兴备志》卷五:"岷,浦城人,举进士,与范仲淹同赋《斗茶歌》,岷诗先就,仲淹览之曰:此诗真可压倒元、白。"

森然万象中,焉知无茶星。商山丈人休茹芝,首阳先生休采薇。
长安酒价减千万,成都药市无光辉。不如仙山一啜好,泠然便欲乘风飞。
君莫羡花间女郎只斗草,赢得珠玑满斗归①。

诗不惟记斗茶,凡采茶、焙茶、制茶,一应之茶故事,亦无不"巧欲形容"②。"北苑将期献天子,林下雄豪先斗美",述斗茶缘起很是明白。与范仲淹大抵同时的蔡襄作《茶录》,所述正与之相合。其《后序》云:"臣皇祐中修起居注,奏事仁宗皇帝,屡承天问以建安贡茶并所以试茶之状。臣谓论茶虽禁中语,无事于密,造《茶录》二篇上进。"君谟名笔"思咏帖"亦即致冯当世书,也曾议及闽中茶事:"唐侯言,王白今岁为游闰所胜,大可怪也。"唐侯即唐询,时为福建路转运使;王、游二氏皆建溪壑源产白叶茶之园户。此亦贡新之前以斗试而品第高下之证。不过建人之斗试,以蔡襄作《茶录》而传入宫廷,至徽宗朝,更于稀和贵中取其精和巧,因成一种极为精致的宫廷茶戏。

斗茶无他法,点茶而已。蔡襄《茶录·点茶》:"茶少汤多,则云脚散;汤少茶多,则粥面聚(建人谓之云脚、粥面)。钞茶一钱匕,先注汤,调令极匀,又添注之,环回击拂。汤上盏,可四分则止,视其面色鲜白、著盏无水痕为绝佳。建安斗试以水痕先者为负,耐久者为胜,故较胜负之说,曰相去一水、两水。"是有云脚、无水痕,为斗茶之要,林希逸咏庐山新茗"云脚似浮庐瀑雪,水痕堪斗建溪春"③,可为"云脚"、"水痕"之释。所谓"粥面",如前所述,建人制茶饼,每在其中添加富含淀粉之物,点作茶汤,便略如粥之内凝,时人因常常把茶称作"茗粥"。如"橘柚耀金苞,枪旗资茗粥"④;"更恨老年难得睡,因君茗粥恨无涯"⑤;"不辞浓似粥,少待细于尘"⑥,等等。梅尧臣《陈蹇叔郎中出闽漕别送新茶李圣俞郎中出手分似》"细泻谷帘珠颗露,打成寒食杏花饧"⑦,则更为形象,苏轼诗"闽俗竞传夸,丰腴面如粥"⑧,亦可

---

① 《全宋诗》,册三,页1868。
② 《苕溪渔隐丛话后集》卷一一批评此诗"排比故实,巧欲形容,宛成有韵之文"。诗以赋笔载录一时之事,形容尽致,实别有令人可喜处。
③ 《用珍字韵谢吴师分惠乃弟山泉所寄庐山新茗一首》,《全宋诗》,册五九,页37250。希逸闽人,故以庐山茶比之建溪茗。
④ 郏亶《太仓隆福寺创观音院以诗百韵寄妙观大师且呈乡中诸亲旧》,《全宋诗》,册一五,页9768。
⑤ 晁说之《高二承宣以长句饷新茶辄次韵为谢》,《全宋诗》,册二一,页13815。
⑥ 曾几《尝建茗二首》,《全宋诗》,册二九,页18541。
⑦ 《全宋诗》,册四二,页26323。按此诗又见册三八陈仲谔名下,题作《送新茶李圣俞郎中》(页24214),仲谔,即杨诗题中之陈蹇叔,此诗当属杨。
⑧ 苏轼《寄周安孺茶》,《全宋诗》,册一四,页9328。

与之同观。至于"一水、两水",语出民间,源自建人的制茶工序①,斗试之时,遂借来评定胜负之差。此语很是新奇,宋人咏茶诗词便总喜欢用来作茶故事。如王珪《和公仪饮茶》"云叠乱花争一水,凤团双影贡先春"②;曾巩《寨磻翁寄新茶二首》"贡时天上双龙去,斗处人间一水争"③;李处权《谢养源惠茶兼陪士特清啜》"灵芽动是连城价,妙手才争一水功"④;又苏轼《行香子·茶词》"斗赢一水,功敌千锺"⑤。

徽宗时宫廷斗茶,实即比试点茶技巧,茶品佳好,水品亦然,自是前提。斗茶所较,仍是盏面乳花⑥,"咬盏"与否,便是斗茶的胜负规则。徽宗《宣和宫词》:"上春精择建溪芽,携向芸窗力斗茶。点处未容分品格,捧瓯相近比琼花。"⑦道士张继先《恒甫以新茶战胜因咏歌之》:"人言青白胜黄白,子有新芽赛旧芽。龙舌急收金鼎火,羽衣争认雪瓯花。蓬瀛高驾应须发,分武微芳不足夸。更重主公能事者,蔡君须入陆生家。"⑧可见斗茶之一般。"捧瓯相近比琼花","羽衣争认雪瓯花",以乳花较胜负也。斗茶且专有其品,北宋宋子安《东溪试茶录》"茶名"条:"一曰白叶茶,民间大重,出于近岁,园焙时有之","芽叶如纸,民间以为茶瑞,取其第一者为斗茶,而气味殊薄,非食茶之比。"又建安黄儒《品茶要录》:"茶之精绝者曰斗,曰亚斗","茶芽,斗品虽最上,园户或止一株,盖天材间有特异,非能皆然也";"其造,一火曰斗,二火曰亚斗,不过十数铐而已。"所产既少,品又极珍,自

---

① 宋赵汝砺《北苑别录》"研茶"条:"研茶之具,以柯为杵,以瓦为盆。分团酌水,亦皆有数,上而胜雪、白茶,以十六水,下而拣芽之水六,小龙凤四,大龙凤二,其余皆以十二焉。自十二水以上,日研一团,自六水而下,日研三团至七团。"其后"纲次"条详列纲目,且一一标明水次、火次,如"细色第三纲":"白茶:水芽,十六水,七宿火","御苑玉芽:小芽,十二水,八宿火。"等等。旧按引《建安志》云:"水取其多,则研夫力胜而色白。"可知水次乃表明加工的程度,即水次多而工愈细,故特标明,以别品级。
② 《全宋诗》,册九,页5982。"云叠乱花争一水",句下自注:"闽中斗茶争一水。"
③ 《全宋诗》,册八,页5600。
④ 《全宋诗》,册三二,页20422。
⑤ 《全宋词》,册一,页302。
⑥ 至于盏面乳花的生成及持续时间之久暂,诸多相关因素,本有其科学道理在。福建农业大学以蒸青不发酵茶为标本,分别从乳花形成及稳定、点茶之器出水口径大小与乳花量的关系、茶叶不同粉碎度对乳花盈盏的影响等项,做了研究与试验,大致归纳为以下几点:一、茶皂素的起泡作用;二、蛋白质的稳泡作用;三、能阻止液膜中茶汤流动的水溶性果胶;四、能增强液膜机械强度的高分子网状结构物质;五、能稳定乳花的憎水性固体粉末(按此条不确。点茶或斗茶,事先虽须将茶饼细研为末,但入盏之后则当加水调作膏状,因此入水点击之后,不可能再有"憎水性固体粉末",且"聚集在汤花表面")。此外的有关因素,尚有茶汤的浓度,水的硬度与水温以及点击的冲击力。池宗宪《浮花泛绿乱于盏——宋代斗茶汤色释疑(下)》,页22~23,(台北)《历史文物》二〇〇二年第四期。
⑦ 《全宋诗》,册二六,页17048。
⑧ 《全宋诗》,册二〇,页13519。诗之"羽衣",指道士。

然名重价高。梅尧臣《王仲仪寄斗茶》"白乳叶家春,铢两值钱万"①,并非夸饰之辞。叶家,建溪壑源茶户,斗茶出其园中也,曾巩《方推官寄新茶》"壑源诸叶品尤新"②,亦此。

斗茶既如此名贵,其时便又常以之作为极品茶的别称,斗茶已经衰歇的时候,尤其如此。陆游《晨雨》"青蒻云腴开斗茗,翠罂玉液取寒泉"③;范成大《题张氏新亭》"烦将鍊火炊香饭,更引长泉煮斗茶"④,是其例。

斗茶的风习,始于宋初,徽宗朝为盛,南渡以后,即已衰歇,此与建窑烧制御用兔毫盏的时间,也大致相当⑤,因此它范围其实很小,时间也不很长,且士人鲜以此相尚。明人王世贞云"斗茶中贵好"⑥,正是见得明白。斗茶盛日,诗人于此本多有微辞。苏轼《荔枝叹》是其著例⑦。又吴则礼《同李汉臣赋陈道人茶匕诗》"即今世上称绝伦,只数钱塘陈道人。宣和日试龙焙香,独以胜韵媚君王"⑧;晁冲之《陆元钧(宰)寄日注茶》"君家季疵真祸首,毁论徒劳世仍重。争新斗试夸击拂,风俗移人可深痛"⑨,等等,虽非专为斗茶而发,却亦有激于当时。晁诗拉来陆羽,只是要借《毁茶论》的题目,"风俗移人可深痛",则痛切之辞也。

此外,茶具的使用和爱赏,也可以提供重要的佐证。两宋茶盏,"兔毫"、"鹧鸪"、"油滴",自是精者,且为斗茶所必须,但与之并行的青瓷、白瓷、青白瓷盏,其精好并不在前者之下,见于吟咏者,数量也多。见于北宋者,如刘挚《煎茶》"双龙碾圆饼,一枪磨新芽。石鼎沸蟹眼,玉瓯泛乳花"⑩;谢逸《武陵春·茶》"捧盌纤纤春笋瘦,乳雾泛冰瓷"⑪;王庭珪《好事近·茶》

---

① 《全宋诗》,册五,页2905。
② 《全宋诗》,册八,页5599。
③ 《全宋诗》,册三九,页24349。
④ 《全宋诗》,册四一,页25777。又南宋袁说友《斗茶》:"截玉夸私斗,烹泉测嫩汤。稍堪肤寸舌,一洗范藜肠。千枕消魔障,春芽敌剑铓。年年较新品,身老玉瓯尝。"(册四八,页29914)所咏亦为茶,"私斗",应指建安外焙所产之斗品。说友,建安人。
⑤ 顾文璧《建窑"供御"、"进琖"的年代问题》,《南京博物院集刊》第六集(一九八三年)。
⑥ 《弇州四部稿》卷二九《再从诸公饮陈常侍别墅》。
⑦ 其诗句有"君不见武夷溪边粟粒芽,前丁后蔡相笼加(自注:大小龙茶始于丁晋公,而成于蔡君谟。欧阳永叔闻君谟进小龙团,惊叹曰:君谟士人也,何至作此事!)。争新买宠各出意,今年斗品充官茶。吾君所乏岂此物,致养口体何陋耶"。《全宋诗》,册一四,页9516。按永叔之叹中的"士人"二字,尤当重读。
⑧ 《全宋诗》,册二一,页14295。
⑨ 《全宋诗》,册二一,页13868。
⑩ 《全宋诗》,册一二,页7922。
⑪ 《全宋词》,册二,页648。

"黄金碾入碧花瓯,瓯翻素涛色"①,所咏皆为青瓷盏。《茶经》卷中"四之器"称越瓷类玉、类冰;徐夤《贡余秘色茶盏》句有"巧剜明月染春水,轻旋薄冰盛绿云"②,青瓷盏在宋人笔下因总有冰玉之美称。北宋诗僧释德洪《郭祐之太尉试新龙团索诗》:"政和官焙雨前贡,苍璧密云盘小凤","我有僧中富贵缘,此会风流真法供。定花磁瓯何足道,分尝但欠纤纤捧"③。这里说的"定花磁瓯",则是定窑白瓷盏,他的另一首诗《孜迁善石菖蒲》,句有"戏将红玉旋螺石,共置雪色花磁瓯"④,是所谓"花",乃指暗花。花瓷如雪,是宋金时期人们对定窑产品习用的评价。金刘祁《归潜志》卷八记其父某日与诸公会饮,"坐中有定磁酒瓯,因为联句,先子首唱曰:'定州花磁瓯,颜色天下白',诸公称之"。也是一例。宋金时代的定窑白瓷茶具存世颇多精品,如台北故宫博物院藏北宋定窑划花盏托,如金代定窑印花婴戏纹斗笠盏(图16-14:1、2)。江苏江阴夏港约当北宋末年的一座墓葬出土一件定窑白瓷斗笠盏,口沿镶银釦,盏内以印花满饰缠枝莲花双凤纹,盏心又印一朵五瓣梅花⑤(图16-14:3)。同出尚有三件漆盏托和一对高六点五、口径六点七厘米的漆盖罐。此罐,应即用作盛放茶饼。苏轼《寄周安孺茶》"糇筒净无染,箬笼匀且复"⑥,可证。这一套茶具中并无黑盏,或许是偶然,但至少可以说明,无论黑茶盏还是白茶盏,北宋时期均为人所钟爱,因特用作随葬。

景德镇青白瓷亦即后世称作影青的茶盏,也为宋人喜爱。北宋彭汝砺《答赵温甫见谢茶瓯韵》:

我昔曾涉昌江滨,故人指我观陶钧。庞眉老匠矜捷手,为我百转雕舆轮。
镌刓刻画走风雨,须臾万态增鲜新。盘龙飞凤满日月,细花密叶生瑶珉。
轻浮儿女爱奇崛,舟浮辇运倾金银。我盂不野亦不文,浑然美璞含天真。
光沉未入世人爱,德洁诚为天下珍。羯来东江欲学古,喜听英杰参吾伦。
谨持清白与子共,敢因泥土邀仁恩。空言见复非所欲,再拜谢子之殷勤⑦。
昌江,乃流贯浮梁之水,诗人"观陶钧"处,便是景德镇。彭氏则饶州鄱

---

① 《全宋词》,册二,页823。
② 《全五代诗》,下册,页1656,巴蜀书社一九九二年。
③ 《全宋诗》,册二三,页15102。
④ 《全宋诗》,册二三,页15088。
⑤ 高振卫等《江苏江阴夏港宋墓清理简报》,页63,图五:1;封二:3,《文物》二〇〇一年第六期。
⑥ 《全宋诗》,册一四,页9327。
⑦ 《全宋诗》,册一六,页10451。

阳人，家乡风物，自然描写真切，以青白谐清白，取意也雅。上海博物馆藏一件北宋影青莲花纹盏，敞口，小圈足，胎薄质润，釉色青中透白，碗心以流畅的刻花妆饰莲叶与盛开的莲花[1]（图16-14:4）。诗人所谓"镌刓刻画走风雨，须臾万态增鲜新"，"细花密叶生瑶珉"，"浑然美璞含天真"，恰似为实物写真。

[16-14]:❶

[16-14]:❷

图[16-14]:
❶定窑白瓷婴戏纹盏 台北故宫博物院藏
❷定窑白瓷盏托 台北故宫博物院藏

景德镇青白釉茶盏，北宋已很流行，彭诗"舟浮辇运倾金银"，当为实录。李廌《杨元忠和叶秘校腊茶诗相率偕赋》"须藉水帘泉胜乳，也容双井白过磁"，其下自注："江南双井用鄱阳白薄盏点鲜为上。"[2]双井，茶也，出洪州双井，亦两宋名品。取白薄盏，点双井茶，两粹相映，可谓双美，而这里所说，正是北宋情景。景德镇湖田窑遗址出土过印有"茶"字的青白釉碗[3]。合肥北宋马绍庭夫妻合葬墓出土一件青白釉斗笠盏，盏壁薄如纸，积釉处青翠如玉，盏心釉下刻缠枝团花，圈足底部则墨书一"甘"字[4]。同墓所出又有兔毫盏，鎏金铜盏托，鎏金铜渣斗，又锡盒一对。锡盒大小与前举夏港宋墓所出漆盖罐相仿。周煇《清波杂志》卷四"茶器"条云："茶宜锡"，"若以锡为合，适用而不侈"。可知锡盒也是用作储茶。这一组用作随葬的茶具，黑、白盏共存，与前举之例同看，可知即便北宋，茶事中也并不是黑

---

[1] 国家文物局《中国文物精华大词典·陶瓷卷·瓷器篇》，图三九六，上海辞书出版社等一九九六年。
[2] 《全宋诗》，册二〇，页13628。
[3] 刘新园等《景德镇湖田窑考察纪要》，页43，《文物》一九八〇年第十一期。
[4] 合肥市文物管理处《合肥北宋马绍庭夫妻合葬墓》，页29，图五:5，《文物》一九九一年第三期。宋人言茶，每以"甘滑"为形容，如蔡襄《即惠山煮茶》"鲜香筯下云，甘滑杯中露"（《全宋诗》，册七，页4767）；郭祥正《招孜祐二长老尝茶》"石泉助甘滑"（《全宋诗》，册一三，页8922）；黄裳《谢人惠茶器并茶》"每思北苑甘与滑"（《全宋诗》，册一六，11019），等等。此墓所出青白釉斗笠盏下书一"甘"字，大约也有这样的含义。当然此"甘"字还可以有其他的解释。

盏独尊。

作为斗茶之要的建溪官焙，斗茶盛日不必说多成贡品，此后也大抵如是，除朝廷分赐大臣及得赐者持以分赠友朋之外，并不是寻常可得。而传统的草茶，如顾渚、日注、双井、蒙顶等，本来为世人所爱，顾渚、日注且久在岁贡①。日注等草茶亦以白为上②，并且饮茶也重乳花，如前所述，唐代已是如此，如崔珏《美人尝茶行》"银瓶贮泉水一掬，松雨声来乳花熟"③，等等。宋人所咏则更多，梅尧臣谢人遗双井茶及茶具句云

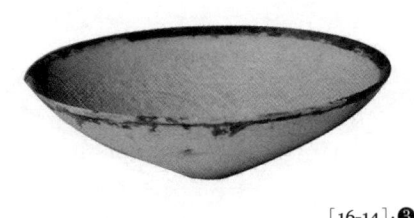

[16-14]：❸

[16-14]：❹

图[16-14]：
❸定窑白瓷莲花纹盏 江苏江阴夏港北宋墓出土
❹北宋影青莲花纹盏 上海博物馆藏

"鹰爪断之中有光，碾成雪色浮乳花"④；苏辙《宋城宰韩秉文惠日铸茶》"磨转春雷飞白雪，瓯倾锡水散凝酥"⑤；孔平仲《送郭明叔任分宁》"梅山晚翠屏当户，茶井春芽雪满瓯"⑥，后者之春芽，指双井，分宁所出也。杨万里谢人惠茶云"瓷瓶蜡纸印丹砂，日铸春风出使家"，"松梢鼓吹汤翻鼎，瓯面云烟乳作花"；又《以六一泉煮双井茶》，句云"鹰爪新茶蟹眼汤，松风鸣雪兔毫霜"⑦，末一例亦如陆游《闲中》之句"活眼砚凹宜墨色，长毫瓯小聚茶香"⑧，是南宋时期兔毫、鹧鸪等黑茶盏的使用，实与白茶盏相同，而与斗茶并没有必然的联系。

附带论及今人讲斗茶而征引最多的《斗茶记》。文不很长，不妨照录

---

① 陆游《过武连县北柳池安国院……》诗自注云："日铸贮以小缾，蜡纸丹印封之，顾渚贮以红蓝缬囊，皆有岁贡。"《全宋诗》，册三九，页 24315。
② 叶适《寄黄文叔谢送真日铸》诗自注云"日铸世以香为贵，亦尚白"，《全宋诗》，册五○，页 31209。
③ 《全唐诗》，册一八，页 6857。
④ 《晏成绩太祝遗双井茶五品，茶具四枚，近诗六十篇，因以为谢》，《全宋诗》，册五，页 3153。
⑤ 《全宋诗》，册一五，页 9935。
⑥ 《全宋诗》，册一六，页 10894。
⑦ 《谢岳大用提举郎中寄茶果药物三首》，《全宋诗》，册四二，页 26340；又页 26339。
⑧ 《全宋诗》，册四○，页 24877。

如下：

> 政和二年三月壬戌，二三君子相与斗茶于寄傲斋。予为取龙塘水烹之，而第其品。以某为上，某次之，某闽人，其所赍宜尤高，而又次之。然大较皆精绝。盖尝以为天下之物有宜得而不得，不宜得而得者。富贵有力之人或有所不能致，而贫贱穷厄流离迁徙之中或偶然获焉。所谓"尺有所短，寸有所长"，良不虚也。唐相李卫公好饮惠山泉，置驿传送，不远数千里，而近世欧阳少师作《龙茶录序》，称嘉祐七年亲享明堂，致斋之夕，始以小团分赐二府，人给一饼，不敢碾试，至今藏之。时熙宁元年也。吾闻茶不问团铤，要之贵新；水不问江井，要之贵活。千里致水，真伪固不可知，就令识真，已非活水。自嘉祐七年壬寅至熙宁元年戊申，首尾七年，更阅三朝，而赐茶犹在，此岂复有茶也哉。今吾提瓶走龙塘无数十步，此水宜茶，昔人以为不减清远峡。而海道趋建安不数日可至，故每岁新茶不过三月至矣。罪戾之余，上宽不诛，得与诸公从容谈笑于此，汲泉煮茗，取一时之适，虽在田野，孰与烹数千里之泉，浇七年之赐茗也哉。此非吾君之力欤。夫耕凿食息，终日蒙福而不知为之者，直愚民耳，岂吾辈谓耶。是宜有所纪述，以无忘在上者之泽云。

此是唐庚贬谪惠州时作，见《眉山文集》卷二。同卷有《寄傲斋记》，云："吾谪居惠州，扫一室于所居之南，号寄傲斋。""寄傲"，原从陶渊明《归去来兮辞》取意。此文却是借茶事以浇胸中块垒。其时斗茶本有专指，品茶，则鲜以"斗茶"为称。《斗茶记》，品茶也，"斗茶"二字却是特地借来，意在非之。因此它并不是斗茶之别派，而是为天下士人饮茶说法，所谓"为世外淡泊之好，以此高韵辅精理者"也①，正如同陆羽《茶经》中的"九之略"。

如前所述，对饮茶清雅之韵的追求，陆羽已开其端，两宋则蔚成茶诗中的胜境。"潏潏药泉来石窦，霏霏茶蔼出松梢"，"阁掩茶烟晚，廊回雪溜清"②，林和靖的清辞丽句始终润泽着茶诗中的一脉清气。"置邮纵可走千里，不如一掬清且鲜。人生适意在所便，物各有产尽随天"③，《斗茶记》的同

---

① 苏轼《书黄道辅〈品茶要录〉后》，《苏轼文集》，册五，页2067，中华书局一九九九年。语本论黄著，但移之以评《斗茶记》，也很恰当。
② 《湖山小隐二首》，《全宋诗》，册二，页1208；《寄思齐上人》，页1201。
③ 蒲寿宬《登北山真武观试泉》，《全宋诗》，册六八，页42761。

调在两宋茶诗中不胜枚举。若谓茶诗与茶事中特有诗人之境,则"淡如秋水净,浓比夏云奇"①,适可移来为之品题。此一时代酿就的气韵与风致,绵延至明更成大观,饮茶方式改变,而士人所爱的茶之清韵依然。至于宫廷斗茶,虽然曾有着无所不在的精微妙致,然而相去饮茶的秋水夏云之韵,却何止"一水、两水"。衰歇既速,它便只是成为茶故事,而终于与茶无关了。

---

① 王谌《题诗僧亚愚眉白集》,《全宋诗》,册六二,页 38812。

"碗"的定名及其他

曾经和一位考古界的朋友谈到古器物的定名,他说:用古文献中的名称来为今天我们考古发现中的器物定名,这太难了。比如碗,你说它和杯、盏怎么区别? 还有饭碗、茶碗、酒碗,究竟有什么不同?

这的确不是一件很容易的事,但并非不可尝试,虽然不能做得精确。而这种区分,古人本来也不是很严格。

近世使用的"碗"字,古写作"盌"或"椀"。《玉篇·皿部》:"盌,亦作椀。"盌或椀,均与盂互训,或曰它是小盂。

盌在传世文献中最早见于《说文》。《说文·皿部》:"盌,小盂也。"《方言》卷五:"盂,宋、楚、魏之间或谓之盌。"《急就篇》颜师古注:"盌,似盂而深长。"又《广雅·释器》:"椀,盂也。"《玉篇·木部》:"椀,小盂也。"《汉代物质文化资料图说》有从考古发现中撷取的"盌"的图像,并云"无耳的圆形小饮器,腹有收分,器壁有弧度,且有矮圈足,则应称为盌";"云梦大坟头一号西汉墓出土的木方上所记之'金小盂一',实物的器形正与盌相似。但有些盌器腹稍深,与盂形已略有差别"[1]。汉代漆碗的例子,可以举扬州市邗江西湖胡场一号西汉墓出土的一件。碗高七厘米,口径十五厘米,外腹黑地朱绘的几何纹样或是仿自当日流行的绮纹,碗内心在朱地上用黑漆细勾首尾相衔的三只朱雀[2](图 17-1)。又安徽巢湖放王岗西汉墓发现滑石碗十七件,出土时为三五成组放置于漆案,由此可以见出碗在进食之时

---

[1] 孙机《汉代物质文化资料图说》(增订本),页 361,上海古籍出版社二〇〇八年。
[2] 李则斌等《汉广陵国漆器》,图三八,文物出版社二〇〇四年。

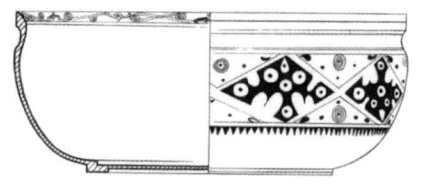

[17-1]

[17-2]

[17-3]

图[17-1]：彩绘漆碗
扬州市邗江胡场西汉墓出土

图[17-2]：滑石碗
安徽巢湖放王岗西汉墓出土

图[17-3]：青瓷莲花纹碗
武昌马坊山23号墓出土

的使用情况①（图17-2）。石碗的尺寸，比前面举出的漆碗之例略小。湖北武昌马坊山23号墓出土一件南朝青瓷莲花纹碗，高八点三厘米，口径十三厘米②（图17-3），大致可以作为南北朝时代碗的主要样式之一。

两汉时代的盌与盂，俱为食器之属。直到唐代也依然如此。只是这时候碗和盂的区别已经比较明确，即盂通常是指下无圈足的平底碗。《汉书》卷六五《东方朔传》"置守宫盂下"，颜师古注："盂，食器也，若盌而大，今之所谓盌盂也。"这里的"今"，自然是唐。"盌盂"即钵盂，系敛口平底之器。慧琳《一切经音义》卷一百"铜盂"条："《方言》：无足椀谓之盂。"又卷八九"盂盛酪"条："《方言》：盌谓之盂。椀之大而无足者是。"陕西扶风法门寺地宫出土自铭"金钵盂"者，正是平底无足之器。自唐以后，碗与盂一般就不再混称了。

碗就用途来说，也还有不少分别，如菜碗，饭碗。唐代则有了酒碗、茶碗，而用途不同，碗的式样也便略有不同。

① 安徽省文物考古研究所《巢湖汉墓》，彩版三八：3，文物出版社二〇〇七年。
② 《中国陶瓷全集4·三国两晋南北朝》，图二二一，上海人民美术出版社二〇〇〇年。

图[17-4]
青瓷五碗盘 上海博物馆藏

图[17-5]
《列女仁智图》(南宋摹本)局部 故宫博物院藏

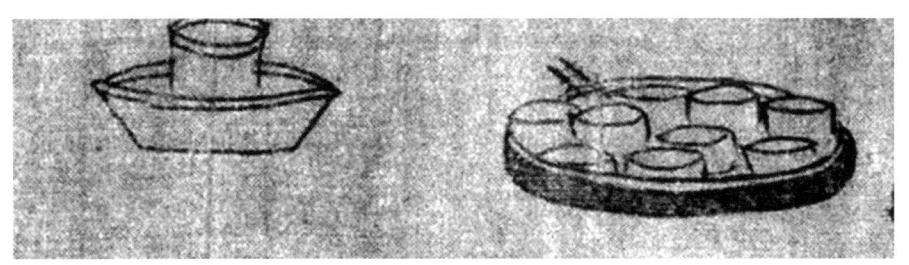

[17-5]

菜碗和饭碗的区分,自来不是很明确,唯就尺寸来说,大约后者要小一些。《北齐书》卷四二《卢叔武传》云叔武留饭魏收,"良久,食至,但有粟飱,葵菜,木碗盛之,片脯而已"。《世说新语·德行》曰:"殷仲堪既为荆州,值水俭,食常五盌盘,外无余肴。饭粒脱落盘席间,辄拾以啖之。"上海博物馆藏一副南朝青瓷"五盅盘"①(图17-4),所谓"盅",应即当日的盌。顾恺之《列女图》(南宋摹本)"卫灵公"之幅所绘便是此类"盌盘"的使用情景(图17-5)。而"五盌"乃平常之数,奢者自然不止于此。只是此副器具尺寸很小,当是用于随葬的明器。

作为酒器的碗,与酒盏相比尺寸要大一些。当然在实际生活中名称的使用会很灵活。至于酒碗与茶碗的区别,虽然看来并非十分显明,但细审其中的典型样式仍可见出二者的不同。以长沙窑为例,比较出土的"岳麓寺茶(茶)埦(碗)"与"美酒"碗、"国士饮"碗、"官酒"碗②,可见茶碗为圆口、斜直壁,酒碗则四出花口、腹壁及近口沿处有弧曲。虽然也有自名"茶埦"、"茶盏子"的两例,其腹壁微弧③,不过向着底心的收分与酒碗相比仍可见

---

① 《中国陶瓷全集·4·三国两晋南北朝》,图二一六。
② 长沙窑课题组《长沙窑》,页154,图版二五七,紫禁城出版社一九九六年;长沙窑编辑委员会《长沙窑·二》,图一八一,湖南美术出版社二〇〇四年。
③ 长沙窑编辑委员会《长沙窑·一》,页58,图一七七、一七八,湖南美术出版社二〇〇四年。

区别,两件均为圆口。而法门寺地宫出土的"瑠璃茶椀柘子一副","柘(托)子"所承之"茶椀"亦为斜直壁①(图17-6)。"瑠璃茶椀柘子",原是同出之《衣物账》中列举的名称。以此自铭用途的碗式作为参考审视唐代金银器,大致可以析出其中的酒碗之属。陕西耀县柳林背阴村出土的银金花鸿雁纹四曲碗,又"宣徽酒坊宇字号"款银金花鸿雁纹碗,便是晚唐金银酒碗的两种主要样式。前者高七点一厘米、口径十八点六厘米,后者高五点一厘米、口径十四点七厘米②(图17-7)。王定保《唐摭言》卷一五记唐文宗赐酒王源中,酒椀置于两盘,"每盘贮十余椀,每椀容一升许,宣令并椀赐之。源中饮之无余,略无醉态"。金银酒碗容酒一升左右,大约是这时候的常量。

图[17-6]
玻璃茶碗托子一副 扶风法门寺地宫出土

图[17-7]
"宣徽酒坊宇字号"款银金花鸿雁纹四曲碗 陕西耀县柳林背阴村出土

  唐代以前,碗为漆木器、陶瓷器,金银制作者并不多见。不过唐代金银制作的碗多是出自官方。它的使用者,或则皇室贵胄,或则权要显宦,也主要集中在上流社会。至于宋元,金银器、主要是银器的使用方普及到市民社会,都市繁华街巷的酒楼歌馆于是各类银食器齐备,《梦梁录》卷一六"酒肆"一节称"杭都如康、沈、施厨等酒楼店,及荐桥丰禾坊王家酒店、阊门外郑厨分茶酒肆,俱用全桌银器皿沽卖,更有碗头店一二处,亦有银台碗沽卖"。考古发现的情况也正与此一致。只是金银器皿中仍以酒器为多,相比之下,金银制作的饭碗就是很少了。而这时候又出现了漆木碗与金银的结合,如江苏张家港市杨舍镇戴港村宋墓出土的剔犀银里碗。碗高六点八厘米,口径十三点八厘米,同墓出土为一对,墓主人卒于北宋大观元年③

---

① 韩生《法门寺文物图饰》,页299,文物出版社二〇〇九年。
② 申秦雁《陕西历史博物馆珍藏金银器》,图二四,陕西人民美术出版社二〇〇三年。
③ 《中国漆器全集·4·三国至元》,图一一九,福建美术出版社一九九八年。

[17-8]

[17-10]

图 [17-8]
剔犀银里碗 张家港市杨舍镇戴村宋墓出土

图 [17-9]
龙泉窑青釉莲瓣纹碗 四川遂宁金鱼村

(图17-8)。这种做法也为明代所延用，如北京定陵出土形制相同、大小稍异的四件，其中一件通高十点五厘米，口径十八点九厘米，重三百三十克，木足外所嵌金底铭曰"大明万历庚申年银作局制金厢花梨木碗一个，托全"[1]。然而这一类器皿在工艺上并无特别之处，不过是以金银彰显豪华而已。其实碗之美观实用者，仍应推为瓷器，尤其是两宋时代的白瓷和青瓷[2](图17-10)。

至于诗人墨客笔下的碗，似以茶碗居多。茶碗有玉，有漆木，有金银，有玻璃，但究竟以瓷器为主，而瓷器之精好者，无论造型、釉色、纹饰，均可以优雅取胜，何况就实用来说也是最佳。人们熟知的例子如唐施肩吾《蜀茗词》"越椀初盛蜀茗新，薄烟轻处搅来匀"[3]，所咏为越窑青瓷茶碗。黄庭坚《西江月·茶》"兔褐金丝宝盌，松风蟹眼新汤"[4]，所咏为建窑兔毫茶碗(图16-13)。元汤式有[双调]《新水令·春日闺思》"凤髓茶温白玉碗，安排佳玩，龙涎香褭紫金盘"[5]。清人小和山樵《红楼复梦》卷三十五："贾府里几个体面嫂子每人端个洋漆小盘子，盛着镶银碗的果子茶。"而所谓"镶银碗"，一般来说，是指雕漆银里碗。

尚有材质殊异的一种酒具在诗人笔下别见俏丽，吴梅村《如梦令》："镇

---

[1] 北京市昌平区十三陵特区办事处《定陵出土文物图典》，图二七，北京美术摄影出版社二〇〇六年。
[2] 中国国家博物馆等《宋韵——四川窖藏文物辑粹》，页27，中国社会科学出版社二〇〇六年。
[3] 《全唐诗》，页5602，中华书局一九六〇年。
[4] 唐圭璋《全宋词》，页397，中华书局一九六五年。
[5] 隋树森《全元散曲》，页1471，中华书局一九六四年。

[17-11]

[17-12]

图[17-11] 鹦鹉螺杯 南京象山东晋王兴之墓出土

图[17-12]：螺杯 西安蓝田吕氏家族墓地出土

日莺愁燕懒,遍地落花谁管。睡起爇沉香,小饮碧螺春盌。帘卷,帘卷,一任柳丝风软。"①词中的"碧螺春盌",曾被不少注释者误读,谭庄《"碧螺春碗"释义》一文对此已辨析甚明,他正确指出,"所谓'碧螺春碗',即以青螺所制酒碗,与碧螺春茶无涉"②。不过尚可就此再作一点补充。按照明清时代杯与碗的区分,用青螺制作的酒碗,实以称作酒杯为宜,惟诗人为着合韵而以碗为称。更进一步说,青螺亦未必,可制为酒器的螺本不止青螺一种,此或亦为着字音之美而冠以"碧螺"。南京象山东晋王兴之夫妇墓出土一枚施以铜釦的鹦鹉螺杯③(图17-11),河南偃师杏园唐穆悰墓出土瓜螺杯一枚、陕西蓝田北宋吕氏家族墓出土瓜螺杯一对④(图17-12),其实都不妨拈来为诗境中的"小饮碧螺春盌"作注,而可见螺杯的源远流长。总之,出现在诗词歌赋中的"碗",即便一副写实笔墨,也不免添助若干诗意的想象,名称的使用便格外灵活,诗与物的关系,要须我们综合几方面的认识

---

① 清程穆衡原笺、杨学沆补注《吴梅村诗集笺注》,页849,上海古籍出版社一九八三年。"落花",他本均作"落红",私意以"落花"为好。

② 谭庄《"碧螺春碗"释义》,《文史知识》二〇〇九年第四期。

③ 南京市博物馆《六朝风采》,图六七,文物出版社二〇〇四年。

④ 中国社会科学院考古研究所《偃师杏园唐墓》,图版四二：5,科学出版社二〇〇一年;韩建武等《神韵与辉煌·玉杂器卷》,页89,三秦出版社二〇〇六年。

[17-13]

图[17-13]
青花《赤壁赋》图碗 四川崇州万家镇明窖藏

图[17-14]
青花《赤壁赋》瓷片 出自"万历"沉船

[17-14]

用心体味方可得其真谛。

明清时代的日常生活中，饮茶之器曰茶锺，饮酒之器曰酒锺，而以"碗"为称者，通常是指菜碗和饭碗，用来指称茶具和酒具的例子，是不多的。这时候的瓷碗、尤其是青花瓷碗喜欢取用诗词、小说、戏曲中的人物故事为饰。《醒世姻缘传》第三十七回曰狄周"遂问那主人家借了一个盒子，一个《赤壁赋》大磁碗，自己跑到江家池上，下了两碗凉粉，拾了十个烧饼，悄悄的端到下处，定了四碟小菜，与程乐宇做了晌饭"。此所谓"盒子"，系指攒盒，诸般饭食便是放在攒盒里奉与先生。此节有趣在于瓷碗的纹样。《赤壁赋》原是明清工艺品中颇为流行的妆饰题材，为宫廷制作所取，也在民间盛行不衰。存世之物有竹刻、漆器、珐琅器、石章，等等，图式多取自绘画作品。《赤壁赋》本身之好，又清景之宜于构图姑且不论，作者的遭际似为士人之宿命，他的旷达诙谐以及放逐最终得以结束，则使人见出悲剧中的一点暖色和光亮，因此很可以为朝野上下雅俗共赏。近年更有四川崇州万家镇明代窖藏所出青花《赤壁赋》图碗十件[1]（图 17-13），又明"万历"沉船外销瓷器中发现的青花《赤壁赋》图瓷器残件[2]（图 17-14），可知小说作者不经意间的"一个《赤壁赋》大磁碗"，却正是日常生活中的真实细节[3]，大而言之，竟又是文学接受史中一个生动的好例——如果我们换一个角度去思考的话。

---

[1] 成都文物考古研究所等《四川崇州万家镇明代窖藏》，页 8~9，《文物》二〇一一年第七期。
[2] 此器出自马来西亚"万历"沉船，Sten Sjostrand 拍摄并授权。按船的年代为一六三〇年，已是天启年间，所谓"万历"，系发掘者未经考证之命名。又按：耿宝昌主编《中国古代陶瓷艺术·元明清釉下彩》（人民美术出版社二〇〇五年）著录有明天启青花《赤壁赋》图碗。又李渔《闲情偶寄》卷四《器玩部》"碗碟"条曰："碗碟中最忌用者，是有字一种，如写《前赤壁赋》、《后赤壁赋》之类。"据此也可见《赤壁赋》图碗的流行。
[3] 下文之江家池也实有其地：闻得一位家在济南的朋友说，这江家池是济南的名馆，外面泉池中有硕大的几条鲤鱼，成为老济南的象征之一。

关于棜、禁、案的定名

关于棜

棜和禁都是两周时代主要用作置放酒器的器座,二者功用大致相同而形制稍有分别,即禁有足,棜无足。这一区别似可作为分辨棜和禁的主要依据。钱玄《三礼通论》对此有一番考证,略云:《仪礼·士冠礼》:"尊于房户之间,两甒,有禁。"郑玄注:"禁,承尊之器也。名之为禁者,因为酒戒也。"《礼记·玉藻》:"大夫侧尊用棜,士侧尊用禁。"郑玄注:"棜,斯禁也,无足,有似于棜,是以言棜。"《仪礼·乡饮酒礼》:"尊两壶于房户间,斯禁。"郑玄注:"斯禁,禁切地而无足者。"据此则禁有足;棜、棜禁、斯禁同一物,无足。《礼记·礼器》孔颖达疏:"棜长四尺,广二尺四寸,深五寸,无足,赤中,画青云气、菱苕华为饰。禁长四尺,广二尺四寸,通局足,高三寸,漆赤中,青云区菱苕华为饰,刻其足为塞帷之形也。"孔氏所述棜禁为木制。今出土有青铜制承尊之器。长方无足,四周皆镂空,面上有三大椭圆形孔。由其形状知为承卣之禁,因卣之圈足椭圆形。西周器。考古家定为禁。此器无足,据郑注似应定为棜,或斯禁①。——这是一个很值得重视的意见。可以补充的是,郑玄对棜的形制还有一项更为清楚的说明。《仪礼·特牲馈食礼》"棜在其南",贾疏引郑注曰"棜之制,如今大木轝矣,上有四周,下无足",云:"郑举汉法以晓古诸礼。"这里的棜是用来放腊肉,亦即干肉。轝与舆

---

① 钱玄《三礼通论》,页148,南京师范大学出版社一九九七年。

图[18-1]
武梁祠画像石中的板舆

图[18-2]
西周铜棜 美国大都会博物馆藏

通,《急就篇》卷三颜师古注:"著轮曰车,无轮曰舆。"汉代的无轮之舆,便是用人手抬的板舆,其式窄长,在同时代的画像石中可以见到它的形象①(图18-1)。棜在汉代社会生活中已不存在,郑注因此用了与它样子相近的板舆来作一个形象的诠释。

《三礼通论》中提到的"考古家定为禁"的西周器,有两件原在上世纪初年先后出土于陕西宝鸡斗鸡台,先出的一件今藏美国大都会博物馆,后出的一件今藏天津市历史博物馆。后者长一百二十六厘米,宽四十六厘米,高二十三厘米,它的前后两面各有两排十六个长方孔,左右两侧两排四个长方孔,座面突起椭圆中空大小略有不同的三个子口,四周是夔纹组成的妆饰框。前后左右四面也用了与之纹样和风格一致的妆饰②(图18-3)。大都会藏品的形制和妆饰纹样都和这一件大体相同,不过体量稍小,而同时出土的尚有一尊二卣③(图18-2)。卣之一,名"鼎卣",其下又有一个造型如箱的方座,方座侧壁各作出两个方孔,顶端中央一个突起的椭圆形座用来承卣④

---

① 孙机《汉代物质文化资料图说》,页116;图30-6,文物出版社一九九一年。
② 天津市文物管理处《西周夔纹铜棜》,页47~48,《文物》一九九五年第三期。
③ 李建伟等《中国青铜器图录·下》,页394,中国商业出版社二〇〇〇年。按图版说明称此为"柽禁",却是沿袭了端方的误读,即从汉《礼器碑》"筵柽禁壶"拈出中间两字为名称。高文《汉碑集释》(修订本)云:"柽禁,当即棜禁。"(页192,河南大学出版社一九九七年)不过这里的"柽禁"应指棜和禁,"筵柽禁壶",原是一字一物也。
④ 中国科学院考古研究所《美帝国主义劫掠的我国殷周铜器集录》,页838~839,科学出版社一九六二年。

[18-3]

[18-4]:❷

[18-4]:❶

图[18-3]
西周铜梡 天津市历史博物馆藏

图[18-4]
❶鼎卣 美国大都会博物馆藏
❷鼎卣座 美国大都会博物院藏

(图18-4)。它通常也被称作"禁"[①]。其实这三件铜座都是梡的早期样式。与承卣之方梡近似的还有《殷周青铜器通论》举出的一件告田觥,该书定为殷代器[②](图 18-5)。觥通高四十四厘米,盖作牛首形,腹足各饰夔纹一道。下边另外做出承器的方台,台中央突起一个圈座用以嵌器。方台前后各有四方孔,每面的中间妆饰直棱纹,上下的两条妆饰带各一对与觥之纹饰对

---

① 如容庚等《殷周青铜器通论》,页 52;图版八二,文物出版社一九五八年,如马承源等《中国青铜器》,页 265,上海古籍出版社一九八八年。
② 《殷周青铜器通论》,页 52;图版八二。按此器原著录于梅原末治《支那古铜精华》(图一四七)。

[18-5]

[18-6]:❶

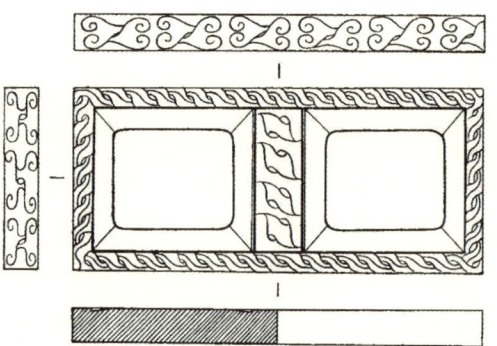

[18-6]:❷

图[18-5]
容庚《殷周青铜器通论》著录

图[18-6]:战国漆木梡
❶天星观二号墓出土
❷包山二号墓出土

应的夔龙,夔龙中间一个兽面。从式样和妆饰风格来看,它与前举三例很接近,时代相去不会很远。由两个方棳更可以清楚看出它从器座脱胎而来的痕迹,而带座方簋在西周已是一种普遍样式,不过是器与座合铸为一体。梡无足,移动的时候自然不很方便,其座壁的方孔便正好有略同于拉手的功用,而有了这样的安排,规整的造型也可免于呆板,何况还可以稍稍减重。

两周时代的铜梡发现不多,而在战国楚贵族的墓葬中却出现了数量不少的漆木梡,如湖北荆州天星观二号墓[①](图18-6:1)、一号墓[②],又荆门包山二号墓、江陵望山一号墓、河南正阳苏庄一号楚墓[③],等等,时间通贯整个战国时代。包山二号墓的两件,为整材做成的八厘米厚的长方板,长九十二点四

[①] 湖北省荆州博物馆《江陵天星观二号楚墓》,页132;图一一〇,文物出版社二〇〇三年。

[②] 湖北省荆州地区博物馆《江陵天星观一号楚墓》,页101;图二六:1、2,《考古学报》一九八二年第一期。

[③] 驻马店地区文化局等《河南正阳苏庄楚墓发掘报告》,《华夏考古》一九八八年第二期。

厘米,宽四十四点四厘米,中间用两个长方形的斜槽围起一对隆起与周边同高的长方台,通体黑色,四边与中间绘白色绹纹,侧边为勾连云纹①(图18-6:2)。望山一号楚墓出土的一件,系斫制而成的长方形厚木板,通体髹黑漆,朱漆绘花纹,椫面用与绹纹妆饰带勾勒出两个方框,框内各绘一个圆环,出土时,各有一件妆饰秀美的陶方壶放在方框上面②。

很明显,战国楚墓中的漆木椫虽已演变成为一块精心妆饰的厚木板,但仍大都保持了早期铜椫的主要特点,即在台面上做出用方框围起的器座,即便有的只是用图案来表示。郑玄所了解到的大约便是这一类,他举出汉代板舆为喻,是大体合式的。而所谓"上有四周"的四周,应即指椫面四周的框形妆饰带。

关于禁

禁则专门用来放置酒器。《仪礼·士昏礼》郑注:"禁,所以庋甒者。"又《礼记·礼器》郑注:"禁,所以庋甒者,如今方案,椭长,局足,高三寸。"甒是陶制的酒具。局足,即曲足。两周最常见的局足是兽蹄足,繁丽者,则为兽足。

可以明确指称为禁的最早的一例,是陕西张家坡西周墓地井叔墓中出土的一件漆木制品,不过它一直被称作漆案③。全器长一百三十厘米,宽四十厘米,下有四个铜制的兽蹄足。器面通髹黑漆,惟在四边和中央朱绘两个长方框(图18-7)。

铜禁中的精品是河南淅川下寺二号楚墓中出土的一件,时代为春秋后期。禁长一百零二厘米,宽四十七厘米,通高二十九厘米。台面正中是一个微起边栏的长方形铜板,其四边和禁的四壁由五层铜梗相互扭结拼斗而成错落的云纹,透雕的十二夔龙分别攀缘在禁沿,禁底为十二个透雕虎足④(图18-8)。它的制作工艺,一般认为是失蜡法⑤,但最近又有了不同的

---

① 湖北省荆沙铁路考古队《包山楚墓》,页125;图七八,图版三八:6,文物出版社一九九一年。
② 《江陵望山沙塚楚墓》,页91;图六一:7。按该书正确指出此是椫,而不是禁。
③ 中国社会科学院考古研究所《张家坡西周墓地》,页313~314;图二三五、二三六,中国大百科全书出版社一九九九年。
④ 河南省文物研究所等《淅川下寺春秋楚墓》,页126;图版五〇、五一,文物出版社一九九一年。
⑤ 任常中等《河南淅川下寺春秋云纹铜禁的铸造与修复》,《考古》一九八七年第五期。

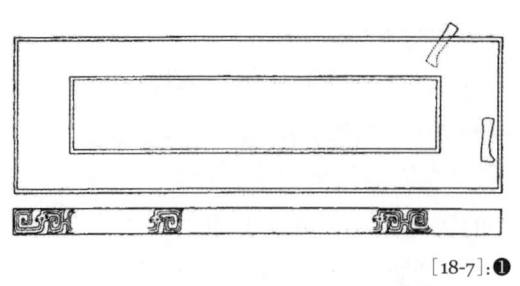

[18-7]:❶

[18-7]:❷

图[18-7]
❶❷西周漆木禁 张家坡井叔墓出土

图[18-8]
春秋铜禁淅川下寺二号楚墓出土

[18-8]

意见,认为此器仍是传统的范铸,即各个部件先分别铸就,然后再拼合焊接①。这一件铜禁的制作之精自然远过于张家坡的漆木禁,但结构造型的几个基本元素却是一致的,比如"局足",比如台面的妆饰框。

淅川下寺之外便是曾侯乙墓出土的一件。铜禁出在中室,出土时上面放了一对铜壶亦即酒尊。壶高近一米,上有勾连纹的镂孔盖,长颈两侧一对龙耳,龙首饰圆雕小龙二,龙尾附小龙一,壶腹以纵横的凸棱做出八个妆饰区,内里各浮雕蟠螭纹。铜禁长一百一十七厘米,宽五十三点四厘米,高十三点二厘米,其上并列一对下凹的圆座以承铜壶,底下四兽为足,兽口和前肢衔托禁板,后腿撑起用力蹬地,禁面满饰蟠螭纹②(图18-9)。与

---

① 周卫荣等《中国青铜时代不存在失蜡法铸造工艺》,页84,《江汉考古》二〇〇六年第二期。
② 湖北省博物馆《曾侯乙墓》,彩版九:2,文物出版社一九八九年。

淅川下寺铜禁相比,这一件未如它的繁缛,但仍有着形制与妆饰纹样的近似,而由器下的"局足"更见出风格的一致。

曾侯乙墓又有形制大同小异的三件漆木禁,出东室者二,出北室者一。案面都是用一块整板斫成,包括两端接足之处附加的横板条。板条的凸起部位做出三个榫眼,两边接兽足(其中两件为鸟足),中央接一个带束腰的立柱,底端则与趺接。案面用浮雕的兽面纹做出围绕着两个矩形的宽宽的妆饰带,矩形中央分别是两个妆饰云纹的圆环。禁之一长一百三十七厘米,宽五十三点八厘米,高四十四点五厘米①(图18-10)。信阳一号墓出土的一件与此形制相同,只是工艺未如这几件之精。其禁面浮雕下凹的两个方框,框里分别有两个略略凸起的圆座②。前引郑注曰禁之"如今方案",正是指二者造型的近似,而这一类漆木禁如果不是在台面上特意做出用方框围起的

[18-9]

[18-10]:❶

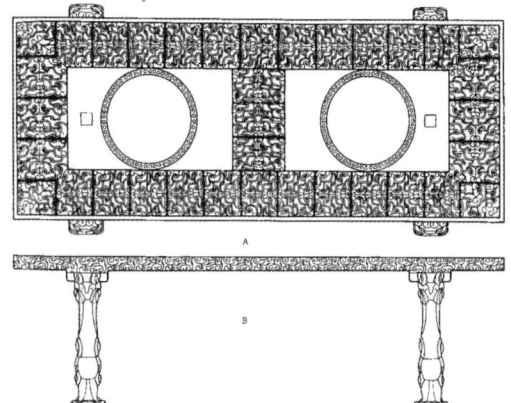

[18-10]:❷

图[18-9]:战国铜禁
曾侯乙墓出土

图[18-10]:战国漆木禁
❶❷曾侯乙墓出土

---

① 《曾侯乙墓》,图版一〇四。
② 河南省文物研究所《信阳楚墓》,页41,图版二七:2、4,文物出版社一九八六年。

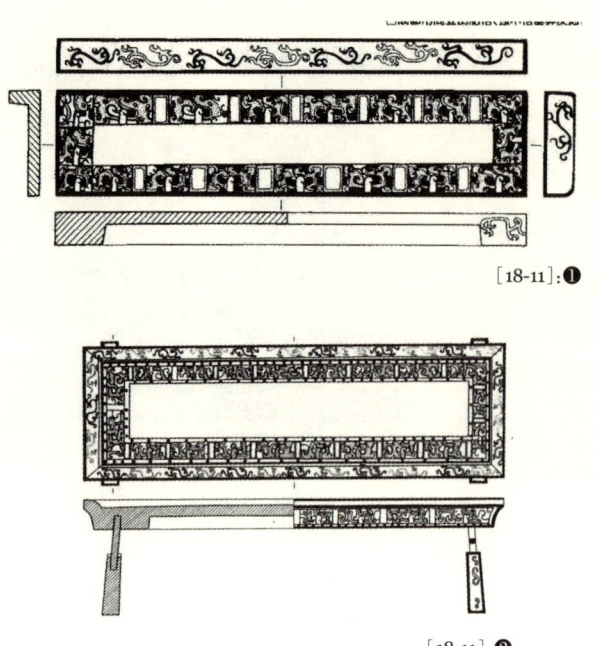

图[18-11]:漆木梡
❶❷成都船棺墓出土

器座,那么几乎与案之类没有分别。

一个可作梡、禁对比的好例见于成都市商业街战国早期偏晚的船棺墓①。其中三件被称作"漆几面"的形制相同的漆木器,均为长方形,底部三边起沿成直壁,器表髹漆,四周框形妆饰带彩绘龙纹。出自二号棺的一件,长八十四点六厘米,宽十八点八厘米,高六厘米(图 18-11:1)。被称作"B型漆案"的一件,亦出二号棺,系由案面、案足、足座三部分榫卯相接而成。台面四边抹起,四周框形妆饰带彩绘龙纹,下为栅足,惟横跗极厚。台面长一百四十六厘米,宽四十五点五厘米,厚约十厘米(18-11:2)。若前面对梡、禁之别所作的分析可以成立,那么这里的"漆几面"当是梡,"B 型漆案"则是禁。

禁的使用,多见于战国时代的刻纹铜器。如镇江谏壁镇东周墓出土的刻纹铜盘,高高的平台上一座重檐建筑,开敞的堂中设禁,禁设酒尊。同墓所出铜鉴上的刻纹是台榭中的射礼,平台一侧有踏步,堂中设禁,禁的上面一对酒尊,尊中各有用作酌酒的长柄斗②(图 18-12)。又故宫藏一件战国宴乐纹铜壶,画面第二层为台基上的一座建筑,阶下设一对大鼎,旁立

---

① 成都市文物考古研究所《成都市商业街船棺、独木棺墓葬发掘简报》,《文物》二〇〇二年第十一期。
② 镇江博物馆《江苏镇江谏壁王家山东周墓》,图六,《文物》一九八七年第十二期。

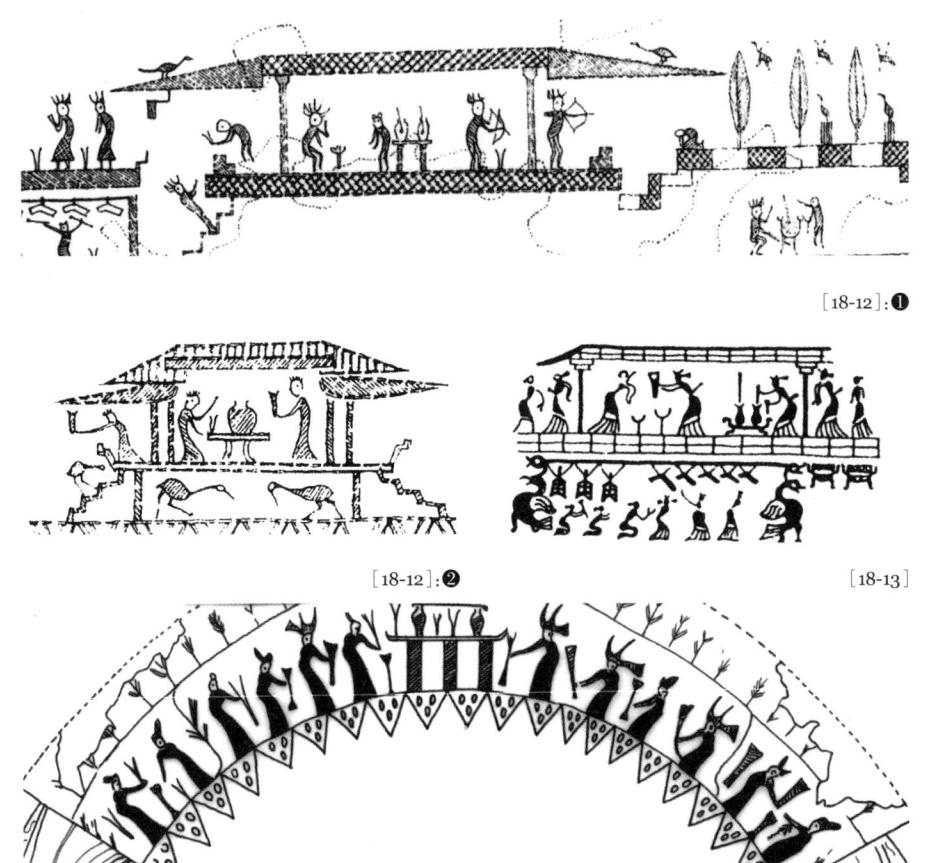

图[18-12]:刻纹铜盘与铜鉴
❶❷镇江谏壁东周墓出土

图[18-13]:战国宴乐纹铜壶
故宫博物院藏

图[18-14]:刻纹铜匜
❶陕县后川村东周墓出土

筍虡悬编钟和编磬,坐者鼓钟,立者击磬,檐柱之间设高足豆一对,又禁一,禁上酒尊一对,高足豆的两边,两人正在举觚敬酒①(图 18-13)。此外还有河南陕县后川村东周墓、山西长治分水岭东周墓出土的刻纹铜匜②(图 18-14),等等。陕县鎏金铜匜虽然残损得很厉害,但依残件下方仅存的一点梁柱之迹可知这是一座三层建筑,最上一层为射礼,堂中有禁,禁

---

① 杨宗荣《战国绘画资料》,图二〇,中国古典艺术出版社一九五七年。
② 中国社会科学院考古研究所《陕县东周秦汉墓》,图五三,科学出版社一九九四年;山西省文物管理委员会《山西长治市分水岭古墓的清理》,图二,《考古学报》一九五七年第一期。按关于铜器刻纹中的建筑类型和结构,此多取傅熹年之说,见《傅熹年建筑史论文集·战国铜器上的建筑图像研究》,文物出版社一九九八年。

图[18-14]:刻纹铜匜
❷长治分水岭东周墓出土

置酒尊,尊上设长柄斗。

这里举出战国刻纹铜器上的置酒之具为什么可以定名为禁,而不会是案呢,因为禁是用来陈放酒尊的,以一对为常见,正与刻纹铜器中的情景相合,而案则用作置放成行成列的食具。

关于案

案式器具的出现很早,但案作为名称却出现得很晚,就目前所知,差不多要到战国①。而案大概也可以视作从禁中分化出来的一支,初始的时候二者共存,一置酒器,一置食具,汉代才合二为一。

与案的名称出现相对应,战国时代的案已经有了区别于其他置物之具的特定样式。信阳长台关七号楚墓出土的一件漆木案便是很标准的一例。案长一百三十五厘米,宽六十厘米,下接矮矮的四个铜质兽蹄足,足端处的案沿均做出铺首衔环,案面四周用窄板条抹起,四角包铜,朱红地子上妆饰二十一个排列规整的涡纹图案②。长台关一号墓与二号墓也出土了同一类型的漆木案,一号墓的一件案面涡纹且作成很精致的金银彩绘③。又望山一号墓出土的矮足案,长一百四十一厘米,宽六十四厘米,通高十

---

① 《周礼·天官·掌次》:"王大旅上帝,则张毡案,设皇邸。"郑注:"张毡案,以毡为牀于幄中。"大旅上帝,祭天也。这里的"案",指床。案之名称的出现,比较可靠的依据是楚墓遣策中的记载。
② 河南省文物考古研究所《河南信阳长台关七号楚墓发掘简报》,页35;图七,《文物》二〇〇四年第三期。
③ 《信阳楚墓》,页42;彩版六,页103;图版九五:5。

点八厘米。通体红漆，案面则是黑漆绘出四行九列三十六个涡纹图案，案底四个兽蹄矮足，足端的案沿各有铺首衔环[①]（图18-15）。长台关二号墓遣策十七号简曰："其木器：一漆案、囗铺首、纯有鐶。"同墓所出漆木案已残，但以二号墓形制相同的一件为参照，可知遣册所说的正是这一类妆饰铺首衔环的漆木案。正如棜和禁的台面有放置酒器的或方，或圆，或椭圆的器座或器座标识，案面上也应有陈放食具位置的符记，成行成列兼有妆饰之美的涡纹即是也。案本来是从禁中分化出来，台面上的妆饰纹样正是特别用来显示二者功用的不同，它当然也成为区别禁和案的重要标志。

与案相似还有桯。桯和案都属于"几"类。若细分，大约桯比案更长。《说文·木部》："桯，牀前几。"《广雅·释器》"桯，几也"，王念孙《疏证》云："桯之言经也，横经其前也，牀前长几谓之桯，犹牀边长木谓之桯。"包山楚墓二号墓出土的一件可为一例。器长一百八十二点八厘米，宽八十五点四厘米，通高十三点六厘米。案面系由两块木板拼合，四周做出边抹，通体髹黑漆，四角有妆饰勾连云纹的错银铜

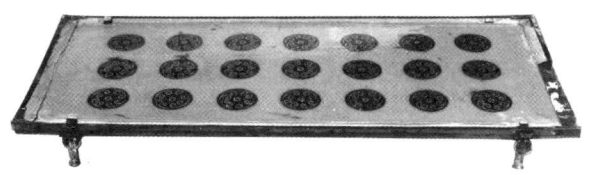

[18-15]:❶

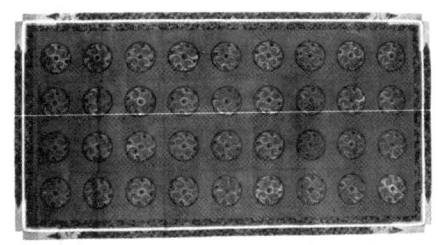

[18-15]:❷

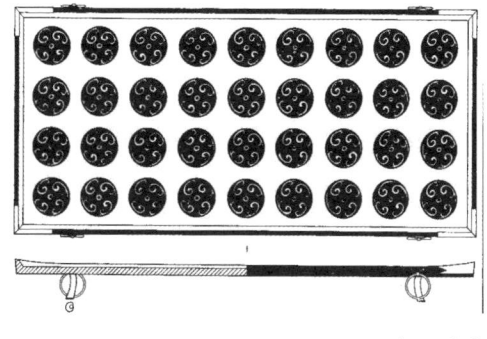

[18-15]:❸

图[18-15]：漆木案
❶长治关七号墓出土
❷长治关一号墓出土
❸望山一号墓出土

[①]《江陵望山沙塚楚墓》，页89；图六〇。

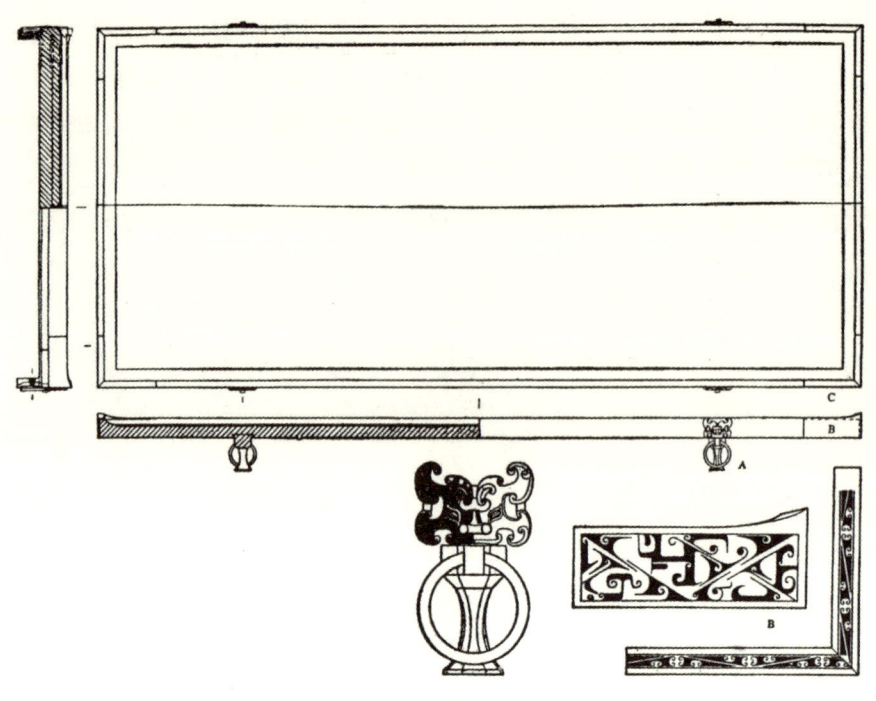

[18-16]

图[18-16]：食桯
包山二号墓出土

包角，包角在外拐角处上侈成尖角，案底有两道燕尾槽，槽里楔进燕尾形的楔子，楔子两端分别套接马蹄形的铜足，足上端为铺首衔环（图18-16）。包山楚墓遣策中登录的物品有"一飤(食)桱(桯)，金足"（266号简），便是指的这一件①。它的台面没有妆饰，又天星观二号楚墓出土的一件，台面彩绘变形龙凤纹②，不过这是否可以作为桯与案的区别之一，尚须更多证据以及实例的类比。

目前可以得出的结论是：就功用来说，梜和禁主要用作置放酒器，案则用作置放食具。就形制来说，梜无足，禁有足。梜和禁均在台面上做出"四周"，亦即框式妆饰带，又或在"四周"中间做出用来置放酒器的一对台座，或者仅用图案来表示。案则台面上妆饰成行成列的涡纹，它最初应是置放食具的标识。

作为席坐时代的各种家具，两周都已经发展成熟，它与工艺技术的长

---

① 《包山楚墓》，页125；图七六，图版三八：3。
② 《荆州天星观二号楚墓》，页133；图一一一。

足发展同步,也与礼制的建立同步。而礼仪的完成,是靠了琐细的仪注和包括礼器在内的各种"礼物"。存世的《仪礼》十七篇记述了仪礼的种种细微,由《诗经》《尚书》《逸周书》《左传》《国语》《论语》等先秦文献以及存世的礼器,可知这些礼典当时是施行了的①。今天考古发掘的墓葬中与礼不合的所谓"僭越",很可能有相当部分属于礼所允许的"摄盛"。只是礼的传承经过了"秦火"而成一次大的断裂,直到汉惠帝解除挟书律即秦的禁令之后,才逐渐有了礼的恢复,但已经元气尽失。两汉依然是席坐时代,家具制作承继先秦——比如案的形制和纹样。然而礼的内涵却保存得很少,甚至完全消失,因此虽形式相似或相同,意义却不同。此便不在题目的讨论范围之内了。

---

① 沈文倬《略论礼典的实行和〈仪礼〉书本的撰作》对此有详细考证,见所著《宗周礼乐文明考论》,杭州大学出版社一九九九年。

帷幄故事

一

帷幄的制度很古老。后世虽然常常以帷幄连称,如"运筹于帷幄之中,决胜于千里之外",等等,并且帷与幄在很多情况下也不妨通用,但初始的时候二者却颇有区别。《周礼·天官·幕人》云"幕人掌帷幕幄帟绶之事",所举帷、幕、幄、帟,名称不同,形制不一,用途也有别。郑玄注云:"在旁曰帷,在上曰幕。"即幕是上覆,帷是下围,而围又未必是围绕,它的"在旁"也可以只作间隔之用。应该说,帷是上古时代宫室和居住建筑中的重要设施,即在开敞之堂的梁间或前楹悬以帷,依它的或卷或舒而自由改变室内空间,也包括调节室内温度,帷因此有组绶,一面用作系挽,一面可垂下来作为妆饰。如成都羊子山一号汉墓出土的画像石,结着组绶的帷悬于宏敞的堂中,中有舒展之幅用作间隔,于是宴饮与设食在帷之两边各行其是①(图19-1)。《后汉书》卷八二上《方术列传》记谢夷吾事,注引谢承《后汉书》曰,夷吾"行部始到南阳县,遇孝章皇帝巡狩,驾幸鲁阳,有诏荆州刺史入传录见囚徒,诫长吏'勿废旧仪,朕将览焉'。上临西厢南面,夷吾处东厢,分帷隔中央,夷吾所决正一县三百余事,事与上合"。帷的分隔作用,这里也说得很清楚。魏晋南北朝时代此制仍在沿用。《东宫旧事》云"太子纳妃有青布碧里梁下帏一",此处之帏,即帷之借字。齐王融《咏幔诗》:"幸得与珠

---

① 《中国画像石全集·7》,图六三,山东美术出版社等二〇〇〇年。张家山汉简《奏谳书》案例中说道"夫人食室,涂垔甚谨,张帷幕甚具"(张家山二四七号汉墓竹简整理小组《张家山汉墓竹简》,页225,文物出版社二〇〇一年),即此。

缀，羃羅君之楹。月映不辞卷，风来辄自轻。每聚金炉气，时驻玉琴声。但愿置樽酒，兰钉当夜明。"①此幔亦与帷同②。由诗中所咏，可知它是悬在前楹。梁武帝《梁尘诗》"依帷濛重翠，带日聚轻红"③，与梁尘相依之帷，自然是悬于梁间，与《东宫旧事》所谓"梁下帏"当是同一物。不过作为"在旁"之帷，本来还可以与"在上"之幕结合成为帷幕，即后来更常说到的帷帐，此沿用的时间最久，后世诗文中提到的帷，其实多是这一类④。

　　坐帐，或结构坐帐的部件，属两汉魏晋南北朝者，都或有图像或有实物可见。对此不少学者做过仔细的研究⑤。这里需要讨论的是人们不大说起的帝。刘熙《释名·释床帐》："小幕曰帝，张在人上，奕奕然也。"奕奕，是舒张的样子。以"在上曰幕"的定义来理解这里所说的"小幕"，意思便很明白了。只是帝的形象很少见，目前可以指认的一例，见于河北安平的一座东汉壁画墓。画在墓中右侧室南壁，涂了红彩的榻上坐着墓主人，榻前设几，榻的一边置屏，主人上方，一顶四阿顶的"小幕"，便是帝，帝之下有支架，帝之上有钩⑥（图19-1∶2）。两个钩子附丽何处，因壁画有剥落，已经看不出究竟。不过北周庾信所作《郊庙歌辞》的"宫调曲"中有"云楣承武帐"之句，楣即梁，那么帐与梁之间，也或者有一种用作固定的装置，安平墓壁画中帐顶上面的钩，应即此类。

　　至于幄，《周礼·幕人》郑注："四合象宫室曰幄，王所居之帐也。"贾疏："幄，帷幕之内设也。"这是幄与帷幕或曰坐帐的一个最主要的区别。安徽马鞍山市三国吴朱然墓出土一件彩绘漆案，上面绘出极有声势的宫廷宴乐场面。宏阔的殿堂里，一个方形平面、四合攒尖顶的小幄，幄中三人，男子居中，与两边的女子相拥而坐。小幄外面的筵席上一排坐着八人，由漆画中的榜题可知，从左向右依次为皇后、太子本、平乐侯与夫人、都亭侯与

---

① 逯钦立《先秦汉魏晋南北朝诗》，中册，页1402，中华书局一九八三年。
② 慧琳《一切经音义》卷四"绮幔"条引《考声》曰："幔，帷类也。"
③ 《先秦汉魏晋南北朝诗》，下册，页1971。
④ 作为分隔之用的帷，魏晋南北朝以后多被步障取代。如《晋书》卷九六《列女传》记王凝之妻谢道韫事，曰"凝之弟献之尝与宾客谈议，词理将屈，道韫遣婢白献之曰：'欲为小郎解围。'乃施青绫步鄣自蔽，申献之前议，客不能屈"。
⑤ 马衡《凡将斋金石丛稿》，中华书局一九七七年；易水《帐和帐构》，《文物》一九八〇年第四期；卢兆荫《略论两汉魏晋的帷帐》，《考古》一九八四年第五期；孙机《汉代物质文化资料图说》，文物出版社一九九一年。
⑥ 河北省文物研究所《安平东汉壁画墓》，图四〇，文物出版社二〇〇三年。

夫人、长沙王与夫人①(图19-1:3)。漆画所绘又有虎贲、黄门、羽林。那么幄里边的居中者,自然是帝。所谓"四合象宫室曰幄";"幄,帷幕之内设也",它可以算是一个最为形象的诠释。《南齐书》卷四《郁林王传》云"昭业少美容止","世祖常独呼昭业至幄座,别加抚问",世祖,即齐武帝萧颐。皇帝听政设幄于殿中,此制至唐依然。《唐六典》卷一一:"若朔望受朝,则施幄帐于正殿,帐裙顶带方阔一丈四尺。"即其例。

幄通常出现在比较重要的场合。至于帷帐,其应用则要普遍得多。洛阳东北郊朱村一座时属东汉晚期的壁画墓,其中一幅绘一对夫妇并坐于榻,榻的一边设屏,其上张设一具绛色的平顶帐②(图19-2)。此即帐的一般形式。不过文献中讲到帐,常常有许多特别的形容。《汉书》卷九六下《西域传》赞中说到,开通西域之后,汉廷广开上林,"兴造甲乙之帐,落以随珠和璧,天子负黼依,袭翠被,凭玉几,而处其中",这里的"落",与"络"相同。朝鲜古属汉乐浪郡的墓葬中曾出土一件细竹篾编制的彩绘漆箧,箧的盖与身周边及四隅,均绘有历史人物和孝子故事。纣帝和伯夷、孝惠帝和商山四皓等画面中,垂幔间都低垂着珠和璧③(图19-3)。它与生活中的实有之物相去不会太远,虽然所垂未必真的是随珠与和璧。

帷帐的四角或前方的两端又常常妆饰金龙头,龙口中多半衔着长长的流苏。目前所知最早的一例,见于山东临沂白庄汉墓所出画像石。宴饮之堂中,设一具方形平顶的坐帐,帐的两个对角各装一个怒目奋鬣的龙

---

① 《中国漆器全集·4·三国至元》,图一一,福建美术出版社一九九八年。
② 黄明兰等《洛阳汉墓壁画》,朱村东汉—曹魏墓壁画,图二,文物出版社一九九六年。
③ 梅原末治等《朝鲜古文化综鉴》第二卷,图版二九,养德社一九四八年。

图[19-1]
❶帷 成都羊子山一号汉墓出土画像石
❷帟 河北安平壁画墓（摹本）

头，大张的龙口中衔着下垂的流苏①（图19-4：1）。以它为比照，可以知道保利艺术博物馆收藏的一件"鎏金龙首形盖弓帽"，也应是帷帐上面的同类妆饰②（图19-4：2）。此制也见于文献，《晋书》卷九九《桓玄传》云玄入建康宫，"小会于西堂，设妓乐，殿上施绛绫帐，缕黄金为颜，四角作金龙头，衔五色羽葆流苏"。此所谓"颜"，应指帐的帘额③。缕黄金为颜，当然是特例，帘通常与帷帐同质，亦缯帛之属。帐角设龙头、衔流苏，也为北朝所用，山西大同智家堡北魏墓石椁壁画中的夫妇并坐图④，山西寿阳县贾家庄北齐厍狄廻洛墓出土的四件鎏金铜龙首⑤，均为其例。

帐心或帐的顶端，有时又妆饰盛开的莲花。东晋永和十三年下葬的冬

---

① 《中国画像石全集·3》，图三五。
② 《保利藏金——保利艺术博物馆精品选》，页332，岭南美术出版社一九九九年。
③ 周一良《关于帐构》，认为"缕黄金为颜"之"颜"不大可解，应从《魏书·桓玄传》作"额"（页84，《文物》一九八〇年第九期）；按作"颜"不误。
④ 王银田等《大同智家堡北魏墓石椁壁画》，页43，图六，《文物》二〇〇一年第七期。
⑤ 王克林《北齐厍狄廻洛墓》，页388，图八，《考古学报》一九七年第三期。

[19-1]:❸

[19-2]

图[19-1]
❸ 幄 三国吴朱然墓出土彩绘漆案(局部)

图[19-2]
帐 洛阳东北郊朱村汉魏墓壁画

帷幄故事

[19-3]：❶

[19-3]：❸

[19-3]：❹

图[19-3]
❶❸❹ 汉乐浪郡墓葬出土彩绘漆箧

[19-3]:❷

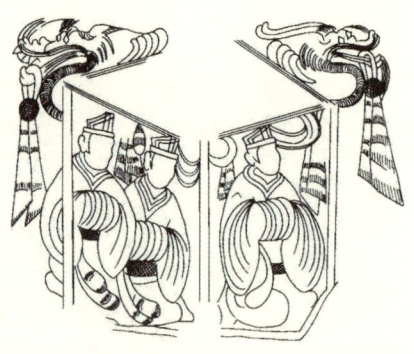

[19-4]:❶

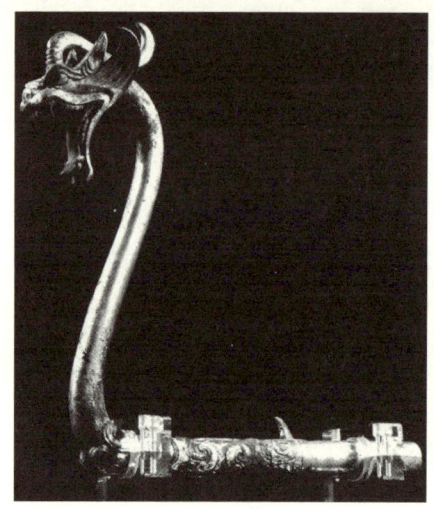

[19-4]:❷

[19-5]

图[19-3]
❷汉乐浪郡墓葬出土彩绘漆箧

图[19-4]
❶山东临沂白庄汉墓出土画像石（摹本）
❷保利艺术博物院藏鎏金铜龙首

图[19-5]
东晋永和十三年冬寿墓壁画

寿墓，墓室壁画所绘莲花坐帐①（图19-5），又南京通济门外南朝墓所出妆饰莲花的铜帐镝②，都是帐顶饰莲花的例子。庾信《奉和赵王春日》诗，又有"莲子帐心垂"之句。帷幄本来是"四合以象宫室"，它的形制自然多仿自建筑。莲花作为殿阁藻井中的妆饰，汉代已经出现。王延寿《鲁灵光殿赋》"圆渊方井，反植荷蕖"③；张衡《西京赋》"蒂倒茄于藻井，披红葩之狎猎"，皆咏其事。茄即藕茎亦即莲茎，茎既倒植于藻井，莲花自然向下反披；狎

---

① 《世界美术大全集·东洋编·10》，页17、18，小学馆一九九八年。
② 李蔚然《南京通济门外发现南朝墓》，页234，图三，《考古》一九六一年第四期。
③ 《文选》卷十一。

猎,花叶参差也①。"莲子帐心垂",应是此类妆饰的移植。《邺中记》云后赵石虎冬月施熟锦流苏帐,"四角安纯金龙头,衔五色流苏","帐顶上安金莲花"②,种种装点,却并非石虎的创造,不过是华丽之形式的集中而已。

帐顶前端也是妆饰的重点。《南齐书》卷五七《魏虏传》描写北魏之朝"正殿施流苏帐,金博山,龙凤朱漆画屏风"。三十年代洛阳翟泉村北邙山坡出土的北魏宁懋石室,其上线刻画中的"丁兰事木母"一幅,刻画了一具盝顶形的坐帐,帐中设屏,帐脊及帐的四面各有一排妆饰,此应即博山之属③(图19-6),与文献中的描写正好相合。宁懋石室的年代为北魏景明二年,它也是此类样式的帷帐一个比较早的例子。作为器物妆饰的"博山",乃一种略似山形的饰件,多为金属制品,笥簧、车舆、伞盖等,尊贵豪华者,常以博山为饰。而帐顶妆饰的博山,与流行于南北朝之际的佛塔上面的所谓"山花蕉叶"颇有相似之处,不过与后者不同的是,它早有着本土的创作意匠。

作为帐顶前端妆饰的博山,取式于同时代的建筑,其源则可远溯到战

[19-6]:❶

[19-6]:❷

图[19-6]
❶❷丁兰事木母 宁懋石室线刻画

① 《文选》卷二,薛综注;张铣注。
② 《太平御览》卷六九九《服用部一》"帐"条引。
③ 《中国画像石全集·8》,图一〇。

[19-7]:❶

[19-7]:❷

[19-7]:❸

[19-7]:❹   [19-7]:❺

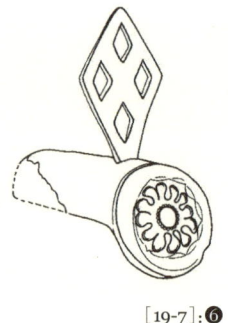
[19-7]:❻

图[19-7]: 屋顶建筑构件
❶脊饰 战国中山王墓飨堂遗址出土
❷筒钉与瓦钉 战国中山王墓飨堂遗址出土
❸筒瓦与瓦钉 战国中山王墓飨堂遗址出土
❹❺瓦钉 东周王城遗址出土
❻筒瓦与瓦钉 汉魏洛阳城一号房址出土

国。河北省平山县战国中山王墓飨堂遗址出土的建筑材料中，有大、中、小三种规格的山形脊饰，脊饰底心有很长的钉孔，可以固定在瓦脊的立钉上，大者高四十二厘米，小者高三十二厘米。同时出土的又有插在筒瓦上面的瓦钉，做成花叶形的瓦钉帽体量甚巨——通高四十一点五厘米[①]（图19-7:1、2、3），可以想见建筑本身的宏大。意趣与之相似者又有洛阳东周王城战国陶窑遗址出土的各式瓦钉，瓦钉帽或做成花，或做成鸟，或形同屋顶，只是尺寸比中山王墓小得多[②]（图19-7:4、5）。屋顶上面的这一类妆饰，在东汉已经变得很流行。六十年代末山东邹城市师范学校附近出土一件东汉早期画像石，楼阁正脊上面的一排妆饰，为山形饰件与鸟的组合，而把山形饰件安排在中心位置[③]（图19-9:1）。

[①] 河北省文物研究所《𰯼墓——战国中山国国王之墓》，页20，图一〇:2~5；图版八:2，图版一〇:1，文物出版社一九九六年。
[②] 洛阳文物工作队《洛阳东周王城战国陶窑遗址发掘报告》，页559~561，图一三、图一五；图版一二:4，《考古学报》二〇〇三年第四期。
[③] 《中国画像石全集·2》，图八九。

类似的设计尚不止一例,并且作为一种流行式样,它也常常移用于其他,如山东章邱县普集镇汉墓出土一件陶井,拱券形井架,架顶两根支柱,上承一座五脊屋顶,井架两边对称妆饰六枚花叶①(图 19-8:1)。又山东宁津县大柳镇庞家寺墓葬所出东汉绿釉陶井,井架上设辘轳,辘轳顶上一双引颈对视的小鸟,井架两侧两对花叶②(图 19-8:2)。陕西勉县长林乡出土三国时代的绿釉陶井,井栏四面镂空饰对凤,四角用蹲兽承托井台,井台上面高高撑起一座屋顶,屋檐上边对饰花叶③(图 19-8:3)。晋戴祚《西征记》:"太极殿上有金井,金博山,鹿卢,交龙负山于井上,有金师子在龙下。"④戴延之笔下金井的妆饰很有些奇异,不过三国陶井却正好可作它的注解。而所谓"花叶",博山也。屋顶妆饰博山的完整的建筑形式,见于河北阜城县桑庄东汉晚期墓出土的绿釉陶楼。盝顶、平面方形的五层阁楼,四

图[19-8]
❶山东章邱普集镇出土汉代陶井
❷山东宁津大柳镇出土汉代陶井
❸陕西勉县长林乡出土三国陶井

---

① 王恩礼《山东章邱县普集镇汉墓清理简报》,图版十二:4,《考古通讯》一九五五年第六期。
② 刘振清等《齐鲁文化——东方思想的摇篮》,页247,图二四六,上海远东出版社等一九九八年。
③ 韩建武《英雄时代展》,页87,《文物天地》二〇〇四年第六期。
④ 《艺文类聚》卷九《水部下》"井"条引。

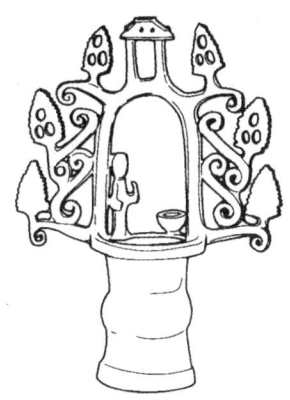

[19-8]:❶

[19-8]:❷

[19-8]:❸

[19-9]:❶

[19-9]:❷

图[19-9]
❶山东邹城出土东汉画像石(摹本)
❷云冈石窟雕刻中的屋脊妆饰

面坡的每一层,筒瓦顶端都竖一枚博山,每一向面各五枚,两端又各间一只展翅欲飞的小鸟①(图19-10)。这一小小的妆饰,安排得规整而又和谐,于是挺拔的楼阁特别显出秀丽。它却又不是单纯的妆饰,而是插在筒瓦上以取固定之效的瓦钉,这正是战国以来的传统,只是至此才看到它艺术与功能的完美结合。楼观妆饰博山,见于记载者不多,《水经注》卷一〇云石虎于邺之东城上立东明观,"观上加金博山,谓之翔天"。既称作"翔天",则它似应装在楼观的正脊。大同云冈石窟中的楼阁,常见一种雕镂细巧的山形妆饰②(图 19-9:2),而它更早的例子已见于前面举出的东汉画像石,可知东明观上的金博山,不外此类。而战国以来至北魏,它始终是楼观等屋顶常常用到的妆饰手法,桑庄陶楼是设计最为美观合理的一例,北魏建筑

---

① 河北省文物研究所《河北阜城桑庄东汉墓发掘报告》,页28,图二〇,《文物》一九九〇年第二期。
② 云冈石窟文物保管所《中国石窟·云冈石窟》第二卷,图三六,文物出版社一九九四年。石窟雕刻中的屋顶妆饰,与博山在一起的常常还有金翅鸟,金翅鸟虽外来,但屋顶妆饰博山与鸟却早是本土意匠,前举诸例已可见。又左思《魏都赋》"云雀踶甍而矫首,壮翼摛镂于青霄",谢朓《三日侍华光殿曲水宴代人应诏》"云甍鸟跂",所咏亦此类。

依然沿用。内蒙古准格尔旗石子湾古城出土的建筑构件中,有与桑庄陶楼上面的瓦钉形状相似者,可惜稍残[1];而汉魏洛阳城一号房址与瓦当等建筑遗存同出的带菱形妆饰的瓦钉有五十余件,其中一件即插在莲花纹的筒瓦中[2](图 19-7:6)。石子湾古城建在北魏都于平城时期,一号房址的时代,则当北魏迁洛之后,位在宫城阊阖门南御道东侧,西距铜驼街不到二百米。瓦钉的式样虽略有变化,但与桑庄陶楼同出一源,可以说没有疑问。它被同时的帷帐取以为式,虽然已不再具有功能的意义,但帐顶平直的水平线上加饰一排博山,却是简洁中颇增玲珑秀巧,自然别有风致。

[19-10]:❶

[19-10]:❷

图[19-10]
❶河北阜城桑庄东汉墓出土陶楼
❷❸陶楼局部

[19-10]:❸

---

[1] 崔璇《石子湾北魏古城的方位、文化遗存及其它》,页58,图八:7,《文物》一九八〇年第八期。
[2] 中国科学院考古研究所洛阳工作队《汉魏洛阳城一号房址和出土的瓦文》,页210,图版一:2,《考古》一九七三年第四期。

南北朝是帷帐兴盛的时代，不过它的重要变化更在于由世俗生活向佛教艺术的移植。佛教东传，中土的工匠似乎没有想到为远来的佛陀去别创一个居住的天地，却是以原有尊崇之意的幄帐用来安置新的信仰世界中的各色人物①。甘肃永靖炳灵寺石窟第一六九窟北壁后部绘一具平顶帷帐，据帷帐下面的榜题，可知右边伞盖下是维摩诘，左边为侍者②（图19-11:1）。第一六九窟建于西秦建弘元年，这是同类题材中有明确纪年的最早一例。到了龙门石窟的时代，维摩诘所处便已是四面妆饰博山的华丽之帐，如北魏孝明帝正光四年以前开窟的龙门魏字洞，如迄工于孝明帝孝昌三年的龙门皇甫公窟③，又如孝昌元年的道哈造像龛④（图19-11:2）。至于佛帐，更是尊贵、华美与瑰丽的集合，帐顶前端的妆饰，又不仅限于传统的博山；莲花、火珠，乃至塔

[19-11]:❶

[19-11]:❷

图[19-11]：维摩诘帐
❶炳灵寺第一六九窟北壁壁画
❷道哈造像龛

---

① 南北朝时期艺术表现中的帷帐，尚没有世俗与佛教的一个截然划分，如河南洛阳出土时属北魏的一组石刻中的夫妇对坐图（《中国古代石刻画选集》，图五:6），如河北磁县北齐高润墓壁画中的墓主人图（《考古》一九七九年第三期，图版七），图中所表现的帐顶妆饰莲花与蕉叶的帷帐，与当时佛教艺术中的帷帐，并无不同。
② 甘肃省文物工作队等《中国石窟·永靖炳灵寺》，图三七，文物出版社一九八九年。
③ 龙门文物保管所《中国石窟·龙门石窟》（一），图九三，文物出版社一九九一年。
④ 《中国画像石全集·8》，图三六。

刹,都是新的构成要素,此际便择取最有象征意义的部分,与本土固有的造型艺术相结合,而以不同的搭配创造出许多自由活泼的变体,使得式样纷繁。如北魏景明四年刘雄头造像碑①,巩县石窟第三窟中心柱南面时属北魏的帷帐龛(图19-12),响堂山石窟第三窟北齐唐邕刻经碑②,等等。其中最有特点的一种表现形式,即所谓"山花蕉叶"。中土固有的博山,如前面举出的几例,是它的基本构思,也是接受外来因素的基础;而从帕提亚时代亦即安息王朝的建筑妆饰——如今藏伊拉克博物馆的一座带有希腊风的神殿模型③,到犍陀罗艺术中的佛传浮雕——如今藏印度国家博物馆的一件初转法轮图④(图19-13),正可以看到作为"山花蕉叶"不同的组成部分逐步东渐的轨迹,初转法轮图中翻卷着的茛苕叶,其源头也在希腊。随着佛教东传,艺术创作的意匠也越过时空的距离,在节节传递中发生着奇妙的变

[19-12]:❶

[19-12]:❷

图[19-12]:北魏佛帐
❶巩县石窟第三窟
❷刘雄头造像牌

---

① 《佛雕之美·北朝佛教石雕艺术》,图一六,台北历史博物馆一九九七年。
② 《中国石窟雕塑全集·6》,图一五、图一三七,重庆出版社二〇〇一年。
③ 时在一、二世纪之间;《丝绸之路大文明展·绿洲和草原之路》,图版一九,日本放送出版协会一九八八年。
④ 约当二、三世纪之间;《世界美术大全集·东洋编·15》,页110,小学馆一九九七年。

[19-13]

图 [19-13]：初转法轮图
印度国家博物馆藏

化。南北朝艺术中的佛帐，正是在"西风吹渭水"的背景下，完成了多种因素的结合与融汇。规模最为宏阔的是天水麦积山石窟始建于北周的第四窟。它原是一座面阔七间仿木结构的大型佛殿，内部空间做成并列七座仿真的斗四攒尖顶佛帐。正立面的帐顶上各有一排五个花叶形的博山，博山是在石上凿卯，插入木胎，上加泥塑而成①。若要选取作为起点和风格成熟的两个标志，那么桑庄陶楼模型与麦积山第四窟正是各自的好例。从东汉到北周，数百年的时间跨度中，已有足够多的实例丰富这一个交汇融合的变化过程。《水经注》卷一三云平城县东郭外，"太和中，阉人宕昌公钳耳处时立祇洹精舍于东皋，椽瓦梁栋，台壁楹陛，尊容圣像及床坐轩帐，悉青石也"。唐释道宣《集神州三宝感通录》卷中，曰东晋穆帝永和六年，有佛像现于荆州城北，至梁大通四年迎像入金陵，"敕于同泰寺大殿东北起殿三间两厦，施七宝帐座以安瑞像"②。以世俗社会中一种表示特别尊崇的形式来取悦西来的偶像，帷帐由此又成为一种新鲜却并不陌生

---

① 天水麦积山石窟艺术研究所《中国石窟·天水麦积山》，图二二四、二三四，文物出版社一九九八年；又同书所载傅熹年《麦积山石窟所见古建筑》，页 207~208。
② 《大正藏》，第五十二卷，页 416。

的艺术语言①。

二

唐以后，佛教艺术中，除居士身分的维摩诘仍坐帷帐之外，南北朝风行的佛帐已开始让位于装缀富丽的华盖。但唐代的佛帐并未因此失去昔日的荣耀，它渐渐从佛教世界的视觉艺术中分离出来，而以始终具有的尊贵身分，进入世俗生活之迎请佛像或佛舍利的礼佛活动。唐释慧立等著《大慈恩寺三藏法师传》卷七云，贞观二十二年建大慈恩寺成，迎像入寺之日，"锦彩轩槛，鱼龙幢戏，凡一千五百余乘，帐盖三百余事。先是，内出绣画等像二百余躯，金银像两躯，金缕绫罗幡五百口，宿于弘福寺，并法师西国所将经、像、舍利等，爰自弘福引出，安置于帐座及诸车上，处中而进"。其中辉光耀彩引人注目的，自是安置各式佛像的帐座。莫高窟第一四八窟西壁描绘释迦涅槃后的送葬场面，众人所举之步辇，下为覆莲座，座上建两层高台，层台间架设铺陈鲜丽的磴道，其上则是放置彩棺的须弥座。装点了两重金博山的宝帐起于重台之上，四角和周边层层叠叠披垂流苏，一只展翅的金凤凰立在帐顶中心②（图19-14：1）。如果说它是盛唐佛事的一角剪影，那么前引《三藏法师传》，早就可以为之作证。

帷帐中的佛像易作佛舍利，而"宝帐"之称依然。八十年代中，陕西临潼唐庆山寺塔基地宫出土了一组唐代的舍利棺具，其中一座石雕的塔形帐，额枋上刻着"释迦如来舍利宝帐"八个金字，正是最好的例证③（图19-14：2、3）。河南新密法海寺塔基地宫出土的北宋咸平元年三彩舍利匣，可以作为这一形式不断延续的一个实例④（图19-14：4）。舍利匣坐在仿砖石结构的方形须弥座上，周边四角是妆饰团花的角柱和狮子，四壁中间做出假门，门两侧各有一尊立在仰莲上的天王。盝顶形的匣盖，四面坡顶中间各有一对相连的圆孔，两边妆饰团花和流云。而"山花蕉叶"在这里又一次

---

① 小杉一雄《中国仏教美術史の研究》（新树社一九八〇年）有专章讨论床帐在佛教艺术中的应用，在"仏像と牀帐"一节中，作者认为，以作为日常生活用具的床帐来安置佛像，当是把它同天子的御床联系在一起，而赋予权威之象征的意义（页139）。不过严格说来，佛帐更为直接的构思，原是基于传统的帷幄。
② 谭蝉雪《敦煌石窟全集·25·民俗画卷》，图一四六，商务印书馆（香港）有限公司一九九九年。
③ 王钟承《中原与域外——侧写"天可汗的世界"特展的佛教文物》，页25，图一；页28，图四，（台北）《故宫文物月刊》第二十卷第四期（二〇〇二年）。
④ 孙英民等《河南博物院：精品与陈列》，图六六，大象出版社二〇〇〇年。

[19-14]:❶

[19-14]:❷

[19-14]:❸

出现,舍利匣上面的山花,做成内心抱着花朵的一枚饱满的花瓣,四角的蕉叶,其边缘处对称的两个小小的涡卷虽仍略存"西风"遗韵,但总体效果却已是"东风压倒西风"。北宋李诫《营造法式》卷九小木作制度"佛道帐"条:"上层如用山华蕉叶造者,帐身之上,更不用结瓦。"这是山花蕉叶作为建筑妆饰载入文献之始,五台山的佛光寺里,建于金天会十五年的文殊殿中,有山花蕉叶佛帐

[19-14]:❹

图[19-14]
❶敦煌莫高窟第一四八窟西壁壁画
❷❸释迦如来舍利宝帐 庆山寺塔墓地宫出土
❹三彩舍利匣 法海寺塔基地宫出土

的实例①(图19-14:5)。

南北朝时期与帐同时出现的尚有高座。它本是寺院高僧讲诵佛经所用。齐王琰《冥祥记》:"晋司空庐江何充,字次道,弱而信法,心业甚精。常于斋堂置一空座,筵帐精华,络以珠宝,设之积年,庶降神异。后大会,道俗甚盛。坐次一僧,容服粗垢,神情低陋,出自众中,径升其座,拱默而已,无所言说。一堂怪骇,谓其谬僻。充亦不平,嫌于颜色。及行中食,此僧饭于高座,饭毕,提钵出堂,顾谓充曰:'何侯徒劳精进!'因掷钵空中,陵空而去。充及道俗驰遽观之,光仪甚伟,极目乃没。追共愧恨,稽忏累日。"何充设此高座原是为着期待奇迹,却凡眼不识真神,这一则故事便全是嘲讽的意思。"筵帐精华,络以珠宝",是高座之华丽者,敦煌壁画中有它的形象,如莫高窟第三二一窟南壁宝雨经变中的辩论图,壁画时代为初唐②。而唐代更有新的变化,即上结帐,前设几,后置屏,敦煌莫高窟一〇三窟时属盛唐的维摩诘像,是很有代表性的一例③(图19-15)。不过晚唐皇室大事奉

① 山西省古建筑保护研究所《佛光寺》,页30,文物出版社一九九七年。
② 殷光明《敦煌石窟全集·9·报恩经画卷》图一八五,商务印书馆(香港)有限公司二〇〇〇年。
③ 贺世哲《敦煌石窟全集·7·法华经画卷》,图二〇七,商务印书馆(香港)有限公司一九九九年。

图[19-14]
❺山花蕉叶佛帐 佛光寺文殊殿内

图[19-15]:唐代维摩诘帐
莫高窟第一〇三窟壁画

佛，布施无度且极于奢华，风气之下，本来并无特别妆饰的高座，因此渐至演变为真正的"宝座"。

"宝座"一词，南北朝时已经出现，如梁刘孝绰《奉和昭明太子钟山解讲诗》"停銮对宝座，辩论悦人天"①。不过这只是略表尊崇之意的美称。王勃《梓州玄武县福会寺碑》"三千宝座，迥出天宫"②，与《仁王护国般若波罗密经》中的"建百高座"，所指正是这一类普通的高座，它在敦煌壁画中常见，如第三二三窟南壁描绘隋文帝问昙延法师天旱之由③（图19-16:1），又第九八窟南壁《贤愚经·梵天请法六事品》④（图19-16:3），等等。第三二三窟尚有一幅描绘昙延法师向隋文帝君臣授八戒，昙延踞大兴殿御座，文帝君臣则席地阶前，面北听戒。壁画中的御座，与高座形制相同⑤（图19-16:2）。王仁裕《开元天宝遗事》"七宝山

[19-16]:❶

[19-16]:❷

[19-16]:❸

图[19-16]：敦煌壁画中的高座
❶❷莫高窟第三二三窟
❸莫高窟第九八窟

---

① 《先秦汉魏晋南北朝诗》，下册，页1829。
② 《文苑英华》卷八五三。
③ 时属初唐，孙修身《敦煌石窟全集·12·佛教东传故事画卷》，图一四九，商务印书馆（香港）有限公司一九九九年。
④ 时属五代，李永宁《敦煌石窟全集·3·本生因缘故事画卷》，图一八〇，商务印书馆（香港）有限公司二〇〇〇年。
⑤ 《敦煌石窟全集·12·佛教东传故事画卷》，图一五〇。御座称为宝座，早期之例见于《大唐西域记》卷六"劫比罗伐窣堵国"条："菩萨诞灵之日，嘉祥辐凑"，"是时阿私多仙自远而至，叩门请见，王甚庆悦，躬迎礼敬，请就宝座，曰：'不意大仙今日降顾。'"劫比罗伐窣堵国王，即净饭王。

座"条:"明皇于勤政楼以七宝装成山座,高七尺,召诸学士讲议经旨及时务,胜者得升焉。惟张九龄论辩风生,升此座,余人不可阶也。时论美之。"此所谓"山座",当即高座,"七宝",原指妆饰的华丽。不过这是一个特殊的例子,其时并未形成常规。《旧唐书》卷一七八《李蔚传》言懿宗奉佛太过,"以旃檀为二高座,赐安国寺僧彻";同样的事件,《新唐书》则增加许多细致的形容,卷一八一《李蔚传》:"懿宗成安国祠,赐宝座二,度高二丈,构以沉檀,涂髹,镂龙凤葩蒍,金鈒之,上施复坐,陈经几其前,四隅立瑞鸟神人,高数尺,磴道以升,前被绣囊锦襜,珍丽精绝。"毫无节制的奉佛,使后世的修史者从中看到了威胁国运的隐患,《新唐书》此段记事对细节的特殊关注,其实灌注着强烈的批判意识。

在宋代绘画中,我们看到了这种五色璀璨、高踞众庶之上的宝座,如今藏美国大都会博物馆的北宋大理国经卷《维摩诘会图》①(图 19-17:1),如日本相国寺藏南宋陆信忠《十六罗汉》②(图 19-18),又日本粟棘庵藏南宋末年《妙法莲华经》卷首图七幅③。复坐,经几,锦襜,磴道,《新唐书》对宝

图[19-17]
❶《维摩诘会图》美国大都会博物馆藏

[19-17]:❶

---

① 约作于大理国文治九年(一一一八);李昆声《南诏大理国雕刻绘画艺术》,图二五二,云南人民出版社一九九九年。
② 《海外藏中国历代名画·3·南宋》,图一四三,湖南美术出版社一九八九年。
③ 《中国古代版画展》,页 84~85,町田市立国际版画美术馆一九八八年。

[19-17]:❷

图[19-17]
❷东魏武定元年造像碑中的维摩诘帐

图[19-18]
《十六罗汉》(局部) 日本相国寺藏

[19-18]

座的种种形容,仿佛已是画家熟悉的图式。虽然《维摩诘会图》笔下带了更多的想象和色彩,却也不过比本来的"珍丽精绝"稍增奇幻。与美国大都会博物馆藏东魏武定元年造像碑中的维摩诘同观[①](图19-17:2),演变的线索清晰可见,其中的磴道尤其显示着二者的承继关系,只是走出帷帐之后的维摩诘,不再是辩才无碍式的文采风流,宝座给予他的已是一派雍容华贵。而佛教艺术中的这样一个变化,竟又促成幄帐中的帝王也走出来占有宝座的荣耀。

[①] 金申《中国历代纪年佛像图典》,页230,图一六八,文物出版社一九九四年。

帝王宝座，目前所知最早的实物为太原晋祠圣母殿中的木座椅，因是圣母所坐，故以凤首为饰（图 19-19：1）。据座椅背面题记，知其时代为宋元祐二年，即公元一〇八七年①。元代宝座形制与此不殊，不过踵事增华而已，其形象见于拉施特《史集》巴黎抄本中的插图，如《窝阔台即位图》、如《拖雷及其夫人》等②。故宫太和殿中的清代宝座，则是宝座成熟时代一组最为完整的形式。严整和谐的安排，偏重的不是以庄严肃穆来表现敬畏和尊崇，而是以细部妆饰的无所不在的精致，显示富丽堂皇中的"三千威仪"（图 19-19：2）。反观作于明成化十一年的《明宪宗行乐图》，殿前平台虽仍设幄，明宪宗端坐其中③（图 19-20），不过此际皇宫正殿中的幄帐，早被宝

[19-19]：❶

图[19-19]
❶晋祠圣母殿圣母坐具

---

① 座椅为留题人布施，题记称之为"圣母坐物"。柴泽俊等《太原晋祠圣母殿修缮工程报告》，页13，文物出版社二〇〇〇年。
② 宝座的式样并且影响到阿拉伯世界，见 A.U.Pope Survey of Persian Art, Vol.10, P.827、838、850、861、870。
③ 《中国历史博物馆——华夏文明史图鉴》（四），图九五：4，朝华出版社一九八七年。

[19-19]:❷

[19-20]

图[19-19]
❷故宫太和殿宝座

图[19-20]
《明宪宗行乐图》(局部)

座取代,旧云"天子居广厦之下,帷帐之内,旃茵之上"①,真正成了历史的陈迹,《行乐图》中的幄,因此已不具有《唐六典》所谓"朔望受朝,则施幄帐于正殿"的庄严。帷幄——佛帐,高座——宝座,世俗社会与佛教艺术始终的相互影响和渗透,使演变的过程总是情节丰满。

三

与坐帐不同的卧帐,东晋顾恺之《女史箴图》中有描绘清晰的形象,卧帐下为四面做出壸门的床,床设可以曲折开合的围屏,其上起一平顶帐,可见制作得很规矩也很精巧(图 19-21:1)。"天河渐没,日轮将起","玉花簟上,金莲帐里,始摺屏风,新开户扇,朝光晃眼,早风吹面",庾信《镜赋》中的帐中人仿佛也是刚刚从这样的卧帐中走下来。它的形制,自东晋至两宋,似乎并没有太大的变化,顾闳中《韩熙载夜宴图》中可以看见卧帐的一角,与《女史箴图》仍属一系。唐宋卧具中独具情韵的当推屏风,那是围在床边或置于床头的枕屏或曰卧屏。梅花,墨竹,云雁,草虫,楼阁,山水,婴戏,都是枕屏的画材,便是素屏,也可借以抒写书生怀抱,题诗互赠,当然

[19-21]:❶

[19-21]:❷

图[19-21]
❶《女史箴图》(局部) 英国博物馆藏
❷《仿韩熙载夜宴图》(局部) 重庆市博物馆藏

① 《韩诗外传》卷五。

最是文人雅事。在偏爱枕屏的时代,似乎不大有人想到,如果把床与帐合二为一,也可以构成另外的精致。

把床和帐用一种与以往不同的新鲜方式结合在一起,大约始于南宋末年流行的梅花纸帐,事见宋林洪著《山家清事》。花瓶、书架、衣桁、踏床、香鼎,形形色色的雅事和俗事,一一布置在床帐之间的小天地里。从此枕屏不再是专宠,梅花纸帐之雅不免令诗人"移情别恋"。吴龙翰《楼居狂吟》"觅得楼中一觉眠,将身化蝶入壶天。平生睡债何时足,春在梅花纸帐边"①,其例也。吴是南宋末年人,卒在宋亡之后。元人也有不少咏纸帐的诗。张昱《演法师惠纸帐》:"银灯夜照白纷纷,四面光摇白縠文。隔枕不闻巫峡雨,绕床惟走剡溪云。风和柳絮何因到,月与梅花竟不分。塞北江南风景别,却思毡帐旧从军。"②明代则是包括拔步床在内的架子床大为兴盛的时代,《金瓶梅词话》第七回写薛嫂儿为孟玉楼说媒,对着西门庆言道,她"手里有一分好钱,南京拔步床也有两张"。又第八回,曰"六月十二日就要娶大姐过门,西门庆促忙促急,趱造不出床来,就把孟玉楼陪来的一张南京描金彩漆拔步床,陪了大姐"。可知它不仅是一份值得夸耀的家财,更是婚嫁的必备之物。虽然在专意经营"纯诗"之境的明代文人眼中,架子床不在清雅之列——文震亨《长物志》卷六"床"条"若竹床及飘檐、拔步、彩漆、卍字、回纹等式,俱俗";不过明代吴门派画家唐寅在《仿韩熙载夜宴图》的"尾声"部分,却信笔添画了一具五代时期并不存在的架子床③(图 19-21:2),诚可谓仿本一个"鲜明的时代特色"。

明代小说戏曲版画中,架子床常常是室内陈设中的重要一景,如明末衍庆堂刊本《喻世明言》中的插图④,如万历金陵刻本《重校荆钗记》插图⑤(图 19-22)。清代末年成书的《儿女英雄传》第二十九回描写张姑娘的闺房,曰:"北面靠窗尽东头,安着一张架子床,悬着顶藕色帐子。那曲折格子东找夹空地方,竖着架衣裳格子,上面还大大小小放着些零星匣子之类。那衣格以北,卧床以南,靠东壁子,当中放着一张方桌,左右两张机子。那桌子上不摆陈设,当中供一份炉瓶三事,两旁一边是个青绿花觚,应时对

---

① 《全宋诗》,册六八,页 42902。
② 顾嗣立《元诗选·初集》,下册,页 2089,中华书局一九八七年。
③ 中国古代书画鉴定组《中国绘画全集·13》,图一一一,浙江人民美术出版社、文物出版社一九九九年。
④ 《中国古代版画展》,页 158,图二一。
⑤ 周芜《中国古本戏曲插图选》,页 35,天津人民美术出版社一九八五年。

景的养着一枝血点儿般红的山茶花。"虽时空悬隔不止二百年,情景却几乎一般无二。

架子床,是有顶、有柱之床的一个统称。细分,则四角有立柱者为一类,四柱之外正面又有门柱而可安设门围子的,又一类。若拔步床,则地下置地平、床前设浅廊,便好像一间小小的屋子。架子床上不设屏,枕屏于是移向桌案,成为砚屏——它把宋代砚屏的范围扩大了;原设卧屏的部位,尽代之以细心镂镂的木作,时称床围子。架子床以质地坚致的硬木而形成缜密谨严的榫卯结构,总体造型的简练明快与局部的精细秀巧,常常成为恰好的呼应和对比。与不同质地的床帐相配,它还可以继续变化风格。甚至结束床帐的帐钩,也一丝不苟贯注着设计的巧思,从几件晚期制品中,仍可检阅它的余韵[①]。帷幄故事中,架子床大约可以算作一曲别调,不过以它的进入日常生活而与帷幄再没有关联,虽然明人为它溯源依然要说到周制,见《三才图会·器用》之十一。

[19-22]:❶

[19-22]:❷

---

① 朱年《古帐钩赏鉴》,页 66~69,《东南文化》二〇〇一年第十二期。

图[19-22]
❶《喻世明言》插图
❷《重校荆钗记》插图

宋人居室的冬和夏

冬

上世纪九十年代初,洛阳发现一处北宋衙署庭园遗址。由地面的建筑遗存,可知园中原铺着南北向的砖路,园之南有池,池畔有亭阁。砖道东西有贯穿庭园的廊庑,园西有与长廊相连的花榭。垂兽、瓦当、花纹砖,园中的建筑构件制作都很精致[①]。当年此地究竟何属,找不到文献记载,目前尚无法推知。不过宋人陈骙著有一部《南宋馆阁录》,卷二"省舍"节叙述馆阁省舍之苑,用来和它对照,虽不是处处相应,却也相去不远。《南宋馆阁录》记馆阁建置云,进大门,两边有东西廊,前则右文殿,殿后为秘阁,阁后为道山堂,又有汗青轩,轩后,便是园林式的蓬峦。北有酴醾架、群玉亭、芸香亭,均在花木修竹中。亭两边有径,通松坡,通橘洲,通涧,通泉。径前临池,跨池有桥亭。花草果木,尽名公手栽。虽然这里是皇家藏书之所和编纂处,不比平常,但大致的布局,仍可约略昭示宋代官署庭园之一般,洛阳衙署庭园遗址,正是一个同它呼应的好例。

讨论宋人的居室,却没有这样现成的实物材料。不过宋人笔下的绘画尚能提供不少线索,何况又有一部北宋李诫所著详细讲述建筑规制的《营造法式》。

宋人居室的冬与夏,重要在于外檐装修和室内装修。《营造法式》讲到

[①] 王岩《宋代洛阳造园风的实例——洛阳北宋衙署庭园遗址》,《文物天地》二〇〇二年第六期。

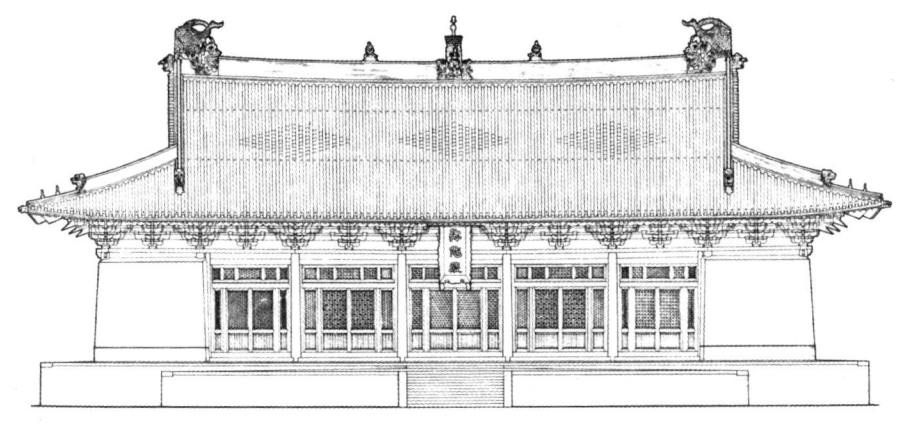

[20-1]:❶

图[20-1]:山西朔县崇福寺弥陀殿
❶弥陀殿前檐格扇

小木作制度的时候,列有"格子门"一项,后世称为"格扇"的,便是此类。它的下面做成障水版,中间为腰华版,上部为格眼。现存最早的格扇门实物,见于山西朔县崇福寺弥陀殿,建造年代为金熙宗皇统三年。弥陀殿面阔七间,进深四间,单檐歇山顶,前檐五间全部用着格扇门,每间两扇,两旁则是固定式的小边扇。下设地栿、门槛,上置两道门额,额间装横披窗。格扇门的格心和横披窗上的菱花玲珑细巧,式样各有不同,当心间前檐的格扇菱花则略如《营造法式》卷三二《小木作制度图样》中的"挑白毬文格眼",而除明间东小扇和西次间东扇为清康熙二十八年做过补修之外,均为金代遗存,是至为可珍的一例[①](图 20-1)。格扇门在两宋绘画中也常出现,如故宫博物院藏《飞阁延风图》,如台北故宫博物院藏《焚香祝圣图》、《醴泉清暑图》。不过另外一种形制的"格扇",宋画中更多见,即整个格扇自上至下全用格心而不用裙板,它多用在宫室的台基边缘,又或与柱间上部檐口处的横披窗连在一起,遮住斗拱,其外常常悬挂竹帘。如南宋无款之《荷亭对弈图》、《层楼春眺图》(图 20-2)。《对弈图》中,临水之堂即装着落地的格扇,池边之榭则设有同样轻便的阑槛钩窗,外面高卷着竹帘。而《春眺图》中的楼阁,把两种格扇都表现得很清楚。这一类装置在《南宋馆阁录》中也有记述,它说,秘阁后面有道山堂,堂"前有绿漆隔三十扇,冬设夏除",且有"紫罗缘细竹帘六"。又堂后有轩,轩"有窗十八扇,冬设夏除;槛外青绢缘竹帘九"。《荷亭对弈图》也正好可以和它同看。宋人又或称这一类隔子为

[①] 柴泽俊《朔州崇福寺》,页 35;页 139,图一三;图版一四〇,文物出版社一九九六年。

[20-1]:❷　　　　　　　　　　　　　　　[20-1]:❸

[20-2]:❶

图[20-1]：山西朔县崇福寺弥陀殿
❷明间格扇菱花
❸当心间格扇

图[20-2]
❶《荷亭对弈图》（局部）故宫博物院藏

"亮隔"和"凉隔"，宋袁文《瓮牖闲评》卷六："取明隔子，人多呼为'亮隔'，《夷坚志》乃云'廊上列水盆帨巾，堂壁皆金漆隔子'，又却用此凉字。"若更向前溯，那么这一类亮隔在唐人绘画中便已经出现，譬如现藏英国博物馆的一幅时属唐代的观经变相图[①]（图 20-3）。

[①]《海外藏中国历代名画·1·原始社会至唐》，图一一三，湖南美术出版社一九八九年。

[20-2]:❷

图[20-2]
❷《层楼春眺图》(局部) 故宫博物院藏

图[20-3]
《观经变相图》(局部) 英国博物馆藏

[20-3]

调节室内温度以适应季节的变化,这一类"冬设夏除"的小木作最便施用,由故宫博物院藏南宋刘松年《四季山水图》的冬景和秋景中,可以看到它的设置灵活(图20-4)。与之配合使用的又有帘和障。陆游《居室记》:"陆子治室于所居堂之北,其南北二十有

[20-4]:❶

[20-4]:❷

图[20-4]
❶❷《四季山水图》中的冬景和秋景

[20-5]

图[20-5]
《秋窗读易图》(局部)

八尺,东西十有七尺。东西北皆为窗,窗皆设帘障,视晦明寒燠为舒卷启闭之节。南为大门,西南为小门。冬则析堂与室为二,而通其小门以为奥室,夏则合为一,而辟大门以受凉风。"①放翁所治居室,在辽宁省博物馆藏南宋册页《秋窗读易图》中可得其仿佛。与院落小门相对的是堂,堂中设一座水图插屏以分隔前后,屏前设坐墩,以待来访之宾。与堂相衔的小室,三面设窗,正面有门通庭院,一侧有门接于堂(图 20-5)。至于帘和幛,故宫博物院藏夏圭《雪堂客话图》中有其制,临水的一座瓦房,槛窗之外悬障,槛窗之内挂帘,启闭舒卷,自然方便(图 20-6∶1)。只是为了表现人物,这里没有把槛窗全部画出来,而冬日里,它本来是满装的。

改变室内空间,则有《营造法式·小木作制度二》中说到的"堂阁内截间格子",此中包括"截间格子"和"截间开门格子"。这种办法本是源自先

---

① 《陆游集》,册五,页 2159,中华书局一九七六年。

[20-6]:❶

图[20-6]
❶《雪堂客话图》(局部)
❷《草堂客话图》

[20-6]:❷

秦以来的前堂后室之制,不过运用更为随意。此在两宋绘画中也很常见。如故宫博物院藏《草堂客话图》,绘宅舍一区,草堂三楹,楹柱间为堂,水屏风前是待客之所,堂之一侧装截间格子,以分出另外一处空间(图20-6:2)。而冬天为了取暖，还可以把空间分割得更小，以做成暖阁①。

居室设暖阁或曰纸阁、火阁，是宋人越冬的普遍做法，它自然成为诗人一个经常的话题。王安石《纸暖阁》："联屏盖障一寻方，南设钩帘北置床。侧座对敷红絮暖，仰窗分启碧纱凉。毡庐易以梅丞坏，锦幄终于草野妨。楚縠越藤真自称，每糊因得减书囊。"②诗极平浅，暖阁形制描述得分明。"联屏盖障"，自然是用打隔断的办法；楚縠越藤乃造纸原料，此作纸的代称。末云"每糊因得减书囊"，大约也是写实③，不过彼时糊暖阁通常是用白纸，为了它的采光好，便于读书，宋人对此多有形容④。

隔又或用竹，陆游有诗题作《新粘竹隔作暖阁》，此篇作于山阴，大约是因地制宜。

合纸屏为小阁，也是一种办法。方岳有诗题作"合纸屏为小阁，画卧袁访戴其上，名之曰听雪，各与长句"⑤。袁安卧雪、雪夜访戴，都是冬日故事，那么名为"听雪"的小阁，自然也是暖阁之属。

暖阁又称火阁，南宋释元肇《火阁》："装折围炉地，方方七尺强。易容元亮膝，难著净名床。省炭功虽小，烧香味较长。晏然宜袖手，免去暴朝阳。"⑥宋尺一尺，合今三十二点九厘米。暖阁用设隔的办法在大房子里辟出一个小间，然后置炉，自然"省炭"，若燃香，香气也会聚得久。"免去暴朝阳"，不必负暄也，原是颂火，但在禁火的地方，暖阁之营，却正在于"暴朝阳"。杨万里《左藏南库西芜下纸阁负暄戏题》，诗前小序云："左帑火禁，清寒非人间有也。而库官孔仲石、段季承、史伯载，心匠天巧，创一火阁，不薪不炭，暖亦非人间有。予以小旸谷名之。"⑦左帑即左藏库，是两宋中央最大

---

① 这种做法唐代已经常见。戴孚《广异记》"杨伯成"条，曰狐仙吴南鹤造访杨宅，求娶其女，伯成不允，"南鹤径脱衣入内，直至女所，坐纸隔子中"。后南鹤为道人降伏，"杨女睡食顷方起，惊云：本在城中隔子里，何得至此"。同书"石巨"条，云石巨病羸之日，命其子往河桥请卜人，"子还云：初无卜人，但一老姥尔。巨云：正此可召。子延之至，舍巨卧堂前纸橱中"。冬天居室里的暖阁，也与此同制，由白居易《别春炉》诗，可见其事。
② 《全宋诗》，册一〇，页6608。
③ 南宋林景熙有《山窗新糊有故朝封事稿阅之有感》，陈衍《宋诗精华录》选录此首，而缀语其后曰："前清潘伯寅尚书，见卖饼家以宋版书残叶包饼，为之流涕，遇此不更当痛哭乎。"荆公之"每糊因得减书囊"，亦足令后人为宋版书痛惜也。
④ 如项安世《纸阁》二首。其一："也知无鬼瞰高明，纸阁中间万事轻。不愿人呼贵公子，只图身作富书生。"又："薄似秋云莹似冰，清于寒士懒于僧。凭谁更待移蟾法，剪取光明不用灯。"《全宋诗》，册四四，页27441。
⑤ 《全宋诗》，册六一，页38468。
⑥ 《全宋诗》，册五九，页36897。又陆游《东偏纸阁初成》"我亦联屏为燠室，一冬省火又宜香"。《全宋诗》，册四一，页25546。
⑦ 《全宋诗》，册四二，页26347。

的财库,火禁本在情理之中。北宋魏泰《东轩笔录》卷五:"熙宁四年,王荆公当国,欲以朱寀之监左藏库,寀之辞曰:'左帑有火禁,而年高,宿直非便。'"自然是畏冬日之寒。若"不薪不炭",那么所赖只有阳光,因锡其嘉名曰旸谷,旸谷,日出之地也。其暖,一个重要的原因也在于阁之小,即所谓"联屏盖障一寻方"也。

左藏库的火禁乃例外,暖阁里,必不可少的是取暖之炉。冬季来临,开炉取暖的一天,当时也算是一个小小的节日。《武林旧事》卷三"开炉"条:"是日御前供进夹罗御服,臣僚服锦袄子夹公服,'授衣'之意也。自此御炉日设火,至明年二月朔止。皇后殿开炉日排当。"排当,即宫中宴饮。北宋孔平仲《代小子广孙寄翁翁》效小儿口吻云:"婆婆到辇下,翁翁在省里。太婆八十五,寝膳近何似?爹爹与妳妳,无日不思尔。每到时节佳,或对饮食美。一一俱上心,归期当屈指。昨日又开炉,连天北风起。饮阑却萧条,举目数千里。"①这里的所谓"饮",也是开炉日之饮。南宋宋庆之《开炉日赋》:"筋力已非旧,逢寒亦自怜。风霜在檐外,妻子语灯前。纸被添新絮,茶瓯煮细泉。虽云方寸地,春意一陶然。"②"方寸地",暖阁也。境虽清寒,但开炉日总还要为平常的生活带来一点新鲜的温暖和快乐。

取暖之炉,或凿地治炉曰地炉,南宋许棐《地炉》诗云"穴地为炉了一寒"③,即此。又或垒土为炉,砌砖为炉,北宋葛胜仲有诗题作"工部兄新治小阁,垒土为火炉,戏作劝召客"④,周紫芝有诗咏砖炉⑤,均是其例。地炉须有出烟孔,室内空气因而不至于太恶。但它每用榾柮之类的柴薪,不免多烟。南宋刘辰翁《冬景·地炉煨榾柮》句有"片地为炉古","榾柮向人煨","一根深雨露,四壁涨烟煤","朱门香兽拥,何意早成灰"⑥。"一根深雨露",榾柮之壮也;"四壁涨烟煤",烟熏之剧也。香兽,指炭。木炭灰分低,热值高,本来优于生柴,"朱门香兽拥,何意早成灰",不过以微讽而解嘲。

烧炭,则用铁炉或铜炉。辽墓和元墓都有不少实物出土。如辽宁朝阳姑营子辽耿氏墓⑦,赤峰大营子辽驸马墓⑧,内蒙古科右中旗代钦塔拉辽

---

① 《全宋诗》,册一六,页 10842。
② 《全宋诗》,册六八,页 42908。
③ 《全宋诗》,册五九,页 36853。
④ 《全宋诗》,册二四,页 15628。
⑤ 《砖炉》句云"经营尺寸地,便可寄幽寂。砖炉规旧制,蒲团买新织"(《全宋诗》,册二六,页 17206),"尺寸地",当然也是指暖阁。
⑥ 《全宋诗》,册六七,页 42490。
⑦ 朝阳地区博物馆《辽宁朝阳姑营子辽耿氏墓》,图版三四:4,《考古学集刊·3》中国社会科学出版社一九八三年。
⑧ 前热河省博物馆筹备组《赤峰县大营子辽墓发掘报告》,页9,《考古学报》一九五六年第三期。

墓①,均曾发现四足或八足的铁炉。大连市甘井子区营城子镇出土的辽代铜炉,下面三个兽蹄足,炉口一圈万字围栏,最为别致②。三足铜炉元代也很常见,内蒙古土默特右旗大袄兑元代文化遗址所出,即是一例③(图20-7:1、2、3)。山西孝义张家庄下吐京村的元墓壁画④,又元人《雪溪卖鱼图》,都画着冬日里的炭炉,其形制与实物正是相同。图中居室之帏幔,自然是为观画者而挽起来的(图20-7:5)。宋徽宗《摹张萱捣练图》,绘有妆饰华丽的圆形炭炉,《宣和宫词》"谁制暖炉新样巧,云龙突镂遍金箱"⑤,画笔正好为自家诗句作注(图20-7:4)。

雪中送炭,每予受者欢欣。北宋张扩《谢人送炭》:"灶烟荼毗霜后林,短橡脱烟乌不黔。樵童岂惜龟两手,入市论价轻千斤。向来几作沟中断,漫灭青黄谁过眼。焉知负荷炉锤功,煨烬犹堪惜余暖。夜阑吼空风力豪,平明雪山平屋高。生柴带叶冷不焰,毁车充薪车脚劳。故人十缚起衰朽,

[20-7]:❶

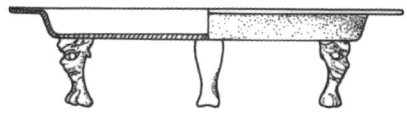

[20-7]:❷

[20-7]:❸

---

① 兴安盟文物工作站《科右中旗代钦塔拉辽墓清理简报》,页655,图四:1、2,《内蒙古文物考古文集》第二辑,中国大百科全书出版社一九九七年。
② 《旅顺博物馆》,页189,文物出版社二〇〇四年。
③ 包头市文物管理处《土默特右旗大袄兑出土元代遗物》,页121,图五:3,《内蒙古文物考古》二〇〇〇年第一期。
④ 山西省文物管理委员会等《山西孝义下土京和梁家庄金、元墓发掘简报》,图版十一:1,《考古》一九六〇年第七期。
⑤ 《全宋诗》,册二六,页17046。

图[20-7]
❶辽宁朝阳姑营子辽耿氏墓出土铁暖炉
❷大连市甘井子区营城子镇出土铜暖炉
❸内蒙古土默特右旗大袄兑元文化遗址出土铜暖炉

图[20-7]
❹《摹张萱捣练图》(局部) 美国波士顿美术馆藏
❺《雪溪卖鱼图》(局部) 上海博物馆藏

[20-7]:❹

[20-7]:❺

生遣寒灰拨红兽。解衣挟纩不足云,那复区区论炙手。"①荼毗,同茶毗,乃梵语音译,佛典里指尸体火化,这里借喻烧炭。"短椽脱烟乌不黔",正说出炭的好处,即薪在密封的炭窑中,经过燃烧,散失掉易于挥发的有机物质,用于取暖,便不再像带叶生柴那样冒烟。"生柴带叶"取唐杜荀鹤诗意。"毁车"句用《世说新语·术解》中以车脚作薪的故事。"解衣"句用《左传·宣公十二年》楚王抚慰将士之典,以为申谢之辞。

天寒多雪的季节里,薪炭腾贵。南宋马远《晓雪山行图》中,绘一驮炭毛驴,驴的主人缩项袖手,肩负一竿,竿后挑一只山鸡,方顶风冒雪而行(图 20-8)。南宋姜特立《买乌薪戏题》:"雨雪冬春无了时,乌薪断续恼衰羸。偶然买得婆欢喜,且免山翁晓皱眉。"②用来标题此图,却是合宜。

不过姜特立的暖阁中又另有别致处,其诗《火阁创壁橱》句云:"壁厨殊易成,制度亦苟简。二边各一柱,四齿横两板。重重叠书册,造次可抽拣。"③虽形制简易,但"方方七尺强"的小室中有了这样一个书架,实在很

[20-8]

图[20-8]
《晓雪山行图》(局部) 台北故宫博物院藏

---

① 《全宋诗》,册二四,页 16063。
② 《全宋诗》,册三八,页 24128。
③ 《全宋诗》,册三八,页 24200。

[20-10]

[20-9]

图[20-9]
山西高平开化寺宋代壁画

图[20-10]
《江楼卧雪图》(局部)

有读书之便。山西高平开化寺宋代壁画中的鹿女本生经变中绘一草庐，庐中设床，床的里侧设衣桁，一个三层的书架设在床头，架上分层置放书册与画卷（图20-9）。火阁壁橱，据诗中的形容，大约不外如此。只是火阁壁橱原是诗人自创，平常暖阁或未必总要有图籍相伴。北宋王庭珪有诗题作"初寒方葺火阁，而会溪知城周子康惠竹帘火炉，宁公瑞惠蒲团，便足了一岁无事矣"[①]，诗人之言虽不可看得太认真，但同样使用省笔的宋人画品却不乏与诗"唱和"者，传赵伯驹《江楼卧雪图》，可作一例（图20-10）。炭炉作为居室

---

① 《全宋诗》，册二五，页16852。

冬天的象征，其他一切严寒空气里本应具有的设施，便尽可由人想象，宋人的诗词已经为我们提供了足够多的材料。倒是这一幅画里床头露出绘着墨竹的卧屏，不免平添一重意外的诗趣。南宋黄庚《床屏墨竹》："淇澳新梢笔下分，枕屏墨晕点寒云。诗人纸帐眠清夜，不梦梅花梦此君。"①三、四句说到纸帐梅花，仍涉雅事。朱希真有词调寄《鹧鸪天》，句云"道人还了鸳鸯债，纸帐梅花醉梦间"②，乃是它的出处。朱希真名敦儒，天资旷达，有神仙风致，南宋绍兴年间以诗词擅名，此句也很是为人传诵。梅花纸帐因此多用于独宿，而成南宋末年居室冬日里最称清幽的诗境。陈著"相对两穷消白日，不交一语到红尘。梅花纸帐寒初试，尽可流连似病身"③；杨公远"梅花纸帐伴书窗，毡褥平铺小小床"，"诗魂直透冰霜国，衾锦那沾粉腻香"④，皆咏其事。著与公远，还有黄庚，均已由宋入元。

梅花纸帐似乎未见图画，不过南宋林洪《山家清事》有"梅花纸帐"一则述其形制详明如画：法用独床，傍植四黑漆柱，各挂以锡瓶，插梅数

---

① 《全宋诗》，册六九，页43611。
② 唐圭璋《全宋词》，册二，页843，中华书局一九六五年。
③ 《次韵弟观似单君范》，《全宋诗》，册六四，页40234。
④ 《次友梅编校独卧床》，《全宋诗》，册六七，页42091。

图[20-11]
《唐五学士图》（局部）

枝。后设黑漆板约二尺，自地及顶，欲靠以清坐。左右设横木一，可挂衣。角安斑竹书贮一，藏书三四，挂白麈。以上作大方目顶，用细白楮衾作帐罩之，前安小踏床，于左植绿漆小荷叶一，置香鼎，然紫藤香。中只用布单，楮衾，菊枕，蒲褥，乃相称"道人还了鸳鸯债，纸帐梅花醉梦间"之意①。这里说到的"书贮"，台北故宫博物院藏刘松年《唐五学士图》中可见其大概形制（图20-11）。当然这是放在桌子上，如果设在卧帐里，体量应该更小一点。"锡瓶"句，明高濂《遵生八笺》卷八《起居安乐笺下》引作"铜瓶"，似以此为是。铜瓶插花，两宋诗词中常见，如李流谦《梅花》"乱插铜瓶看尽日"②；杨万里《瓶中梅杏二花》"折来双插一铜瓶"③；又虞俦《瓶中梅二绝》之一："铜瓶沁水泫微温，便许争春雪里村。应为诗人太幽独，西窗和月伴黄昏。"④等等。不过最为常见的仍推胆瓶。南戏《张协状元》"冬季赏雪，胆瓶簪梅数枝，暖阁团坐饮羊羔风味"⑤，正是严冬时节火阁里情景。秋天枕边瓶花则为木樨。黄庚《枕边瓶挂》"岩桂花开风露天，一枝折向枕屏边。清香重透诗人骨，半榻眠秋梦亦仙"⑥。赵孟坚《鹊桥仙·岩桂和韵》"芳心才露一些儿，早已被、西风传遍"；"便须著个胆瓶儿，夜深在、枕屏根畔"⑦。诗见清疏，词见旖旎，其事则一。岩桂寒梅安顿在屏边枕畔，插花的胆瓶便要小巧才好，徐介轩《岩桂花》"翠叶金华小胆瓶"⑧，是也。温州博物馆藏南宋龙泉窑粉青釉小胆瓶，高十五点七厘米，釉层厚而匀净，光泽柔和⑨；上海青浦任氏墓出土宋官窑小胆瓶，高十四点八厘米，瓶施青釉，口沿釉薄处和圈足无釉处显出官窑器特有的紫口铁足⑩；台北故宫博物院藏汝窑天青釉胆瓶，高十七点八厘米；宝丰清凉寺汝窑窑址所出天青釉刻花鹅颈瓶，

---

① 《说郛》涵芬楼本卷二十二、宛委山堂本号七十四。按两本字句稍异，此于相异处择取字句相安者。
② 《全宋诗》，册三八，页23975。
③ 《全宋诗》，册四二，页26182。
④ 《全宋诗》，册四六，页28569。
⑤ 末句原出宋皇都风月主人《绿窗新话》卷下"党家妓不识雪景"："陶谷学士尝买得党太尉家故妓，过定陶，取雪水烹团茶，谓妓曰：'党太尉家应不识此。'妓曰：'彼粗人也，安有此景，但能销金暖帐下浅斟低唱，饮羊羔美酒耳。'谷愧其言。"则所谓"羊羔风味"，当指羊羔美酒。元邹铉续编《寿亲养老新书》卷三"羊羔酒"条述其制法，且云此是"宣和化成殿方"。
⑥ 《全宋诗》，册六九，页43604。
⑦ 《全宋词》，册四，页2854。又王千秋《解佩令·木犀》"开时无奈，风斜雨细。坏得来、零零碎碎。著意收拾，安顿在、胆瓶儿里。且图教梦魂旖旎"。同上，册三，页1471。
⑧ 《全宋诗》，册七二，页45249。
⑨ 温州博物馆《温州古陶瓷》，图一一七，文物出版社二〇〇一年。
⑩ 国家文物局《中国文物精华大辞典·陶瓷卷·瓷器篇》，图二八八，上海辞书出版社等一九九六年。

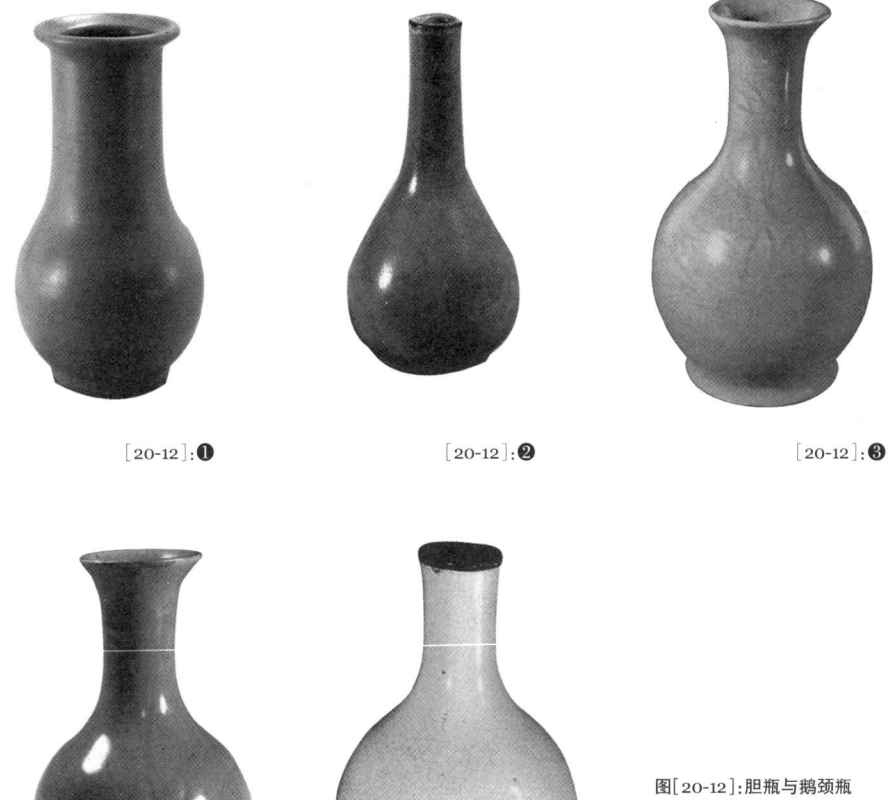

图[20-12]:胆瓶与鹅颈瓶
❶龙泉窑粉青釉胆瓶 温州博物馆藏
❷官窑胆瓶 上海青浦任氏墓出土
❸❹汝窑天青釉刻花鹅颈瓶 清凉寺汝窑窑址出土
❺汝窑天青釉胆瓶 台北故宫博物院藏

高十九点六厘米,制作均极精好①,(图20-12),宋人所谓"胆瓶花在读书床"②"垂胆新甍出汝窑"③,"鹅颈窑壶插翠干"④,传世和出土的实物,与诗笔点评之器应相去不远。总之,秋冬时节居室里的花信,多半由枕屏边的胆瓶儿交相传递。

陆游《春和初迁坐堂中》:"九月天始霜,泽中多烈风。东厢寻丈地,聊以安我躬。薪炭南山来,地炉晨暮红。二月春始和,如虫思旧蛰。草堂虽褊

---

① 叶喆民等《汝窑聚珍》,图八,图十,北京出版社二〇〇二年。
② 林希逸《瓶中指甲花初来甚香,既久,如无之》,《全宋诗》,册五九,页37317。
③ 南宋楼钥《戏题胆瓶蕉》,《全宋诗》,册四七,页29483。
④ 南宋董嗣杲《瓶蕉花》,《全宋诗》,册六八,页43730。

小,门户随时葺。辟窗对小山,峰嶂争巑岏。笔砚陈横几,图书罗矮床。颉颃燕雀声,左右兰茝芳。有时苦顽痹,杖藜寄相羊。折花与弄水,自适亦何常。"①秋末初冬,在原本打通的房间里分出一个很小的空间做成暖阁,阁中置炉,升火取暖,一冬起居便多在此间。万物复苏的时候,阁子拆除,于是可以坐在开敞的堂中,推窗望山,与花鸟对语,读书自适。此诗作于开禧三年,放翁八十三岁。是年国事正有不堪闻问者,不过翁已致仕闲居,亦只如平常人度岁,则此诗或可略概当日士人四季起居之一般。

夏

明人喜欢用的架子床、拔步床,宋代还没有出现,冬天里的梅花纸帐之设,也许只可以算作它的前身。宋人卧床与支撑卧帐的构架,仍别为二事。床边常置,则为枕屏或围屏,亦称卧屏。温庭筠《菩萨蛮》"小山重叠金明灭",所咏即床上的枕屏。宋人咏及枕屏的诗词极多,它的风行似愈于唐五代。枕屏可做成几叠,便是绕床三面而展,而以图画山水为常见。苏轼答吴子野:"近有李明者,画山水新有名,颇用墨不俗,辄求得一横卷,颇长,可用木床绕屏。"②朱熹《祝孝友作枕屏小景以霜余茂树名之因题此诗》:"山寒夕飙急,木落洞庭波。几叠云屏好,一生秋梦多。"③可见两宋风气。"几叠云屏"宜设在卧室。南宋赵师侠《酹江月·题赵文炳枕屏》"枕山平远。记当年小阁,牙床曾展。围幅高深春昼永,寂寂重帘不卷",所咏便是闺中围屏,下半阕"曲屏环枕"云云,其意可见④。河南登封黑山沟

[20-13]
图[20-13]
《侍寝图》登封黑山沟北宋墓墓室壁画(摹本)

---

① 《全宋诗》,册四一,页25505。
② 《苏东坡全集》,下册,页150,中国书店一九八六年。
③ 《全宋诗》,册四四,页27541。
④ 《全宋词》,册三,页2076。

一座北宋末年墓,墓室东壁壁画描绘侍寝情形,房帷里的床,即设着山水围屏①(图20-13),词中情景正与之仿佛。

枕屏也有素面者,宋人很喜欢用它作文章——单单一个"素"字,便是可以寄意抒怀的好题目,诗人也常常把它写得很可爱。陈著《沁园春·□竹窗纸枕屏》:"小枕屏儿,面儿素净,吾自爱之。向春晴欲晓,低斜半展,夜寒如水,屈曲深围。消得题诗,不须作画,潇洒风流未易涯。人间世,但此身安处,是十分奇。　　笑他富贵家儿。这长物何为著意□。便绮罗六扇,何如玉洁,丹青万状,都是钱痴。假托伊来,遮阑便了,免得惊风侵梦时。何须泥,要物常随我,不物之随。"②

这里说到遮阑挡风,正是枕屏的实用处。白居易《卯饮》句云"短屏风掩卧床头"③;其《貘屏赞》前小序则特别说道"予旧病头风,每寝息,常以小屏风卫其首"④。而在宋人,小屏卫首已属平常。陈著屏风词末云"要物常随我,不物之随",也道着小枕屏儿的好处,即它的便携。欧阳修《书素屏》"我行三千里,何处与我亲。念此尺素屏,曾不离我身","开屏置床头,辗转夜向晨"⑤,却又是一种更为小巧、可以提携随身、随处置放的单面小屏,宋《荷亭儿戏图》、《风檐展卷图》所绘榻上小屏便是此类,也正如画中的安排,在夏天用它最为合宜(图20-14、图20-15)。

至于居室中的床,夏日则多张质量轻薄之帷,时人名作纱㡡或葛㡡。黄庭坚《和李文伯暑时五首》,咏夏日里的五件物事,一曰扇,二曰麈尾,三曰石枕,四曰蕲簟,五曰葛㡡。《葛㡡》诗云:"飞蚊远床帷,来傍青灯集。微凉忽透隙,如带惊雷入。念彼无㡡者,中夜何叹及。天下同安眠,西风向秋急。"⑥前两句点明葛㡡之设在于避蚊,其后言其轻薄而可取风凉,以下则是诗人常有的民胞物与之怀,正如老杜的《茅屋为秋风所破歌》。

葛㡡里置枕。竹枕,藤枕,石枕,瓷枕,都可在暑日取清凉。江西、湖南有大竹曰猫头,时人取以作枕,宋人竹枕诗中常见赞誉⑦。所谓"竹枕紬衾

---

① 郑州市文物考古研究所《河南登封黑山沟北宋壁画墓》,页62,图三:6,《文物》二〇〇一年第十期。
② 《全宋词》,册四,页3036。
③ 《全唐诗》,册一四,页5228,中华书局一九六〇年。
④ 朱金城《白居易集笺校》,册五,页2628,上海古籍出版社一九八八年。
⑤ 《全宋诗》,册六,页3632。
⑥ 《全宋诗》,册一七,页11628。
⑦ 如韩驹《湖南有大竹,世号猫头,取以作枕,仍为赋诗》,《全宋诗》,册二五,页16592;吴则礼《又次竹枕韵》诗前小序云"分宁猫竹为之,极奇妙",《全宋诗》,册二一,页14300。

[20-14]

[20-15]

图[20-14]
《荷亭儿戏图》美国波士顿美术馆藏

图[20-15]
《风檐展卷图》(局部) 台北故宫博物院藏

素屏小",有此数物,便可助得夏夜里的"片时清梦"[1]。"久夏天难暮,纱幮正午时。忘机堪昼寝,一枕最幽宜。"瓷枕上的一首诗,正标明自家用途[2]。"火炽九天,时惟三伏,开北轩,下陈蕃之榻;卧南薰,簟(蕲)春之竹。"《枕赋》一篇也是磁州窑枕上切题的妆饰[3]。陈万里《陶枕》著录一件宋三彩柳荫读书枕,枕上画出柳枝披拂,石榻上一个单衫女子倚枕卧读,正是仲夏日的一角清景[4](图20-16)。瓷枕以北方制品为多,《枕赋》云"有枕于斯,制大庭之形,含太古之素,产相州之地",相州即今河南安阳、河北邯郸一带,宋时这里本有烧瓷之盛,瓷枕自然也是大宗,且不乏佳好者,友朋间或持以为赠。张耒《谢黄师是惠碧瓷枕》:"巩人作枕坚且青,故人赠我消炎蒸。持之入室凉风生,脑寒发冷泥丸惊。梦入瑶都碧玉城,仙翁支颐饭未成。鹤鸣月高夜三更,报秋不劳桐叶声。我老耽书睡苦轻,绕床惟有书纵横。不如华堂伴玉屏,宝钿欹斜云鬓倾。"[5]张耒是苏门四学士之一,师是,黄寔之字。寔与苏轼兄弟皆交好,其女且许嫁东坡之子。师是以碧瓷枕相遗,文潜则以诗作答。泥丸是道教语,即脑神的别名,"脑寒发冷泥丸惊",形容瓷枕的清凉解暑,因此可以"梦入瑶都","一枕黄粱"[6]。安徽省博物馆藏一件绿釉划花枕,正是宋代常见的式样,枕面当心铺展着大大的几片芭

[20-16]　　　　　　　　　　　　　　　　[20-17]

图[20-16]
宋三彩柳阴读书枕

图[20-17]
宋绿釉划花枕　安徽省博物馆藏

---

[1] 李纲《感皇恩·枕上》《全宋词》,册二,页903。
[2] 陈万里《陶枕》,页2,朝花美术出版社一九五四年。
[3] 张子英《磁州窑瓷枕》,页67,人民美术出版社二〇〇〇年。按《枕赋》作者为漳滨逸人王寿明。
[4] 《陶枕》,图版四。
[5] 《全宋诗》,册二〇,页13111。
[6] 钱锺书《宋诗选注》:"也许可以附带说,张耒是个大胖子,黄庭坚《戏和文潜谢穆父松扇》诗里就取笑他'六月火云蒸肉山'。"(页93,人民文学出版社一九八二年)按山谷诗见《全宋诗》册一七,页11369。

蕉叶,叶脉上还带着风①(图20-17)。青青之体,"持之入室凉风生"矣。

夏日里,房檐外支起障日棚,"冬设夏除"的各种隔子自然都已除去。少少的几扇窗,或也不糊窗纸,惟凭竹帘的卷舒来作调节。黄庭坚与人书云:"更欲造一小竹帘具,长阔之度奉呈,作成并欲截青布缘之。"又一书:"造二帘,极如法,甚烦调护也";"更欲得两对小帘钩,只木工作者可也。得此帘,则当去窗纸,甚凉矣。又虑风雨夜中冷,须得两帘于窗里,各阔五尺,长三尺七,以柿胶糊之。仍打四小铁环、四小铁钩,事乃大备。"琐琐细细,好教我们觑得当日情景。

居室夏日或设藤竹为质的凉床,陆放翁《薄暑》"南北两松棚,细细吹清香。堂中无长物,独置湘竹床"②,即此。竹床上不施帐褥。黄山谷与人书云"书堂中已设凉床,恐夜中风雨冷甚,欲就壁间更设一暖床"③,则暖床当有帐。钱选《扶醉图》中所绘,大约便是凉床之类④(图20-18)。竹制的凉床便于移易,夏日可以设在小园,高卧庭榭,披风听泉,故宫博物院藏南宋册页《纳凉观瀑图》,所绘即是此境(图20-19)。

前引黄山谷《和李文伯暑时五首》,所咏之扇为团扇,物甚平常,但其中也不乏精致者。江苏金坛县南宋周瑀墓出土两件漆柄团扇,细木杆为扇轴,竹丝篾作成仿蕉叶的扇骨,扇面裱纸施柿汁,坐在两弯月牙式的扇托上。扇柄可以转动的一件用剔犀作,另一柄犀皮作。剔犀的一件雕刻如意头,柄与扇面的相接处有后刻的"君玉"二字,系主人之字⑤(图20-20)。南宋巩丰《咏豫章蕉叶素扇》:"宝月乘鸾空复情,颇嫌携重爱携轻。犀皮赤柄终伤俗,细骨洪蕉竟入清。格调不殊蒲处士,工夫全藉楮先生。文饶空赋桐花赋,绚丽虚成画史名。"⑥诗以称扬蕉叶素扇为主旨,"犀皮赤柄"虽精好,

---

① 安徽省博物馆《安徽省博物馆藏瓷》,图八八,文物出版社二〇〇二年;安徽肥田县出土,长二十七、宽二十一、高九点二厘米,从造型、胎釉来看,应属北方窑场制品。
② 《全宋诗》,册四〇,页 25450。又南宋吴儆《以竹床赠杨信伯古诗代简》"此君丘壑姿,不受世炎凉";"娇揉加尺度,指绕百炼刚。直节甘枕藉,凛气荐冰霜";"他日飞雪或不常,烦君拂拭悬虹梁"(《全宋诗》,册三八,页 24063),可知竹床当专用于夏日。
③ 《山谷简尺》卷上。又苏轼《南堂五首》之三:"他时夜雨因移床,坐厌愁声点客肠。一听南堂新瓦响,似闻东坞小荷香。"(《全宋诗》,册一四,页 9328)二者同声相应处,正见堂中设凉床之意趣。东坡客居之南堂也别有卧床之设,同题之五,句有"扫地焚香闭阁眠,簟纹如水帐如烟",是也。
④ 《艺苑掇英》第三十八期,页 25,上海人民美术出版社一九八八年。
⑤ 镇江市博物馆等《金坛南宋周瑀墓》,页 108,《考古学报》一九七七年第一期;和惠《宋代团扇和雕漆扇柄》,页 35,《文物》一九七七年第七期;《中国漆器全集·4·三国至元》,图一三〇、一三一,福建美术出版社一九九八年。按关于扇子的详细情况,此三处的叙述不尽一致,本篇综合述说。关于犀皮柄的一件,《宋代团扇和雕漆扇柄》云:"从出土时残留漆片看出,柄上原髹有犀皮漆,可惜已全部脱落,无法还原了。"
⑥ "桐花赋"句下自注云:"李卫公有《画桐花凤团扇赋》。"《全宋诗》,册五〇,页 31151。

图[20-18]
《扶醉图》(局部) 怀云楼藏

图[20-19]
《纳凉观瀑图》
故宫博物院藏

宋人居室的冬和夏

[20-20]:❶　　　　　　[20-20]:❷　　　　　　[20-20]:❸

图[20-1]：南宋周墓出土团扇
❶剔犀柄团扇
❷剔犀扇柄
❸犀皮柄团扇

却是特地拿来作反衬，而适成此漆柄扇的一个见证。

夏天贵富之家所用又有风扇，时称扇车或轮扇、车扇，仁宗时，"江淮发运使刘承颜进轮扇"[①]，徽宗《宣和宫词》"辘轳车扇间关处，双月回廊彩凤飞"[②]，皆是也。扇车早已出现在唐代宫廷。宋王谠《唐语林》卷四引《庐陵官下记》云："玄宗起凉殿，拾遗陈知节上疏极谏，上令力士召对。时暑毒方甚，上在凉殿座后，水激扇车，风猎衣襟。知节至，赐坐石榻，阴霤沉吟，仰不见日，四隅积水成帘飞洒，座内含冻。复赐冰屑麻节饮。陈体生寒栗，腹中雷鸣，再三请起方许，上犹拭汗不已。陈才及门，遗洩狼籍，逾日复故，谓曰：'卿论事宜审，勿以己方万乘也。'"人之畏冷畏热，本来性有不同，宜乎玄宗犹拭汗，而知节腹泻不能已也。只是其间之异，却不是凡人与帝王之别。这里说到的用水降温的凉殿，亦"自雨亭"之属，见唐《封氏闻见记》卷五。宋代也用这样的办法驱暑。《宣和宫词》："花枝连属胜丹青，叠嶂层峰立翠屏。汲引飞泉来玉瓮，璇题因缮迸珠亭。"[③]即此。凉殿里的"水激扇

[①] 徐松《宋会要辑稿·食货四一》"景祐元年六月十六日，起居舍人知谏院郭劝言，江淮发运使刘承颜进轮扇、浴器，乞宣示百官毁掷，诞布中外，不得以此进献"（中华书局影印本一九五九年，第六册，页5555）。又《三朝北盟会编》卷九七《靖康中帙》云金人入城径取诸库玩好，中有珍珠扇、大扇等若干合，又有"扇车一百两"。
[②] 《全宋诗》，册二六，页17051。
[③] 《全宋诗》，册二六，页17050。

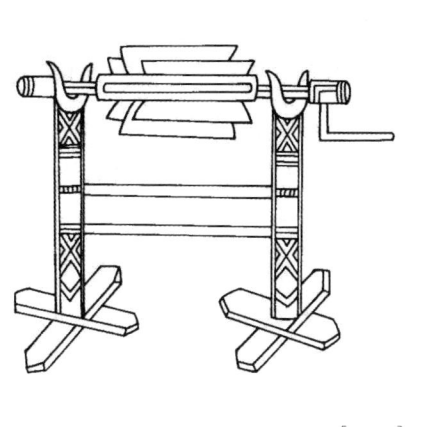
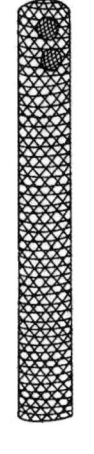

[20-21]   [20-22]

图[20-21]
《武经总要》中的风扇车

图[20-22]
《三才图会》中的竹夫人

车",则是以水为动力,如同玄宗朝一行与梁令瓒制作浑天仪的"注水激轮",见《旧唐书》卷三五《天文上》。这样的条件自然不容易达到。宋曾公亮《武经总要》前集卷一二录有一件风扇车,其转动靠手摇,"二柱、二桄,高阔约地道能容,上施转轴,轴四面施方扇,凡地道中遇敌人,用扇扬石灰、簸火毯,烟以害敌人"(图20-21)。此是军事用具,但也不妨用来取凉。南宋曹勋《和钱处和扇车》,句有:"君家世德胄,富贵出谦受。泠然御寇车,为君驻户牖。初讶鼓清薰,与客破宿酒。又疑建溪风,碾声出两肘。细视碧玉架,莲梗转双手。遂令青田鹤,奋翼挥莫后。"[1]处和,即钱端礼,惟演之曾孙,以荫授官,后来做到宰辅。"君家"云云,指此。诗中说到的扇车,乃御寇车,则当《武经总要》中的风扇车之属。青田鹤,神仙所养也,不过扇车摇起来虽犹鹤之奋翼,但它的噪音似亦颇剧,诗所以用碾茶之声作比。曹勋的另一首《扇车》诗"失喜门边须茗客,隔篱误作碾时声"[2],也是同样的意思。其诗且云"碾回剧暑轩楹去,载得长风枕罩清","碾"字借得别致。这里的"枕簟",便又是张耒诗中所咏石枕蕲簟之类。而与之在一起的常常还有竹夫人。

所谓"竹夫人",原是细竹篾结作花眼,编就周身透空的一根长圆形的竹笼。晚唐皮日休诗题作《鲁望以竹夹膝见寄因次韵酬谢》,句云"圆于玉柱滑于龙,来自衡阳彩翠中。拂润恐飞清夏雨,叩虚疑贮碧湘风"[3],其制可

---

[1] 《全宋诗》,册三三,页21095。
[2] 《全宋诗》,册三三,页21160。
[3] 《全唐诗》,册一八,页7079。

知也。它的见于吟咏，也便始于陆鲁望（龟蒙）与皮袭美（日休）的赠答中，其时名作竹夹膝。到了苏轼的诗里，它被称作竹几[1]，黄庭坚则名之曰青奴[2]，以后宋人更多把它唤作竹夫人。明王圻等编《三才图会》，其器用类所录竹夫人，与皮、陆笔下的形象没有不同（图20-22）。竹夫人又渡海去了东瀛，寺岛良安编《和汉三才图会》也绘有竹夫人图，云："抱笼，俗谓竹几，夏月昼寝抱之以取凉，因得夫人名。"竹夫人虽非红粉佳人，却实在是溽暑中的清凉知己，且正好与隆冬里的汤婆子对应[3]。而夫人之名，更不免惹人遐思，因成吟诗作赋的好题目。或旖旎温柔作情语，或严正中寓调侃作道学家言，又或为它作"制"[4]，作传，吟咏之篇不胜举。南宋王质《竹夫人二首》之一："夫人承主爱，不在鸳鸯帏。庭枫飘一叶，满眼贮秋悲。"[5]王质曾著《诗总闻》，解《诗》，尤其是《风》之部，很有些新鲜的意见。此诗咏物颇觉贴切，"满眼贮秋悲"，作双关语而寓体贴之意，"满眼"，切竹夫人之形：原是玲珑剔透身也；"秋悲"，切竹夫人之用：乃长夏暂为伴也；"贮"字依然形、义双关，却接得不露痕迹。

炎炎夏日，居室降温又有置冰之法。北宋王珪《宫词》："御座垂帘绣额单，冰山重叠贮金盘。玉清迢递无尘到，殿角东西五月寒。"[6]此是一幅宫中

---

[1]《送竹几与谢秀才》，王文诰辑注《苏轼诗集》，册四，页1354，中华书局一九九二年。按竹制的隐几宋人也称竹几，与此并非一事。

[2]《赵子充示竹夫人诗，盖凉寝竹器，憩臂休膝，似非夫人之职，予为名曰青奴，并以小诗取之二首》，其一云："青奴元不解梳妆，合在禅斋梦蝶床。公子有人同枕簟，肌肤冰雪助清凉。"《全宋诗》，册一七，页11390。

[3] 汤婆子，宋人也称之为脚婆子，即暖脚铜缶。苏轼《与杨君素》："无以表异，辄送暖脚铜缶一枚，每夜热汤注满，密塞其口，仍以布单裹之，可以达旦不冷也。"（《苏东坡全集》，下册，页181）黄庭坚《戏咏暖足瓶二首》之二："脚婆原不食，缠裹一衲足。天明更倾泻，颒面有余燠。"（《全宋诗》，册一七，页11416）则晨起又可用其中温水洗脸。又虞俦《脚婆子》"此姥原无妒与嗔，平生气类竹夫人"（《全宋诗》，册四六，页28497）；又同题另有句云"一衲包缠密，重衾底里温。穷冬为老伴，永夜得深论"（同前，页28480），等等，同类之作颇多。与竹夫人相同，汤婆子也传往东瀛，《和汉三才图会》卷三二"家饰具"有汤婆图，释云："按汤婆以铜作之，大如枕，而有小口盛汤，置褥傍以暖腰脚，因得婆之名。竹夫人与此以为寒暑悬隔之重器。"

[4] 罗大经《鹤林玉露》卷四甲编"竹夫人制"条："李公甫谒真西山，丐词科文字，西山留之，小饮书房，指竹夫人为题曰：'蕲春县君祝氏，可封卫国夫人。'公甫援笔立成，末联云：'於戏，保抱携持，朕不忘两夜之寝；展转反侧，尔尚形四方之风。'西山击节。盖八字用《诗》、《书》全语，皆妇人事，而形四方之风，又见竹夫人玲珑之意。其中颂德云：'常居大厦之间，多为凉德之助。剖心析肝，陈数条之风刺；自顶至踵，无一节瑕疵。'"作制语，自是考验才思。保抱携持，出《书·召诰》；展转反侧，出《诗·关雎》，形四方之风，又用诗序。拈《诗》、《书》现成语而用得极贴切，难怪西山击节。不过最有意思的还是末了之颂德，竹夫人乎，真西山乎，岂非得咏物之髓乎。

[5]《全宋诗》，册四六，页28854。

[6]《全宋诗》，册九，页6000。

图[20-23]

❶刘贯道《消夏图》(局部) 美国纳尔逊艺术博物馆藏

消夏图也。徽宗《宫词》:"绿槐阴和正炎曦,高叠盆冰匝座围。沉李浮瓜清玉槛,水晶宫殿正忘机。"①又:"象榻冰盘四面凉,风摇槐影蘸莲塘。玉颜一枕游仙梦,谁觉炎天畏日长。"②元刘贯道《消夏图》所绘正是这样的夏日小景,冰盘里夏果数枚,尚依稀可辨(图20-23)。

夏冰非寻常可得,仕宦之家多仰仗朝廷之赐,唐雍裕之《豪家夏冰咏》"金错银盘贮赐冰,清光如耸玉山稜"③,是也。宋代夏冰早已成商品,如《东京梦华录》卷八六月中事所记,又刘克庄《乍暑一首》"南州四月气如蒸,却忆吴中始卖冰"④。但赐冰始终是制度,梅尧臣因有诗云"头颅汗匝无富贵,虽有颁冰论官职。官高职重冰则多,日永冰消难更得"⑤。友朋间或以赐冰相遗,梅圣俞又有《韩子华遗冰》,句云"六月侍臣方赐冰,我赋得之从友朋。开盘一见水玉璞,置坐百步无青蝇。热肤收汗起疹粟,不有消渴同茂

---

① 《全宋诗》,册二六,页17046。
② 《全宋诗》,册二六,页17059。
③ 《全唐诗》,册一四,页5351。
④ 《全宋诗》,册五八,页36158。
⑤ 《次韵和永叔石枕与笛竹簟》,《全宋诗》,册五,页3317。

图[20-23] ❷刘贯道《消夏图》(局部摹本)

陵"①。子华即韩绛,曾为翰林学士,后官至宰辅。北宋六月往终南采冰,以供当朝之用②。渡江后,以"江南地暖不藏雪"(周紫芝《徐使君送冰》),而或改取河冰。紫芝诗云"今年渡江当入淮,淮人荫子恰复开",句下自注:"淮人谓藏冰处为荫子"③,即其事。

刘子翚《夏日吟》:"君不见长安公侯家,六月不知暑。扇车起长风,冰槛沥寒雨。重楣邃屋昼生阴,反易天时在谈吐。又不见五陵富豪儿,炎天多快意。雪縠曳轻明,珍盘嚼甘脆。蛾眉皓齿发清歌,洒洒筠枝集蝇蚋。何如野客歌沧浪,万事不理心清凉。流金铄石未为苦,势利如火焚中肠。"④子翚,字彦冲,号病翁,学者称为屏山先生,朱熹曾经从他问学。"扇车"云云,"冰槛"云云,"珍盘"云云,即这里已经举出的各项,可知诗把贵富之家夏日里的奢侈,差不多尽括其中。结末却是儒者怀抱。沧浪之水,清且凉兮,祛暑真谛,此之谓欤。

---

① 《全宋诗》,册五,页3080。
② 北宋范纯仁有《观终南采冰》:"凝结自太古,苍崖浅閟深。炎蒸当六月,皎洁正千寻。金盘通珠液,青蝇避玉碪。焦劳方旰昃,聊可沃君心。"(《全宋诗》,册一一,页7410)此即官采,故诗以颂圣作结。
③ 《全宋诗》,册二六,页17200。又《鸡肋编》卷中记绍兴二年事云:"二浙旧少冰雪,绍兴壬子,车驾在钱唐,是冬大寒屡雪,冰厚数寸。北人遂窨藏之,烧地作荫,皆如京师之法。临安府委诸县皆藏,率请北人教其制度。明年五月天中节日,天适晴暑,供奉行宫,有司大获犒赏。其后钱唐无冰可收,时韩世忠在镇江,率以舟载至行在,兼昼夜牵挽疾驰,谓之'进冰船'。"
④ 《全宋诗》,册三四,页21365。

隐几与养和

养和之为器，名称出现得很早，但名称的使用却不很普遍，而它的意思也并不是始终一致。《太平广记》卷三八"李泌"条，曰唐肃宗时宰相李泌辞官求隐，于是"采怪木蟠枝，持以隐居，号曰'养和'"，这是人们所熟悉的养和最早的出处。这里说的养和，便是用一枝虬曲的松枝，大体依它自然的形状，做成用来凭倚的隐几。晚唐皮日休赠毗陵处士魏不琢五件雅物，松枝养和即其一，其《五贶诗·序》所谓"桐庐养和一，怪形拳跼，坐若变去，谓之'乌龙养和'"[1]，是也。他的好友陆龟蒙也有诗咏此，句云"倚肩沧海望，钩膝白云吟"[2]，依诗中的形容，可知这一件乌龙养和也是隐几。美国大都会美术馆藏杜堇《伏生授经图》所绘即松枝养和之属，虽是出自想象，却与古式不致相去太远，惟凭倚的姿势既非伏生所有，也与皮、陆诗中所咏不同（图21-1）。

隐几，又称作凭几，或单名曰几，曰机。隐与凭，这里都是依倚的意思[3]。隐几的历史很悠久，《诗》《书》《左传》《周礼》《孟子》《庄子》都曾提到它。《尚书·顾命》"凭玉几"，此所谓"玉几"，是为重臣而设。《诗·大雅·行苇》"戚戚兄弟，莫远具尔。或肆之筵，或授之几"，是燕饮以聚亲族，年长者受几，所以特别表示尊礼。《左传·昭公五年》云"礼之至者"，乃"设机而不倚"，《孟子·公孙丑下》曰"孟子去齐，宿于昼。有欲为王留行者，坐而言。不应，隐几而卧"，则又是表现一种傲然的姿态。可以说，隐几是席坐时代的

---

[1] 皮日休《松陵集》卷五。
[2] 《乌龙养和》，《全唐诗》，册一八，页7159，中华书局一九六〇。
[3] 《说文·殳部》："㱃，所依据也。""读与隐同。"又《几部》："凭，依几也。"

[21-1]

一件重要家具,它可用来缓解久坐的疲劳,这是实用的一面;而其设与不设,倚与不倚,又有着若干礼仪的内容。喜欢把生活艺术化的先秦时代,隐几故事中包含的礼乐文明,同它的制作工艺的精致,也常常是互相辉映。

先秦至两汉,隐几的式样大抵是几面平直或中间微凹,并且多为二足。如中国国家博物馆藏时属战国的一件黑漆朱绘花几①(图21-2),如信阳楚墓所出两件雕花漆几②。汉代出现了独坐式的榻③,不过席坐的姿式和习惯并没有改变,隐几与榻,便成为经常的组合,且又有了表示尊崇的意义。山东苍山县城前村汉墓出土的画像砖,宴饮场面中,主人踞榻凭几④;四川成都青杠

[21-2]

图[21-1]
《伏生授经图》(局部) 美国大都会博物馆藏

图[21-2]
黑漆朱绘花几 中国国家博物馆藏

---

① 《中国历史博物馆——华夏文明史图鉴》第二卷,图二八,朝华出版社二〇〇二年。
② 河南省文物研究所《信阳楚墓》,图版二六:3,文物出版社一九八六年。按此为一号墓出土,二号墓所出与此大致相同,见同书图版九四:1。
③ 陈增弼《汉、魏、晋独坐式小榻初论》,页67,《文物》一九七九年第九期。
④ 《中国画像石全集·3》,图一〇六,山东美术出版社等二〇〇〇年。

坡所出表现授经场面的画像砖，讲经者端坐在独榻，前设隐几①（图21-3∶2），都是这样的例子。直到魏晋南北朝，也还如此。不过此际更为流行的样式，是曲木抱腰式的三足隐几。安徽马鞍山市三国吴朱然墓发现的黑漆几，是难得的一件保存完好的实物②（图21-3∶1），而很能代表当时的一般风气。谢朓诗《乌皮隐几》："蟠木生附枝，刻削岂无施。取则龙文鼎，三趾献光仪。勿言素韦洁，白沙尚推移。曲躬奉微用，聊承终宴疲。"③蟠木，屈曲之木。素韦，白色皮革。白沙，取意于《荀子·劝学》"白沙在涅，与之俱黑"。此以素韦难保其洁而反衬"乌皮"足取。"三趾"、"曲躬"，状隐几之形，小谢所咏，与朱然墓中的隐几几乎无别。南土如此，北地亦然。东晋永和十三年冬寿墓壁画、甘肃丁家闸十六国墓壁画都描绘主人坐榻凭几，所凭也是曲木抱腰式的三足几④（图21-3∶2、3，图19-5）。有了这样一个弯曲，凭几的姿势便可以更为舒适。

[21-3]∶❶

[21-3]∶❷

① 《中国美术全集·绘画编·18·画像石画像砖》，图二三六，上海人民美术出版社一九八八年。
② 《中国漆器全集·4·三国至元》，图二一，福建美术出版社一九九八年。
③ 逯钦立《先秦汉魏晋南北朝诗》，中册，页1453，中华书局一九八三年。
④ 张宝玺《嘉峪关酒泉魏晋十六国墓壁画》，页316，甘肃人民美术出版社二〇〇一年。

[21-3]∶❸

图[21-3]
❶黑漆几 三国吴朱然墓出土
❷❸十六国墓墓室壁画

图[21-4]
《历代帝王图》(局部) 美国波士顿博物馆藏

当然几面平直、下置二足的传统式样,依然与三足隐几并行,且一直延续到隋唐。今藏美国波士顿博物馆的《历代帝王图》和《北齐校书图》,旧题唐阎立本作,《帝王图》中坐在小榻上的陈宣帝,所凭即此式(图 21-4);《校书图》里侍女所捧持的一件与榻上秉笔者右侧所凭,也是同一样式①(图 21-5)。日本正仓院藏品中,有黑漆挟轼一,紫檀木画挟轼一,后者并附有尺寸与之相合的白罗褥一件(图 21-6)。《天平胜宝八岁六月二十一日献物帐》录有"紫檀木画挟轼一枚",其下注明"著白罗褥"②(图 21-7),即是此件。它与《帝王图》和《校书图》中的隐几正是同样的形制。天平胜宝八年,为公元七五六年。唐人又或称隐几为夹膝。《急就篇》"简札检署槧牍家",唐颜师古注:"家,伏几也,今谓之夹膝。"《酉阳杂俎》前集卷十三"冥迹"之部云:"长白山西有夫人墓,魏孝昭之世,搜扬天下才俊,清河崔罗什弱冠有令望,被征诣州,夜经于此,忽见朱门粉壁,楼台相望。俄有一青衣出,语什曰:'女郎须见崔郎。'"女郎,墓主人也,乃曹魏元城令吴质之女。女遂"与什叙温凉,室内二婢秉烛,呼一婢令以玉夹膝置什前"。这里的"玉夹膝",便是隐几。不过今人说到"夹膝",或以陆龟蒙诗中的"竹夹膝"与此同论③,却是误会,陆诗所咏"竹夹膝",原指竹夫人,诗所谓"截得笐筜冷似龙,翠光横在暑天中"④,已形容得明白。

---

① 《海外藏中国历代名画·1·原始社会至唐》,图五三;图三九,湖南美术出版社一九八九年。
② 宫内厅《正仓院宝物·3·北仓》Ⅲ,页 74,每日新闻社一九九五年。
③ 周一良《魏晋南北朝史札记》,页 342,中华书局一九八五年。
④ 《以竹夹膝寄赠袭美》,《全唐诗》,册一八,页 7184。

隐几与养和

[21-5]:❶

[21-5]:❷

[21-6]:❶   [21-6]:❷

[21-6]:❸

图[21-5]
❶《北齐校书图》(局部一) 美国波士顿博物馆藏
❷《北齐校书图》(局部二)

图[21-6]
❶黑漆挟轼 日本正仓院藏
❷❸紫檀木画挟轼与白罗褥 日本正仓院藏

唐是高坐具开始发达的时代，至于两宋，椅子的使用就更为普遍，品类也更多。但待客坐椅，家居坐榻，似乎仍是长期保留的一种习俗。家居独处，文人更喜欢既可坐又可卧的榻。他喜欢在家中经营一方完全属于自己的天地，此中可以别无长物，而惟存一榻或一床。床与榻，唐宋诗文中常常互通，可以灵活移置的床，原是归在榻类，而同属坐具，自与寝室专设的卧床不同。白居易《小台》：
"新树低如帐，小台平似掌。六尺白藤床，一茎青竹杖。风

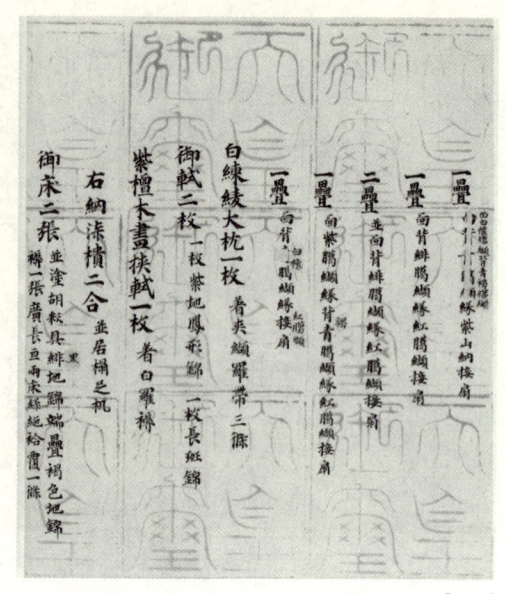

[21-7]

图[21-7]
《天平胜宝八岁六月二十一日献物帐》（局部）日本正仓院藏

飘竹皮落，苔印鹤迹上。幽境与谁同，闲人自来往。"①陆游《溪园》："跌宕欲忘形，溪园半醉醒。静看猿哺果，闲看鹤梳翎。矮榻水纹簟，虚斋三字屏。更须新月夜，风露对青冥。"②这些都是随手可以举出来的例子。契会于猿啼鹤鸣，相伴于清溪绿柳，生活中的这一分绿意，仿佛永远为诗人所想望。而一旦置身于此，便不能没有榻，长久与榻相伴的隐几，自然也成必须。

如此情景，绘画中时或有见，今藏台北故宫博物院的一幅元人所作《倪瓒像》，可以算作最为合式的一例。清雅明净的居室，凭几坐榻的主人公，精心选择出来的绘画语言恰当表现着云林子胸无点尘的逸韵风神（图21-8）。而从这一幅作品中，我们看到隐几的位置发生了变化，即由身体之前而移到了身体的一侧，且稍稍偏后。此与故宫博物院收藏的宋人《维摩

---

① 《全唐诗》，册一四，页5126。
② 《全宋诗》，册四〇，页25443。唐宋时代，此类方便移动的藤床、竹床，或多以六尺为度，前引白诗是其例。又南宋徐照《觅班竹作床》"杀青色玳瑁，六尺光照空"（《全宋诗》，册五〇，页31393），亦此。南宋许棐《孙祺卿新居》"山呈好画当书案，柳撒轻丝罩钓船。酒力半酣诗思倦，矮床相对白鸥眠"（《全宋诗》，册五九，页36855），所谓"矮床"，当与陆诗之"矮榻"同属。此在两宋绘画中颇为常见，如《莲塘泛艇图》、《草堂客话图》，赵大亨《薇亭小憩图》，等等。

[21-8]

演教图》,正是同样情形①(图21-9)。这样的变化,与坐姿的改变密切相关,汉代以前的跪坐早已不行,隐几的置放,也没有必要总是遵从古制,它可以前凭,也不妨侧倚,它只在于使坐榻的姿式更加随意和舒适。当然这变化早就开始,本篇起首引《太平广记》中的李泌故事,而成书于《广记》之后的《新唐书》,同记此事,却文字有异。卷一三九《李泌传》,曰"泌尝取松樛枝以隐背,名曰'养和'"。"隐背"二字,为《广记》所无,而它实在是递送了隐几在唐宋之际悄然演变的消息。上古时代隐几中所包含的礼仪内容,中古以后逐渐隐退,变化

[21-9]

图[21-8]
《倪瓒像》台北故宫博物院藏

图[21-9]
《维摩演教图》(局部) 故宫博物院藏

---

① 隐几趺坐,也是道释人物的表现程式之一,如唐麟德二年田客奴造石道像(金申《中国历代纪年佛像图典》,图二五九,文物出版社一九九四年),如大足北山石窟第一七七号龛泗州大圣坐像(靖康元年),如辽宁省博物馆藏南宋《白莲社图卷》,等等。

的结果，是隐几和榻以它的悠然古意而与一种从容潇洒的燕居方式结合在一起，被推向诗的境界，因此成为总是做着归隐之梦的文人一件特别的道具。北宋李光《竹几》"虚滑轻凉任自然，水边林下最相便"①，正是揭明其义；南宋袁燮同题诗咏竹几："深林碧琅玕，直节空其中。截为小曲几，贯以青丝总。自然光莹质，不费髹漆工。偃仰隐背稳，提挈才指从。儿曹莫轻毁，此物便老翁。"②"偃仰隐背稳"，既是用典，也是写实，由《维摩演教图》与《倪瓒像》，可以看到图与诗的契合处传达出来的士人风神。它虽然未必是日常生活中的普遍习俗，却是广为诗人士子所爱赏的一种古典趣味。

至于养和，则是宋人用唐代已有的名称，而制作出来的不同于隐几的另一件器具③。南宋林洪《山家清事》"山房三益"条，曰"采松樛枝作曲几以靠背，古名'养和'"。"古"者，唐也。所谓"采松樛枝作曲几以靠背"，仍用《新唐书·李泌传》中语，以切"山房"的隐居之趣。宋汪藻"清谈三尺竹如意，宴坐一枝松养和"④；金宇文虚中"散步双扶老，栖身一养和"⑤；元袁桷"杖扶灵寿稳，松削养和轻"⑥，所咏大约都是此类。台北故宫所藏传宋李嵩《听阮图》，把宋人用作靠背的养和表现得十分清楚⑦（图21-10）。养和的形制依然简朴，但《听阮图》却是把古意和野趣融进了典丽的精致中。

养和中的别一种，见于今藏日本相国寺的南宋陆信忠《十六罗汉图》⑧，其"斗兽"之幅所绘养和，形如无腿的靠背椅，与辽宁省博物馆藏南宋《孝经图》中的"事君"之幅相比照，可知此类养和虽然也是坐榻所用，不过采取的是垂足的坐姿（图21-11、图21-12）。与"山房"中的养和不同，它不以隐居之趣为旨归，制作当然也讲究。

需要补充的是，宋以及宋以后，养和的古义仍在若干诗文中沿用。如苏轼《十八大阿罗汉颂》"第三尊者，扶乌木养和正坐下"⑨。乌木养和而曰

---

① 《全宋诗》，册二五，页16443。
② 《全宋诗》，册五〇，页30999。
③ 方以智《通雅》卷三四："隐背曰养和。程大昌载：'李泌采异木蟠枝以隐背，号曰养和。'按《松陵集》皮日休以五物送魏不琢，一曰乌龙养和，且曰有桐庐养和，皮、陆皆有诗，盖今之靠背也。《宋志》：辇中有靠背椅。绍兴作大安辇，雕香龙椅靠背，上饰水晶珠。此云乌龙，状其蟠屈。今亦有木根坐榻之类。"按程大昌语见《演繁露》卷一〇。皮、陆所咏之养和实为隐几，说已见前。两宋御辇所设坐具，《文献通考》卷一一七记载甚详，所谓"靠背"，乃坐椅之靠背，而非"隐背"之养和。
④ 《寄呈寿基致政左司二首》，《全宋诗》，册二五，页16536。
⑤ 《和高子文秋兴二首》，《全宋诗》，册二五，页16500。
⑥ 《寿高舜元父二首》，《清容居士集》卷九。
⑦ 《画中家具特展》，图一三，台北故宫博物院一九九六年。
⑧ 《海外藏中国历代名画·3·南宋》，图一四四。
⑨ 《苏东坡全集》，中国书店一九八六年。

"扶",自然是指隐几。养和并且又是搔痒之具的别名。南宋朱翌"从人指画竹如意,假手爬搔松养和"[1],即其例。乾隆《丁观鹏十八罗汉赞·第十喇乎拉尊者》"欲爬其背,养和手持"[2],亦此类。

由靠背式的养和,宋人又发展出一种很是别致的家具,《说郛》宛委山堂本弓七十四收有题作宋沈括撰的《忘怀录》一卷,其中有这样一节:

> 其座方二尺,足高一尺八寸,档高一尺五寸,从地至档共高三尺三寸。木制藤绷,或竹为之,尺寸随人所便,增减为床,长七尺,广三尺,高一尺八寸。自半以上别为子面,嵌大床中间。子面广二尺五寸,长三尺,皆木制。靠坐欲涩,欲眠令身不褪常。下虚二寸,床下以板称之,勿令通风。又子面嵌下与大床平,一头施转轴,中间子面底设一拐撑,分五刻。子面首挂一枕,若欲危坐,即撑起,令子面直上,便可

[21-10]

[21-12]

---

[1]《睡起》,《全宋诗》,册三三,页 20846。宋人又或称此具为"痒和子",释绍昙《禅房十事·痒和子》:"既就良工雕琢,何妨出手扶持。抓著衲僧痒处,赏伊一枚荔枝。"《全宋诗》,册六五,页 40816。

[2]《清高宗御制文集·二集》卷四二。

图[21-10]
《听阮图》(局部)台北故宫博物院藏

图[21-12]
《孝经图》(局部)辽宁省博物馆藏

靠背，以枕承脑。欲稍偃，则退一刻尺，五刻即与大床平矣。凡饮酒，不宜便卧，常倚床而坐，稍倦，则稍偃之，困即放平而卧。使一童移撑，高下如意，不须移身，可以遂四体之适。

元邹铉续编《寿亲养老新书》卷三"醉床"条，所述醉床之制与此相同，惟字句稍有异，那么它应名作醉床。这一种可以调节靠背的坐具，两宋绘画中似乎不见，惟明仇英《饮中八仙歌图卷》中的扶手式躺椅，与这里的形容完全切合①（图21-13）。明人又或称它为倚床。高濂《遵生八笺》卷八《起居安乐笺下》"倚床"条云："高尺二寸，长六尺五寸，用藤竹编之，勿用板，轻则童子易抬。上置倚圈靠背如镜架，后有撑放活动，以适高低。如醉卧、偃仰观书并花下卧赏，俱妙。"在清代家具中，我们还可以看到它的余韵。

作为传统式样的两足隐几，宋元时代又别有"懒架"之名，如《大宋宣和遗事·亨集》记徽宗微服会师师，"二人归房，师师先寝，天子倚着懒架儿暂歇，坐间

[21-11]

[21-13]

图[21-11]
《十六罗汉图》（局部）日本相国寺藏

图[21-13]
《饮中八仙歌图卷》（摹本）

① 王世襄《明式家具研究·文字卷》，页40，三联书店（香港）有限公司一九八九年。

忽见粧盒中一纸文书"云云,即其例①。石子章《秦修然竹坞听琴杂剧》郑彩鸾唱[红绣鞋]"我恰才搭伏定芙蓉懒架"②,亦此。宋赵伯骕《风檐展卷图》绘一士人坐榻于轩中,所倚便是懒架③(图20-15)。懒架又常常成为榻上小憩的时候,或枕首或搁足的器具,宋人诗中每有咏及。如林逋"坐吟行看对清秋,懒架仍移近枕头"④;魏野"信旗君逐舟车动,懒架吾随枕簟移"⑤;陆游"熏衣过后篝炉冷,展卷终时懒架横"⑥,等等,都是卧读时以懒架枕首的情景。黄庭坚与人书云"桄榔压足懒架大是要物"⑦,则懒架又是用作搁

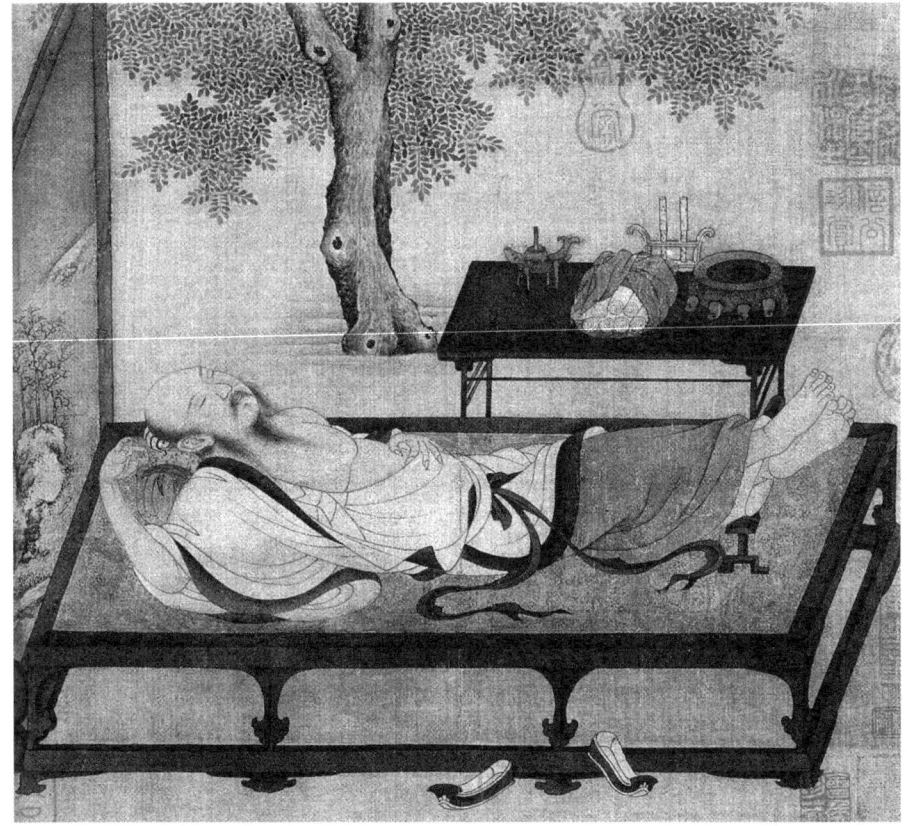

图[21-14]
《槐阴消夏图》(局部) 故宫博物院藏

① 中国古典文学出版社一九五四年版《新刊大宋宣和遗事》标点作"天子倚着懒架儿暂歇坐间",似乎不很妥当。
② 臧晋叔《元曲选》,页1447,中华书局一九五八年。
③ 《画中家具特展》,图八。
④ 《读王黄州诗集》,《全宋诗》,册二,页1230。
⑤ 《夏日怀寄四川峡路淮南薛臧王三运使》,《全宋诗》,册二,页941。
⑥ 《初夏闲居》,《全宋诗》,册四〇,页25444。按此诗首联云:"啜茗清风两腋生,西斋雅具惬幽情。"下云"懒架",自然也是西斋雅具之一,可见时人的一种审美趣味。
⑦ 《山谷简尺》卷下。

[21-15]

[21-16]

图[21-15]
《梦蝶图卷》(局部) 怀云楼藏

图[21-16]
黑漆几 江苏淮安扬庙镇宋墓出土

足。两种情形,宋元绘画中并见,前者如故宫收藏的南宋册页《荷亭对弈图》(图20-2∶1),后者如故宫博物院藏南宋《槐阴消夏图》(图21-14),又怀云楼藏元人刘贯道《梦蝶图卷》①(图21-15),故宫博物院藏王蒙《夏山高隐图》。江苏淮安扬庙镇宋墓曾出土一件两足的黑漆几,其几面平直,两端微翘,高度只有十六厘米,长则一百二十厘米②(图21-16)。与宋元绘画中的形象相比照,说它是懒架之属,似无疑义。

搁足之几,它的起源又可追溯至唐。前引正仓院藏《天平胜宝八岁六月二十一日献物帐》:"右纳柒二合,并居榻足机。""居榻足机",与同时用作依凭的夹膝亦即隐几,高矮、长短,大约都有分别,应即宋代懒架前身。

隐几与养和,明清绘画中依然常见,虽然更多是一种图像学的意义,即这里遵从着表现"轩冕才贤"或"岩穴上士"的程式,而把它作为一种带有标识性的艺术语言,不过,这两件古老的雅具似乎并没有从生活中完全

---

① 《艺苑掇英》第三十八期,页12,上海人民美术出版社一九八八年。
② 《中国漆器全集·4·三国至元》,图九八,福建美术出版社一九九八年。

退隐。

养和在明代多以"靠背"为称。《遵生八笺》卷八《起居安乐笺下》"靠背"条云:"以杂木为框,中穿细藤如镜架然,高可二尺,阔一尺八寸,下作机局,以准高低。置之榻上,坐起靠背,偃仰适情,甚可人意。"今藏美国檀香山美术学院的陈洪绶《归去来图卷》,所绘养和,适可作为它的图解,当然它也是明人对陶渊明隐居生活的一个当代诠释(图 21-17)。早于老莲的仇英,在他的《林亭佳趣图》里为画中的士人设置了一具养和,他于是同假山、松竹、香炉、古瓶,还有书册与砚,一起构成可近周公、可以梦蝶的诗意的栖居①(图 21-18)。与《遵生八笺》同观,可知画家的"造境",并非没有现实生活的依据②。坐榻凭几,作为雅尚,始终代表了一种古典趣味和风致标格,直到清代也还如此,如南京博物院藏任薰人物图扇(图 21-19)。又石

[21-17]

图[21-17]
《归去来图卷》(局部) 美国檀香山美术学院藏

---

① 台北故宫博物院藏,《仇英画集》,图六六,天津人民美术出版社二〇〇一年。
② 黄宗羲《余若水周唯一两先生墓志铭》:"唯一山林标致,一器之微亦极其工巧,尝拾烧馀为炉,拂拭过于金玉;又得悬崖奇木,制为养和,坐卧其间。"《黄宗羲全集》,第十册,页 278,浙江古籍出版社一九九三年。

[21-18]

[21-19]

图[21-18]
《林亭佳趣图》(局部) 台北故宫博物院藏

图[21-19]
任薰人物图扇 南京博物院藏

涛《铜雀砚图》也是一例①（图 21-20）。清汪琬《料理粗华因置此砚于斋中》："扫除一室作行窝，挈脚科头乐事多。盆竹数竿微罨蔼，砚山三寸小陂陀。谈玄稍稍挥如意，娱疾时时藉养和。偷得少间差似可，不忧岁月易蹉跎。"②石涛原作的别有寄意暂勿论，这里似偶然而非偶然的诗画相契，却可以使我们从一个更为广远的背景去审视文人的心态与生活。

前举宋《孝经图》中的养和，可谓养和中的别派，它的形制下传至清，至今仍可见到实物，即故宫所藏雍正朝的黑漆描金靠背一件③（图 21-21）。据清代内务府档案，雍正七年十月廿一日，江宁隋赫德所进陈设单内有"仿洋漆填香炕椅靠背一座"，应即此物④。这里所谓"洋"，指东瀛。此器虽有古老的依据，但却与清人本来的习俗相关，清宫的室内装修原是满汉习俗的互融，炕与床的结合，其一也，靠背因此与炕桌、炕案、炕几等正好成为配合使用的一组。从三希堂中的家具陈设，可以知道靠背在清宫得以保存的缘由（图 21-22）。故宫藏有一幅《乾隆

[21-20]

[21-21]

---

① 《石涛书画集》第一卷，页 101。
② 《尧峰文钞》卷四六。
③ 杨伯达等《故宫文物大典》，图一三三一，浙江教育出版社等一九九四年。
④ 朱家溍《清雍正年的漆器制造考》，《故宫退食录》页 157~158，北京出版社二〇〇〇年。

图[21-20]
《铜雀砚图》南京博物院藏

图[21-21]
黑漆描金靠背 故宫博物院藏

图[21-22]
三希堂中的家具陈设

图[21-23]
《乾隆皇帝薰风琴韵图》

皇帝薰风琴韵图》,绘乾隆倚养和而坐榻,所倚之养和却是宋式①(图21-23),不知虚构还是写实,但意在显示一种复古的风雅,则无疑问。

古老的三足隐几,在清宫也再度出现。故宫博物院藏有一件金漆三足隐几,为康熙朝物②(图21-24:1),而中国国家博物馆藏《康熙

---

① 故宫博物院《三希堂と文房秘宝》,页35,中华书店一九九〇年。
② 《故宫文物大典》,图一三二七。

冬吉服读书像》中，出现的也是三足隐几①（图21-24：2）。不过它与唐宋时代坐榻凭几的士人风度不同，此际追求的是隐几在上古时代所具有的礼仪的意义，而用来显示庄重和威仪。

　　清代民间家具中，仿古式的隐几也偶有可见，如《清代家具》所录时属晚清的一件②（图21-25：1）。其设计构思或从绘画中来。上海博物馆藏清华嵒《金谷园图》，画家为想象中的金谷园主人安排的隐几，正是如此形制（图21-25：2）。虽然刻意仿古其实并未能复原真正的古式，但用来表达一种人们可以知会的古意，已经足够了。

图[21-24]
❶金漆三足隐几 故宫博物院藏
❷康熙冬吉服读书像（局部）中国国家博物馆藏

---

① 《华夏文明史图鉴》第四卷，图一四八。
② 田家青《清代家具》，图六一，三联书店（香港）有限公司一九九五年。

[21-25]:❶

图[21-25]
❶清代晚期隐几
❷《金谷园图》(局部) 上海博物馆藏

[21-25]:❷

  作为席坐时代的一件重要家具，从三代到近古，隐几不断发生着变化，然而却始终未从生活中消失，并且时时作为一种雅尚而与高坐具并存。养和则是从隐几的演变中分化出来的一支，从此它便与隐几并行于世。明清诗歌绘画中的隐几与养和，虽未必都是现实生活的实录，但这爱赏之风的不衰，却足以表明它在文人理想和生活中的持久的生命力，这当然源自其本身所包含的丰富的文化信息。

两汉书事

一 关于文具

与先秦相比,汉代的文具可以说发达,不过仍应算作笔墨纸砚发展演变过程中的早期阶段。目前所能见到的最早的毛笔,出在战国中期的楚墓。经常被举出来的例子是长沙左家公山楚墓出土的一件。毛笔杆长十八点五厘米,径零点四厘米,笔毫长二点五厘米,系选取上好的兔箭毛,然后把笔杆的一端劈作数开,笔毛夹在中间,再用细丝线缚紧,其外涂漆以固。毛笔整个儿装在一枝小竹管里①(图 22-1:1)。通常举出它来是用作代表战国时代毛笔制作的基本方法,其实并不妥当。和它大体同时的荆门包山楚墓二号墓所出毛笔,便是采用另外的制作方法。包山笔笔杆用苇,末端斜斜削出坡面,笔毫长三点五厘米,与杆相接的一端用丝线缚牢,然后插在笔腔亦即笔杆的銎眼里面,通长二十二点三厘米,径约零点三厘米。与它相配的笔筒则是两节竹管套合而成,一端保存着天然的竹节,一端填着小木塞②(图 22-1:2、3)。包山笔的基本形制皆为秦汉所法。笔杆末端削尖或是为着簪插而得随时取用之便,此俗见于汉代文献与图像③,不过由包

---

① 湖南文物管理委员会《长沙出土的三座大型木椁墓》,图版一:2,《考古学报》,一九五七年第一期。按古无家兔,此兔指野兔,所谓"兔箭毛",即野兔背脊上最长的针毫,称作兔颖,长在四厘米左右,毛杆挺拔,毛颖细长,其中又有紫毫与白毫之别,而以紫毫为优。
② 湖北省荆沙铁路考古队《包山楚墓》,页 265,图一七八:3;彩版一五,文物出版社一九九一年。
③ 《汉书》卷六九《赵充国传》"持橐簪笔",张晏曰:"近臣负橐簪笔,从备顾问,或有所纪也。"颜注:"簪笔者,插笔于首。"插笔于首的形象,见曾昭燏等《沂南古画像石墓发掘报告》,图版二八,文化部文物管理处一九五六年。

山笔看来，习俗的形成当已在先秦。笔毫一端纳入笔腔的做法更为秦汉所继承，汉代并且形成了《论衡·效力篇》所谓"一尺之笔"的规格①。甘肃天水放马滩秦墓出土的一对毛笔，笔杆用竹制作，长二十三厘米，一端如包山笔削成出尖的坡面，一端镂空为笔腔，笔毫长二点五厘米，纳入笔腔的部分零点七厘米。笔筒则是两根竹管连在一起做成双筒套，竹管中间分别开口镂空，表面髹黑漆②。江苏连云港市东海尹湾汉墓出土的兔毫笔，却是粗细各一的一对。细者保存得很好。笔杆用竹，纳毫的一端粗零点七厘米，向后渐作收分，至尾端而成锥形。笔毫嵌入笔腔，再用生漆粘牢，且以丝线缚紧，笔毫露出的部分长一点六厘米。笔筒亦如放马滩秦笔为一枚双筒套，不过其质为木，做成可以套合的两截，外并髹漆，又用针刻法妆饰树木禽鸟③。敦煌市马圈湾汉代烽燧遗址④，又悬泉置遗址出土的狼毫笔，制作方法也大致相同⑤（图22-1∶4）。此外，披柱式的制笔法由东汉墓葬出土的毛笔中也可以见到，如武威磨咀子汉墓中的一例⑥。

笔毫的一部分深纳笔腔，自然使二者固接得牢，可得书写稳健之效，《齐民要术》卷九录韦诞《笔方》，其中说到笔毫须"痛颉内管中，宁随毛长者使深"，即是这种制笔方法的纪录。痛颉，这里指用力扎缚得紧实。它的好处又在于储墨——如此可以连续书写数字乃至数行而不必频频濡墨，为快速书写带来很大的方便，这对于秦汉时大量文书的抄写以及录副尤其显得重要。这样的制笔方法直到东晋仍在使用。江苏江宁县下坊村东晋墓与砚、墨、书刀等文具同出的一件毛笔头，长十点二厘米，中间用二点五厘米宽的一段丝帛束紧⑦，虽笔杆无存，但笔头以束帛中分，原是一半以上

---

① 汉尺一般在二十三点二厘米上下，如肩水金关遗址出土西汉木尺二十三点二厘米，邗江姚庄出土西汉竹尺二十三厘米，长沙子弹库出土东汉几何纹铜尺二十三点四六厘米。

② 甘肃省文物考古研究所等《甘肃天水放马滩战国秦汉墓群的发掘》，页9，图二一；图版二∶3，《文物》一九八九年第二期。

③ 连云港市博物馆等《尹湾汉墓简牍》，页165，又图四〇，中华书局一九九七年。

④ 狼毫笔毛，虽残而仍有弹性。实心竹杆，杆首钻一孔，插入笔毛，以丝线捆扎后髹褐色漆，杆尾截平，复镶一椎形硬木，再打磨光滑。《敦煌马圈湾汉代烽燧遗址发掘报告》，页63，图版二〇三∶1。

⑤ 甘肃省文物考古研究所《甘肃敦煌汉代悬泉置遗址发掘简报》，页12，图一四，《文物》二〇〇〇年第五期。

⑥ 毛笔一支出在墓主人头部左侧，长近二十二厘米，径零点六厘米。笔尖长一点六厘米，外覆黄褐色狼毫，笔芯及锋黑紫色，根部留墨迹。甘肃省博物馆《武威磨咀子三座汉墓发掘简报》，页15，《文物》一九七二年第十二期。据简报中形容，并参考通行于当时的制笔材料，所谓"笔芯及锋黑紫色"，应即用紫毫制作的笔柱。紫毫劲健，用作笔柱，而上覆比它柔软的黄鼠狼毫为披，则有扶拢笔柱，使它不易分绺开叉之效，且可使涵墨更为饱满。

⑦ 南京市博物馆等《江苏江宁县下坊村东晋墓的清理》，图版六∶6，《考古》一九九八年第八期。

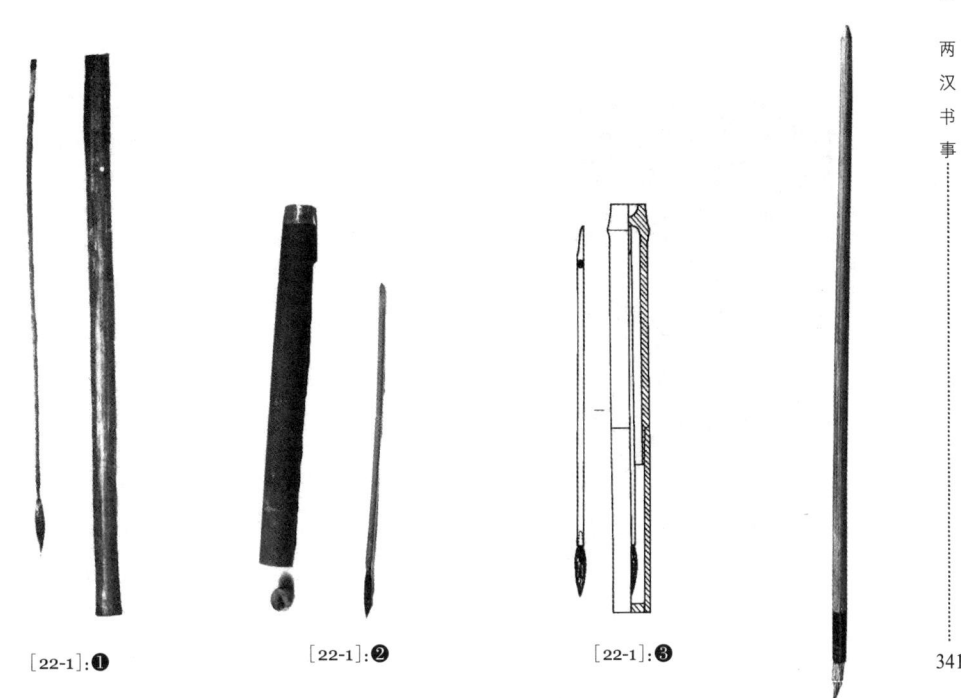

图 [22-1]:毛笔
❶长沙左家公山楚墓出土
❷❸荆门包山楚墓出土
❹敦煌马圈湾汉代烽燧遗址出土

嵌入笔腔,自无疑问。

　　汉代墨的制作尚谈不到精细。墨粉的使用西汉仍很普遍,虽然墨锭的出现目前已可追溯到战国,江陵九店东周墓所出是最早的一例①(图22-2)。墨粉或薄小的墨片须用研(砚)子细研和为墨汁才好使用,西汉南越王墓西耳室出土有砚、砚子与墨丸②(图22-3:3)。存置墨粉、墨片、墨锭之器,或为漆盒,或为竹筒③,或为墨橐亦即丝织品做成的袋子。至于砚台,则只求平整光滑,而很少再细心做妆饰。与砚子同出的石砚也早见于战国墓

---

① M56出竹简二百余枚,内中裹一椭圆形的黑漆墨盒,盒里墨块若干,最大的一块长二点一厘米,宽一点三厘米,一端经研磨而呈斜面,中部两侧略凹,似为研磨时手捏所致。这是目前所知时代最早的墨锭。湖北省文物考古研究所《江陵九店东周墓》,图版九五:6、九七:2,科学出版社一九九五年。
② 广州市文物管理委员会等《西汉南越王墓》,图版七六:1,文物出版社一九九一年。
③ 如荆州周家台三〇号秦墓与文具和简牍同出的墨盒,乃取带竹节的一段竹筒制成,两端锯平,有竹节的一端用作盒底,无节的一端作口,盒里边装着墨块。湖北省荆州市周梁玉桥遗址博物馆《关沮秦汉墓简牍》,页153~154,中华书局二〇〇一年。南越王墓所出墨丸,原盛于木胎漆盒内。《西汉南越王墓》,页142。

葬，如河北承德市平房战国墓出土的一件①（图22-3：1）。同墓所出有玉璧、铜壶、错银铜镦等②，则石砚简质如此似与墓主人的财力无关。广州汉墓出土的石砚，多为扁平光致略呈圆形的天然河卵石，与它配合使用的是一枚不很规则的半圆形砚子③（图22-3：2）。以后在此基础上发展出规整的圆砚，砚底设三足，上有隆起的盖子。砚盖隆起是为着在内心凹出一个小窝以容砚子，扣合时乃可严丝合缝，如河北沧县四塚村出土的一具汉代石砚④（图22-3：4、5）。圆砚很少配置漆木盒，不过长沙市望城坡古坟垸西汉早期墓却出土一例。黑漆盒，盝顶盖，盒心置一圆形砚石，砚边一侧的盒面上剜出一道细槽，或为置笔之用。砚面尚存墨痕，自是实用之具⑤（图22-3：6）。

选取长方形的石板做成砚台，时名板研（砚），当然也

[22-2]：❶

[22-2]：❷

[22-3]：❶

[22-3]：❷

图[22-2]：江陵九店东周墓出土墨盒与墨
❶墨盒
❷墨

图[22-3]：砚、砚子与墨丸
❶承平平房战国墓出土
❷广州西汉墓出土

---

① 河北省博物馆等《河北省出土文物选集》，图版一五一，文物出版社一九八〇年。
② 《河北省出土文物选集·前言》，页47。
③ 广州市文物管理委员会等《广州汉墓》，图版四四：4、5，文物出版社一九八一年。
④ 《河北省出土文物选集》，图二八〇。
⑤ 《中国漆器全集·3·汉》，图一三，福建美术出版社一九九八年。

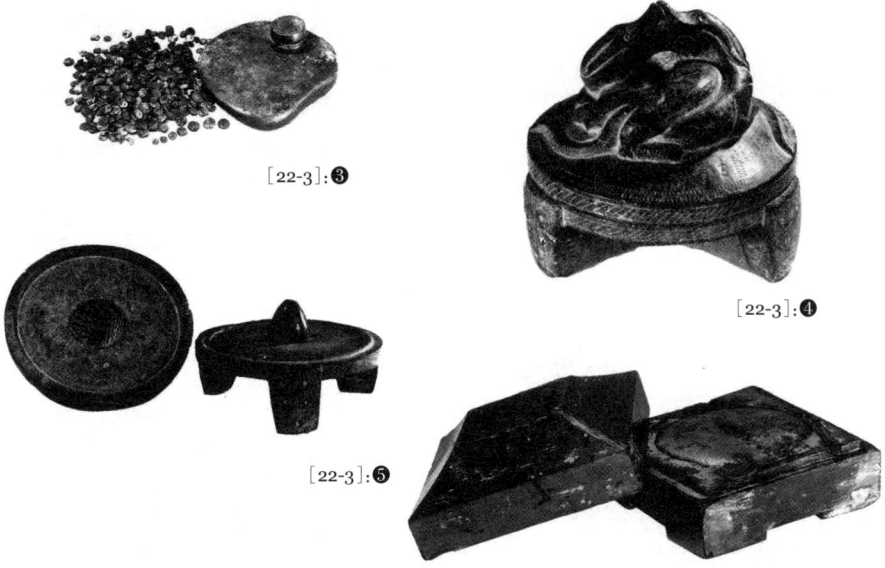

[22-3]:❸

[22-3]:❹

[22-3]:❺

[22-3]:❻

要有砚子才可合为一套,而与板砚相配的砚子其形也扁①(图22-4:1)。讲究者板砚和砚子都放在漆木盒里②(图22-4:2、3)。浅浅的漆木盒,一边做成方槽置板砚,一边容纳扁圆的砚子,盒底盒盖彩漆地子上细线勾绘流云,流云间点缀飞禽走兽。

圆砚与板砚均无下凹的砚池,因此没有蓄墨的功能,不过汉代却另有一种可以储墨的漆木砚盒。此已见于西汉早期,邗江县杨庙乡汉墓所出彩绘漆木

[22-4]:❶

图[22-3]:砚、砚子与墨丸
❸广州南越王墓出土
❹❺沧县四塚村汉墓出土
❻长沙望城坡西汉墓出土

图[22-4]:板砚与漆砚
❶义乌稠城街道汉墓出土(姚庄板砚)

---

① 如浙江义乌稠城街道宗泽路立交桥工地汉墓出土的板砚与砚子,吴高彬《义乌文物精萃》,图一七一,文物出版社二〇〇三年。按图版说明称作"黛砚",不确。
② 如扬州邗江甘泉乡姚庄一〇一号汉墓,又邗江西湖胡场一五号西汉墓,又山东日照海曲汉代墓地等,均有精品出土(《中国漆器全集·3·汉》,图二五九;《汉广陵国漆器》,图九五;国家文物局《2002中国重要考古发现》,页79,文物出版社二〇〇三年)。又,与例一同出的尚有一件漆砚,储墨的一端做成顶山式,内里刳空,墨池与砚池间有孔相通,也颇精巧,见扬州博物馆《江苏邗江姚庄一〇一号西汉墓》,图版五:3,《文物》一九八八年第二期。

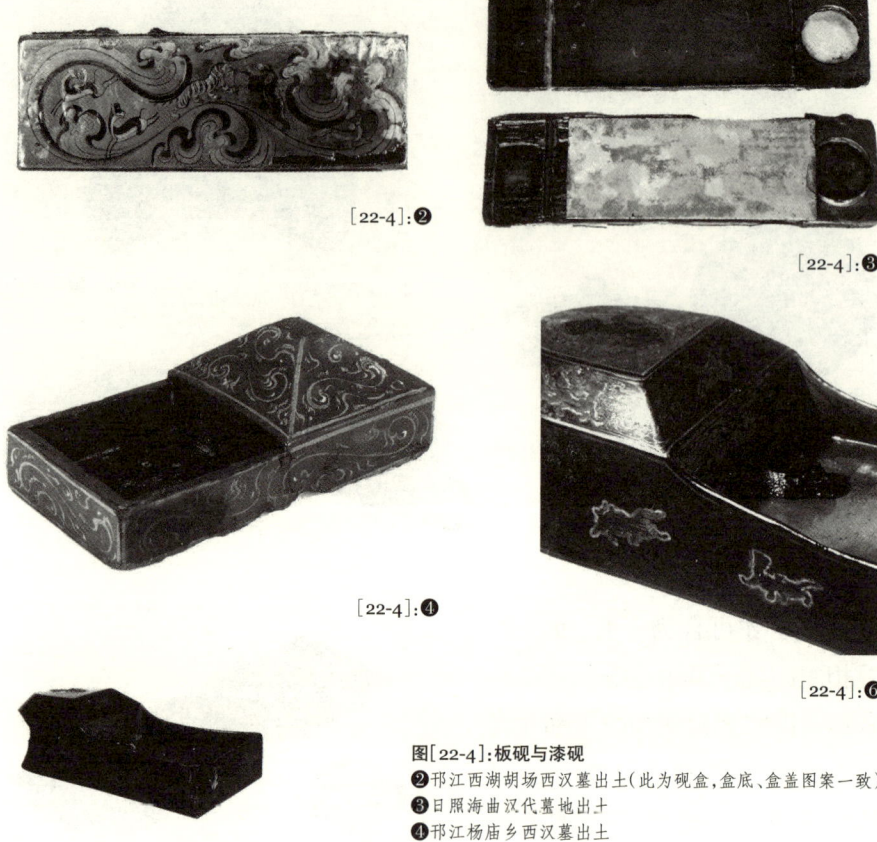

图[22-4]:板砚与漆砚
❷邗江西湖胡场西汉墓出土(此为砚盒,盒底、盒盖图案一致)
❸日照海曲汉代墓地出土
❹邗江杨庙乡西汉墓出土
❺❻邗江姚庄西汉墓出土

砚盒是其例(图 22-4:4),而邗江姚庄一〇一号西汉墓出土的一件,制作之精可称为最。漆砚盒一端是储墨的小盒,一端为略呈梯形的砚池,砚池且做成向着墨室微微倾斜的坡面,二者间以小孔相通,孔设羊首形的一个木栓。砚池与墨盒的隔墙上面绘着舞凤,并且在砚池表面也满绘云龙①(图 22-4:5、6)。如此自然不可能用作研磨,度其形制,当兼具舔笔与储墨的两种功能。《北堂书钞》卷一〇四引《东宫旧事》:"皇太子初拜,给漆砚一枚。"或指此类。

汉代文具中不可缺少的尚有书刀或削。其时用作书写的主要材料是竹木制成的简牍,书有误,则用书刀除去旧面,重行书写。书刀和削以铁制为多,通常都有环首的柄,并且常常配着妆饰华丽的鞘。削,曲刃也,直刃

---

① 《中国漆器全集·3·汉》,图五一;图二六一。

则为书刀。江苏江都县凤凰河工地五号汉墓①,以及前举尹湾汉墓分别出有削和书刀,后者为连鞘双刀(图22-3),与同墓所出"君兄缯方缇中物疏"列出的"刀二枚"适相符合②。"物疏"又有"笔二枚,管及衣各一,板研一,墨橐一",管即笔套,衣在这里指用作包裹的丝帛,墓葬中的实物多可与之相对应(图22-4)。

[22-5]

[22-6]:❶

图[22-5]:削
江都凤凰河工地五号汉墓出土(西汉铁削)

图[22-6]:尹湾汉墓出土文具及载录文具之牍
❶毛笔
❷板砚

① 《中国漆器全集·3·汉》,图二八三。
② 《尹湾汉墓简牍》,图三二。按墓主为师饶,君兄,其字。

[22-6]:❷

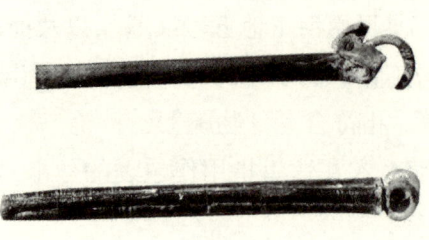

[22-6]:❸

汉代能书者多,且不说能书识字是为吏的基本条件①,即便象征仆役而用作随葬的铅人,也还要他"能舂能炊,上车能御,把笔能书"②。当日能书之小吏书艺的出色,由出土汉代简帛中书迹也可以看得真切(图22-7)③。不过从书法史的角度说,这还只能算作量的积累,"能书"同以书法名家毕竟两事,至少西汉的时候,书法尚未从实用技能中独立出来而成为一门纯粹的艺术。《汉书》中的所谓"善史书",评价的并不是独立的书艺,而多是着眼于与处分文书紧紧联系在一起的行政才能④。那时候的学书实在有着十分明确

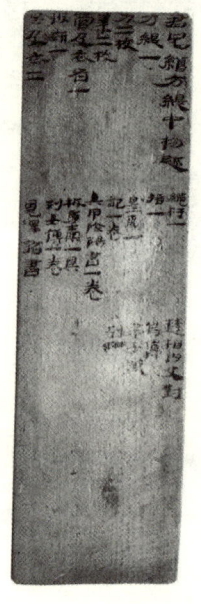

图[22-6]:尹湾汉墓出土文具及载录文具之牍
❸书刀
❹"君兄缯方缇中物疏"

[22-6]:❹

---

① 《汉书·艺文志》引萧何草律云:"太史试学童,能讽书九千字以上,乃得为史。又以六体试之,课最者以为尚书御史史书令史。"下并解释道:"六体者,古文、奇字、篆书、隶书、缪篆、虫书,皆所以通知古今文字,摹印章,书幡信也。"此在张家山汉简《二年律令·史律》中有更为详细的记载,律云:"史、卜子年十七岁学。史、卜、祝学童学三岁,学佴将诣大史、大卜、大祝,郡史学童诣其守,皆会八月朔日试之。"史与卜,皆要求能讽诵,能书写,而考试的具体标准又有不同。史,"试史学童以十五篇,能风(讽)书五千字以上,乃得为史。有(又)以八体试之,郡移其八体课大史,大史诵课,取最一人以为其县令史,殿者勿以为史。三岁壹并课,取最一人以为尚书卒史";卜,"卜学 童能风(讽)书史书三千字,徵卜书三千字,卜九发中七以上,乃得为卜,以为官处(?)。其能诵三万以上者,以为卜上计六更。缺,试修法,以六发中三以上者补之"。《张家山汉墓竹简·二四七号墓》,页223~224,文物出版社二〇〇一年。
② 陕西省文物管理委员会《长安县三里村东汉墓葬发掘简报》,页62,《文物》一九五八年第七期。
③ 图22-7为居延甲渠候官遗址出土的一件文书,马建华《河西简牍》,页29,重庆出版社二〇〇三年。
④ 如卷七二《贡禹传》禹上书言事道:"郡国恐伏其诛,则择便巧史书习于计簿能欺上府者,以为右职",故"欺谩而善书者尊于朝";卷九〇《严延年传》称延年"尤巧为狱文,善史书,所欲诛杀,奏成于手,中主簿亲近吏不得闻知,奏可论死,奄忽如神";卷七六《王尊传》言"尊窃学问,能史书。年十三,求为狱小吏"。又卷九七下《外戚传》称考成许皇后"聪慧,善史书",而下文所引上皇帝疏,即是一篇极见辩才的文字;卷九六下《西域传》所记"能史书,习事"的冯夫人,则是一位很出色的外交家(唯一的例外是卷九《元帝纪》,曰帝"善史书",而与"多材艺"并称)。

[22-8]

的功利目的,文具上面刻辞作吉语,因此也总是直指仕途,"宜官腆二千石"①,"君高迁刺使(史)二千石三公九卿"②,等等,与当时其他日用品上流行的铭文并无区别。模仿五铢钱的图案和造型,也是砚台中常见的式样③(图22-8)。到了东汉,书法才逐渐脱离开实用而有了独立的品质,且成为一门艺术。《后汉书》中出现的"善史书",因多与文才学识相联属,而与此前意义不同④。起先只是为了便捷的草书,到了文人手里用来张扬个性便格外能够发挥其长,由赵壹《非草书》里漫画式的形象,正可见出书法史中一个新变化的发端⑤。

---

① 连云港市海州西汉霍贺墓出土书刀上铭文,南京博物院等《海州西汉霍贺墓清理简报》,页185,《考古》一九七四年第三期。
② 河南南乐宋耿洛村出土汉盘龙石砚铭文,《河南博物院:精品与陈列》,图一三四。
③ 如前举盘龙石砚。又河北望都二号汉墓所出石砚,盖顶浮雕盘龙衔珠,所衔之珠,"五铢"也,见河北省文化局文物工作队《望都二号汉墓》,图四〇,文物出版社一九五九年。又湖北蕲春罗州城古汉城城址墓葬所出石砚,构思亦相类,石砚盖心凹作一个小圆窝,圆窝周围阴刻方框,"五铢"二字分别刻在两边,则砚盖整体构图正似一枚五铢钱。黄冈市博物馆《罗州城与汉墓》,图版六六:3、6,科学出版社二〇〇〇年。
④ 如卷一四《宗室四王三侯列传》,曰北海靖王睦"能属文,作《春秋旨义终始论》及赋颂数十篇,又善史书,当世以为楷则"。能属文,"谓会缀文辞也"(《汉书》卷三六《楚元王传》颜注),则此史笔作赞者乃文士风流。
⑤ 灵帝时建鸿都门学,可视作变化的一个契机。《后汉书》卷六〇下《蔡邕传》:"初,帝好学,自造《皇羲篇》五十章,因引诸生能为文赋者,本颇以经学相招,后诸为尺牍及工书鸟篆皆加引召,遂至数十人。侍中祭酒乐松、贾护,多引无行趣艺之徒,并待制鸿都门下,熹陈方俗闾里小事,帝甚悦之,待以不次之位。"其时蔡邕上封事论五事,对此即批评道:"夫书画辞赋,才之小者,匡国理政,未有其能。"

图[22-7]:
居延甲渠候官遗址出土文书

图[22-8]:
罗州城古汉城城址墓葬出土东汉石砚

二 关于书

前举尹湾汉墓"君兄缯方缇中物疏",除文具外,又列有书籍数种:记一卷,六甲阴阳书一卷,列女传一卷,恩泽诏书,楚相内史对,乌傅,弟子职①。只是墓中所见唯乌傅一篇,其余似乎均未随葬。

即如"物疏"所举,与文具在一起的总应该是书。西汉出现了纸,东汉以后纸的使用也逐渐增多。《后汉书》卷三六《贾逵传》,曰建初元年(公元七六年)章帝"令逵自选《公羊》严、颜诸生高才者二十人,教以《左氏》,与简、纸经传各一通";注云:"竹简及纸也。"那么这里说的是用竹简与纸抄写的《春秋左氏传》各一部。汉魏之际官府抄存书籍,用纸大约也成通例。《后汉书》卷八四《列女传》,曰蔡文姬谒曹操请释董祀罪,"操因问曰:'闻夫人家先多坟籍,犹能记忆之不?'文姬曰:'昔亡父赐书四千许卷,流离涂炭,罔有存者,今所诵忆,裁四百余篇耳。'操曰:'今当使十吏就夫人写之。'文姬曰:'妾闻男女之别,礼不亲授,乞给纸笔,真草唯命。'"不过通观两汉,书籍制作的基本材料仍然是竹木和缣帛,并且以竹木为主。制简用竹,多取直径粗大者。张家山汉简《算数书》"程竹"题说到"竹大八寸者为三尺简百八十三","八寸竹一箇为尺五寸简三百六十六"②。八寸,指竹的直径。西北一带,则以用木为多。白杨,柽柳,当地所出,取用便利。敦煌汉代悬泉置遗址出土的文书,书写材料除白杨和柽柳,尚有油松和红松。材质的使用与文书的性质、内容、级别原有密切关系。油松和红松质细而平,不易变形,因多用作级别较高的各式官府文书、诏书、律令、科品、重要簿籍的书写。白杨和柽柳质粗而易变形,多用于一般文书的抄录③。

书写用的简,若通称,均可名"札",《后汉书》卷七九下《儒林列传》"狼狈折札之命",注云:"札,简也。"若特指,则薄小者名札,也称作牒。《说文·木部》:"札,牒也。"又《片部》:"牒,札也。"可知二者互训。《汉书》卷二五《郊祀志上》曰齐人公孙卿"有札书"云云,颜注:"札,木简之薄小者也。"同书卷五一《路温舒传》云温舒"取泽中蒲,截以为牒,编用写书",颜注:"小

---

① 记,当指《礼记》,《汉书·艺文志》著录《记》百三十一篇,此一卷或系其中一部分。六甲阴阳书乃五行家言,数术之属。楚相内史对当为汉初楚国相与内史的奏对。弟子职,其传世本在《管子·杂篇》。乌傅即同墓所出《神乌傅(赋)》。《尹湾汉墓简牍》,李学勤序。
② 《张家山汉墓竹简》,页258。
③ 《甘肃敦煌汉代悬泉置遗址发掘简报》,页11。

简曰牒。"不过所谓"小",主要是就它的细窄而言。居延新简:"□札长尺二寸,当三编□。"(EPT四·五八)此尺二寸之札,乃逾于简牍之常的一尺。张家山汉简《二年律令·田律》:"官各以二尺牒疏书一岁马、牛它物用稾数,余见刍稾数,上内史,恒会八月望。"①"二尺牒"便也是二尺札,于上条列马牛等一岁草料用度以及余额,然后编为簿书以上呈。此制已见于秦律②,其时登记粮食、刍稾的会计籍书,称作"㑹籍",规定书写用牒③,这里则云二尺牒,二尺,自然更不是尺度之小者。则札之小,窄也,容字一行而已。

简之宽者容字两行,因有"两行"之称,《独断》卷上所谓"文多,用编两行"者也。作为不同规格的两种简的名称,"札"与"两行"常常并提,如在居延简中④。验之以实物,也是如此,如敦煌马圈湾汉代烽燧遗址出土的简牍⑤。帝之诏、策,书写须用两行,"诏书必明白大书","以二尺两行",见敦煌悬泉汉简⑥。《后汉书》卷一《光武帝纪上》注引《汉制度》:"策书者,编简也,其制长二尺,短者半之,篆书,起年月日,称皇帝,以命诸侯王。三公以罪免亦赐策,而以隶书,用尺一木两行,唯此为异也。"《独断》卷上所云与此大体相同。可知除"两行"外,尚有长度、书体等相应的严格规定。篆书两行之策,晋代曾有出土⑦。

宽度愈于两行者,名牍亦名版,其形近方者,又名方,多系木制。《秦律十八种·司空》"令县及都官取柳及楘(柔)可用书者,方之以书;毋(无)方者,乃用版"⑧,即此。荆州周家台三〇号秦墓出土一枚用油杉制作的木牍,长二十三厘米,宽四点四厘米,厚零点二五厘米,两面分栏书写秦二世元

---

① 《张家山汉墓竹简》,页168。
② 《秦律十八种·仓律》,《睡虎地秦墓竹简》,页38。
③ 《仓律》:"到十月牒书数,上内史。"页41。
④ 如简一〇·八"绳十丈,札二百,两行五十";简一〇·九"禽寇燧札二百,两行五十、绳十丈";简一三八·七、一八三·二"安汉隧札二百,两行五十、五月输"。又居延新简EPT五九·一五四A"两行百,札二百,绳十枚,建昭二年癸酉尉史□付第廿五燧"。
⑤ 遗址所出简牍,一行者,一般长约二十三点三厘米,即汉尺一尺,宽约零点八厘米,多作官府文书、簿籍使用,私人书记亦有利用者。两行,长与此同,宽约两厘米,多用于官府文书。甘肃省博物馆《敦煌马圈湾汉代烽燧遗址发掘报告》,页67,见《敦煌汉简》,中华书局一九九一年。
⑥ 甘肃省文物考古研究所《敦煌悬泉汉简释文选》,页27,《文物》二〇〇〇年第五期。又敦煌简一六八四A:"凌胡隧、厌胡隧、广昌隧各请输札、两行、隧五十;绳廿丈,须写下诏书。"凌胡、厌胡、广昌,三隧相次,"隧五十",每隧五十。
⑦ 《续汉书·礼仪志》记"大丧"之仪,曰"司徒、太史令奏谥、哀策",注云:"晋时有人嵩高山下得竹简一枚,上有两行科斗书之,台中外传以相示,莫有知者。司空张华以问博士束晳,晳曰:'此明帝显节陵中策也。'检校果然。是知策用此书也。"
⑧ 《睡虎地秦墓竹简》,页83。

年历谱①(图 22-9)。这一类以短文句横向排列的书,很适合用版或方来书写。汉代仍有牍、版、方三个名称,不过使用的时候并没有严格的分别。《周礼·春官·内史》"王制禄,则赞为之,以方出之",郑注引郑司农云:"以方出之,以方版书而出之。"又引杜子春云:"方,直谓今时牍也。"牍的一个方便之处是可以单行。前引《独断》云臣上表于天子,"文多,用编两行;文少,以五行"。文字多,用两行可连续书写多枚,然后编连为一;文字少,若容字五行且不妨两面书写的牍,一枚可成。

　　无论竹还是木,书写之前都要有一套"治"的工序。河南信阳楚墓一号墓出土一件木箧,箧里放着治简的工具十二事,带木柄的铜锯、铜锛、铜削、铜锥,又式样不同的刻刀和夹刻刀,是很完整的一套②。竹木治为尺度合宜可以书写的简,尚须编连成册。编连用丝,用麻,或用韦。简的一侧每做出三角形的小小契口,即为固定编连之绳而设。简的书写预先也有设计,编连用着几道,须留出位置,以免字迹为编绳所掩。

　　写书作文,简册的准备并不是轻而易举的事③。汉世官府所用编札,均输自公家,规格数量皆有制度④。个人著述,若以王命,则官给笔札,前引《贾逵传》,曰明帝时有神雀集宫殿官府,"帝敕兰台给笔札,使作《神雀颂》"。又同书卷六二《荀淑传·附孙悦传》,曰献帝时悦为侍中,"帝好典籍,常以班固《汉书》文繁难

[22-9]

图[22-9]:荆州周家台秦墓出土木牍

---

① 《关沮秦汉墓简牍》,彩版一。
② 《信阳楚墓》,图版七二、七三。
③ 西北边戍各种簿籍用量很大,其制作也成为戍卒的一项日常劳作,其事居延汉简中屡见。
④ 甘肃省博物馆等《武威汉简》,页 61,文物出版社一九六四年。

省,乃令悦依《左氏传》体以为《汉纪》三十篇,诏尚书给笔札"。

书册缮写完毕,尚须收卷。收卷的方法是以书册之末简为轴心,写字的一面在内,由后向前,而在书册前面第一简的背面写好篇名,则检视与展阅都很方便。由武威汉简《仪礼》的复原,汉代书册的基本形制可以看得很清楚①(图22-10)。

与先秦时代相同,两汉书册仍多以篇作单元,文姬所以曰今所诵忆,四百余篇。一篇写作若干简,可以编连成一卷;一卷之中也可以容纳不止一篇。大凡卷与篇的分别,在篇以其内容自成一单位,亦即一编,而卷以其所用若干简数而可以编卷成一册者为单位②。也就是说,卷成一册者,其中可容若干编。居延汉简中有三支简为一编者,如永光二年的一份呈报文书③(图22-11:1)。而永元器物簿则是七十七支简编连为一册,其中包括了先写后编相继连缀起来的五编。第一编为六支简,乃永元五年六月候长信的月度会计报告,其首标明报告题目,然后条列各种兵物的名称及数

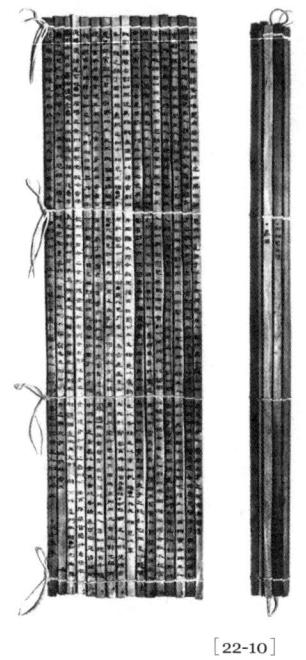

[22-10]

图[22-10]
简书《士相见之礼》复原模型

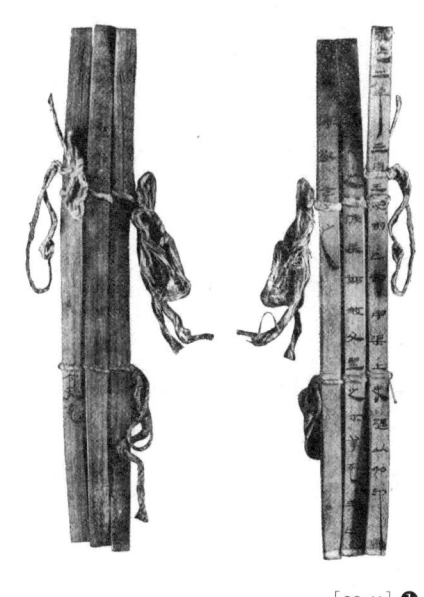

[22-11]:❶

图[22-11]
❶永光二年呈报书

---

① 《武威汉简》,图版二四。
② 《武威汉简》,页68。
③ 简五七·一A。正面书写:"永光二年三月壬戌朔己卯,甲渠士吏彊以私印行候事,敢言之。候长郑赦父望之不幸死,癸巳予赦宁,敢言之。"背面"令史充"三字。此为代理甲渠候官上呈的文书,永光为汉元帝年号。

图[22-11]
❷❸永元器物簿
❹楬

量,内容包括上期结存与本期结存之两部,结末为呈文,注明"六月见官兵物月言簿一编"。以下诸编,均依此例,如正月尽三月"四时簿一编"①(图22-11:2、3)。又居延新简中的"候粟君所责寇恩事",是一次民事诉讼过程中几种材料的汇集,其中包括一编完整的爰书。木简三十六枚,出土于居延甲渠候官遗址,为文字朝内卷起的一卷。简一至二十书于容字一行的"札",原合作一束,裹在里面;简二十一至三十五书写在容字倍于"札"的"两行",原为一编,卷在外面,以它的为编绳预留地位,而知道这一组简是先写后编。简三十六则是揭示档案名称的题签,亦即"楬",出土时散落在旁边②(图22-12)。成册的簿书,其题签常称作"卷",如"吏病及视事书

---

① 简一二七·三六。兵物簿发现于张掖郡肩水都尉府的广地候官遗址,永元为东汉和帝年号。
② 《"建武三年候粟君所责寇恩事"释文》,页30。此件文书的编列,一种意见认为:1.卷宗标札(简第三十六);2.乙卯文书(简一至二十);3.戊辰文书(简第二十一至二十八);4.书"·右爰书"三字的第三十三简;5.辛未文书(简第二十九至三十二);6.县延移甲渠候官文(简第三十四至三十五)。徐苹芳《居延考古发掘的新收获》,页28,《文物》一九七八年第一期。

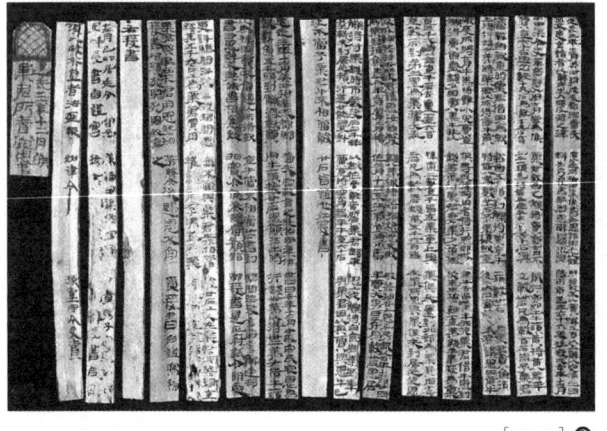

图[22-12]:建武三年候粟君责寇恩事
❶简一至二十
❷简二十一至三十六
❸简三十六特写

卷"①(图 22-11:4)。题签所用,通常是下端平齐上端半圜的短木牌,圜首多画作网纹,其上有孔可穿,簿册成卷,即系楬以作标签,后世卷轴书的牙签,此即其滥觞②。

不过由后向前只是收卷方式中的一种,每支简写多少字,编连成册需要多少支简,先已安排得合式,此多用于已经写定的书籍。若账簿或文件册一类的文书,则又不同。它通常是先写后编,收卷方式则以第一简为轴心,由前向后,而把末简作为表面。考察居延所出尚保持编缀状态的简,可

---

① 如简四六·一七 A、B"建昭六年正月尽十二月吏病及视事书卷",系同样的文字两面书写。
② 《武威汉简》,页 68。

知账簿之属的书册均用着这样的收卷方式,而简的背后附有注记文字者,位置在书册的最后。它可以在成卷过程中不断递增,其间的注记文字则是段落的标识。值得注意的是,云梦睡虎地秦墓所出《封诊式》和江陵张家山汉墓所出《奏谳书》也是如此收卷。那么也许可以认为,其在当日尚非书籍之属,而是文书的汇编①。则收卷方式的不同正显示着书册性质的不同。

书籍的载体,竹木之外尚有缣帛。二者质地有异,形制却颇多一致。长沙马王堆三号汉墓出土的帛书有两种规格,一是高度在四十八厘米左右,一是二十四厘米左右,即分别用整幅和半幅的帛横放直写②(图 22-13)。书写之先,以朱砂或墨在帛上画好宽约七八毫米的界格,整幅者每行六七

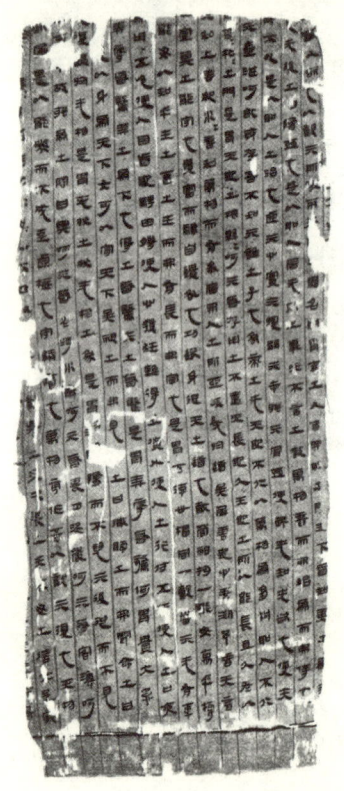

[22-13]:❶

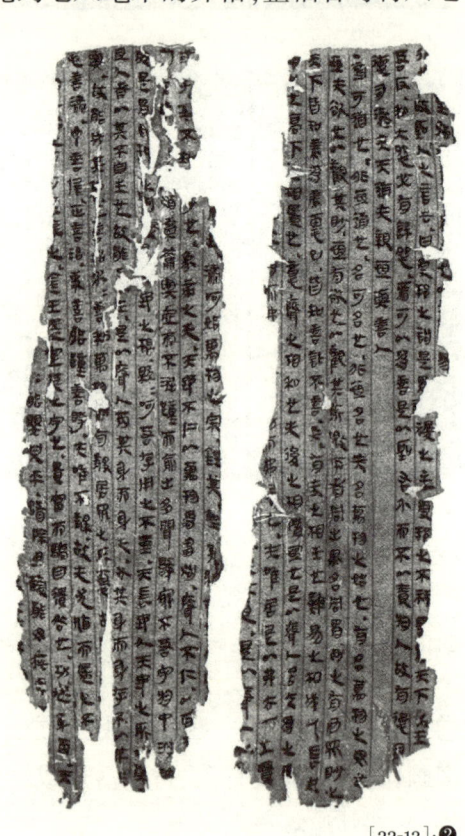

[22-13]:❷

图[22-13]:马王堆帛书《老子》
❶乙本
❷甲本

---

① 富谷至《二十一世纪的秦汉史研究——从简牍材料出发》,页 818~821,《简帛研究〈二〇〇一〉》,广西师范大学出版社二〇〇一年。
② 如帛书《老子》甲本和乙本,前者高约二十四厘米,后者原高约四十八厘米(出土时沿折痕断开)。图 22-13 取自国家文物局古文献研究室《马王堆汉墓帛书》(一),卷前彩版,文物出版社一九八〇年。

十字,半幅者每行三十余字,看起来与后世的信笺相似,其实是规摹同时代的简书。简书大略言之有长短两种尺度,长者汉尺二尺四寸,短者一尺二寸或一尺,帛书的两种规格大体与之相当,其篇末的题记方式也与简书相仿。《风俗通》云:"刘向为孝成皇帝典故书籍二十余年,皆先书竹,为易刊定,可缮写者以上素也"[1],则帛书乃简册的誊清本。不过马王堆帛书的钞写时代在西汉初年,此际尚未如东汉简册那样严格区分"圣人文语二尺四寸","诸子尺书"(《论衡·谢短篇》),故写书用帛的尺度与内容并没有很直接的对应关系[2]。

与简书相比,帛书更宜于绘制图画,虽然简面密接成片也不妨作图,如荆州周家台三〇号秦墓出土的一组竹简[3](图22-14)。目前所知年代最早的一件帛书是长沙子弹库楚帛书(图22-15)。它的中心为一长一短、方向颠倒的两段文字,长的一则述岁(日月),短的一则述季(四时),周围又有十二章述一年十二月的月名和禁忌。十二章之右各有一个彩绘的神像,神像旁边一行字,为月名。其中的三首神像为正南,而在东北、东南、西南、西北的四个角分别绘出青、赤、黄、黑四种树木,用以代表春、夏、秋、冬四季。以四色、四方、十二神像,与四季、十二月相配置的组合,正是后来《吕氏春秋》十二季、《礼记·月令》及《淮南子·时则篇》之所本[4]。它也是今天所见年代最早的日者之书,日书在秦汉墓葬

[22-14]

图[22-14]
竹简式图 荆州周家台秦墓出土

---

[1] 《太平御览》卷六〇六引。
[2] 《马王堆二、三号汉墓发掘的主要收获》,页48~49。
[3] 此由二十六枚竹简拼合为一幅式图,《关沮秦汉墓简牍》,图版三四。
[4] 陈梦家《战国楚帛书考》,页138,《考古学报》一九八四年第二期。图22-15:2取自商承祚《战国楚帛书述略》(《文物》一九六四年第九期)所附摹本。

图[22-15]
❶楚帛书(局部)
❷楚帛书摹本(局部)

出土的图书中仍占了不少分量,它原是时人眼中的正经学问,图文并茂的书多是此类。

帛值昂于竹木,自然不是平常的作书材料①,不过皇室藏书中应有数量不少的帛书。《后汉书》卷七九上《儒林列传》曰"董卓移都之际,吏民扰乱,自辟雍、东观、兰台、石室、宣明、鸿都诸藏典策文章,竞共剖散,其缣帛图书,大则连为帷盖,小乃制为縢囊"。帛书整幅与半幅的两种规格,大约便是这里所谓的"大"和"小"。

---

① 汉代或用帛来作为官吏的俸禄,《汉书》卷九九中《王莽传》曰天凤三年五月,莽下吏禄制度云,国用不足,"自公卿以下,一月之禄,十缍布二匹,或帛一匹"。匹帛为一月之禄也见于居延简,如简九五·七"桼(七)月禄帛三丈三尺";简三〇四·一"正月禄帛一匹"。汉代以四丈为匹,一匹帛约值三四百钱,居延简亦多记其事,如简五〇九·八、五〇九·一五,等等。劳干《居延汉简考证》(载《居延汉简·考释之部》,台北中央研究院历史语言研究所一九六〇年)有综论,见"缣帛"条。

汉代家具品种比起后世来要少得多，因常常一器多用，只是器具的质地和规格大小略有不同，比如笥，通常用作贮物，衣服、食品、日常用具以至于珍珠宝物，皆无不可。文具与书的存放，也是用着竹笥木箧——笥与箧的分别不是很严格，都是指长方形的匣子，或竹编，或漆木制，大小也并无一定。《汉书》卷五九《张安世传》曰武帝"行幸河东，尝亡书三箧"；又卷四八《贾谊传》"俗吏之所务在于刀笔筐箧"，颜注："刀所以削书札，筐箧所以盛书。"《后汉书》卷一〇《刘盆子传》记刘崇立帝事，云崇"乃书札为符曰'上将军'，又以两空札置笥中"，注云："笥，箧也。"居延汉简器物簿与文具列在一起的有"书箧一"（简八九·一三 B）。江陵张家山汉墓所出遣策云"书一笥"，案验同墓出土的实物，便是竹笥里分卷放置的竹简①。

战国以来至秦汉，考古发掘中所见到的文具与书多出在箧笥。前举长沙左家公山楚墓发现的毛笔，即出在一件竹笥里，笥的四外用青篾扎边，编作人字纹，与毛笔同在一处的尚有天平、砝码、木梳、木篦、竹签、竹片、木柄铁削、小竹筒等②（图22-16：1）。前举西汉马王堆帛书，出土的时候是折叠放置在漆木箧中。箧长六十厘米，宽三十厘米有余，高逾二十厘米，上有盝顶形的盖，内设宽窄不一的格子，帛书与竹书即分别放在不同的格子里③（图22-16：2、3）。帛书的置放又用了两种不同的方式，一是叠作二十

[22-16]：❶

[22-16]：❷

[22-16]：❸

图[22-16]：存置文具与书的箧笥
❶左家公山楚墓出土
❷❸马王堆三号汉墓出土

---

① 荆州地区博物馆《江陵张家山三座汉墓出土人批竹简》，页 3，《文物》一九八五年第一期。
② 《长沙出土的三座大型木椁墓》，图版一：6。
③ 湖南省博物馆等《长沙马王堆二、三号汉墓发掘简报》，图版七，《文物》一九七四年第七期。按有少部分帛书放在两卷竹简的下面。

厘米长、十厘米宽的长方形,一是以两三厘米宽的窄木条为芯把帛书卷起来。折叠放置的帛书幅宽四十八厘米左右,是整幅的帛。卷起来的帛书幅宽约当其半,是半幅的帛[①]。

箧之深者曰簏。《说文·竹部》:"簏,竹高箧也。"《太平御览》卷七〇五引《通俗文》曰:"簏谓之箧笥。"用作置书的簏名作书簏,同书引《东宫旧事》曰:"皇太子初拜,有漆马齿书簏。"所述虽晋事,或去汉制不远。

书若秘之,则须缄封。这一类须要保密的书,多属文书档案。《尚书·金縢》曰周公为武王祝祷,祷辞书于册,"乃纳册于金縢之匮中";郑玄注:"縢,束也。凡藏秘书,藏之于匮,必以金缄其表。"孙星衍疏:"《一切经音义》引《字林》云:'缄,束箧也。'《鲁语》云

[22-17]:❶

[22-17]:❷

[22-17]:❸

图[22-17]
❶文书封检 甲渠候官遗址出土
❷衣囊封检 马圈湾烽燧遗址出土
❸封泥与封泥匣 肩水金关遗址出土

'得之金椟';注云:'椟,匮也。金,以金带其外也。'带其外,即郑所谓'缄其表'。"后来文件书信封检制度的"缄其表"同它类似,即在本文上面覆一片简或牍,然后用绳札缚,继而书写收信人姓名地址,末于结缚处押封泥。实以文书或其他物品的箧和囊也可以用封检来缄封(图22-17)。沂南汉画像石的上计图中有施以封检的书箧和书囊(图25-1:2、图25-6:1))。籍书的缄封方式,汉代明令著为律。张家山汉简《二年律令·户律》云:"民宅园户籍、年细籍、田比地籍、田命籍、田租籍,谨副上县廷,皆以箧若匣匮盛,

---

[①]《马王堆二、三号汉墓发掘的主要收获》,页48~49。

缄闭，以令若丞、官啬夫印封。"①诸般手续一一规定明白，可知已经成为很严格的制度。

皇家藏书常曰"金匮石室"。《史记·太史公自序》："卒三岁，而迁为太史令，紬史记石室金匮之书。"〈索隐〉："石室、金匮，皆国家藏书之处。"《汉书》卷一《高帝纪下》："又与功臣刻符作誓，丹书铁契，金匮石室，藏之宗庙。"如淳曰："金匮犹金縢也。"颜注："以金为匮，以石为室，重缄封之，保慎之义。"匮的形制亦如匣。《楚辞·九叹·愍命》"藏瑉石于金匮兮"，王逸注："匮，匣也。"两汉"金匮"究竟如何，目前尚不能得知，不过却有新莽时期的石匮一件可见。

石匮今藏青海省海晏县博物馆，通高逾两米，宽一点三七米，由器、盖两部组成。盖顶雕刻卧虎，器之中心作成方槽以容书册②。从上到下、从右至左、篆书三行器盖连铭曰："西海郡虎符石匮，始建国元年十月癸巳，工河南郭戎造。"③（图 22-18）虎符石匮，器名也。西海郡设郡在西汉元始四年王莽平西羌后，治所在龙耆城，即今海晏县。始建国元年为公元九年。"工河南郭戎"是作器工匠的里籍和姓名。则石匮乃王莽登基后为新设不久的西海郡所作。研究者推测，它或与王莽藏《符命》四十二篇有关，而石匮左右的两道刻槽，当为封检之用④。不过秘书之外，一般书籍的存放

[22-18]：❶

图[22-18]：新莽虎符石匮
❶器盖
❷器

[22-18]：❷

---

① 《张家山汉墓竹简》，页 178。缄封又不仅仅限于档案书籍，贮物而封藏，亦可如是。西汉南越王墓西耳室出铜提筒一件，原是汉代这一地区常见的式样，鼓腹，上下微敛，上部近口沿处有两个环鼻用以扣提梁，子口合盖，盖的外沿一对贯耳，提筒用丝绢包裹，在盖顶封口捆扎，出土时提筒边有一枚竹签牌，一端平齐，一端如圭形，其上墨书"金縢一囗囗"。《西汉南越王墓》，页 78，图版三三：4~6。
② 青海省文物处等《青海文物》，图一二一，文物出版社一九九四年。
③ 癸巳，《青海文物》录作癸卯，此据李零《说匮》，页 15，《文物天地》一九九六年第五期。
④ 李零《说匮》，页 16。作者实地调查之后又有补述，见《王莽虎符石匮调查记》，页 27。

本无须缄封,以箧笥存置图书当是汉代常例。

平日书籍的放置,则用案。

汉代品类不算很多的家具中,案是尤其重要的一种。其形制或圆或方,或长方,材质或木或铜。高者十几厘米或二三十厘米,矮者五厘米左右,或更矮。尺度稍大的案用餐时用来放置酒食,此在汉代画像砖、石以及墓室壁画中最常见。小者则用作奉案举食进御尊者。《史记》卷一〇四《田叔列传》曰刘邦过赵,赵王"自持案进食";《汉书》卷九七上《外戚传》曰许后"五日一朝皇太后于长乐宫,亲奉案上食",皆其事。辽宁棒台子二号墓壁画中可见奉案上食的形象,壁画的时代约当汉魏之际①(图 22-19)。

又有置于帷帐之前的长案,时或称作桯②。桯的上面可更置食案与书案,情景如洛阳朱村东汉墓壁画所绘③。男女主人端坐在帷帐,帐前设桯,桯的一边置食案,一边则是书案,书案设卮灯与砚(图 22-20:1、2)。卮灯的式样,满城汉墓所出者可以为例④(图 22-20:3);砚之时代与式样均类似者,见于广州汉墓⑤(图 22-20:4)。《艺文类聚》卷六九引梁简文帝《书案铭》:"刻香镂彩,纤银卷足。照色黄金,迴花青玉。漆华映紫,画制舒绿。性广知平,文雕非曲。厠质锦帷,承芳绮褥。敬客礼贤,恭思俨束。"以器的形

[22-19]

图[22-19]
辽宁棒台子二号墓壁画(摹本)

---

① 王增新《辽阳市棒台子二号壁画墓》,页 22,图三,《考古》一九六〇年第一期。
② 《方言》卷五:"榻前几,江沔之间曰桯。"《说文·木部》:"桯,床前几。"
③ 洛阳市第二文物工作队《洛阳市朱村东汉壁画墓发掘简报》,彩色插页二:2,《文物》一九九二年第十二期。
④ 中国社会科学院考古研究所等《满城汉墓》,图版三七:1;《广州汉墓》,图版一四二:6,文物出版社一九八〇年。
⑤ 《满城汉墓》,图版三七:1;《广州汉墓》,图版一四二:6。

[22-20]: ❶

[22-20]: ❹

[22-20]: ❸

[22-20]: ❷

图[22-20]
❶❷洛阳朱村东汉墓壁画中的书案
❸城汉墓出土的卮灯
❹广州汉墓出土的石砚

制和用途而巧借双关曲尽形容,自是铭的作例,书案如铭所云的精好今不可见,而所谓"厕质锦帷,承芳绮褥",却正与图中情景相仿。四川广汉所出东汉画像砖,也有写实之笔,其事大约是弟子拜见老师,房间里设着置放书卷的两具书案,与之相配的尚有一个带盖的三足圆砚①(图22-21)。

书案也用作"承卷奏记,通达谒刺",《太平御览》卷七一〇引李尤《书案铭》:"居则致乐,承颜接宾。承卷奏记,通达谒刺。尊上答下,道合仁义。"《汉书》卷七七《郑崇传》曰哀帝欲封傅太后从弟商,郑崇切谏,"因持诏书案起",李奇注:"持当受诏书案起也。"书案如此使用的情景,在河北望都东汉墓壁画②、成都曾家包东汉画像石③,又安徽马鞍山三国吴朱然墓所出彩绘漆案中都可以看到④。望都壁画榜题曰"侍阁"⑤,朱然墓漆案榜题曰"黄门侍",均点明奉案者的身分(图22-22、图22-23)。而后者榻前放置酒

---

① 《中国美术全集·绘画编·18·画像石画像砖》,图二二〇。
② 北京历史博物馆等《望都汉墓壁画》,图版七、二七,中国古典艺术出版社一九五五年。
③ 成都市文物管理处《四川成都曾家包东汉画像砖石墓》,图版四,《文物》一九八一年第十期。
④ 《中国漆器全集·4·三国至元》,图一一。
⑤ 卫宏《汉官旧仪》:"诸吏初除谒视事,问君侯应阁奴,名白事,以方尺板叩阁,大呼奴名。"此言丞相府制度,而郡县与之略同。《续汉书·舆服志》曰公卿以下至县三百石长,"铃下、侍阁、门兰、部署、街里走卒,皆有程品,多少随所典领"。《后汉书》卷七七《酷吏列传》曰周纡"问铃下"云云,注引《汉官旧仪》:"铃下、侍阁、辟车,此皆以名自定者也。"

[22-21]

[22-22]:❶

[22-22]:❸

图[22-21]
广汉出土汉画像砖

图[22-22]
❶望都汉墓壁画(摹本)
❷❸成都曾家包东汉画像石(局部)

食的长案亦即桯,正同于前举朱村壁画所绘。《后汉书》卷一一《刘玄传》云其宠姬韩夫人尤嗜酒,"每侍饮,见常侍奏事,辄怒曰:'帝方对我饮,正用此时持事来乎。'起,抵破书案"。抵,注云:"击也。"宴饮奏事,由朱然墓漆案的一支绘笔,很可见情节场面的微至,适可为相去不远的前朝故事作注,而所击之

案,自然是放在桯上的书案。以兼"承卷奏记,通达谒刺"之用,书案又有奏案之称。《太平御览》卷七一〇引陆云与兄书:"按行曹公器物,有奏按五枚。"《三国志》卷五四《吴书·周瑜传》裴注引《江表传》:"(孙)权拔刀斫前奏案曰:'诸将吏将复有言当迎(曹)操者,与此案同!'"又《东宫旧事》曰:"皇太子妃初拜,有漆金渡足奏案一枚。"虽只是举出名称,我们却已可以觑得亲切。铜鎏金包案脚是漆木案的一种讲究做法,所谓"漆金渡足",即此。

　　与案并称的尚有几,也常常与书事相关。几的用途本来与案不同,案是用来置物,几则用作凭倚,《说文·几部》:"几,踞几也。"徐锴《系传》则曰:"几,人所凭坐几也。"

图[22-23]
❶❷马鞍山三国吴朱然墓漆案(局部)

[22-24]:❶

[22-24]:❷

图[22-24]：凭几
❶长沙楚墓出土漆几（复制品）
❷洛阳新安铁塔山东汉墓壁画

几因又称凭几或隐几。几的基本构造很简单，窄而长的一道横梁为几面，几面下边两端安足。为着舒适和美观，几还可以制作得更巧，如长沙战国早期楚墓出土的一件漆木几。几面向下微凹成一个浅弧，然后与足榫接，足下有柎，两边柎上各探出两支斜撑稳稳撑住几面，几面的黑漆地子上朱绘卷云纹①（图22-24：1）。如此样式一直流传到两汉，洛阳新安铁塔山东汉墓壁画中的主人公燕居所凭，仍是与此形制相同的隐几②（图22-24：2）。隐几例为尊者设。《汉书》卷八三《朱博传》云博以新命琅邪太守而临郡，右曹掾史亦即下属之为首者倨傲托病不就职，"博奋髯抵几"云云。颜注："抵，击也，音纸。"则此与前引更始韩夫人的"抵破书案"，正是同样的意思，惟所击之物乃身之所倚的凭几。铁塔山汉墓壁画恰好可以教人想见"奋髯"之状，虽然这里描摹的并不是怒容。

不过案和几在汉魏人笔下也时常混称，《释名·释床帐》："几，庪也，所以庪物也。"居延汉简记有"赤头食几一"，又"大酒几一，长七尺"③。所谓"食几"，从形制说，应食案之属，而长及七尺的大酒几，当时算是尺寸颇巨的长案了。《太平御览》卷七一〇引《汉武帝内传》曰："帝受西王母《五岳真形经》，盛以黄金之几。"用以置放经书的黄金之几自然也不是凭几，而应是小巧的书案。《内传》作者托名班固虽未必然，但西王母故事本盛行于东汉，它也是汉代艺术中常见的题材。三足乌，九尾狐、蟾蜍、玉兔，与龙虎座上戴胜的西王母合成昆仑山石室中的神仙故事，早就成为东汉画像砖、石

---

① 湖南博物馆等《长沙楚墓》，图版一一九：4，文物出版社二〇〇〇年。
② 《洛阳汉墓壁画》，页182~183。
③ 出居延破城子，前者编号EPT六·九四，后者编号EPT五一·四〇八。

图[22-25]
新都出土汉画像石

中的表现程式之一。四川新都所出一件西王母画像石,人立而舞的蟾蜍前又有一人手持书卷伏地而拜,面前则是一具书案①(图 22-25),《内传》中说到的放置《五岳真形经》的黄金之几,应即此物。

考察文具使用者和书籍拥有者的身分,本是书事中的题中应有之义,不过这一话题实在很复杂,以目前掌握的实物例证,还只能说是带有很大偶然性的抽样调查,对当时情况远不能概括得全面。

汉人把死后的世界看作如同生时,因此为远行人置下尽量完备的生活用具,其中也包括了生活中的必读书。如此,我们可以从随葬书籍中大略看出书籍拥有者不同的学术背景。用作随葬的书籍当然首先同主人的爱好也同他的职业相关。比如出土了很多医书的武威旱滩坡汉墓,根据墓

---

① 龚廷万等《巴蜀汉代画像集》,图三六六,文物出版社一九九八年。

中的其他随葬品,其主人被推断为"具有一定社会地位并从事医业多年的老人"①。又山东临沂银雀山一号汉墓出土大量兵阴阳之类的书,以同墓所出漆耳杯上有"司马"铭刻,推知此为墓主姓氏,而他或为将军幕府中的谋士②。

如果就秦汉墓葬出土的书籍品类作一个粗略的分别,那么大致可以说,六艺类书籍,多出在王侯贵胄的墓葬③,如长沙马王堆三号汉墓,墓主为軑侯之子。如安徽阜阳双古堆一号汉墓,墓主为汝阴侯④。又河北定县八角廊四○号汉墓,墓主为中山王⑤。而随葬实用性较强的书籍和文书之类者,其主人生前多为官吏,如云梦睡虎地十一号秦墓,墓主历任安陆御史、令史、鄢令史及鄢之狱吏⑥。又云梦龙岗六号秦墓,墓主人曾为小吏,坐事被刑后做了禁苑门吏⑦。又江陵张家山二四七号汉墓,由同墓所出竹简中"病免"的记载,可知主人也曾出任官吏⑧。又尹湾六号汉墓,墓主生前为郡功曹史⑨。此中显示了当时王公贵胄与郡县卒史所具有的两种不同的知识结构,而前者本来有着自先秦以来的教育传统。《国语·楚语上》曰庄王为太子择傅,问于申叔时,他为太子开列的必修科目为春秋,世,诗,礼,乐,令,语,故志,训典,共九项。世,韦昭注云:"谓先王之世系也。"记述帝王、诸侯、卿大夫世系的《世本》,即此类。令,"谓先王之官法、时令也"。语,"治国之善语",传世之《国语》《战国策》,可以当之。故志,"谓所记前世成败之书"。训典,"五帝之书",则《书》之《尧典》为其属。汉惠帝四年解除秦的挟书之令,以后若干旧藏重又面世,传统因此并未完全断绝,由王侯墓葬出土的图籍,可以略窥其概。

时至汉代,世卿世禄制早已崩溃解体,新的统治关系是以科层化的文官制度为管理基础,举劾案验,文书制度严密繁缛,由敦煌、居延等地所出

---

① 甘肃省博物馆等《武威汉代医简》,叶二三·B,文物出版社一九七五年。
② 山东省博物馆等《山东临沂西汉墓发现〈孙子兵法〉和〈孙膑兵法〉等竹简的简报》,页22,《文物》一九七四年第二期。
③ 随葬书籍的种类当然不可能是单一的,比如以阴阳家、道家为背景的数术、方技等当时的实用技术,本来与儒家共存,反映在随葬书籍中,也是如此。
④ 安徽省文物工作队等《阜阳双古堆西汉汝阴侯墓发掘简报》,页18,《文物》一九七八年第八期。
⑤ 河北省文物研究所《河北定县四○号汉墓发掘简报》,页10,《文物》一九八一年第八期。
⑥ 孝感地区第二期亦工亦农文物考古训练班《湖北云梦睡虎地十一号秦墓发掘简报》,页6,《文物》一九七六年第六期。
⑦ 刘信芳等《云梦龙岗秦简》,科学出版社一九七九年。
⑧ 张家山汉墓竹简整理小组《江陵张家山竹简概述》,页15,《文物》一九八五年第一期。
⑨ 《尹湾汉墓简牍》,页165。

[22-26]:❶

[22-26]:❷

图[22-26]
❶临沂白庄出土汉画像石
❷成都出土汉画像砖

简牍,可以看到汉代边郡以簿籍为基础的上计制度执行之严格,而见出一种贯彻到底不容懈怠的管理方式。此与内郡情况应为一致。其时任用官吏自然要格外注重处分文书的能力。能书,会计,知律令,是三项重要的标准。对于已入仕途和欲入仕途者来说,实用之书如法律、兵书、数术之类,

图[22-27]
诸城汉墓画像石(摹本)

便最受重视。前举尹湾汉墓等,其随葬书籍的品类,即反映了这一点。

此外的一例,是武威磨咀子六号汉墓,墓出《仪礼》九篇,墓主人大约是深通礼经的郡文学官,曾教授文学弟子,随葬的《仪礼》乃是他平日诵习所用①。课徒讲学,教授经义,是汉代读书人的一项重要事业②。其时学问最重师承,受学与授学,于读书人自然有着安身立命的意义。课徒之所或设于宅。《汉书》卷八一《独行列传》,曰张禹为弟子彭宣讲论经义,"见之于便坐",颜注:"便坐,谓非正寝,在于旁侧可以延宾者也。"讲学之所又或称作精舍、精庐、讲舍。《后汉书》卷七九下《儒林列传》曰经生所处,"精庐暂建",注云:"精庐,讲读之舍。"又同卷言包咸习《鲁诗》、《论语》,曾"住东海,立精舍讲授"。又卷八〇下《文苑列传》曰桓帝时,刘梁任北新城长,"乃更大作讲舍,延聚生徒数百人,朝夕自往劝诫,身执经卷,试策殿最"。讲学的场面汉画像中可见,如山东临沂白庄出土的画像石③,如四川成都青杠坡所出画像砖④,细致的笔触这里固然谈不到,不过简编式的书总还可以看得清楚(图22-26)。山东诸城汉墓画像石中的讲学图,刻画庭中高堂之侧的一所别院,院中讲舍一楹,师在讲舍中独据一席指划讲经,众弟子捧经端坐在舍内舍外⑤(图22-27)。石的上方残存高堂一角,可见其中的博棋和宴饮,所谓"常坐高堂,施绛纱帐,前授生徒,后列女乐","教养诸生,常有千数"⑥,大概并不是马融独有的儒者风流。

教授生徒的精庐、讲舍之外,是否还有读书人的这样一处所在,即读书写作的一个独立的生活空间,亦即所谓"书房",似不见史书明确记载,也未见于表现汉代日常生活的石刻和图画,因此很难考察得确实。不过以我们所了解的汉代情事,应可约略为之布置。此中该有笔有砚,有丝囊或漆盒中墨,有简牍缣帛可供书写。又有书笥和小小的书案,有若干书册可供检阅。命笔为文之际,主人据榻而坐,一手把笔,一手持牍;悬腕悬肘,左手还要把持得足够稳当,即如河北望都汉墓壁画中描绘的主簿图⑦(图22-

---

① 《武威汉简》,页8。简有三种本子,木简的甲、乙两种本抄写年代约当西汉晚期,竹简的丙本或稍早。甲本和乙本均为经,简长当汉尺二尺四寸;乙本为单册经传,简长不足二尺四寸,《论衡·量知篇》"大者为经,小者为传记",二者适相符合。
② 罗义俊《两汉私人讲学考略》于此有详细讨论,页367~384,巴蜀书社一九八〇年。
③ 《中国汉画像石全集·3》,图一一。
④ 《中国美术全集·绘画编·18·画像石画像砖》,图二三六。
⑤ 仼口新《山东诸城汉墓画像石》,页21,图九,《文物》一九八一年第十期。
⑥ 《后汉书》卷六〇上《马融传》。
⑦ 对坐的两个人,中间一具长案,案置笔、笔架与砚,一个带提梁的书箧置于案的另一端。一人手捧书案,一人把笔持牍而书。《中国陶瓷全集·4·三国两晋南北朝》,图七八。

[22-28]

[22-29]:❶

图[22-28]
望都汉墓壁画中的主簿图

图[22-29]
❶长沙金盆岭西晋墓出土青瓷俑
❷顾恺之《女史箴图》(局部)

[22-29]:❷

28)。在高坐具通行之前,这样的书写姿势大约保持了很久,长沙金盆岭西晋墓出土的青瓷俑①,顾恺之的《女史箴图》,均可为证(图22-29)。由书写姿势见出书法史中的书体变迁之迹,却又是另外的题目,而近年研究者已经注意到,并且对此讨论得很有点热闹了。

---

① 《望都汉墓壁画》,图版八。牍的书写如此,若细窄之竹简,又当如何?左家公山楚墓发掘简报中提到,出土文具的竹筐里尚存置竹片,"竹片长三十二厘米,宽零点八厘米,两端用丝线编好成册,然后用两块竹块夹住,想是用以书写的简册"。《长沙出土的三座大型木椁墓》,页95。只是简报未作图示,不知究竟如何。

书房

所谓"书房",藏书之所自然不在其内。南宋楼钥有诗作《赵资政建三层楼,中层藏书》[1],那样的"百间朗朗","插架三万",乃藏书家气派,却不是读书人平常可以求得。书房的不同,在于它是为人设,而不是为书设,那么一个属于自己的,可以在其中静心读书的所在,便是书房,并不在乎书的多少,或者也不在乎书的品类。文人的书房,其实意不在书,而更在于它的环境、气氛,或者说重在营造一种境界。

这样一个绝无功利之心的小小空间,读书实在只是涤除尘虑的一种生存方式。南宋杨国宝题所居壁云:"有竹百竿,有香一炉,有书千卷,有酒一壶,如是足矣。"[2]此则居室与书房的合一。窗外有水,有竹,斋中有几,有榻,有书置架,有花插瓶,一炉沉水,一张七弦,便是理想的燕居之室,榜之曰某某斋,某某居,某某书室,皆无不可。白居易《草堂记》:"三间两柱,二室四牖,广袤丰杀,一称心力。洞北户,来阴风,防徂暑也;敞南甍,纳阳日,虞祁寒也。木斫而已,不加丹;墙圬而已,不加白。䃺阶用石,幂窗用纸,竹帘纻帏,率称是焉。堂中设木榻四,素屏二,漆琴一张,儒、道、佛书各三两卷。"草堂筑在诗人贬谪江州的时候,此际自然一切草草,因此木不髹漆,墙不涂白,但木榻,素屏,漆琴,书卷,一应书房之必须,一样不少,何况简素中也还有奢侈——"堂西倚北崖右趾,以剖竹架空,引崖上泉,脉分线

---

[1] 《全宋诗》,册四七,页29374。
[2] 吕本中《紫薇诗话》:"杨十七学士应之国宝力行苦节,学问赡博,而弘致远识,特异流俗,尝题所居壁云云。"按中华书局《历代诗话》一九八一年版此条之"国宝"误作"国宾"。

悬,自檐注砌,累累如贯珠,霏微如雨露,滴沥飘洒,随风远去。"正仿佛天宝时御史大夫王鉷第宅中的自雨亭①。据云这自雨亭子传自拂菻,即东罗马帝国及西亚地中海沿岸诸地②,可知虽曰"草堂",而布置不俗,把它视作

[23-1]

图[23-1]
《归去来辞图》(局部)辽宁省博物馆藏

---

① 唐封演《封氏闻见记》卷五"第宅"条:"御史大夫王鉷有罪赐死,县官簿录太平坊宅,数日不能遍,宅内有自雨亭,从檐上飞流四注,当夏处之,凛若高秋。"
② 傅熹年等《中国古代建筑史·二·两晋南北朝隋唐五代建筑》,页442,中国建筑工业出版社二〇〇一年。不过这种为居室降温的办法,六朝的时候很可能已经出现。梁刘峻《始居山营室诗》"激水檐前溜,修竹堂阴植"(《先秦汉魏晋南北朝诗》,中册,页1758);陈张正见《帝王所局篇》"沉沉飞雨殿,蔼蔼承明庐"(同前,下册,页2475),如果"飞雨殿"不是一个空名的话,那么这里的两个例子都是"自雨亭"的做法。

文人之园，也未尝不可。

后人想象中，挂冠归隐的陶渊明也该有一间书室。明人马轼与李在、夏芷合作一幅长卷《归去来辞图》，于"稚子候门"一段便为他安排出这样一间。高柳掩映中的村舍自然要有朴野之趣，从半开的窗子里望进去，里面书桌一张，上边放着书函一，又笔格和笔，砚和水盂，又香炉一，插着香匙和香箸的箸瓶一。墙上一轴芦雁，一张琴，又一轴山水权作架格而放了一卷一卷的书画（图23-1）。这是明人的有意求"古"，不过也只"古"到宋元。

宋人却是喜欢在住居中别筑小室，独处读书，如此一方完全属于自己的天地，便也可以称作书房。陆游《新开小室》："并檐开小室，仅可容一几。东为读书窗，初日满窗纸。衰眸顿清澈，不畏字如蚁。琅然弦诵声，和答有稚子。余年犹几何，此事殊可喜。山童报炊熟，束卷可以起。"又《即事》六首之三："日上小窗东，禽鸟高树中。乐哉容膝地，著此曲肱翁。香迩常迟散，儿来亦旋通。所惭贪坐睡，铅椠少新功。"①诗作于开禧元年，时放翁居山阴，已是年逾八十的老翁，在容膝小室中而如曲肱枕流，可以尽享读书之乐，诚然"殊可喜"也。辽宁省博物馆藏南宋册页《秋窗读易图》，小幅绘水边一座院落，院中几间瓦屋，中间为堂，堂之东偏一间小室，室中一张书案，案有展卷之册，焚香之炉，炉旁并置香盒一（图20-5）。清切闲远之高致，其室也；舒闲容与之态度，其人也。它与放翁的读书之境相合，也未尝不是宋人现实与理想中的书室。南宋王十朋有五绝一组，诗题颇长，可视作一则小序，略云："予还自武林，葺先人弊庐，净扫一室，晨起焚香，读书于其间，兴至赋诗，客来饮酒啜茶，或弈棋为戏；藏书数百卷，手自暴之；有小园，时策杖以游；时遇秋旱，驱家僮浚井汲水浇花；良天佳月与兄弟邻里把酒盏同赏；过重九方见菊以泛觞，有足乐者。"绝句中《读书》一首云："入政惭无学，还家更读书，翻同小儿辈，相共惜居诸。"②"居诸"，用《诗·邶风·日月》中语借指时光。梅溪以龙图阁学士致仕，而龙图在诸阁学士中序位最高，诗曰"入政惭无学，还家更读书"，却是说得实在。这时候的读书，自然全与仕途无关，而这正是文人在书斋中特定的心态。自己的书斋，他人的书斋，都是作诗为文的好题目，闲适语、豪放语、解脱语，在这一题目之下，都是合宜，唯一不宜的，怕是只有功利语。南宋陈文蔚《寄题吴伯丰所

---

① 《全宋诗》，册四〇，页25410；页25411。
② 《全宋诗》，册三六，页22761。

居二首》,其一为《读书阁》,诗之前半曰:"书阁高几寻,其高不可知。但见读书人,心与千古期。藉此闲旷地,端坐穷轩羲。世尘飞不到,月霁光风吹。"①诗之优劣在其次,它的意思无疑可以作为书房之咏的样范。

　　书房与林泉之思即所谓隐逸常常是一致,风景便不是书房的点缀,而书房倒仿佛是点缀风景。陆游《入蜀记》曰六月五日抵秀州,谒樊自强主管、樊自牧教授,"二樊居城外,居第颇壮,茂实晚岁所筑,尚未成也。隔水有小园,竹树修茂,荷池渺弥可喜,池上有堂,曰读书堂"。茂实即樊光远,曾官吏部,二樊皆其子。凭文字的描写去想象这读书堂,并不是难事,不过

[23-2]

图[23-2]
《水阁纳凉图》(局部) 上海博物馆藏

① 《全宋诗》,册五一,页 31919。

[23-3]:❶

图[23-3]
❶《真赏斋图》中国国家博物馆藏
❷《真赏斋图》(局部)

[23-3]:❷

宋人的画笔可以把它变得更为切近。上海博物馆藏宋人册页《水阁纳凉图》,绘远山近水,荷池上一座水榭,堂前一溜亮隔,堂中屏风香几,主人凭案而坐。傍岸有高柳修竹,树下有攀枝采花的童子(图23-2)。与樊氏居第之小园,正是同样的意趣。南宋郑刚中《书斋夏日》:"五月因暑湿,众谓如蒸炊。唯我坐幽堂,心志适所怡。开窗面西山,野水平清池。菱荷间蒲苇,秀色相因依。幽禽荫嘉木,水鸟时翻飞。文书任讨探,风静香如丝。此殆有至乐,难令俗子知。"①诗中的书斋景色,与册页所绘也约略相合。而所谓"至乐",却未必与书相关,而毋宁说,是得自读书的意境,这便正是书斋所要极意营造的。

宋人的书室多半是独处的所在,因常常以"容膝"命名。北宋慕容彦逢《和岑运使题赵吏部容膝斋诗》句云"小斋容膝思易安,顾盼俗缘嗟自缚。琴书对眼助清闲,杖履从人笑疏略。红尘一点不到处,只许炉香度帷箔"②,

---

① 《全宋诗》,册三〇,页19046。
② 《全宋诗》,册二二,页14667。

其例也。明人的书房则多有了开放的性质,它使书房与园林的结合更为紧密,因此也往往成为雅集之所。关于书斋的经营,诗与画此际似乎都形成了一种思维定式,文震亨作《长物志》,于几榻,器具,花木,水石,书画,一一作出规定。高濂《遵生八笺》卷七《起居安乐笺上》"高子书斋说"一则,连书房里的书,也开出一个详细的书目来。二氏之著虽然不是专论书室,但种种布置,也不妨作为"文人书房则例"来读。可以为它配图的明人画作实在不少,如文徵明《真赏斋图》(图23-3),《木径幽居图》(图23-4),《人日诗画图》;唐寅《双鉴行窝图》(图23-5);仇英《东林图》,《梧竹书堂图》,《林亭佳趣图》(图21-18);宋旭《天香书屋图》(图23-6),等等。翠荫晴昼,庭

[23-4]

图[23-4]
《木泾幽居图》(局部) 安徽省博物馆藏

图[23-5]
《双鉴行窝图》 故宫博物院藏

[23-5]

宇清和,所重仍是读书的意境,当然也可以说这些画作有着元代王蒙《谿山高逸图》作蓝本(图 23-7),不过文、唐画作中的书斋,多是实有其地,而主人便是画家的朋友,虽然,仍是写意的成分为多,却是因为一丝不苟的细微刻画已经不是这一时代的绘画风气。而当日书房中的实有之物,应是坐人之榻与置书的架格①(图 23-8:1),榻则可以说尤其要紧,它是高坐具时代始终保存着的古典,其种种古意特别为文人看重,因此差不多成了文人书房的一件标识。《长物志》说榻,凡式样、尺寸、材质,一一指述详明,雅俗之别更是区分得清楚。合于雅之标准的明代之榻尚有存世,《明式家具珍赏》中著录的一件紫檀独板围子罗汉床,即是佳例②(图 23-8:2)。

[23-7]

图[23-6]
《天香书屋图》上海博物馆藏

图[23-7]
《谿山高逸图》(局部)台北故宫博物院藏

[23-6]

---

① 王世襄《明代家具珍赏》,图一三一,三联书店香港分店一九八五年。
② 《明代家具珍赏》,图一二二。罗汉床是北京匠师的叫法,《长物志》中称作榻的,即此类。

书房

[23-8]:❶

图[23-8]
❶明黄花梨品字栏杆架格

[23-8]:❷

图[23-8]
❷明紫檀三屏风独板围子罗汉床

明人写书房,有张岱《陶庵梦忆》卷二中的两篇最可见文士风流,其一《梅花书屋》:

陔萼楼后,老屋倾圮,余筑基四尺,造书屋一大间。傍广耳室如纱幮,设卧榻。前后空地,后墙坛其趾,西瓜瓤大牡丹三株,花出墙上,岁满三百余朵。坛前西府二树,花时,积三尺香雪。前四壁稍高,对面砌石台,插太湖石数峰。西溪梅骨古劲,滇茶数茎妩媚,其傍梅根种西番莲,缠绕如缨络。窗外竹棚,密宝襄盖之。阶下翠草深三尺,秋海棠疏疏杂入。前后明窗,宝襄西府,渐作绿暗。余坐卧其中,非高流佳客,不得辄入。慕倪迂清閟,又以"云林秘阁"名之。

其一《不二斋》:

不二斋,高梧三丈,翠樾千重,墙西稍空,腊梅补之,但有绿天,暑气不到。后窗墙高于槛,方竹数竿,潇潇洒洒,郑子昭"满耳秋声"横披一幅。天光下射,望空视之,晶沁如玻璃、云母,坐者恒在清凉世界。图书四壁,充栋连床,鼎彝尊罍,不移而具。余于左设石床竹几,帷之纱幕,以障蚊虻,绿暗侵纱,照面成碧。夏日,建兰、茉莉,芗泽浸人,沁入衣裾。重阳前后,移菊北窗下,菊盆五层,高下列之,颜色空明,天光晶映,如沉秋水。冬则梧叶落,腊梅开,暖日晒窗,红炉毷氉。以昆山石种水仙列阶趾。春时,四壁下皆山兰,槛前芍药半亩,多有异本。余解衣盘礴,寒暑未尝轻出,思之如在隔世。

张宗子的文字本来好,纪事则每多逸笔、奇笔,这两则算是他的密丽之作,但腴中有着俊拔仍是其好处,或者可以说,是用工笔的办法而使它出来写意的效果。至于"思之如在隔世"的悲慨,则当别论。

《梅花书屋》中的"宝襄",乃宝相花,它本是图案的一种,即以一种花卉为核——早期是莲花,后世也用着牡丹,周环层层叠叠妆饰其他花叶,自唐代便已流行。不过实有的花卉中又确有一种曾被冠以宝相花之名,两宋对它不乏题咏,如梅尧臣《宋次道家摘宝相花归清平里》[①],如范成大的《宝相花》[②]。梅诗说它"密枝阴蔓不争开,薄红细叶尖相斗",则枝条花叶皆仿佛蔷薇。高氏《八笺》卷十六《燕闲清赏笺下》曰宝相花"较蔷薇朵大,而千瓣塞心,有大红、粉色二种",《三才图会》所录即此(图 23-9:1)。《梅花书屋》中则说到它的可以攀缘,大约总是蔷薇科中的一种,不过现代花卉名称中已经不常见了[③]。

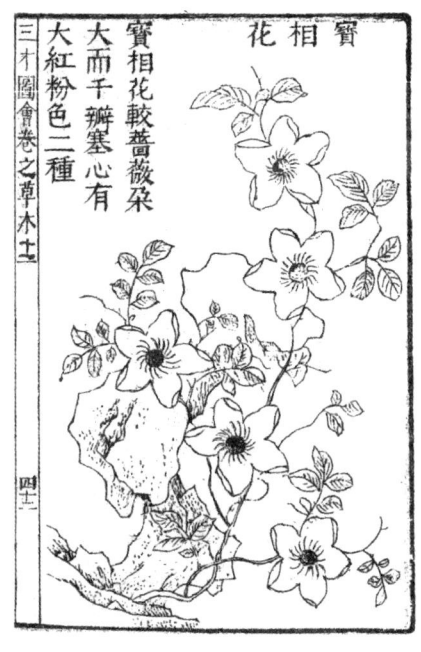

[23-9]:❶

[23-9]:❷

图[23-9]
❶《三才图会》中的宝相花
❷《草木图说·木部》中的宝相花

---

① 《全宋诗》,册五,页 2942。
② 《全宋诗》,册四一,页 25907。
③ 日人北村四郎为饭沼欲斋《草木图说》作解说,云宝相花学名为 *Rosa Roxburghii* Trattinick,见《草木图说·木部》,页 194,又卷五,图三一,即本篇之图 23-9:2。据中国科学院《新编拉汉英植物名称》,此即单瓣缫丝花(野石榴,刺石榴),未知确否。

所谓"云林"、"秘阁",皆倪迂亦即元人倪瓒所营。高氏《起居安乐笺上》"居室建置"一则,有"清秘阁、云林堂"条,曰:"阁尤胜,客非佳流,不得入。堂前植碧梧四,令人揩拭其皮。每梧坠叶,辄令童子以针缀杖头,亟挑去之,不使点污,如亭亭绿玉。苔藓盈庭,不容人践,绿褥可爱。左右列以松桂兰竹之属,敷纡缭绕。其外则高木修篁,郁然深秀。周列奇石,东设古玉器,西设古鼎尊罍,法书名画。"这一段记述,乃蕞录明顾元庆《云林遗事》中的文字。倪迂画与人的独特之清,似乎一半得自他的洁癖,这里的擦洗树皮,杖挑落叶,也是洁癖之一端,虽然他为人所深慕的并不在于洁癖。说到底,诗文与画,关于书房,所欲传递给人们的,仍是那属于情趣与意境之类的东西。文人的书房,大抵如是。

不过书房并不是文人的专属,而依然有它的风致。王建《早秋过龙武李将军书斋》:"高树蝉声秋巷里,朱门冷静似闲居。重装墨画数茎竹,长著香薰一架书。语笑侍儿知礼数,吟哦野客任狂疏。就中爱读英雄传,欲立功勋恐不如。"①墨竹在晚唐尚算得新生事物,却早早入了将军书斋,而"长著香薰一架书",也就雅得很。"野客"固是自谦语,却因此见出气氛来,比文人的抵掌论诗书也许还更有情味。"英雄传"云云,揭出宾主两边的意思正是恰好,虽然它原本只是为着扣题。

河北宣化下八里村,曾发现辽代张、韩两个家族的若干墓葬,墓中多有壁画,壁画中多有书房。如下葬于辽大安九年的十号墓,后室东壁绘窗下一张书桌,桌上置笔砚和茶盏,一侧花竹仙鹤,一侧是捧着盥洗用具的两个侍女。西壁侧窗下置矮几,上面放着卷起来的书帙,内实书卷若干。一侧是剔灯的少女,一侧是与东壁所绘相对应的仙鹤花竹②(图23-10)。辽代此地属归化州清河郡,张氏是这一带的望族。十号墓的墓主人张匡正虽无功名,但一生"不乐歌酒,好读法花、金刚经"③,则书帙中卷着的大约便是西方贝叶,即如墓志中举出的《金刚经》、《法华经》。匡正的墓葬本是做了官的后代张世卿所营,世卿同时营建的三座墓,墓室壁画中的书房布置大抵相同,画风的一致和题材的相类,显示着或有某种程式为画人所遵循,但它究竟意在表现实有的生活,读书的场景自然也是真实的。

---

① 《全唐诗》,册九,页3402,中华书局一九六〇年。
② 河北省文物研究所《宣化辽墓》(下),彩版一四、一六,文物出版社二〇〇一年。仙鹤花竹应是表现屏风。张彦远《历代名画记》卷九曰薛道衡之曾孙薛稷"尤善花鸟人物杂画,画鹤知名,屏风六扇鹤样,自稷始也"。又卷三记两京外州寺观画壁"秘书省"条云:"薛稷画鹤,贺知章题诗,在东秘书厅。"晚唐皮日休《公斋四咏》中有"鹤屏"一题。
③ 张匡正墓志,《宣化辽墓》(上),页65。

[23-10]:❶

[23-10]:❷

图[23-10]:河北宣化下八里十号墓墓室壁画
❶后室东壁壁画
❷后室西壁壁画

搁置经卷的矮几，实即胡床，不过这是它初入中土时候的名称，以其自西而来，故名字里嵌了一个"胡"字。宋代把它改造成为高坐具，变其称而名作"交椅"①，折叠的功能依旧保留，不过与初始的形制已相差甚远，后来人们说胡床，差不多都是指着交椅，此且不去说它。胡床是坐具，但也用来置物。西安北周安伽墓石榻围屏上彩绘雕刻的宴乐图，步障里便设一具胡床，而果盘之属置其上②（图 23-11）。安伽墓石刻悉为异域人在中土的生活情景，那么这也可以算作异域风之一。唐代异物也常常用"床"。唐人传奇《虬髯客传》曰虬髯客宴李靖、红拂于中堂，"家人自堂东舁出二十床，各以锦绣帕覆之。既陈，尽去其帕，乃文薄钥匙耳"。又唐张固《幽闲鼓吹》曰朱崖邀饮杨钦义于中堂，"而陈设宝器图画数床，皆殊绝"，"起后皆以赠之"。此类异物之床，应是矮足之案。用作置放书册及用具的矮足案也见于宣化辽墓壁画，如四号墓后室东北壁的一幅，方桌上一具矮足案，案置经卷与佛珠，同十号墓放置经卷的胡床，功用正相同③（图 23-12）。辽与北宋并立，不过其风习仍以得之于唐者为多，此亦一例。

[23-11]：❶　　　　　[23-11]：❷

图 [23-11]
❶❷北周安伽墓石榻围屏彩绘雕刻宴乐图

然而又有一等，虽名曰书房，却并不用作读书，附庸书房之雅而布置起来，在其中也安排些风雅的节目，比方《金瓶梅词话》中西门庆的书房。第三十四回《书童儿因宠搅事，平安儿女含恨戳舌》，曰应伯爵引着韩道国去见西门庆——

进入仪门，转过大厅，由鹿顶钻山进去，就是花园角门。抹过木香棚，两边松墙，松墙里面三间小卷棚，名唤翡翠

---

① 宋高承《事物纪原》卷八曰：胡床，"今交椅是也"。
② 陕西省考古研究所《西安北周安伽墓》，图版七○，文物出版社二○○三年。
③ 《宣化辽墓》（下），彩版九四。

图[23-12]
宣化下八里四号墓后室东北壁壁画(局部)

轩,乃西门庆夏月纳凉之所。前后帘栊掩映,四面花竹阴森,周围摆设珍禽异兽,瑶草琪花,各极其盛。里面一明两暗书房,有画童儿小厮在那里扫地,说:"应二爹和韩大叔来了!"二人掀开帘子进入明间内,只见书童在书房里。看见应二爹和韩大叔,便道:"请坐,俺爹刚才进后边去了。"一面使画童儿请去。伯爵见上下放着六把云南玛瑙漆减金钉藤丝甸矮矮东坡椅儿,两边挂四轴天青衢花绫裱白绫边名人的山水,一边一张螳螂蜻蜓脚、一封书大理石心璧画的帮桌儿,桌儿上安放古铜炉、流金仙鹤,正面悬着

"翡翠轩"三字。左右粉笺吊屏上写着一联:"风静槐阴清院宇,日长香篆散帘栊。"

……

伯爵走到里边书房内,里面地平上安着一张大理石黑漆缕金凉床,挂着青纱帐幔。两边彩漆描金书厨,盛的都是送礼的书帕、尺头,几席文具书籍堆满。绿纱窗下,安放一只黑漆琴桌,独独放着一张螺钿交椅。

翡翠轩在《金瓶梅词话》里不止一次提到,如第二十七回,曰"西门庆起来,遇见天热,不曾出门,在家撒发披襟避暑,在花园中翡翠轩卷棚内,看着小厮每打水浇灌花草。只见翡翠轩正面前,栽着一盆瑞香花,开得甚是烂漫"。三十四回中的一节,则是着意写出轩的位置和室内的陈设。

西门庆的宅舍,门面五间,到底七进,翡翠轩设在仪门外的花园里,园有角门,与仪门相通。轩在花园深处,前有假山,山顶有卧云亭,中腰藏春坞雪洞。翡翠轩前松墙屏路,松墙尽头接着角门入口的木香棚。这可以说是明代花园常见的布局,明人画作对此也常有细致的描绘,如钱穀为张凤翼作《求志园图》(图 23-13),如《仇文合璧西厢会真记》中的"红娘请宴"一幅①(图 23-14)。后者又正绘出甬路尽端一座卷棚顶的敞轩,亦即张生书房。不过依《金瓶梅词话》中的形容,翡翠轩的所谓"卷棚",乃指房檐前边另外接出来的一段卷棚顶的廊子。《长物志》卷一论室庐,曰"忌有卷棚,

[23-13]:❶

[23-13]:❷

图 [23-13]
❶❷《求志园图》故官博物院藏

---

① 署作仇英画,文徵明书;钱塘程氏藏,上海文明书局一九一五年珂罗版影印。

图[23-14]
《仇文合璧西厢会真记·红娘请宴》

此官府设以听两造者,于人家不知何用"①。文氏的议论,自然是因为别存一种风雅的标准,而这一类卷棚在明代戏曲版画中则很常见,所谓"官府设以听两造者",也正有清楚的例子(图 23-15、图 23-16)。

---

① 方以智《通雅》卷三十八"宫室":"古者朝寝堂室,通谓之宫,廷在堂下,如今朝贺皆在丹墀,后人加广耳。或者陛上之台,如今衙堂作卷蓬乎。"

[23-15]：❶

[23-15]：❷

[23-16]

图[23-15]：卷棚
❶《徐文长先生批评北西厢记》插图
❷闽刻《西厢记》插图

图[23-16]：卷棚
《鸳鸯绦》插图

结作木香棚的木香,系蔷薇科蔷薇属的藤本植物①。清陈淏子《花镜》卷五《藤蔓类考》"木香花"条:"木香,一名锦棚儿,藤蔓附木,叶比蔷薇更细小而繁。四月初开花,每颖二蕊,极其香甜可爱者,是紫心小白花;若黄花,则不香,即青心大白花者,香味亦不及。至若高架万条,望如香雪,亦不下于蔷薇。"庭院里结花棚,花棚下设桌椅,可憩,可坐,可饮,明代版画中描绘出来的情景,应是当日风气之一般②(图23-17)。

书房里的东坡椅儿,便是前面说到的由胡床演变而来的交椅,《明式家具珍赏》中著录的一件可以为例(图23-18)。明沈德潜《万历野获编》卷二六"物带人号"条:"胡床之有靠背者,名东坡椅。"它也曾叫作子瞻椅,元刘敏中有词调寄《感皇恩》,词前小序云"张子京以春台、子瞻椅见许,

---

① 学名 Rosa banksiae (Banksia rose)。
② 宫内厅书陵部藏,见于周芜等《日本藏中国古版画珍品》,页482,江苏美术出版社一九九九年。

图[23-17]
明代版画《古艳异编》

图[23-18]
明黄花梨圆后背交椅

以词催之"①，即此。藤丝甸即藤丝垫，指椅心儿的软屉，藤丝便是把藤皮劈为细丝，然后编作暗花图案，乃软屉中精细柔韧的一种。钉则指交椅转关处的轴钉，轴钉下边还有护眼钱②，皆可用捶嵌金银的工艺把铁活装点华丽，明宋诩《宋氏家规部》卷四"银"条下释"减金"曰"以金丝嵌入光素之中"，是也。云南玛瑙漆，却是椅背上的妆饰，即漆器中的"百宝嵌"③，明末有周姓者始创此法，因也名作周制。其法以金银、宝石、玛瑙等为之，雕成山水、人物、花卉等，嵌于漆器之上，大而屏风、桌椅，小则笔床、砚匣④。这里特别点出云南玛瑙，或即因为"玛瑙以西洋为贵，其出中国者，则云南之永昌府"⑤。

一封书的桌儿，乃长方形的短桌⑥，翡翠轩中的一对，当是靠墙而设，桌心嵌着大理石。所谓"画"，大约如《长物志》卷三"水石"条所云"近京口一种，与大理相似，但花色不清，石药填之为山云泉石，亦可得高价"。螳螂蜻蜓脚，则指细而长的三弯腿，又有肚膨起如螳螂肚，此多用于供桌，《明式家具研究》中举出的一例，可见其式⑦（图23-19：1）。古铜炉，香炉也。流金仙鹤即鎏金仙鹤，烛台也，其式也古，比如四川简阳东溪园艺场元墓出土的两对铜烛台。烛台是龟背上的一只鹤，鹤嘴里衔一朵灵芝，其上顶着一片如意云，云朵上立着插钎⑧（图23-19：2）。它在明清很常见，并且也流行于日本。日人寺岛良安编《和汉三才图会》一九"佛供器"一项中列有"龟鹤"，释云："即蜡烛台也，铸成鹤与龟形。"

---

① 唐圭璋《全金元词》，下册，页776，中华书局一九七九年。按宋代流行一则与此相关的故事，颇有趣。杨万里《诚斋诗话》记蜀人李珏所言东坡佚事云："东坡谈笑善谑，过润州，太守高会以飨之。饮散，诸妓歌鲁直《茶词》云：'惟有一盃春草，解留连佳客。'坡正色曰：'却留我吃草。'诸妓立东坡后，凭东坡胡床者，大笑绝倒，胡床遂折，东坡堕地。宾客一笑而散。"东坡所坐胡床，应即有靠背者。
② 交椅的结构图，见《明式家具珍赏》，页25。
③ 明黄成《髹饰录》，见王世襄《髹饰录解说》（修订版），页151，文物出版社一九九八。
④ 详见清钱泳《履园丛话》卷一二"艺能""周制"条。
⑤ 《万历野获编·补遗》卷四。
⑥ 清代尚保留此式。朱家溍《雍正年的家具制造考》曰，据《造办处各作成做活计清档》中木作的记载，雍正元年曾做弘德殿用的"一封书楠木桌一张，高一尺八寸，长三尺六寸，宽一尺九寸，桌边出五寸"。雍正三年，做"楠木一封书桌一张，宽二尺二寸，高一尺四寸八分，长三尺六寸"。按此两例高矮的尺寸偏低，应是为了与当日的室内家具配套。又，《词话》中的这一对，应是用作陈设雅器的壁桌。《长物志》卷六："壁桌长短不拘，但不可过阔，飞云、起角、螳螂足诸式，俱可供佛，或用大理及祁阳石镶者，出旧制，亦可。"
⑦ 《明式家具研究·图版卷》，页123，乙136。
⑧ 四川省文物管理委员会《四川简阳东溪园艺场元墓》，页80，图三五：11，《文物》一九八七年第二期。按汉代有龟座朱雀灯，如山东日照海曲汉代墓地M107出土的一件（《2002年中国重要考古发现》，页80，文物出版社二〇〇三年），后世把朱雀易作仙鹤，但基本造型仍从旧式。

[23-19]: ❶

凉床，这里指拔步床，即架子床中的一种。所谓"架子床"，其基本式样是三面设矮围子，四角立柱，上承床顶，顶下周匝多有挂檐——明人也称此为"飘檐"。若拔步床，则又前接一个小廊子，《明式家具研究》中录有拔步床的实例①（图23-20）。架子床在明代戏曲版画中极常见，如崇祯十三年刊吴兴闵氏寓五本《西厢记》插图第十三"就欢"，绘张生书房里的架子床，三面矮栏，周匝"飘檐"，上面挂着梅花帐，正是明代最常见的式样②（图23-21）。《仇文合璧西厢会真记》"月下佳期"之幅的张生书房，也是笔绘当时之作（图23-22）。

[23-19]: ❷

图 [23-19]
❶ 明楠木嵌黄花梨三弯腿供桌 法源寺藏
❷ 铜烛台 四川简阳东溪园艺场元墓出土

考校名物，可知这里笔笔写得实在，处处可见时风。而若把当日文人的意见作为书房之雅的标准，则西门庆的书房便处处应了其标准中的俗。比如椅，《长物志》曰"其折叠单靠"，"诸俗式，断不可用"；"今人制作，徒取雕绘文饰，以悦俗眼，而古制荡然，令人慨叹实深"（卷六）。比如凉床，"飘

---

① 《明式家具研究·文字卷》，页75；《图版卷》，页123，丙19。
② 《明刊彩色套印西厢记图》。按此套插图共二十一幅，八十年代顾炳鑫氏得自海外，系德国据明刊原本影印，一九九一年天津人民美术出版社据以印制出版。

[23-20]

图[23-20]
明黄花梨拔步床 美国纳尔逊美术馆藏

檐、拔步", "俱俗"(卷六)。再比如挂在两边的四轴山水,屠隆《考槃余事》:"高斋精舍,宜挂单条,若对轴即少雅致,况四五轴乎。"即连木香棚,《长物志》也别有评说:"尝见人家园林中,必以竹为屏,牵五色蔷薇于上,木香架木为轩,名木香棚,花时杂坐其下,此何异酒食肆中。"(卷二)此处须要重读的,自然是"花时杂坐其下"一句。又有关于卷棚的一番意见,已见前引,而一盆"开得甚是烂漫"的瑞香花(图23-23),亦非雅物,"枝既粗俗,香复酷烈,能损群花,称为'花贼',信不虚也"(卷二)①。

---

① 瑞香系瑞香科的常绿小灌木,学名 Daphne odora Thunb。宋人题咏最多,《诚斋集》中即有不少,所谓"绝爱小花和月露,折将一朵簪银瓶"(《瑞香》,《全宋诗》,册四二,页 26235),则案头清供也。至于"香复酷烈,能损群花",明王象晋《群芳谱·花谱》"瑞香"条曰"此花名麝囊,能损花,宜另植";李渔《闲情偶寄》卷五《种植部》又据此而曰"瑞香乃花之小人"。

书房

[23-21]

图[23-21]
吴兴闵氏寓五本《西厢记》插图

图[23-22]
《仇文合璧西厢会真记·月下佳期》

[23-22]

图[23-23] 瑞香

以写实之笔描绘生活里的细节,最是《金瓶梅词话》的好处,写西门庆的书房,词话本尤其笔致细微,用了晚明文人的标准来从反面做文章,且无一不从实际生活中来,也是它成功的一处[①]。当然雅和俗实在很难有一个明白的界定,文氏关于雅的种种意见是否可以成为标准,尚大有讨论的余地,即便读书人也未必尽有那里所期望的风雅。其实宋人诗文中屡屡说到的日常独处可以率性读书的一间小室,倒是最让人羡慕,那是书房标准的今所谓"底线",而"左右数书册,朝夕一草堂"[②],若把它当作雅的极致,又何尝不可。

[①] 还可以举出范濂《云间据目抄》卷二中的一段话而见当日风气:"尤可怪者,如皂快偶得居止,即整一小憩,以木板装铺,庭蓄盆鱼杂卉,内则细桌拂尘,号称书房。竟不知皂快所读何书也。"

[②] 陆游《书日用事二首》,《全宋诗》,册四〇,页 25302。

附：书房撷趣

文房用具是历代诗文中常见的话题。笔墨纸砚自是司空见惯，但另有若干小趣味，则未必总受到关注，偶涉诗人笔端，而又正好有实物或图像与诗人之言呼应，此类两相契合处所传递的信息也别有它的意义，因将之系在书房之末。

卧读书架赋

……伊国工而尝巧，度山林以为格。既有奉于诗书，固无违于枕席。朴斫初成，因夫美名。两足山立，双钩月生。从绳运斤，义且得于方正；量枘制凿，术仍取于纵横。功因期于学术（一作殖），业可究于经明。不劳于手，无费于目，开卷则气雄香芸，挂编则色连翠竹。风清夜浅，每待蘧蘧之觉；日永春深，常偶便便之腹。……其始也一木所为，其用也万卷可披[①]。……

文长，这里只做摘要。作者杨炯。初唐时候，印刷术尚未发明，书皆卷轴式，阅读则须双手卷持，自然不很方便。"风清夜浅，每待蘧蘧之觉"，用《庄子》之典；"日永春深，常偶便便之腹"，用后汉边孝先故事，不过切卧读之意。日本正仓院藏有一件"紫檀金银绘书几"，小小的方座上一根立柱，柱上一根横木，横木两端各有一个圆托，圆托里侧则为短柱，柱上两个可以启闭的小铜环。若展卷读书，便可启开铜环，放入卷轴，是所谓"开卷则

[①]《杨炯集》，页8，中华书局一九八〇年。

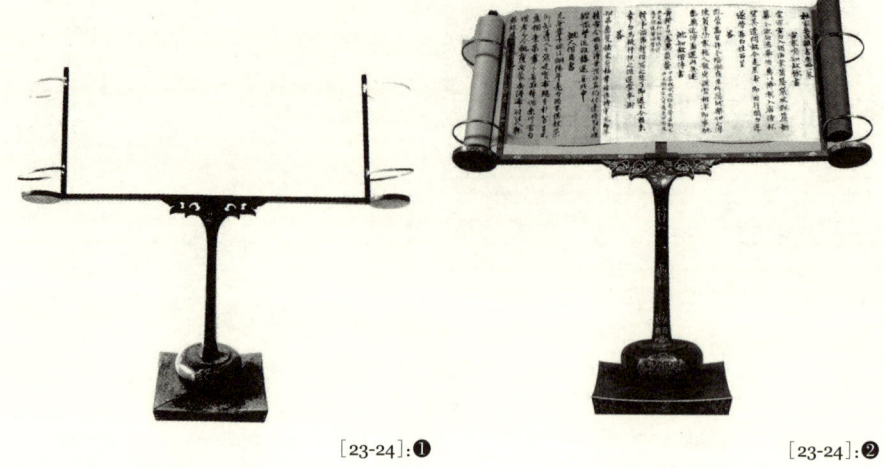

图[23-24]
❶紫檀金银绘书几 日本正仓院藏
❷紫檀金银绘书几复制品

气雄香芸,挂编则色连翠竹","不劳于手,无费于目"也;"两足山立,双钩月生",其制与杨炯所咏,若合符契(图23-24)。

方水滴子

> 质由良冶就,心向主人倾。
> 外傚片金制,中藏勺水清。
> 兔毫芳露染,龙尾湿云生。
> 终令双眸炯,曾窥妙女成①。

作者万俟绍之,字子绍,为绍兴年间右相万俟卨的曾孙,著有《郢庄吟稿》,已佚。《全宋诗》存其诗二十三首。此诗之水滴子,即砚滴。兔毫指笔,龙尾指砚。

砚滴的历史很古老,汉代即有精品。两宋常见的式样则为蟾蜍。刘克庄《蟾蜍砚滴》:"铸出爬沙状,儿童竞抚摩。背如千岁者,腹奈一轮何。器较瓶罂小,功于几砚多。所盛涓滴水,后世赖余波。"②此类砚滴,颇有实物可见,如北宋越窑青瓷蟾蜍砚滴③、龙泉窑青釉蟾蜍砚滴④(图23-25),又四川遂宁金鱼村南宋窖藏中发现的两件青白瓷蟾蜍砚滴⑤,等等。虽同为蟾

---

① 《全宋诗》,册四九,页30961。
② 《全宋诗》,册五八,页36186。
③ 《中国文物精华》,图一三二。
④ 温州博物馆《温州古陶瓷》,图一〇〇,文物出版社二〇〇一年。
⑤ 遂宁市博物馆等《四川遂宁金鱼村南宋窖藏》,图版二:1,《文物》一九九四年第四期。

[23-25]

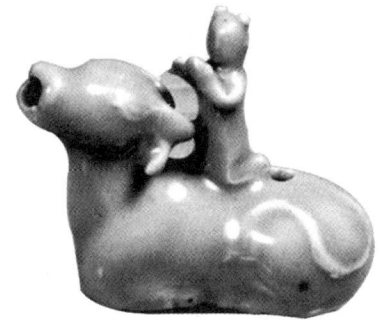

[23-26]:❶

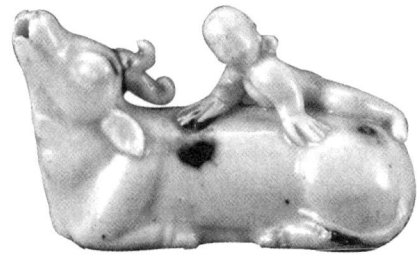

[23-26]:❷

图[23-25]
北宋龙泉窑青釉蟾蜍砚滴

图[23-26]
❶粉青釉牧牛砚滴 浙江泰顺元代窖藏
❷青白釉铁斑纹牧牛砚滴 新安海底沉船遗物
❸宋人《春寒归牧图》福建省博物馆藏

蜍,而形态各异,各见制作之巧。宋元流行的又有一种牧童骑牛砚滴,与此际颇多佳制的以牧童为题材的绘画正相一致。浙江泰顺元代窖藏中有粉青釉牧牛砚滴①,朝鲜新安海底中国沉船遗物里有青白釉和青白釉铁斑纹牧牛砚滴,几件造型大体相同②(图 23-26:1、2)。邵清甫《牛水滴》:"铜牛肚里虽无物,中有深深似涧渊。牧童不暇闲吹笛,苦为诗人滴砚泉。"③虽与这里的几例材质不同,但式样一致。牧牛砚滴的创作构思大约更多着眼于与书房主人的田园之思相合,正如与它同时的绘画④(图 23-26:3)。不过子绍笔下的方水滴子却不以造型新巧取胜,它的好,在南宋赵希鹄《洞天清录》中说得很明白:"白玉或瓘子玉,其色既白,若水稍有泥淀及尘汙,立见而换之,此物正堪作水滴,上加绿漆荷叶盖盖之,盖侧作小穴,以小杓柄嵌穴中,永无尘入。"这里说的是玉,方水滴子乃金属制品,其质自然远逊,不过防尘的作用却没有不同,诗所谓"中藏勺水清"也,且清如双眸,守

---

① 金柏东等《浙江泰顺元代窖藏瓷器》,图版八:1,《文物》一九八六年第一期。
② 文化公报部文化财管理局《新安海底遗物·资料篇·Ⅰ》,图七六,同和出版公社一九八三年。
③ 《全宋诗》,册七二,页 45210。
④ 黄庭坚有一首《牧童》,虽非咏砚滴,却很能见出牧牛砚滴之趣:"骑牛远远过前村,吹笛风斜隔垅闻。多少长安名利客,机关用尽不如君。"《全宋诗》,册一七,页 11590。

[23-26]:❸

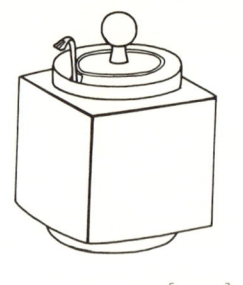

[23-27]

着主人作得画成。南宋张同之墓出土略如拳大的一件铜水盂,四方形,口圆有盖,其上一个珠形钮,盖的一侧开一小缺口,缺口里插着一柄花瓣形的银水匙[①]。同之,词人张孝祥之子。方水滴子在宋人的遗物中,找到了最为形象的解释(图 23-27)。

同墓所出又有一对带捉手的铜镇尺,与此类似者也见于福州茶园山南宋许峻

图[23-26]
❸宋人《春寒归牧图》福建省博物馆藏

图[23-27]
方水滴子 南宋张同之墓出土

[①] 南京市博物馆《江浦黄悦岭南宋张同之墓》,页 64,图八,《文物》一九七三年第四期。

[23-28]: ❷

图[23-28]：镇尺
❶南宋张同之墓出土
❷南宋马远《西园雅集图》(局部)

[23-28]: ❶

墓,镇尺上且满饰精细的回纹①。镇尺可镇书也可压纸,南宋马远在《西园雅集图》中正把它描绘得清楚(图 23-28)。韦骧《花铁书镇》:"铁尺平如砥,银花贴软枝。成由巧匠手,持以镇书为。弹压全系尔,推迁实在台。不能柔绕指,方册最相宜。"②宋人日常生活的精致,在文房雅具中更见出经营,难怪它又被一一收拾到诗里。

书斋十咏·楮案木

匠余留片木,楮案定欹倾。
不是乖绳墨,人间地少平③。

书斋里,与笔砚相伴的常常是瓶花与香。南宋韩淲《轩窗菖蒲瓶浸佳甚》"瑟瑟风声去复还,薄烟轻日小窗闲。铜壶更浸新菖蒲,香扑书帘笔格间"④;宋末黎廷瑞《秦楼月·梅花十阕》"叶叶里。一枝冷浸铜瓶水。铜瓶水,

---

① 福建省博物馆《福州茶园山南宋许峻墓》,页28,图一八:4,《文物》一九九五年第十期。
② 《全宋诗》,册一三,页8551。
③ 《全宋诗》,册三四,页21418。
④ 《全宋诗》,册五二,页32756。

图[23-29]：楮案木
永乐宫元代壁画（摹本）

飞英簌簌，砚屏香几"①，诗词写花，也写着花之友，正可见书房清景。不过书斋中的楮案木，却非雅物，难得见于诗人笔端，虽然在一般居室内铺砖尚不是很普遍的时代，它本是常备之物。有意思的是，永乐宫元代壁画中道观斋供一幅，竟绘出这楮案木，且正是用它来垫平桌脚的情形，教我们意外见到诗中生活场景的真切（图 23-29）。所谓"有时千载事，只在一联中"②，《楮案木》中的"不是乖绳墨，人间地少平"，因物而起的一点感慨，也有如此的韵致。

诗作者刘子翚，钱锺书《宋诗选注》"刘子翚"条下，有一段很长的议论，其中说道："他也是位道学家或理学家，宋代最大的道学家朱熹就是他的门生。""假如一位道学家的诗集里，'讲义语录'的比例还不大，肯容许些'闲言语'，他就算得道学家中间的大诗人，例如朱熹。刘子翚却是诗人里的一位道学家，并非只在道学家里充个诗人。他沾染'讲义语录'的习气最少，就是讲心理学伦理学的时候，也能够用鲜明的比喻，使抽象的东西有了形象。"不过说到理学与诗的关系，徐玑的一联似乎可用，即所谓"悟得玄虚理，能令句律精"③，而它出自永嘉四灵之一，也觉得很有意思。

题赵恕可山台

绕宅无非辇画山，吟台更对好峰峦。
锦囊低挂花梢上，玉子轻敲竹荫间。
小砚买来猴解捧，异书编就鹤同看。
主人出赴功名会，涧水自清云自闲④。

作者许棐，亦江湖派之属。《宋诗纪事》卷六十五："棐字忱夫，号梅屋，海盐人。嘉熙中，隐居秦溪，于水南种梅数十树，自号梅屋。"《题赵恕可山台》，算是梅屋诗中较有名者，几种宋人诗选都选录了这一首。梅屋诗别有

---

① 《全宋词》，册五，页3390。
② 刘克庄《赠翁卷》，《全宋诗》，册五八，页36234。
③ 《读徐道晖集》，《全宋诗》，册五三，页32874。
④ 《全宋诗》，册五九，页36861。

图[23-30]
张思恭[传]《猴侍水星神图》(局部) 美国波士顿美术馆藏

《赵山台寄诗集》一篇，可知赵氏是与他颇有往还的一位诗人。梅屋喜为清幽之居写照，四库馆臣虽对他评价不高，但仍赞之曰"咏歌闲适，摹写山林，亦时有新语可观"《四库全书总目·〈梅屋集〉提要》）。"小砚买来猴解捧，异书编就鹤同看"，似乎是此类诗中最常用到的句意和句式，所谓"蒲座夜闲猫占卧，筍舆春暖鹤随行"（《赠龚彦质》）；"数亩竹阴惟欠鹤，半池山影不妨鱼"（《题吴叔清郊居》）；"夜静只凭猿守宅，昼闲时有鹤升堂"（《数椽》）；"猿当吟案立，鹤趁钓船回"（《题张俞仲竹屋》），皆是也，而其中不免生硬之句，如"惟欠鹤"、"不妨鱼"之类，不过"小砚"句却觉得自然，且情景或真。又是巧得很，出自南宋人的一幅《猴侍水星神图》，正有着小猴捧砚的情景（图23-30）。水星即辰星，五星之一。五星神图很早就是绘画中的题材，苏洵《吴道子画五星赞》："辰星北方，不丽不妖。执笔与纸，凝然不嚣。妆非今人，唇傅黑膏。"①故宫博物院藏南宋无款之《摹星宿图》，其中的水星神，乃"执笔与纸"，顶踞一猴。而这一幅《猴侍水星神图》画中布置更多人间气息，用它来为梅屋诗配图，岂不正好。捧砚，本在猴子们容易做到的诸事范围之内，只是诗中画中，皆非常见。清丁克柔《柳弧》卷六曾提到一种"笔筒猴"，曰："四川多猴，小者四五寸，名笔筒猴，价甚贵，不可多得。善伺人意，饲于笔筒中，教之磨墨，磨墨后入筒中，俟写字毕，一唤即出，据砚舐食余墨，甚有意思。如得一对，尚可育子，每对约值百金云。"这一则纪事也很有趣，却不知它与捧砚之猴是否同宗，姑录此备考。

---

① 曾枣庄等《嘉祐集笺注》，页410，上海古籍出版社一九九三年。

弹棋局

考古研究所一九五九年春在安阳豫北纱厂附近，发掘了隋开皇十五年张盛墓一座。墓中随葬品近二百件，武士俑、仪仗俑、伎乐俑、舞俑之外，还有许多用陶瓷制做的明器，如陶靴、陶履、瓷柜、瓷凳、瓷棋盘，另有一件瓷具，大小若棋盘，底座的式样也与之相近，惟中央高高坟起，四面成光滑的陡坡，简报乃称之为"不知名的器物"[①]（图24-1）。

这件"不知名的器物"，实即一件仿真的弹棋局。

与同为博弈之具的六博、双陆一样，弹棋在古代中国也曾盛极一时。《艺文类聚》卷七四、《太平御览》卷七五五，均载录不少有关的诗文故事。虽然弹棋详细具体的游戏规则仍不能够很清楚，但它的起源与流行，以及棋局、棋子的大概形制，总是可以了解了。

与六博、双陆的棋局不同，弹棋局方二尺，中心乃高如覆盂。丁廙《弹棋赋》曰"文石为局，金碧齐精。隆中夷外，緻理肌平。卑高得适，既安且贞"，即此之谓。弹棋又有"妆奁戏"之称，《御览》引《弹棋经·后序》："自后汉冲、质以後，此艺中绝。至献帝建安中，曹公执政，禁闱幽密，至于博弈之具皆不得妄置宫中，宫人因以金钗、玉梳戏于妆奁之上，即取类于弹棋也。"妆奁盖下方上隆，正与弹棋局相类，故可作为代用品。《宋朝事实类苑·书画伎艺》引赞宁《要言》："或云：宫中妆奁戏，不知造者，故有镦背局，似香奁盖故也。"镦，即鏊子，中心凸起，为烙饼之具。唐有刻薄人者，某某

[①] 考古研究所安阳发掘队《安阳隋张盛墓发掘记》，页541~545，《考古》一九五九年第十期。按本文照片系参观河南博物院所摄。

[24-1]

图[24-1]
弹棋局(明器) 安阳隋张盛墓出土

躁率,则谓之"热鏊上猢狲"①,即此器也。李商隐《无题》句云"锦长书郑重,眉细恨分明。莫近弹棋局,中心最不平",寄慰闺中,援此为譬,亦可谓妙喻。

弹棋局做成这样的形制,则与它行棋时的"弹"法密切相关。《御览》引《艺经》云:"弹棋二人对局,黑白棋各六枚,先列棋相当,下呼上击之。"黑白棋各六枚者,一人之棋也,两人则二十四枚——段成式《酉阳杂俎》、卢谕《弹棋赋》、柳宗元《序棋》,皆言之甚明②。"击",谓一方弹棋与对方碰击。蔡邕《弹棋赋》称之为"栻掣",曹丕《赋》称之为"直叩先纵"。所谓"运落迴飚,疾似飞兔。前中却舞,贾其馀怒。风驰火燎,令牟取五",乃言棋子弹行之气势;而"上升则搏翼穹天,赴下则建瓴高屋,乘危则栈山航海,历险则束马悬车",是总言弹棋局上运行之大势;赞宁《要言》"用红绿牙作棋,上下字号之,手指棋局,取势相击,堕多者为负,排之上狭下宽,名八势也",则特言攻战之一法。总之,欲在中心高隆的弹棋局上,令棋子沿着极难控制的弧曲路线,"风飘波动","展转盘萦",最后击中对方,非灵巧圆熟之伎艺则不能为也。

弹棋的棋子大概略如算筹,曹丕《弹棋赋》:"棋则玄木北干,素树西枝,洪纤若一,修短无差,象筹列植",故魏宫人可以金钗、玉梳代之。棋又以色别贵贱,此即《艺经》所曰之上下。"贵曰上,贱曰下,咸自第一至十二;下者二乃敌一",《酉阳杂俎》言以白、黑别之,《序棋》谓以朱、墨别之,《要

---

① 张鹫《朝野佥载》卷四、《酉阳杂俎·续集》卷之四。
② 柳氏此序于弹棋之法述之颇详,略云:"房生直温,与予二弟游,皆好学,予病其确也,思所以休息之者。得木局,隆其中而规焉,其下方以直,置棋二十有四,贵者半,贱者半,贵曰'上',贱曰'下',咸自第一至十二,下者二乃敌一,用朱墨以别焉。房于是取二毫,如其第而书之。既而抵戏者二人,则视其贱者而贱之、贵者而贵之。其使之击触也,必先贱者,不得已而使贵者,则皆慄焉惽焉,亦鲜克以中;其获也,得朱焉则若有馀,得墨焉则若不足。"

言》则曰别以红、绿,意思都是一样的。柳氏并以此为《棋序》之"眼",借以抒写人生感慨,亦妙文也。

弹棋始于西汉,魏晋时代颇为流行①,唐末犹盛行宫禁及贵家,且不乏高手②。唐人并撰有弹棋谱。白居易《和春深二十首》之十七,句有:"弹棋局上事,最妙是长斜"③;唐阎伯玙《弹棋局赋》"长斜矫矫,犹翰音之登天",所谓"长斜",即抹角斜弹,一发过半局,此法便见于谱中。北宋人称:"今大名开元寺佛殿上有一石局,亦唐时物也。"但时已有"弹棋今人罕为之"的说法④,至陆游作《老学庵笔记》,则更言"恨其艺之不传也"。

弹棋原本起于宫中⑤,大约始终未能广泛普及于民间。经五代战乱而入宋,宫禁风气为之一变,这一略存讲武遗意的古戏遂不为君主所喜,此或其逐渐失传的原因之一。

弹棋局多为石制,偶亦用木做,但传世之具迄不一见。张盛墓之发掘品,是今日所能知道的唯一的一件。古戏幽霾近千年,有这样一点线索,使之拨云见日,亦可贵也。

---

① 《颜氏家训·杂艺》:"弹棋亦近世雅戏,消愁释愤,时可为之。"
② 《弹棋经·后序》:"唐顺宗在春宫日,甚好之。时有吉达、高钺、崔同、杨同愿之徒,悉为名手。后有窦深、崔长孺、甄、独孤辽,亦为亚焉。至于长庆之末,好事之家犹见有局,尚多解者。"
③ 全诗为:"何处春深好,春深博弈家。一先争破眼,六聚斗成花。鼓应投其马,兵冲象戏车。弹棋局上事,最妙是长斜。"弹棋时为博弈之一也。
④ 阮阅《诗话总龟》卷三〇《故事》引《古今诗话》云:"弹棋,今人罕为之。有谱一卷,盖唐贤所为。其局方二尺,中心高如覆盂,其颠为小壶,四角微起。李商隐诗云:'玉作弹棋局,中心最不平',谓其中高也;乐天诗云:'弹棋局上事,最妙是长斜',谓抹角长斜,一发过半局,今谱中有此法。柳子厚《叙》用二十四棋者,即谓此也。"《古今诗话》不著撰人,其时代当在北宋之际(或疑即李顾所撰《古今诗话录》,见郭绍虞《宋诗话考》,页165,中华书局一九七九年版);沈括《梦溪笔谈》卷一八《技艺》所言与此同。
⑤ 《西京杂记》卷二:"成帝好蹴鞠,群臣以蹴鞠为劳体,非至尊所宜。帝曰:'朕好之,可择似而不老者奉之。'家君(刘向也)作弹棋以献,帝大悦。"《后汉书》卷三四《梁冀传》言冀"能挽满、弹棋、格五、六博、蹴鞠、意钱之戏",注云:"刘向《别录》曰:'蹴鞠者,传言黄帝所作,或曰起自战国之时。踢鞠,兵执也,所以讲武知有材也。'"弹棋既略同蹴鞠道,自然亦存讲武之意,梁简文帝《弹棋论序》"总玄黄之武略,校孙吴之应变,语其用心,壮哉之戏也",即述此旨。

沂南画像石所见汉故事

沂南汉画像石墓发现于五十年代①，它以结构完整，图像内容丰富且保存完好，而与同时代的和林格尔壁画墓并称双绝。不过墓的发掘者对其中若干作品的解读却并不是很准确，比如前室中被命作"祭祀图"的一幅，其实与祭祀无关。以当时总体的认识水平而论，此本不足深怪，但发掘报告中的这些意见却被普遍接受，并且沿袭至今，而今天我们已经有可能利用考古发掘的出土文献与实物以及考古学知识的积累对它重新认识，则对所谓"祭祀图"等作品的重新定名，也就很有必要了。

一　关于上计

体现两汉吏治的严格并且卓有成效的一个重要方面，是考课制度，考课则以上计为要。每一年的秋冬，县一级上计于郡，郡一级上计朝廷，亦即由下而上呈递各种统计表册，举凡人口、土地、财政、教育、刑事、民事、盗贼、灾荒，皆分项分类，如实如式，做成集簿，用来表明地方官的行政成绩。西汉，郡一级由郡国派遣守丞、长史与计吏一起入京上计；东汉，守丞、长史不再亲任其事，而是由计掾率计吏、计佐奉上计簿。上计掾、上计史的名号常出现在胪陈为官经历的东汉石刻，如郑固碑，夏承碑②，高颐阙③，等等。它虽然不是正式的官职，却是很值得矜夸的荣耀。任其事者甚至把集

---

① 曾昭燏等《沂南古画像石墓发掘报告》，文化部文物管理处一九五六年。
② 高文《汉碑集释》（修订本），页220；页328，河南大学出版社一九九七年。按郑固乃以计掾留拜补郎中，此原是汉代选官之一途。
③ 洪适《隶释》卷十三，中华书局影印本一九八五年。

簿的副本用作随葬品，江苏连云港市尹湾六号汉墓所出者即是一例①，其墓主人为郡功曹史。

郡一级的上计，两汉书记载稍多，县一级却很少。《续汉书·百官五》云，县、邑、道"秋冬集课，上计于所属郡国"，刘昭注引胡广说："秋冬岁尽，各计县户口垦田，钱谷入出，盗贼多少，上其集簿。丞尉以下，岁诣郡，课校其功，功多尤为最者，于廷尉劳勉之，以劝其后。负多尤为殿者，于后曹别责，以纠怠慢也。诸对辞穷尤困，收主者，掾史关白太守，使取法，丞尉缚责，以明下转相督敕，为民除害也。"此可以算作记事稍详的一则。郡国考课属县，多以大会都试的形式。《汉书》卷七六《尹翁归传》曰，翁归为东海太守，治郡明察，收取黠吏豪民，"必于秋冬课吏大会中"，"秋冬课吏大会"，上计也。《汉官仪》："八月，太守、都尉、令、长、相、丞、尉会都试，课殿最。"亦此。有关的上计制度，由张家山汉墓所出《二年律令》可以稍知其概。如《田律》："县、道已垦田，上其数二千石官，以户数婴之，毋出五月望。"又："官各以二尺牒疏书一岁马、牛它物用稾数，余见匀稾数，上内史，恒会八月望。"每年五月中上垦田数于二千石官，此为县、道上计于郡；八月中上匀稾数于内史，则是郡上计于中央。内史，治粟内史也②。又《户律》："民宅园户籍、年细籍、田比地籍、田命籍、田租籍，谨副上县廷，皆以箧若匧匮盛，缄闭，以令若丞、官啬夫印封。"③此是乡里将各种集簿上呈于县，而规定集簿必须盛之以匧匮或箧，缄闭后加以封检。

上计情景，依律，郡国入京上计当"陈属车于庭"④。据《后汉书》卷八〇下《文苑列传》记赵壹事，曰其光和元年，举郡上计到京师，其时诸计吏且"多盛饰车马帷幕"。"是时司徒袁逢受计，计吏数百人皆拜伏庭中"。《太平御览》卷三八九引《三辅决录》云，窦玄为郡上计吏，其时"朝会数百人"。县一级的上计，规模或小，制度则一，情景因此可以推知。

沂南画像石墓前室东、西、南三壁横额上连成一气气势恢弘的一个大场面，自发掘者称作"祭祀图"以来，至今沿用未改，其实它正是画面连续的一幅上计图，虽中间有分隔，而内容连绵相属。

---

① 高恒《汉代上计制度论考——兼评尹湾汉墓木牍〈集簿〉》，页128，见《尹湾汉墓简牍》。
② 此是西汉初年制度。东汉上计时间稍有改变。武威旱滩坡简："乡吏常以五月度田，七月举畜害，匿田三亩以上坐……"武威地区博物馆《甘肃武威旱滩坡东汉墓》，页32，《文物》一九九三年第十期。按度田在五月，则上报必在其后也。
③ 张家山二四七号汉墓竹简整理小组《张家山汉墓竹简·二四七号墓》，页166；页168；页178，文物出版社二〇〇一年。
④ 《周礼·春官·典路》郑注引郑司农说："汉朝上计律，陈属车于庭。"

[25-1]:❶

[25-1]:❷

[25-1]:❸

图[25-1]：前室东、南、西三壁横额画像（摹本）
❶东壁
❷❸南壁

南壁横额居画面中心的一座建筑,乃是官署。东、西壁横额图像尽端处的房屋一角各是官署之一部。南壁正中、横额之下,则是大门的特写。由是构成一个完整的空间(图25-1、图25-2)。

大门分作三部,中间位置的一方,上端兵阑,阑置各式兵器,下则楹柱间两吏分侍左右,各自捧盾、佩剑,著武弁大冠。两边构图一致的一对,上端刻画建鼓和鼓吏,下面两吏相对,拥篲,著介帻。时代同属东汉末年的河北望都壁画墓,画中吏员的位置安排同这里很是相似,彼之前室当门处一左一右分立两员,佩剑捧盾者身后榜题曰"门亭长",拥篲肃立者榜题曰"寺门卒"①(图25-3)。寺,官府也。那么这里四员吏卒的身分应该与它相同。

汉制官署门前设建鼓。《汉书》卷七七《何并传》曰,并为长陵令时,侍中王林卿令骑奴至寺门,"拔刀剥其建鼓",颜注:"诸官曹之所通呼为寺。建鼓一名植鼓,建,立也,谓植木而旁悬鼓焉。县有此鼓者,所以召集号令,为开闭之时。"郡级官署门设建鼓,见和林格尔壁画墓的幕府东门图和宁城图中的幕府南门②(图25-4)。

官署门设子母阙,安徽濉溪县孜乡常庄出土的汉画像石正好可以作为它的参照。石为墓的门楣,其上刻画分立两边的一对子母阙,中间篆书题署"太尉府门"③(图25-5)。

南壁画像石官署庭前有税驾之马,有轺车,辇车,后门敞开着的辎车,是"陈属车于庭"也。车马两边有间隔置放的扁方石,石名乘石。《诗·小雅·白华》"有扁斯石,履之卑兮",毛传"扁扁,乘石貌。王乘车履石",即此。当然乘车履石者不止于王,常驻车马的地方因设乘石。门两边对设栅足书案,上置卷起来的文书。引人注目的是竹箧与囊,囊与箧均加封检(图25-1:2、图25-6:1)。封检之箧内置集簿,称作计箧。居延新简 EPT 二〇·一四:

党私使丹持计箧财用助谭,送到邑中,往来三日。

党,时为甲渠候官守塞尉;谭,为甲渠候官斗食令史,署主官。此原是一组简中的一支,为谢罪书的片断,中有残缺,情节不完,不过仍不妨碍我

---

① 北京历史博物馆等《望都汉墓壁画》,图版五,中国古典艺术出版社一九五五年。山东莒县东莞镇东莞村出土的一方画像石,门前捧盾者身后榜题曰"门大夫"(《中国画像石全集·3》,图一四〇,山东美术出版社二〇〇〇年),门大夫为侯国小史,由尹湾汉墓所出《东海郡吏员簿》可见其编制,连云港市博物馆等《尹湾汉墓简牍》,页82,中华书局一九九七年。
② 内蒙古自治区博物馆文物工作队《和林格尔汉墓壁画》,页48-49,又页87,文物出版社一九七八年。
③ 《中国画像石全集·4》,图二〇九。

沂南画像石所见汉故事

411

[25-2]:❶　　　　　　　　　[25-2]:❷　　　　　　[25-2]:❸

图[25-2]
❶❷❸前室南壁正中画像

图[25-3]
门亭长与寺门卒 河北望都东汉壁画墓

[25-3]

[25-4]:❶ [25-4]:❷

[25-5]

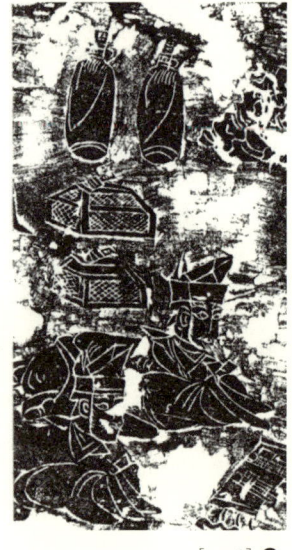 

图[25-4]
❶❷和林格尔壁画墓中的幕府之门

图[25-5]
太尉府门 安徽濉溪县孜乡常庄出土汉画像石

图[25-6]
❶计籆与书囊 马王堆一号汉墓出土
❷封泥与封泥匣

[25-6]:❶ [25-6]:❷

们认识其中与上计有关的名物制度，即所谓"计籆"，而前引张家山简《二年律令》所述正与之相合："民宅园户籍、年细籍、田比地籍、田命籍、田租籍，谨副上县廷，皆以籆若匣匮盛，缄闭，以令若丞、官啬夫印封。"所说封缄之种种，其式正如马王堆一号汉墓所出施以封检的陶器和竹笥①（图25-

---

① 傅举有等《马王堆汉墓文物》，页39，湖南人民出版社一九九二年。

6)。沂南画像石中的计箧因可确认。

书囊也须封检。《汉书》卷九七《外戚传下》"中黄门田客持诏记,盛绿绨方底,封御史中丞印",颜注:"绨,厚缯也。绿,其色也。方底,盛书囊,形若今之算縢耳。"王国维《简牍检署考》据颜注"算縢"说,而考订方底之书囊为两端封闭中间开口,"其形略如今之梢马袋"①,亦即后世俗称褡裢者,似乎稍有不确。《汉书》卷七二《王吉传》曰,吉"迁徙去处,所载不过囊衣",颜注:"一囊之衣也。有底曰囊,无底曰橐。"这里提到的无底之橐,其式乃两端封闭中间开口,或曰它是两边对向内折之后施以封检②,敦煌汉代悬泉置遗址所出简云"皇帝橐书一封"③,似是此类。而书囊,有底之囊也,与无底之橐恐非一事。《后汉书》卷七三《公孙瓒传》曰瓒疏论袁绍罪,中有"矫刻金玉以为印玺,每有所下,辄皁囊施检,文称诏书",注引《汉官仪》曰:"凡章表皆启封,其言密事得皁囊。"此与《外戚传》中用于纳诏记的方底囊应属同制。出现在沂南画像石中与计箧同在一处的囊,方底,上施封检,正是书囊。

西壁横额上的画面稍稍变换视角,前举《赵壹传》"计吏数百人皆拜伏庭中",可借来用作它的说明。西汉考课郡国上计长吏守丞时,其情景在《汉书》卷八九《黄霸传》张敞奏中有一番形容,"有耕者让畔,男女异路,道不拾遗,及举孝子、弟弟、贞妇者为一辈,先上殿;举而不知其人数者次之;不为条教者在后叩头谢",也是画面情景的一个参照。此图门前亦置栅足书案,书案前方跽坐者著梁冠,簪笔,佩书刀,手奉奏案。以望都汉墓壁画中的主簿图例之④(图22-28),他应是同样的身分。

主簿为郡府门下亲近属吏之长,其主要职责之一是代郡守宣读书教。《汉书》卷七六《张敞传》曰,敞使主簿持教告贼捕掾絮舜云云;《后汉书》卷二九《郅恽传》曰,"汝南旧俗,十月飨会,百里内县皆赍牛酒到府宴饮",时太守欧阳歙教曰云云,于是"主簿读教"。教,教令也,州郡下令谓之教。正如郡国上计中央,天子"召上计吏,使侍中临饬"(《黄霸传》),县、道上计于郡府,郡守则令主簿宣教也。

南壁横额的上计图中尚有不加封检的箧笥,又容酒之锺,置物之案,此可统称作"计偕物"。计偕,即与计偕行亦即同行。计偕者,有人,也有文

---

① 《王国维遗书》,册九,叶十九,上海古籍出版社。
② 《居延汉简考证》"编简之制"条。
③ 胡平生等《敦煌悬泉汉简释粹》,页92,上海古籍出版社二〇〇一年。
④ 《望都汉墓壁画》,图版八。图中主簿据榻而坐,一手把笔,一手持牍。

书与物产。《汉书》卷六《武帝纪》云,元光五年"征吏民有明当时之物、习先圣之术者,县次续食,令与计偕",颜注:"计者,上计簿使也,郡国每岁遣谒京师上之。偕者,俱也。令所征之人与上计者俱来,而县次给之食。"至于文书类,居延简四七·六:"命者,县别课与计偕,谨移应书一编,敢言之。"简背印曰昭武丞印。又简三五·八:"阳朔三年九月癸亥朔,壬午,甲渠鄣守候、塞尉顺敢言之。府书:移赋钱出入簿与计偕。谨移应书一编,敢言之。"简背书"尉史昌"。所谓"移赋钱出入簿与计偕",即府书所要求的内容。物产类,《太平御览》卷九八四"药"条引应劭表曰:"臣劭言,郡旧因计吏献药,阙而不修,惭悸交集,无辞自文。今道少通,谨遣五官孙艾,贡茯苓十斤,紫芝六枝,鹿茸五斤,五味一升。计吏发行,辄复表贡。"均其事也。

由中室出行图车马仪仗的规格,可以判定墓主人的身分是秩二千石。但他在中室的宴饮图和后室的燕居图都不出现,前室上计图亦然。不过正如和林格尔壁画墓的宁城图,幕府里的谒见是主人宦途中很可纪念的事件,沂南画像石墓的上计图旨在表现墓主人生涯中有重要意义的经历,自无须多言。

二 关于亭传

中室占据一半位置的是车马驰骋中的一路风景。此在汉画像本来司空见惯,包括主人乘坐的车和车前车后颇见煊赫的仪仗,也包括一路行程中捧盾拥䉤行礼如仪的迎候者。不过它以捕捉细节的敏锐而更多叙事的意味,如果我们把分布在两面的画像做成一幅长卷来读,会觉得其中竟有一种叙述的速度感,而这也许正是当初创作者的有意安排。

汉代传递信息的机构,若细分,则有亭、邮、传、驿四种并不完全相同的设置,而传世文献中却常见邮亭、驿传、亭传、邮驿之类的合称,可知机构间常有重叠。不过出土的秦汉简牍却多半对此区别分明,比如尹湾汉墓所出《元延二年日记》,其中所记公出宿外的地方,分别为亭、都亭、邮、置、传舍[①]。大约即便邮亭或亭传合置一处,其间也有主次之分,则时人在称谓上仍是区分明确。

[①] 如正月廿日宿武原中门亭,二月十五日宿荥阳亭;九月九日宿开阳都亭,十二月十三日宿高广都亭;九月八日宿山邮,十月三日宿博望置;正月廿三日宿彭城传舍,十一月廿五日宿临沂传舍。《尹湾汉墓简牍》,页138~144。

《说文·高部》："亭,民所安定也。亭有楼,从高省,丁声。"亭的性质是治安机构。主其事者曰亭长,下设两卒,即亭父和求盗。《史记》卷八《高祖本纪》云,高祖为亭长,"乃以竹皮为冠,令求盗之薛治之",〈集解〉引应劭曰:"求盗者,旧时亭有两卒,其一为亭父,掌开闭扫除;其一为求盗,掌逐捕盗贼。"此是秦故事,而汉承其制,事多见于两汉载籍①。亭又以它的所在不同而冠以不同的名称,如旗亭、乡亭、邮亭、都亭。都亭,县治所在之亭也②。邮、亭合治者,曰邮亭,此则以它的职能相兼而名之。邮,其设置原本为着递送文书。《说文·邑部》:"邮,境上行书舍。"《汉书》卷八九《黄霸传》曰霸为颍川太守时,"使邮亭、乡官皆畜鸡豚,以赡鳏寡贫穷者",颜注:"邮,行书舍,谓传送文书所止处,亦如今之驿馆矣。"交通要道设亭,为军事与治安所必须,而邮为着递送文书的方便,也多设在干道,邮、亭所在自然会有部分重合。张家山简《二年律令·行书律》中规定,"畏害及近边不可置邮者,令门亭卒、捕盗行之"③,可知亭之两卒在不便置邮的地方尚兼行书之职,那么此亭自是一身而二任。邮的分布未若亭的密集,以西汉末年东海郡的设置为例,其时亭有六百八十八,卒两千九百七十二,平均每亭合亭卒四人有余;而邮则三十四,邮人四百零八。邮的主事者为邮佐,下率邮人。仍以东海郡为例,郡设邮佐十,如此,平均一名邮佐统领至少三个邮。若邮人也平均分配,则每邮当为十二人,设若轮流当值,那么一日十二辰,每个时辰总有一人④。

亭、邮之当大道者,均有余屋,屋名室,过往公务人员可以在此止宿。《周礼·地官·遗人》"三十里有宿",郑注:"宿,可以止宿,若今亭有室矣。"前引《二年律令·行书律》同条:"一邮十二室,长安广邮廿四室,敬(警)事邮十八室。""邮各具席,设井磨。吏有县官事而无仆者,邮为炊;有仆者,叚(假)器,皆给水浆。"止宿,供厨,与传驿又很相似。

传舍与驿置之负责递送文书,性质似乎更为单纯,二者间的区别大约

---

① 求盗,如张家山简奏谳书案例之一,"校长池曰:士五(伍)军告池曰,大奴武亡,见池亭西,西行。池以告,与求盗视追捕武"(《张家山汉墓竹简》,页216)。亭父,如《后汉书》卷四六《陈忠传》注引谢承《后汉书》,曰施延家贫母老,因赁作亭父以养其母,督邮到县,"延持帚往",其事也。
② 仍以《元延二年日记》为例,其外出止宿之所,凡名都亭者,均为县治。
③ 《张家山汉墓竹简》,页169。
④ 李解民《〈东海郡吏员簿〉所反映的汉代官制》一文于邮、亭建置之种种述论甚详,页412~414,《简帛研究》(二〇〇一),广西师范大学出版社二〇〇一年。

也很小，给车马，给饮食，均其所事①。《汉书》卷七二《两龚传》云，"昭帝时，涿郡韩福以德行征至京师，赐策书束帛遣归"，诏有云"行道舍传舍，县次具酒肉，食从者及马"，"于是王莽依故事，白遣胜、汉"，策曰"行道舍宿"。此故事并不自昭帝始，其在《二年律令·传食律》中即已规定得十分详细："丞相、御史及诸二千石官使人，若遣吏、新为官及属尉、佐以上征若迁徙者，及军吏、县道有尤急言变事，皆得为传食。""食从者，二千石毋过十人，千石到六百石毋过五人，五百石以下到二百石毋过二人，二百石以下一人。""诸吏乘车以上及宦皇帝者，归休若罢官而有传者，县舍食人、马如令"②。所谓"食人、马如令"，即按照规定的等级标准为过客提供饮食，为牲畜供应草料。新近在长沙走马楼发现的西汉简牍中有多枚是对传舍的调查实录，可以看出当时的传舍依据不同的接待对象设有不同规格的房屋及器具物品，如"案传舍二千石舍西南向，马庑二所，并袤丈五尺、广八尺"，"井鹿车一具不见，磨败坏"③。井、磨之设，与邮同。

传舍为官办，即郡、县所设，大率一县一传舍，若首都大县洛阳，则以一县分设南北两部两个都尉，传舍也各分南北而设置两处④。传舍主事者为啬夫，此见于居延汉简⑤，也见于汉代铜器刻铭⑥。驿置啬夫，见悬泉简⑦。

亭有楼，以便瞭望，前引《说文》所谓"亭有楼"也，《急就章》颜注："秦汉之制，十里一亭，亭有高楼，所以候望。"楼又设桓表以为标志。《说文·木部》："桓，亭邮表也。"《系传》："亭邮立木为表，交木于其端，则谓之华表，言若华也。古者十里一长亭，五里一短亭，邮，过也，所以止过客也，表双立为桓。"《汉书》卷九〇《尹赏传》曰赏为长安令，杀群盗于"虎穴"，尸"瘗寺门桓东"，如淳曰："旧亭传于四角面百步筑土四方，上有屋，屋上有柱出，高丈余，有大板贯柱四出，名曰桓表。县所治夹两边各一桓。陈宋之俗言桓声如和，今犹谓之和表。"颜注："即华表也。"《尹赏传》之所谓"寺"者，县令衙署也。作为标识的桓表，邮、亭、传舍均有设，并且左右夹峙为一对。

---

① 驿置给车马与饮食，敦煌悬泉置汉简多记其事，材料尚未全部发表，而由刊出部分亦可见其概，《敦煌悬泉汉简释粹》，第三、四部分。
② 《张家山汉墓竹简》，页164~165。
③ 曹砚农等《万余枚西汉简牍惊现长沙走马楼》，《中国文物报》，二〇〇四年二月十八日。
④ 《后汉书》卷七八《孙程传》曰，程卒，"乘舆幸北部尉传"，注云："北部尉之传舍也。"
⑤ 如简一〇·一七："显美传舍斗食啬夫，莫君里公乘谢横，中功一，劳二岁二月 今肩水候官士吏，代郑昌成。"功与劳，为计算政绩的名称与单位，一功，指四年之劳，劳则以每日为计算单位。
⑥ 如《积古斋钟鼎彝器款识》卷九"阳泉使者舍熏炉铭"，末署有"传舍啬夫"。
⑦ 胡平生等《敦煌悬泉汉简释粹》，页147，上海古籍出版社二〇〇一年。

亭、传所设又有鼓。亭有鼓吏，见《汉官仪》①。《后汉书》卷一《光武帝纪上》曰，故赵缪王子林诈以卜者王郎为成帝子子舆，立郎为天子，都邯郸，遂遣使者降下郡国，"于是光武趣驾南辕，晨夜不敢入城邑，舍食道傍。至饶阳，官属皆乏食，光武乃自称邯郸使者，入传舍，传吏方进食，从者饥，争夺之，传吏疑其伪，乃椎鼓数十通，绐言邯郸将军至，官属皆失色"。由此可知要员至，须击鼓。至于官阶崇者，亭长率属吏亲迎，甚者守土之官出谒，也多见于史籍。它因此成为汉画像石中常见的表现题材。通常是在车马出行图的一端刻画门亭一角，楹柱边设鼓，其侧一鼓吏，拥篲恭立者，亭父也；迎迓于车马之前者，多半躬身捧盾②，应即亭长（图25-7）。虽然几乎撑满画面的是车马仪仗，但尽端处的恭迎图却决非闲笔，而是很实在的烘托。两汉书常借亭传间的遭遇敷演故事，颇有戏剧性的情节见出传主情性，也见得几分世态人情。《后汉书》卷三九《赵孝传》曰，孝父王莽时为田禾将军，孝遂为郎，"每告归，常白衣布擔，尝从长安还，欲止邮亭，亭长先时闻孝当过，以有长者客，扫洒待之。孝既至，不自名，长不肯内，因问曰：'闻田禾将军子当从长安来，何时至乎？'孝曰：'寻到矣。'于是遂去"③。不过胸中有大志有逸气者做了少不得迎来送往的亭长，也不免心中常有不平，同书卷八三《逸民列传》中著名的逢萌掷盾故事，即是也④。

沂南画像石墓的中室西、北两壁横额被车马出行图铺满（图25-8）。北壁横额分作东西两段，而画面内容仍相联属，并且恰好成为一处小小的停顿。由西壁起始处连续数至北壁西段的第九车，即一乘輤车，其中端坐的自然是墓主人。斧车一乘为先导，骑吏，辟车，又轺车七乘交错布置于前后。末尾辎车一，輂车一，当是从者，而輂车中探出长长的兵器。《史记》卷六八《商君列传》赵良说商鞅一节言道："君之出也，后车十数，从车载甲，多力而骈胁者为骖乘，持矛而操闟戟者旁车而趋，此一物不具，君固不出。"此原是指责商鞅的恃力不恃德，但可知"从车载甲"本有其制，并且相沿甚久，至于东汉，仍可援此为证。

---

① 《续汉书·百官五》"亭有亭长"，注引《汉官仪》曰"亭长皆习设备五兵"，"鼓吏赤帻行縢"。
② 如《中国画像石全集·3》图一一五至一一六，又图一五三、一九九；又《中国画像石全集·3》图二二九，等等。
③ 又同书卷七六《刘宠传》曰，"宠前后历宰二郡，累登卿相，而清约省素，家无货积。尝出京师，欲息亭舍，亭吏止之曰：'整顿洒扫以待刘公，不可得止。'宠无言而去，时人称其长者"。
④ 传云，逢萌家贫，"给事县为亭长，时尉行过亭，萌候迎拜谒，既而掷楯叹曰：'大丈夫安能为人役哉。'遂去之长安学"。

[25-7]:❶

[25-7]:❷

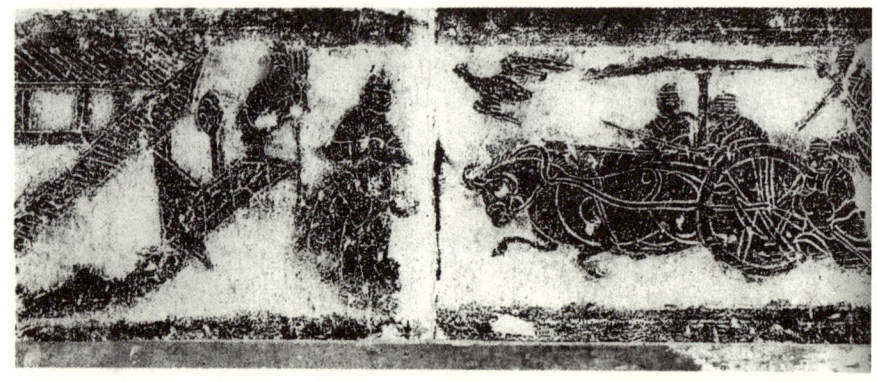

[25-7]:❸

图[25-7]：亭传前的迎谒
❶山东苍山县楼子村出土画像石
❷山东苍山县兰陵镇出土画像石
❸浙江海宁市长安镇出土画像石

　　东段的车马前方刻画一对桓表，"屋上有柱出，高丈余，有大板贯柱四出，名曰桓表"，是也。桓表形象表现得如此准确和真切，汉画像中这是目前所见唯一的一例。邮和亭都可以树桓表，这里是邮是亭，虽然不好确指，不过以西壁横额车马前的迎候者捧盾拥篝，亭吏的身分很是明确，那么说这一幅表现的是邮，不违情理；以沂南画像石颇存叙事性的表现方式而论，也比较近实。

南壁横额西段的画像与西、北壁的车马图情节相连。画面中庭院两进，瓦屋三排。庭前设鼓，庭中有井，井有鹿车。厕在庭院外侧，一群刻画得稍有点走样的鸡可证《黄霸传》中的传舍故事，只是此未必"以赡鳏寡贫穷者"，而是如悬泉简《元康四年鸡出入簿》所录①，乃用于给食。庭院内外的食案、酒具——为樽，为锺，为式样不同的榼，又操作于俎前的备食者，均见厨事。那么这里正是设于县治的一处传舍②（图25-9）。

传舍前有车，有马。传舍前方的出谒者当是守土之官，画面一端设书案，以置迎谒者名刺。《汉书》卷四十四《魏相传》："御史大夫桑弘羊客诈称御史至传，丞不以时谒，客怒缚丞，相疑其有奸，收捕，案致其罪。"魏相时为茂陵令，这里说到的丞自是县丞。"诈称"云云不必论，但依常例，则丞应出谒③。同书卷七一《薛广德传》曰广德为御史大夫，以岁恶民流，乞骸骨，"赐安车驷马，黄金六十斤，罢。广德为御史大夫，凡七月免。东归沛，太守迎之界上"。汉制多以灾异免三公④，此所谓"罢"，即前引《二年律令·传食律》中的"罢官"，依律，止传舍，传舍供饮食。至于"太守迎之界上"，虽不是律令所规定，却是应有之礼，两《汉书》中多有类似的例子，这里刻画的场景也是如此，不过以墓主人的身分而论，出迎者的官秩应是令长一级。画面中的"俯伏待事"，也可援史以证。《后汉书》卷三二《樊宏传》曰宏"每当朝会，辄迎期先到，俯伏待事，时至乃起"。宏位在三公，身居列侯，事天子如此。"俯伏待事"，固以下事上之礼也，虽身分降等，却不妨以此类推。作为车马图的续接之章，把它命作迎谒图应该不错。前引《二年律令·传食律》："诸吏乘车以上及宦皇帝者，归休若罢官而有传者，县舍食人、马如令。""传"，即符传⑤。律所谓"罢官"，前举薛广德之例是也。与"罢官"列在

---

① 《敦煌悬泉汉简释粹》，页77~78。
② 此图一向被认为是主人的住宅，如長廣敏雄编《漢代画象の研究》，页28，中央公論美術出版一九六五年；如近年所出《中国画像石全集·1·山东汉画像石》卷首之《中国画像石概论》，页14。
③ 如《汉书》卷九〇《田广明传》："故城父令公孙勇，与客胡倩等谋反，倩诈称光禄大夫，从车骑数十，言使督盗贼，止陈留传舍，太守谒见，欲收取之。"又《太平御览》卷二四六引《东观汉记》："鲍永为郡功曹，时有称侍中止传舍者，太守赵兴欲出谒，永以宜不宜出，当车拔佩刀，兴因还。"两例所写皆出谒间的变故，而由是可知此为常例。
④ 汉人视灾异为上天谴告，三公居要职，自当负责，故多有引咎辞职之例。
⑤ 此律时当汉初，而居延简的下级官吏"便休"持过所，亦即传，与律中的规定仍相一致。居延新简EPT五九·六七七："过所回新始建国地皇上戊二年十二月壬戌，甲沟守候长魏移过所……"又新简EPF二二·六九八A、B："过所回建武八年十月庚子，甲渠守候长良，遣临木候长刑博便休十五日，门亭毋河（苛）留，如律令。"另有一种使用驿马的凭证，《汉书》卷一二《平帝纪》，元始五年"在所为驾一封轺传"，如淳曰："律，诸当乘传，及发驾置传者，皆持尺五寸木传信，封以御史大夫印章。"即此。《悬泉简》多见其事。

[24-8]:❷

古诗文名物新证合编

420

沂南画像石所见汉故事

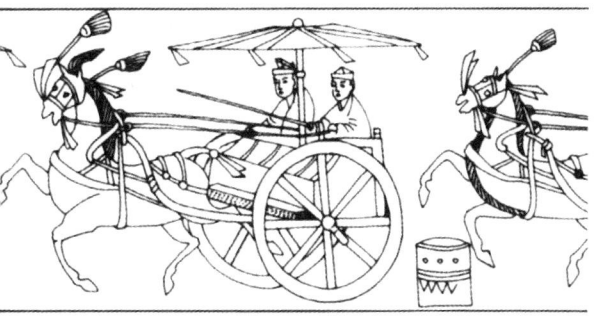

[25-8]:❶

[25-8]:❷

[25-8]:❸

图[25-8]:中室、北两壁横额画像(摹本)
❶西壁:起始处至第六辆车尾
❷北壁西段:第七至第十辆车尾
❸北壁东段:邮桓表起,至终止处

[25-9]

图[25-9]:中室南壁西段横额画像(摹本)

一起的"归休",似应包括两类,即予告和赐告,二者之"归",都包含了荣耀的成分。《汉书》卷七九《冯奉世传》杜钦疏中说道:"三最予告,令也;病满三月赐告,诏恩也。""三最",即三载考课,均获第一。那么予告由这时候的情况看来,是带了奖励的意思①。赐告的例子,可以举与沂南画像石墓时代稍近的东汉故事,《后汉书》卷三九记汝南薛包事曰:"建光中,公车特征,至,拜侍中。包性恬虚,称疾不起,以死自乞,有诏赐告归。"李贤注:"告,请假也。汉制,吏病满三月当免,天子优赐其告,使得带印绶,将官属,归家养病,谓之赐告也。"作为表现一生业绩和荣耀的画传,出自优礼的赐告和罢官,都是画像石可能选择的情节。传舍图之后接续庖厨与宴饮,中室四壁横额正好构成脉络大体清晰的完整叙事。

画像石墓在东汉已经发展得成熟,布置其中的画像也多已形成模式,甚至不少是批量生产。沂南画像石墓的表现手法并没有很多创新,风格也不离它的时代,不过整体安排和设计却颇见斟酌,因此能够把既有的程式变作一种与众不同的叙述语言,且以画像石中少见的刻画精微突出了叙事中细节的真实,其中的若干细节与文献对照,竟分毫不爽。作品选择了墓主人生涯中时人以为有意义的一二事件和生活场景,构成一部简略的画传,而"拟绘画式"的写实之笔又使它成为在石头上用形象表述出来的汉故事②,那么寻找和认识它所传递的历史信息,便是细读的意义了。

---

① 《二年律令·置吏律》中的一条所述似为常例,而与考课无关:"吏及宦皇帝者,中从骑岁予告六十日,它内官四十日;吏官去家二千里以上者,二岁一归,予告八十日。"《张家山汉墓竹简》,页 162。按原书标点有误,此据阎步克所论(《论张家山汉简〈二年律令〉中的"宦皇帝"》,页 83,《中国史研究》二〇〇三年第三期)。
② 滕固《南阳汉画像石刻之历史的及风格的考察》,页 500,《张菊生先生七十生日纪念文集》,商务印书馆一九三七年。滕文将中国的石刻画像大别为两种,其一拟浮雕者,其一拟绘画者,沂南画像石墓中的作品自属后者。

幡与牙旗

一 幡

就广义而言,幡是旗的一种。《晋书》卷四二《王濬传》曰濬有"大志",欲使门前"容长戟幡旗",幡旗并举,可见二物以类相从。不过幡的形制与旗并不相同,主要区别是其幅面竖垂。司马相如《大人赋》"垂绛幡之素蜺兮",正形容得好。下垂之幡幅面自然容易飞扬,赋所以曰"载云气而上浮",亦即《释名·释兵》所称"旛,幡也,其貌幡幡然也"。《诗·小雅·巷伯》毛传:"幡幡,犹翩翩也。"其状与《楚辞·九章·悲回风》"漂翻翻其上下兮"之"翻翻",适相仿佛。

幡以竖垂而区别于横展之旗,乃因旗初时不书文字,而幡则"题表官号,以为符信,故谓信幡"[①]。信幡,亦称棨(綮)信。西汉晚期的实物曾于甘肃居延肩水金关遗址出土,系用绛帛制成,上以小篆书"张掖都尉棨信"六字[②](图26-1)。原物出土时"已团成皱折"[③],笔画因此略带蜿蜒。《说文·叙》云"鸟虫书所以书幡信",徐锴《系传》"旛"下引萧子良《五十二体书》曰"信幡以鸟书"。但《汉书·艺文志》云:"六体者,古文、奇字、篆书、隶书、缪篆、虫书,皆所以通知古今文字、摹印章、书幡信也。"则幡信不必都用鸟虫

[①] 崔豹《古今注》,辽宁教育出版社一九九八年。
[②] 李学勤《谈"张掖都尉棨信"》,页42~43,《文物》一九七八年第一期。
[③] 《中国美术全集·书法篆刻编·1》(人民美术出版社一九八七年),图版说明云,原物"已团成皱折,绢面已破损,虽经修整亦未能恢复原貌"。

[26-1]:❶   [26-1]:❷

[26-2]

图[26-1]：张掖都尉棨信
❶❷居延肩水金关出土

图[26-2]
徐州青山泉出土汉画像石（摹本）

书，此件棨信即是一证，因为以正书题表官号，更昭然而易辨。信幡的形象，也见于汉画像石，如江苏徐州贾汪区青山泉出土的一件①。其轩车前面有骑者持幡，只是受表现手段的限制，幡上未刻出官号，不过仍做出用来代表文字的凹凸纹（图26-2）。行进行列中有缚手被械的人，这里所表现的或即讨有罪的情景。前驱张幡，原是用以标明主事者的身份地位和权力。

尚有某一类幡，虽未题写官号，也未如棨信的正规，却同样为仪仗之属。居延简五七·一一："☐九枚币谨遣尉史承禄赍弩靳幡谒府。"虽前有缺文，但大意仍可通晓，即曰一位名叫承禄的尉史，受命持弩靳幡以行，谒见

---

① 《中国画像石全集·4》，图八〇，山东美术出版社等二〇〇〇年。

郡太守。简之"靳",通"旐",则此"旐幡"施之于弩。出行行列中前驱持弩是格外烜赫的事,《汉书》卷五七下《司马相如传》曰相如官拜中郎将,建节邛笮,"至蜀,太守以下郊迎,县令负弩矢先驱,蜀人以为宠",即是一例。崔豹《古今注》:"两汉京兆、河南尹及执金吾、司隶校尉,皆使人导引传呼,使行者止,坐者起,四人皆持角弓,违者则射之,有乘高窥阚者亦射之。魏晋设角弩而不用。"这里把导引持弩的用意说得很清楚。不过弩上如何张幡,则仍是疑问。问题的解决,在于相关图像的发现。其一为四川彭州汉墓出土的画像石。画面上,两名导引肩负大弩,弩弓用作幡竿,以幡的幅面之大,而足征仪卫之盛①(图26-3:1)。又重庆市博物馆藏斧车画像砖,斧车两侧持弩而趋者,弩上系幡②(图26-3:2)。《汉书》卷二五上《郊祀志》云,汉伐南越之际,"告祷泰一,以牡荆画幡","为泰一锋旗,命曰灵旗",颜注:"以牡荆为幡竿。"可见汉代幡竿不拘一格,画像石和画像砖刻画出弩弓下的悬幡,正是所谓"弩靳幡"。另一个表现更为清楚的例子,是河北安平逯家庄东汉壁画墓出行图。其北壁第二层、南壁第一层、东壁第三层,均有两两为列,各肩弩靳幡驰行在车前的四骑③(图26-4),弩上所悬之幡与"张掖

[26-3]:❶

图[26-3]
❶ 彭州汉墓出土画像石

---

① 龚廷万等《巴蜀汉代画像集》,图一四一,文物出版社一九九八年。
② 重庆市博物馆《重庆市博物馆藏四川画像砖选集》,图二七,文物出版社一九五七年。
③ 河北省文物研究所《安平东汉壁画墓》,图版四、七、二七,文物出版社一九九〇年。

图[26-3]
❷重庆市博物馆藏汉画像砖

图[26-4]
❶❷安平逯家庄东汉墓壁画

[26-3]:❷

[26-4]:❶

[26-4]:❷

"都尉棨信"长宽比例接近,与徐州青山泉画像石之幡轮廓也相仿,惟幡的边框绘作红色,更觉鲜明。因此可以推知,画像石和画像砖中弩靳幡的边框也应是红色①。

---

① 以此为比照,贺西林《洛阳北郊石油站汉墓壁画图像考辨》(《文物》二〇〇一年第五期)一文中称作"弧旌"者(页69,图九),亦当弩靳幡之属。

幡本有号令之用，"麾军进战"自然也是它的题中应有之义①。《通典》卷一四九引魏武《步战令》："临阵皆无讙哗，明听鼓音，旗幡麾前则前，麾后则后，麾左则左，麾右则右。"军事之外，幡又可用于指麾卤簿。《晋书》卷二四《职官志》云武帝为晋王时，以陈勰为殿中典兵中郎将，迁将军，"武帝每出入，勰持白兽幡在乘舆左右，卤簿陈列齐肃。太康末，武帝尝出射雉，勰时已为都水使者，散从。车驾逼暗乃还，漏已尽，当合函，停乘舆，良久不得合，乃诏勰合之，勰举白兽幡指麾，须臾之间而函成。"为了使指挥所用的幡更加醒目，又或在幡上增益饰件，亦即幡胡施牙。牙亦称齿或锯齿。江苏连云港尹湾汉墓所出"武库永始四年兵车器集簿"，与旌旗类物品如旃、麾、旌、幢等列在一起的，有"乘舆(舆)幡胡锯齿六百□"，"幡胡□□锯齿十六万四千一十六"②。称作"幡胡锯齿"，自然是组成幡旗的部件。

旌旗胡部饰牙，制度已见于先秦。《礼记·明堂位》述三代旗制，曰"殷之崇牙"，郑注："殷又刻缯为重牙，以饰其侧，亦饰弥多也。"其式见于金文③（图26-5）。而用于号令的幡上之牙，以其为士众所瞻，影响更大，寖假而旃、幢亦有饰牙者。

旃上饰牙的例子，见于甘肃嘉峪关三号魏晋墓壁画④（图26-6:1、2）。旃，亦作旜。《周礼·春官·司常》："通帛为旜。"郑注："通帛谓大赤，从周正色，无饰。"《尔雅·释天》："因章曰旃。"郝懿行《义疏》："'因章'者，谓因帛之色以为章，不加文饰，故《司常》谓之'通帛'，《尔雅》谓之'因章'。左氏《僖廿八年》〈正义〉引孙炎曰：'因其缯色以为旗章，不画之'，是也。"可知旃即不施文饰的帛旗。旃出现在宋聂崇义编定的《三礼图》中，与早期的形制，也还没有很大不同（图26-6:2）。青海大通上孙家寨一一五号墓所

[26-5]

图[26-5]
且(祖)乙卣铭

---

① 《资治通鉴》卷八三《晋纪五》胡注："白虎幡以麾军进战。"
② 连云港博物馆等《尹湾汉墓简牍》，页105、110，中华书局一九九七年。
③ 吴大澂《愙斋集古录》，册一八，叶六，涵芬楼影印。
④ 甘肃省文物队《嘉峪关壁画墓发掘报告》，彩版二:1、2，文物出版社一九八五年。

[26-6]:❶

图[26-6]
❶❷嘉峪关三号魏晋墓出行图
❸《三礼图》中的旝

[26-6]:❷

出竹简有云:"色别,五百以旝上齿色别,士吏以下旝下齿色别"(374)[1]。三号墓壁画所绘之旝周边妆饰出来的齿状物,应即竹简中说到的旝齿。

牙幢则见于此墓壁画的营垒图中[2] (图

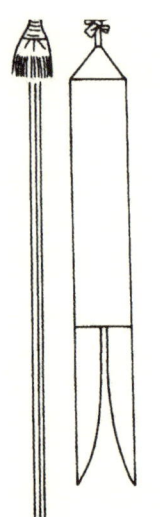

[26-6]:❸

---

[1] 青海省文物考古研究所《上孙家寨汉晋墓》,页191,文物出版社一九九三年。
[2] 《嘉峪关壁画墓发掘报告》,图版八六:1。

26–7∶1、2)。《释名·释兵》："幢，童也，其貌童童然也。"① 甘肃酒泉西沟魏晋墓出土的一件彩绘砖，上绘执幢者，榜题"童（幢）史"②（图26–7∶3），据此，牙幢也得确认无疑。幢又称幢盖，为"将军刺史之仪"③。至南北朝，幢并且成为一种军队编制，《宋书》卷四五《刘怀慎传》："时世祖分麾下以为三幢，道隆

图[26-7]
❶❷嘉峪关三号魏晋墓营垒图

与中兵参军王谦之、马文恭各领其一。"又卷四九《蒯恩传》言其"以宁远将军领幢"。史籍所见又有作为军队编制之标帜的"牙幢"。《三国志》卷五八《吴书·陆逊传》云孙权遣陆逊往讨费栈，"栈支党多而往兵少，逊乃益施牙

---

① 王先谦《释名疏证补》："'童童'，当读《诗·采蘩》'被之僮僮'之僮。《笺》云：'僮，竦敬也。'"
② 甘肃省文物考古研究所《甘肃酒泉西沟村魏晋墓发掘报告》，图八八，《文物》一九九六年第七期。
③ 《文选》卷五七潘岳《马汧督诔》"殊以幢盖之制"，李善注："幢盖，将军刺史之仪也。"

[26-7]:❸

[26-7]:❹

图[26-7]
❸酒泉西沟魏晋墓出土彩绘砖
❹东晋永和十三年冬寿墓出行图(摹本)

幢,分布鼓角,夜潜山谷间,鼓噪而前,应时破散"。三号墓壁画军帐外所树胡部饰牙的六幢,便是牙幢。而朝鲜安岳冬寿墓壁画出行图中走在鼓吹前面的执幢者,所执之幢,也与嘉峪关三号墓的牙幢同样形制①(图26-7:4)。

与幢同列为"将军刺史之仪"者,又有鼓吹。此早见于两汉。《后汉书》卷四七《班超传》云,建初八年,"拜超为将兵长史,假鼓吹幢麾"②。晋仍此制。《晋书》卷六六《陶侃传》云"加侃奋威将军,假赤幢、曲盖、轺车、鼓吹"。

---

① 洪晴玉《关于冬寿墓的发现和研究》,图一二,《考古》一九五九年第一期。冬寿墓时属东晋,其时晋封冬寿为侯,拜为乐浪、昌黎、玄菟、带方四郡太守,及"使持节都督诸军事、平东将军、护抚夷校尉"。
② 李注:"横吹、麾幢,皆大将所有,超非大将,故言假。"

[26-8]:②

[26-8]:①

[26-8]:③

图[26-8]
❶莫高窟第二七五窟北壁壁画
❷邓县南朝墓所出彩色画像砖
❸莫高窟第二八五窟西魏壁画(摹本)

至于南北朝，幡又成为"鼓吹"之部乐器上面的妆饰。敦煌莫高窟第二七五窟(北凉)北壁绘伎乐供养，鼓吹者的两支长角上端均系幡①(图26-8:1)。又河南邓县南朝墓所出彩色画像砖的鼓吹图中，两人手执长角，角的一端系彩幡②(图26-8:2)。《太平御览》卷三三八引晋庾翼与燕王书曰："今致

---

① 郑汝中《敦煌石窟全集·16·音乐画卷》，图一五九，商务印书馆(香港)有限公司二〇〇二年。
② 河南省文物工作队《邓县彩色画象砖墓》，文物出版社一九五八年。

画长鸣角一双,幡毦副。"文献与实例正好可以互证。此后它更明文载入史志,成为仪卫卤簿中的定制。如《唐六典》卷一四"鼓吹署"条下,注云:大驾,"长鸣、中鸣、大小横吹五綵衣幡,绯掌,画交龙,五采脚;大角幡亦如之"。所谓"掌",即"下方而上两角微椭"者①,亦即邓县彩画砖长角上总系彩衣的半圆状物。

幡并且成为兵器上面的妆饰。《南齐书》卷五七《魏虏传》言孝文帝率众往寿阳,"槊多白真毦,铁骑为群,前后相接,步军皆乌楯槊,缀接以黑蝦蟆幡"。又《隋书》卷一〇《礼仪五》曰南朝陈造五辂,"加棨戟于车之右","兽头幡,长丈四尺,悬于戟杪"。敦煌莫高窟第二八五窟西魏壁画"五百强盗成佛"中的兵士手中所执之槊,槊上即缀幡(图26-8:3)。特别值得注意的是河北磁县东魏茹茹公主墓壁画中出现的幡。其墓道西壁壁画,一侧绘系幡的门戟,一侧绘持兵器者,所持之器也系着长幡,并且所系之幡更为长大,前者绘兽面,后者绘虎头②(图26-9:1)。《古今注》"信幡"条下云,"乘舆则画为白虎,取其义而有威信之德也","高贵乡公讨晋文王,自秉黄龙旛以麾是也,今晋朝唯用白虎幡"。可知白虎幡由信幡发展而来,而地位特尊③,非寻常之幡可比④。茹茹公主墓壁画所见绘着虎头的幡,虽然没有直接证据确指为白虎幡,但亦庶几近之。隋唐以后,仪卫卤簿中的兵器,如戟,如仪锽,其上系幡,乃成定制。前面说到的信幡,北魏时,已经列在仪卫卤簿⑤,唐宋以后,它的形制也发生了很大变化。唐王建《宫词》:"未明开著九重关,金画黄龙五色幡。直到银台排仗合,圣人三殿对西番。"⑥《宋史》卷

---

① 《元史》卷七九《舆服二》"仪仗"条。
② 河北省文物研究所《河北古代墓葬壁画》,图版四六,文物出版社一九八〇年。
③ 由史书所载诸多事例,可知白虎幡乃代表朝廷诏命,如《太平御览》卷三四一引王隐《晋书》云:"河间王伐齐王冏,火烧观阁及千秋、神虎二宫门,冏盗白虎幡,唱云长沙王矫诏。"又《南齐书》卷三八《萧颖胄传》云刘山阳出任南州时,"谓人曰:'朝廷以白虎幡追我,亦不复还矣'"。
④ 凡讨伐、平乱、招降、宣慰,诸王及军事统帅皆可以白虎幡作为号令与符信。如《魏书》卷九六记东晋事,云王恭与庾楷起兵,会稽王司马道子领兵以距,"以尚之为豫州刺史,率弟恢之、允之西讨楷等,皆执白虎幡居前"。又《南齐书》卷一《高帝本纪》云宋后废帝刘昱时,江州刺史桂阳王刘休范攻入建康,时"太祖(即此后之齐高帝萧道成)方解衣高卧,以安众心,乃索白虎幡,登西垣","大破之"。招降之例,如《魏书》卷五一《封敕文传》,云边固、梁会与秦、益杂民万余户据上卦东城反,攻逼西城,秦、益二州刺史封敕文拒却之,"敕文以白虎幡宣告贼众曰:'若能归降,原其生命。'应时降者六百余人"。宣慰之例如《魏书》卷一八《太武五王传》云"(元)孚持白虎幡劳阿那瓌于柔玄、怀荒二镇间"。此外,《宋书》卷四〇《百官下》述殿中将军、殿中司马督之职,云"朝会宴飨,则将军戎服,直侍左右;夜开城诸门,则执白虎幡监之"。天子夜间出入禁门,亦须以白虎幡为凭,事见《宋书》卷六三《王昙首传》。
⑤ 《魏书》卷一八四《礼志四》:"天赐二年初,改大驾鱼丽雁行,更为方陈卤簿","王公侯子车旗麾盖、信幡及散官构服,一皆纯黑。"
⑥ 《全唐诗》,册一〇,页3439,中华书局一九六〇年。

[26-9]:❶

图[26-9]
❶东魏茹茹公主墓壁画中的幡
❷《三才图会》中的幡

[26-9]:❷

一四八《仪卫六》："幡本帔也，貌幡幡然。有告止、传教、信幡。皆绛帛，错采为字，上有朱绿小盖，四角垂罗文佩，系龙头竿上。其错采字下，告止为双凤，传教为双白虎，信幡为双龙。"所述与王建所咏颇相一致。明人王圻等编《三才图会》，仪制编中的"信幡"，也同此制（图26-9:2）。

二 牙 旗

牙旗之称，始见于汉，它也以饰牙而彰显。张衡《东京赋》"戈矛若林，牙旗缤纷"，薛综注："缤纷，风吹貌。《兵书》曰：'牙旗者，将军之旌。'谓古者天子出，建大牙旗，竿上以象牙饰之，故云牙旗。"①牙旗，时又称牙、牙门、牙门旗、黄门大牙②。由后汉至于晋宋诸篇祭牙文中的"敬建崇牙"、"烈烈高牙"之句以及《三国志·魏书》中的典韦故事，可知牙旗远较他旗高大③。以魏晋南北朝时的牙幢及旗幅饰牙之旆例之，牙旗之牙，自非"竿上以象牙饰之"，其义亦非如唐《封氏闻见记》卷五"公牙"条及宋钱易《南部新书·庚部》所云，取自《诗·小雅·祈父》④。对此，宋程大昌已有考证，即根据前代文献，推知"旗有饰牙之理"，见所著《演繁露》卷二。不过前人始终未能辨明者，在于旌旗饰牙原是象征军事，《周礼·春官·典瑞》郑注"牙齿，兵象"，是也。而牙旗的名称与牙旗的形制，本来一致。后世的"公牙"乃至"衙门"，虽由牙旗而来，其实与牙旗最初的取义无关。

不过唐代从牙旗中又分出门旗，即牙旗与门旗成为二事。门旗取义于《周礼》的"设旌门"⑤，乃左右分列的两面；而作为"将军之旌"的牙旗，却是独树"一帜"，以它的格外高大特立于他旗之上。莫高窟第一五六窟的河西节度使张议潮统军出行图中，手执金节的两骑之前，为一左一右的肩旗者，榜题曰"门旗"（图26-10:2）。那么紧随张议潮缓辔而行的仪卫中，一竿挺然擎出的大旗，便是牙旗（图26-10:1）。以此为例，也可确认莫高窟第九八窟法华经变安乐行品战争场面中的门旗和牙旗（图26-11）。前一例属晚唐，后一例属五代，可以代表此一时代牙旗与门旗的大体形制。

尚有同样名作"牙旗"而形制与意义均不相同的另一种旗。《初学记》卷二二武部"旌旗"条引《黄帝出军决》曰："有所攻伐，作五采牙幢。青牙旗引往东，赤牙旗引往南，白牙旗引往西，黑牙旗引往北，黄牙旗引往中。"又

---

① 《文选》，卷三。
② 东汉滕辅《祭牙文》"恭修高牙，神武攸托"；晋袁宏《祭牙文》"敢建高牙，烈烈桓桓"；刘宋王诞《祭牙文》"敬建崇牙，显兹威灵"（以上均见《北堂书钞》卷一二〇）。又《艺文类聚》卷六〇引晋顾恺之《祭牙文》云："烈烈高牙，阗阗伐鼓。"按祭牙文乃为出师祭牙旗而作。《后汉书》卷七四《袁绍传》，云鞠义至公孙瓒营，"拔其牙门"，此牙门，亦指牙旗。《三国志》卷一八《魏书·典韦传》，云"牙门旗长大，人莫能胜，韦一手建之"。又卷六二《吴书·胡综传》"黄武八年夏，黄龙见夏口，于是（孙）权称尊号，因瑞改元，又作黄龙大牙，常在中军，诸军进退，视其所向，命综作赋"云云。
③ 又《文选》卷二〇潘岳《关中诗》"柏柏梁征，高牙乃建"，李周翰注："牙，大旗也。"
④ 《诗》云："祈父，予王之爪牙。"封氏云："祈父，司马，掌武备，象猛兽以爪牙为卫，故军前大旗谓之牙旗。"
⑤ 《周礼·天官·掌舍》："为帷宫，设旌门。"又《春官·司常》："会同、宾客，亦如之，设旌门。"即王在野设幕帐，树旌旗以表门，谓之旌门。唐代门旗即取此义。如张说《扈从幸韦嗣立山庄应制》："门旗堑複碛，殿幕裏通渠。"又《新唐书·百官志》叙殿中侍御史职掌，中有"巡幸，则往来门旗之内，检校文物亏失者"。不过门旗之设并非仅限于天子，受命执掌一方的官员亦建门旗，如王建《送严大夫赴桂州》："岭头分界堠，一半属湘潭。水驿门旗咽，山岔洞主参。辟邪犀角重，解酒荔枝甘。莫叹京华远，安南更有南。"

幡与牙旗

[26-10]:❶

[26-10]:❷

[26-11]

图[26-10]
❶❷张议潮统军出行图(摹本)

图[26-11]
莫高窟第九八窟法华经变中的战争场面(摹本)

435

上孙家寨一一五号汉墓竹简："左部司马旝胡青,前部司马旝胡赤,中部司马旝胡黄,右部司马旝胡白,后部司马旝(胡)黑。"①二者对观,可知五采牙旗与胡分五色之旝为同类性质的旌旗。而依旌旗胡部饰牙之制,所谓"旝胡"五色,也应指旝之胡部所饰"锯齿"的颜色。与独树一帜的作为"将军之旌"的牙旗不同,"依方色建旗"的五采牙旗②,是将军帐下各个军事组织的标帜。《三国志》卷五四《吴书·周瑜传》"乃取蒙冲斗舰数十艘,实以薪草,膏油灌其中,裹以帷幕,上建牙旗,先书报曹公,欺以欲降",此所谓"牙旗",正是其例③。它与《陆逊传》"益施牙幢"中的牙幢,性类也相同。以前面所举牙幢的图像例之,可以推知其制。南北朝之末,出现了把旗的正幅做成锯齿状的"牙旗",如莫高窟第二九六窟北壁中层须闍提本生中的兵士手执之旗。此窟时属北周(图 26-12:1)。此后它在敦煌壁画中便不断出现,如第三〇三窟人字披顶东坡法华经变普门品(隋),第一四八窟西壁阿闍世王求分舍利(盛唐),第一五九窟南壁法华经之髻珠喻(中唐,图26-12:2、3、4),等等,直到时属五代的壁画,其形制依然无大别,如

图[26-12]:莫高窟壁画中手执五采牙旗的兵将
❶第二九六窟

[26-12]:❶

---

① 此据李均明等《散见简牍合辑》之 413,文物出版社一九九〇年。《上孙家寨汉晋墓》页 192 所录与之文字稍异。
② 《隋书》卷八《礼仪三》:"后齐常以季秋,皇帝讲武于都外","前五日,皆请兵严于场所,依方色建旗于和门,都墠之中及四角,皆建五采牙旗。"
③ 两种牙旗虽然以同样的名称出现在文献典籍,但其间的区别却始终十分显明,作为"将军之旌"的牙旗,一般不会与他旗混淆。《晋书》卷五四《陆机传》,曰成都王颖假机后将军、河北大都督,讨长沙王乂,"机始临戎,而牙旗折,意甚恶之"。同书卷八六《张轨传》,曰张重华以谢艾为使持节、都督征讨诸军事、行卫将军,艾于是"建牙旗,盟将士"。又《新唐书》卷一三五《哥舒翰传》,曰安史之乱时翰挥师平叛,"先驱牙旗触门,堕注茁,干折,众恶之"。此所谓"牙旗",均为"将军之旌"。更晚的例子,如苏轼《上元夜》"去年中山府,老病亦宵兴。牙旗穿夜市,铁马响春冰",此"牙旗",乃中山府帅所建,意思仍然是明确的。

[26-12]:❷

前举第九八窟之例。由先秦而两汉,而魏晋,而南北朝,至于隋唐五代,胡部饰锯齿的旌旗之种种,与正幅做成锯齿状的五采牙旗之间,正有一条发展演变并且一脉相承的线索,前举诸例,可以为证。

唐代卤簿,则以画旗为主。画旗无牙而有旒,这是由《周礼·春官·司常》的"九旗"说而来,而演为画旗三十二,如青龙旗、白兽旗、朱雀旗、玄武旗、黄龙负图旗,等等①。杜甫《奉合贾至舍人早朝大明宫》"旌旗日暖龙蛇动,宫殿风微燕雀高"②,王维《三月三日曲江侍宴应制》"画旗摇浦溆"③,岑参《北庭西郊候封大夫受降回军献上》"蛟龙盘画旗"④,所咏者皆是。由唐

[26-12]:❸

图[26-12]:莫高窟壁画中手执五采牙旗的兵将
❶第二九六窟
❷第三〇三窟
❸第一四八窟

---

① 见李林甫等《唐六典》卷一六"武库令"条,中华书局一九九二年。
② 《全唐诗》,册七,页2410。
③ 《全唐诗》,册四,页1286。
④ 《全唐诗》,册六,页2023。

[26-13]:❶

[26-12]:❹

图[26-12]：莫高窟壁画中手执五采牙旗的兵将
❹第一五九窟

图[26-13]
❶《瑞应图》中的门旗

李寿墓和李重润墓壁画，可略窥画旗之一斑。不过佛教传入中土之后，不少新的妆饰意匠也随之而来，火焰纹即其一。唐代火焰纹大盛，旌旗饰牙的传统也逐渐为火焰新风所取代。宋以后，妆饰在牙旗或门旗正幅周边的锯齿状的牙，便与妆饰画旗或其他旌旗的疏合一，而成为火焰式的波曲，《元史》卷七九《舆服二》即把它称作"火焰脚"，如"凡立仗诸旗，各火焰脚三条，色与质同"，"牙门旗，赤质，赤火焰脚，绘神人"，"驼牙旗，赤质，青火焰脚，绘兽形似麋，齿前后一齐"。这里的齿齐，当指火焰脚的长短一致。宋元绘画中已颇有其例，如萧照《瑞应图》中的门旗（图26-13：1、2），如元曾巽申《大驾卤簿图》中的纛（图26-13：3）。火焰之义至清无大变化，如《清会典图·舆卫五》"皇帝卤簿八旗护军纛"举其形制云，"俱斜幅，绣金云龙"，"斿径六尺五寸，缘为火焰形，旁垂彩带九尺五寸，色与缘同，亦火焰形"（图26-13：4）。虽然此际仍有牙旗之称，却不过沿其旧而已，牙旗的名称与形制的取义，其实唐宋以后即已经完全脱离。

幡 与 牙 旗

[26-13]:❷

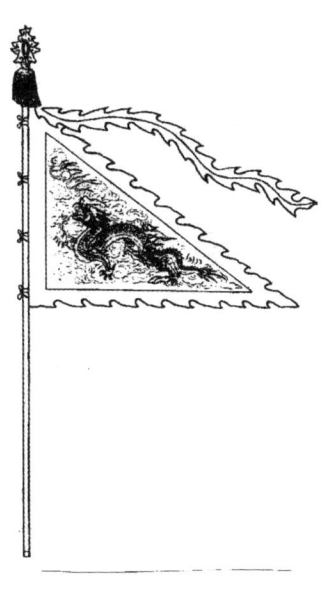

[26-13]:❹

[26-13]:❸

图[26-13]
❷《瑞应图》中的门旗（摹本）
❸《大驾卤簿图》中的纛
❹《清会典图》中的纛

从《闸口盘车图》到《山溪水磨图》

以水磨坊为表现题材的绘画作品,著名的有三件,其一为旧题卫贤的《闸口盘车图》,其一为繁峙县岩山寺壁画中一幅配景,其一为《山溪水磨图》。三件作品,分别产生于三个时代,如果我们从风俗画的角度来解读它,以了解时代风俗的一个小小侧面,也许会别有意趣。

利用水利作动力的技术,可以追溯到汉代。《后汉书》卷三一《杜诗传》,云诗为南阳太守,"造作水排,铸为农器,用力少,见功多,百姓便之"。魏晋南北朝时期,水碓水磨,已很是普遍,《晋书》卷四三《王戎传》①,《魏书》卷六六《崔亮传》②,《南齐书》卷五二《祖冲之传》,等等,对此都有记载。水磨坊的经营,兴盛于南北朝末期,至隋,则作为营利事业而发达。唐代,碾硙构成了庄园经营的一个组成部分,从中可以得到很大的收益。但是聚水设碾硙与分水灌溉,常常发生尖锐的矛盾,官方因此屡屡采取抑制庄园水磨的措施③。不过这冲突的背后其实有着一个经济形势和土地制度逐步发生变化的大背景,随着麦作的大面积推广和两年三作耕种形式的确立,官方也调整了限制碾硙的政策,矛盾最终得到统一。日人西嶋定生以《碾硙寻踪》为题,对此曾作过详细的考证和分析④。至于宋代,其情景可以文

---

① 《王戎传》云,戎"性好兴利,广收八方园田水碓,周遍天下"。
② 《崔亮传》云,"亮在雍州,读《杜预传》,见为八磨,嘉其有济时用,遂教民为碾,及为仆射,奏于张方桥东堰穀水造水碾磨数十区,其利十倍,国用便之"。
③ 如《旧唐书》卷一二〇《郭子仪传》,曰子仪第六子暖"年十余岁,尚代宗第四女昇平公主,时昇平年亦与暖相类";"大历十三年,有诏毁除白渠水支流碾硙,以妨民溉田。昇平有脂粉硙两轮,郭子仪私硙两轮,所司未敢毁徹。公主见代宗诉之,帝谓公主曰:'吾行此诏,盖为苍生,尔岂不识我意耶? 可为众率先。'公主即日命毁。由是势门碾硙八十余所,皆毁之"。
④ 收入《日本学者研究中国史论著选译》第四卷,页 358~376,中华书局一九九二年。

同题为《水碓》的一首诗为例:"激水为碓嘉陵民,构高穴深良苦辛。十里之间凡共此,麦入面出无虚人。彼町居险所产薄,世世食此江之滨。朝廷遣使兴水利,嗟尔平轮与侧轮。"①水碓的经营可以养生,而所谓"朝廷遣使兴水利",也与唐代特别是初唐时候的情状截然不同。宋人咏及水碓、并且是用了经济的眼光,其作尚有不少。如北宋郭祥正《水磨》诗,句有"盘石琢深齿,贯轮激清陂。运动无昼夜,柄任谁与持。霹雳驾飞雪,盛夏移冬威。功成给众食,势转随圆机"②。又北宋邹浩《次韵端夫闻江北水磨》句云"波涛暗逐岁月长,激激滩际春雷鸣。白沙湖边更湍急,五磨因缘资养生。城中鞭驴喘欲死,亦或人劳僵自横。借令麦破面浮玉,青蝇遽集争营营"③。"五磨",应即水转连磨。它是以所谓"平轮与侧轮"的结合,同时带动五磨或者更多的磨一起运转。与碾碓经营初兴时候的情景相同,它不仅是庄园经济同时也是寺院经济的一部分。作于天圣八年的《大宋京兆鄠县逍遥栖寺新修水磨记》中说道,逍遥精舍东南三里有谷口隙地,是水会众流的地方,寺主因依势兴建水磨坊,"其磨亭正座五间,都成七架,西开客馆,东敞僧房,岂止独利于禅林,抑亦务资于闾里,约费羡镪三百余缗"④。王禹偁《商州福寿寺天王殿碑》也说道,"垦山田,造水碓,嘉蔬有圃,柔桑垂阴"⑤。又饶节《和不愚兄庵颂三首》之一:"常恨山居寡弟兄,阿师庵就可怜生。辅车岂但图相倚,独掌从来不浪鸣。野老献谋修水碓,山童相唤借茶铛。年来活计浑成就,猿鹤安栖定不惊。"⑥

以盘车水磨为题材的画作,大约出现在唐五代。元胡行简有诗《题笃御史所藏阎立本水磨图》,所谓"双轮砾山石,激水相推移","神功邈不测,画手能传之"⑦,约略记其大概,只是画作不传,不知是否为阎氏真迹。宋李廌《德隅斋画品》提到他曾见过郭忠恕清泰元年所作《盘车图》粉本《水磨大图》,清泰是五代后唐末帝李从珂的年号,元年为公元九三四年。五代卫贤也曾有《盘车水磨图》流传于世,宋刘道醇《五代名画补遗》说他在富商高氏家得观其迹。盘车本来是独立的题材,常常用作表现风雪荒寒中运载跋涉的艰辛。欧阳修《盘车图》诗是咏画的名篇:"浅山嶙嶙,乱石矗矗,山

---

① 《全宋诗》,册八,页5433。
② 《全宋诗》,册一三,页8834。
③ 《全宋诗》,册二一,页13952。
④ 王仲荦《金泥玉屑丛考》引,页423~424,中华书局 一九九八年。
⑤ 《小畜集》卷十六。
⑥ 《全宋诗》,册二二,页14579。
⑦ 《樗隐集》卷一。

图[27-1]
《溪山行旅图》(局部)

"石礅礚车碌碌。山势盘斜随涧谷,侧辙倾辕如欲覆。出乎两崖之隘口,忽见百里之平陆。坡长坂峻牛力疲,天寒日暮人心速。"[①]虽然传世的作品多属南宋,如上海博物馆藏朱□《溪山行旅图》,如故宫藏无款之《盘车图》,其艰难跋涉之状,则一如诗中所咏(图 27-1:1、2)。大约这一题材以流行时间之长而有了比较固定的模式,区别只在工拙不同。欧阳修或亦有鉴于此,因在前引《盘车图》诗的后半提出"古画画意不画形","忘形得意知者寡"。它后来被认为是"文人画"的发皇之言,不过旨在表现社会生活的风俗画中,形象和场景的描绘,实在须以准确、真实为上,"意"也,"形"也,均不可偏废,或许还应该说,"形"在这里显得更为重要,因为其"意"本在使

---

① 《全宋诗》,册六,页 3637。

[27-2]:❶

[27-2]:❷

图[27-2]
❶《盘车图》局部一
❷《盘车图》局部二

[27-3]:❶

[27-3]:❷

图[27-3]
❶❷《闸口盘车图》局部
❸《闸口盘车图》中的水磨结构

人由笔绘之"形"而识风物,观风俗。上海博物馆所藏《闸口盘车图》,正是这样一个难得的好例(图 27-3)。

纵五三·三、横一一九·二厘米的画面,占据主要位置的,是一座跨水而建的磨坊,中间水磨,一侧面罗,亦即水打罗,或曰水击面罗①(图 27-3)。磨坊稍后的两方各有一亭,其中一座里面坐着身著公服的官

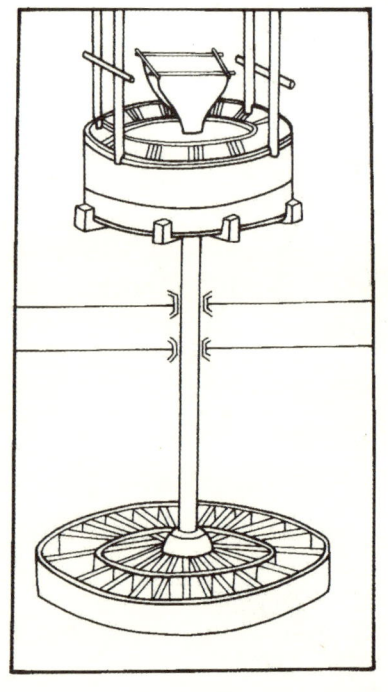

[27-3]:❸

---

① 郑为著文谈此画,曾把这一部分勾成单纯的结构图,《文物》一九六六年第二期,页 25。本篇图 27-3:3、4,即此。

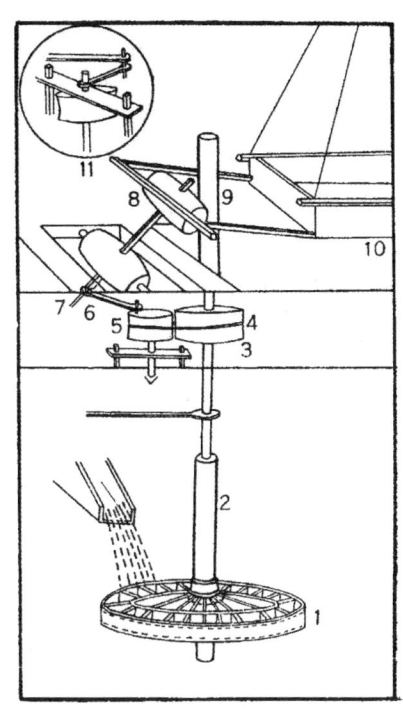

[27-3]:❹

图 [27-3]
❹《闸口盘车图》中的面罗结构
(1下轮 2立轴 3上轮 4弦索 5旋鼓 6掉枝 7行枕 8鼓木 9撞柱 10面罗 11旋鼓和掉枝部分另一种结构的可能)

[27-4]:❶

图 [27-4]:筛谷筹
❶《闸口盘车图》局部

吏,似乎在行课税之类的公务。磨坊两边,各有一方平场。右侧的平场上,用支架吊着两个平底浅口的大筛子,此器在北宋王希孟《千里江山图》中水磨坊右侧的平场上也有一具,惟静置而已(图27-4:1、2);在后来的《农书》里,它被称作"筛谷筹"。王祯说,"其制比簏疏而颇深,如篮大而稍浅,上有长系可挂。农人扑禾之后,同稃、穗、子粒,旋旋贮之于内,辄筛下之,上余穰稿,逐节弃去"[①]。《三才图会·器用十一》:"筛谷筹,竹器,筹与袋同音。其制比簏疏而颇深,如篮大而筹浅,上有长系可挂。"《和汉三才图会》卷三四也录有此器,释曰"筛谷筹,即筛之大者,不堪以手振,故挂系振之"。这里虽然说的都是筛谷,但麦子入磨之前也正须如此程序,图绘筛后

[①] 元王祯《农书·农器图谱集之八》。

[27-4]:❷

图[27-4]:筛谷筹
❷《千里江山图》局部

之麦入箩筐,亦即畚,被人挟往磨坊,情景乃一目了然。左侧平场台阶旁边高起的一堆,应是麸子,它该是运往麸行。麸行之种种,唐代文献便已屡屡提到。水中两船,来去运载粮食到对岸。岸边道路上四挂牛车,《东京梦华录》卷三"般载货卖"条说到有一种平头车,"亦如太平车而小,两轮前出长木作辕,木梢横一木,以独牛在辕内,项负横木,人在一边,以手牵牛鼻绳驾之",正是此类。

水边一处酒肆,门前一辆卸去载负的独轮车,宋人称作江州车子的,便是它了(图 27-5:1)。宋高承《事物纪原》卷八"小车"条:"蜀相诸葛亮之出征,始造木牛流马以运饷,盖巴蜀道阻,便于登陟故耳。木牛,即今小车之有前辕者;流马,即今独推者是,而民间谓之江州车子。"又曾敏行《独醒杂志》卷九:"江乡有一等车,只轮两臂,以一人推之,随所欲运。别以竹为篰载两旁,束之以绳,几能胜三人之力,登高度险,亦觉稳捷,虽羊肠之路可行。"《清明上河图》中也有它的形象(图 27-5:2)。

酒肆前一座"欢门",此又称"绞缚楼子",也见于《清明上河图》。欢门之后,又有一间分作三小间的"露篱",亦即木构的户外隔墙。刻画分明的

图[27-5]
❶《闸口盘车图》局部

压脊、沥水板、悬鱼、曲栿,其制一如《营造法式》卷六《小木作制度一》"露篱"条所述。两幅草书立轴悬于酒肆墙壁,也隐约可见。平屋周匝,中耸一楼,楼阁里酒客三五。此楼上之阁时或名作"山",为海量者备也①(图 27-6)。

---

① 灌圃耐得翁《都城纪胜》:"酒阁名为厅院,若楼上则又或名为山,一山、二山、三山之类。牌额写过山,非特有山,谓酒力高远也。大凡入店,不可轻易登楼上阁,恐燕饮浅短。如买酒不多,则只就楼下散坐,谓之门床马道。"

[27-5]:❷

[27-6]:❶

[27-6]:❷

图[27-5]
❷《清明上河图》局部

图[27-6]:绞缚楼子
❶《闸口盘车图》局部
❷《清明上河图》局部

此图左下有"卫贤恭绘"楷书款,但有重填痕迹。以图中官吏所戴展脚幞头和所凭书案的式样以及此图本身之装裱而论,它应是宋人之作①。郭若虚《图画见闻志》卷四:"支选,不知何许人,仁宗朝为图画院祗候。工画太平车及江州车,又画酒肆边绞缚楼子,有分疏界画之功,兼工杂画。"《闸口盘车图》绘平头车与江州车,又界画酒肆磨坊,均极精好,或亦属支选一派。与单独表现盘车情景不同,《闸口盘车图》把盘车同水磨结合在一起,以细节的一丝不苟,摹绘

---

① 郑为在《闸口盘车图卷》一文中介绍说,它的装裱,还保存着宋徽宗时期御府藏画的格式,"俗称'宣和装'。在画幅左端边沿上,隐约可辨有'卫贤恭绘'四字的一半。最近在重裱过程中,又发现在卫贤款识的上端偏外处,另有一行残存字迹,从保留着的笔画来琢磨,似出于一个姓'张'的人的'进'款","从作品的表现技法以至器用上看,都还保留着不少晚唐五代的余风,加上'宣和装'的装裱本身,也说明在时间上它不能晚于北宋前期的制作"。《艺苑掇英》一九七八年第二期。

出当日商业活动中一个十分真切的场景,民俗风物竟多可与宋代文献对应。它对"形"的重视,与其时绘画所崇尚的写实风格自然大有关系。

两宋本是风俗画佳作云集的时代,张择端《清明上河图》固不必论,他如黑龙江省博物馆藏南宋《蚕织图》,故宫博物院藏《丝纶图》,中国国家博物馆藏《耕织图》,亦无不各擅胜场。又故宫藏一幅《耕获图》,小小册页绘出收获、耕种集于一时的繁忙景象。收割、脱粒、簸扬、入仓,犁地、平田、车水、插秧,人物虽小,而姿态毕肖(图 27-7)。令人赏爱的尚有故宫收藏的一幅《田畯醉归图》。田畯,语出《诗·豳风·七月》,便是田官。《七月》结末说道,"朋酒斯飨,曰杀羔羊。跻彼公堂,称彼兕觥,万寿无疆",此图婉转其意,绘一醉酒田官,巾上簪花,手扶一仆,醺醺然骑牛而归。有趣却在前边的牵牛小童,把一个包子捧在手里,且食且行(图 27-8)。生活中的细微末节撷入画图,便觉得大有情致,不惟丰年消息借此传出,自足的憨朴,画

图[27-7]:《耕获图》
故宫博物院藏

笔之中的风趣，也不免教人笑悦①。《闸口盘车图》自然以其时代之早、画笔之精而领袖群伦。若论风俗画中的水磨盘车图，它便更是一枝独秀。

图[27-8]
《田畯醉归图》局部 故宫博物院藏

山西繁峙岩山寺文殊殿中的壁画，出"御前承应画匠"王逵之手。王逵是北宋入金的画家，这一巨幅是古代建筑画也是界画中的佳作，研究者对此曾有过详细的讨论②。壁画把佛传故事精心组织在一座高下连延布置有序的宫城里，水磨图即为点缀其中的一个小景。

图绘山间水畔的一组磨房和碓房。碓房在左，磨房在右，中间一道引水渠，托板支承的主轴设在垂直于水流的方向，作为主轮的立轮装在主轴的中部，稍小的一个，置于右端。轴的左端装两个短臂，短臂与碓相连。贯穿水磨的垂直轴下边，则装一个卧轮，它同主轴右端的立轮咬合。水力驱动之下，左边上下运动为碓，乃舂米；右边水平旋转为磨，乃磨面。而碓房有人收米，磨房里有人以箕帚拢面。诸般物事，一一交代得清楚③（图27-9）。岩山寺壁画多有取自民人生活的俊笔，因使得神佛空气大为变异，而更多风俗画的兴味。水碓水磨，都不是复杂的机械，刻画不难，难得却在对日用平常的一分关切，风俗画的价值，或者可以说，此为其要。时代风气之下，此类题材的精品当有不少，但流传下来的，实在不能算多。至于元代，画坛风气一大变，以纪录民俗风物或曰以表现社会生活之平凡为主旨的

---

① 当然这是理想中的田园风光，现实生活自然更多的是苦痛和艰辛。比如张舜民的《打麦》即可作《耕获图》的题画诗来读："打麦打麦，彭彭魄魄，声在山南应山北。四月太阳出东北，才离海峤麦尚青，转到天心麦已熟。鵾旦催人夜不眠，竹鸡叫雨云如墨。大妇腰镰出，小妇具筐逐。上垅先捋青，下垅已成束。田家以苦乃为乐，敢惮头枯面焦黑。贵人荐庙已尝新，酒醴雍容会所亲。曲终厌饫劳童仆，岂信田家未入唇。尽将精好输公赋，次把升斗求市人。麦秋正急又秧禾，丰岁自少凶岁多，田家辛苦可奈何。将此打麦词，兼作插禾歌。"《全宋诗》，册一四，页9670。又范成大《催租行》也可为田畯画像："输租得钞官更催，踉锵里正敲门来。手持文书杂嗔喜：我亦来营醉归耳。床头悭囊大如拳，扑破正有三百钱。不堪与君成一醉，聊复偿君草鞋费。"《全宋诗》，册四一，页25767。

② 傅熹年《山西省繁峙县岩山寺南殿金代壁画中所绘建筑的初步分析》，见《傅熹年建筑史论文集》，文物出版社一九九八年。

③ 柴泽俊等《繁峙岩山寺》，图九七，文物出版社一九九〇年。

图[27-9]
岩山寺壁画中的磨房

风俗画,也随之日趋式微。

元代是文人画繁盛于画坛的时代,也是山水画创作的一个高峰,它不仅是文人画中常见的题材,同时又活跃在市井宫廷。元熊梦祥著《析津志》云,正月里,"市利经纪之人,每于诸市角头,以芦苇编夹成屋,铺挂山水、翎毛等画,发卖糖糕、黄米枣糕之类及辣汤、小米糰"[1],可见情景之一般。水磨盘车的题材,此际已不大时兴,但它作为点缀,有时也还出没于山水之间。故宫藏元代无款之《仿巨然山水图》,是将近两米的一幅立轴。高山峻岭,林木葱茏,一道溪水从谷间奔流而下,山口处茅屋数椽,略存其形的一座水磨房隐现其中(图27-10)。不过山水图中的布画水利,宋元作品所

---

[1] 北京图书馆善本组《析津志辑佚·岁纪》,北京古籍出版社一九八三年。

图[27-10]
《仿巨然山水图》局部 故宫博物院藏

表达的意境不很相同。"渐闻水硙知村近,遥望禾囷喜岁丰"①,可以为王希孟《千里江山图》中的水磨坊诠释画意,而《仿巨然山水图》却是以此表现林泉幽寂中生意存焉。水磨的图式后来编入画谱,《芥子园画传·人物屋宇谱》"水磨画法":"惊湍急如奔马中设此,便觉飞流溅沫,皆可借住山人。"为初学者说法,正是代表了一种普遍的认识,可知"风俗"早悄然入了"风雅"(图 27-11)。

如此,辽宁省博物馆藏《山溪水磨图》实在可以算作同类题材的空谷足音,界画与风俗故事相结合,仍见出传统的余脉,而对于它的若干不很写实的笔墨,也便容易理解。

《艺苑掇英》第四十期有对《山溪水磨图》的介绍,此图未署名款,也没有题识和收藏印章,五十年代初由民间收购入藏,原名《物熙民丰》,初以为明人画作,后鉴定为元人笔墨,改名《山溪水磨图》②(图 27-12)。

此图的传神之笔,在盘车之部。纵一五三·五、宽九四·三厘米的画面,盘车占得三之一。依然是《闸口盘车图》中的平头车,山道溪涧不同情景的有四驾。由山道下至溪涧,须经一个陡坡,前面提到的《溪山行旅图》也有同样的景象,那里是"山势盘斜随涧谷,侧辙倾辕如欲覆",从后侧的一个角度描绘出上下坡的艰危。此图作全景式的摹写,笔致更加细微。刹那间的紧张,不仅系于车子前后姿态各异的五个人,且系于伫立溪中喘息方定的回顾者,淌过溪水的轻松,也在稍远处同近景中的紧张构成呼应。闲笔绘出山道观水的二僧,似乎暗示着林木掩映中的飞檐是禅林的一角,磨坊属庙产,也不无可能。前引《大宋京兆鄠县逍遥栖寺新修水磨记》,正好可以作为它的画外音。

画面中心位置的水磨坊,水磨结构表现得很清楚,与《闸口盘车图》几乎无别,但主轴后面

[27-11]

图[27-11]
《芥子园画传》中的"水磨画法"

---

① 陆游《近村》,《全宋诗》,册四一,页 25501。
② 北积《〈山溪水磨图〉浅谈》,《艺苑掇英》第四十期,上海人民美术出版社一九八九年。

图[27-12]
《山溪水磨图》辽宁省博物馆藏

的几个立轮和卧轮,却不能教人知道它们的相互关系。磨房左侧的一间,绘出咬合着的一组平轮和侧轮,据理,与它相接的应该是曲柄连杆装置,或者转换做上下运动为碓,或者前后运动为面罗,但画面中情景不明。右侧一间里的机械也很奇怪,不能知其究竟①。水磨坊的一侧,似有廊向着山石深处延伸,只是结构仿佛不很合理。

当然它是绘画,不是水磨坊的工程设计图,"栋梁楹桷望之中虚,若可蹑足,阑楯牖户,则若可扪历而开阖之"(李廌《德隅斋画品》),固然是曾经有过的追求乃至界画曾经达到过的水平,但那本是"非至详至悉、委曲于法度之内者不能也",何况世风已变,这一切早不是画家所要努力达到的标准。《山溪水磨图》从传统题材取意,写绘风俗,而颇有自己的创造,且很见精采,细部描写或曰对"形"的若干忽略和似是而非,未必是它的"格物"不及前人,而只是表明传统写实风格的衰微——欧阳修所谓"古画画意不画形",尚只是倡导,此际则已成"文人画"的实践。以今天所能见到的画迹而论,《山溪水磨图》可以说是同类题材终结点上的一幅标志性作品,它的意义,也正在于此。

---

① 李约瑟《中国科学技术史》第四卷第二分册,页458,图627b(科学出版社等一九九九年),即此图,其说明云:"按照中国画家的传统,画家不是实地写生,而只凭冷静的回忆,画家不是水车设计人或工匠,因此把桨轮和齿轮搞混了。虽然如此,仍然可以清楚地看到这个磨坊有许多不同的机器,由两个大型卧式水轮(在中间和右下方室内)驱动,左上方室内有正交轴齿轮传动装置,可能驱动一组碓。中上方室内楼梯前面有几盘主磨石和一盘轮碾。右上方室内有一个稀奇古怪的装置,几乎可以肯定原来是想凭记忆画柄、连杆和活塞杆组合,也就是水力往复装置,这装置带动一个面罗,在它背后所示的格子柜也许就是面罗。在左方和中下方室内有画法拙劣的齿轮,有水平安装的,也有直立安装的,它们的确切用途和相互关系不明,但在右下方室内画有一个盆形齿轮,同样是孤立的,但有设计优良的小齿轮短齿,足以显示元代水车设计者的优秀技术。"这是从科技角度的一种审视与解读。或有强作解人者,以为"这是一架构造新巧的坐式水碓,比'藉身重以践碓'的足踏式水碓更为先进","坐在碓上的青巾土色衣者却可以边劳动,边手扶楼阁远眺青山绿柳的窗外景色。表明能够在这架水碓上工作是轻松的、优越的"(《辽宁省博物馆藏宝录》,页142,上海文艺出版社等一九九四年)。不免自陷荒唐。

"二我图"与《平安春信图》

绘画中,有所谓"画中画"一类。五代周文矩的《重屏会棋图》即此中隽品。画面前景是南唐中主李璟与其弟下棋的情状;背景乃一架大屏风,屏风上一幅醉酒图,而屏风画中又有一架小屏,屏上清清远远一幅山水。略袭此意者,有元人刘贯道的《消夏图卷》,不过二者的构图虽然极相近,却各有笔墨风致,运思与布置,原在其次。

"画中画"再翻出一层巧思,便有了"二我图"。今藏台北故宫博物院的一幅宋人册页《人物图》是一例。画面中心一屏一榻,榻上坐一士,头著巾,下系裙,左手持书卷,右膝素足横置榻上。旁边一童子,手持注子,正向盏中注酒。酒盏边,果盘之外,又设砚台一方。榻后一架大屏风,绘一幅汀洲芦雁图。屏风的一边,悬了一轴人物,却是此图主人公的写真,"二我"一高一低,略取颜面相向之势,而神情如一(图28-1)。这幅册页曾经清宫收藏,上面钤了"乾隆御览之宝"的印记。乾隆大约很欣赏这一点文人雅趣,于是命宫廷画家绘制相似的作品,只是把画面中心人物由文士改作方巾道袍的帝王,而成为《弘历鉴古图》。当然素足是不可以了,虽坐姿未变,但足却不露声色悄然掩上。又把宋画中点缀的带有时代特征的各色器具,一一易作清宫收藏的古物,以足"鉴古"之意。如宋画中,榻的一边,有一个风翻荷叶为座、仰莲为托的风炉,原是宋元时代烹茶煎汤的器具,《鉴古图》则改画为清宫收藏的一件新莽嘉量。宋画中的经瓶、经瓶架,纱罩下饮茶用的托盏,也易作玉璧和青铜觚。宋画里的榻上凭几在《鉴古图》中易作一柄如意。又屏风画易作"四王"风格的山水,细微如砚台,也改画作别具鉴赏之趣的瓦砚。屏风边添画的一件宣德青花梵文出戟罐,更是清宫收藏中

[28-1]

图[28-1]
人物图 台北故宫博物院藏

的精品。乖巧而机敏的画家并且略略调整了画面的视角——把宋画的平视变作微微的仰视,虽一改士人的潇洒风流为宫廷的堂皇富丽,但到底合文人雅趣与帝王尊严于一图,创意无多,却难得处处苦心(图28-2)。乾隆题辞"是一是二,不即不离;儒可墨可,何虑何思",乃欣欣然揭出"二我"之意。

不过这一幅"二我",尚只是同时之"二我",故宫博物院藏郎世宁作《平安春信图》,则是不同时期的"二我"(图28-3)。图绘湖石、梅花,修竹三五,竹边赏梅的两个人,身着直裰,虽一长一少,但颜容逼肖。乾隆在画上题道:"写真世宁擅,缋我少年时。入室皤然者,不知此是谁。"题诗之年为壬寅春,即乾隆四十七年,这时候郎世宁早已去世,那么此是补题。所谓"皤然者",正是题诗之际的乾隆。不过奇怪的是,人们谈到这幅画的时候

[28-2]

[28-3]

图[28-2]
弘历鉴古图 故宫博物院藏

图[28-3]
平安春信图 故宫博物院藏

却总以为画中的年长者为雍正,年少者为乾隆,实大谬不然。《平安春信图》不仅有乾隆题诗,且加盖"古稀天子"、"太上皇帝之宝"等印,若画面上果然有雍正,则可谓"大逆不道"。这当然是绝对不可能的。其实题画诗已用浅近的语言说得明明白白——"写真世宁擅,缋我少年时",即图中所绘正是乾隆本人,不过是"二我图"的画法,而将同时之"二我"拉开一段时间的距离,为这一幅属意平常的吉祥图平添一点戏剧性而已。

后记

一

做学问,似有两种基本类型,其一是思想型,有很强的理论色彩;其一是实证型,以考证见长。前者是宏观,或可谓之"道";后者是微观,或可谓之"器"。当然宏观微观不是两层皮,不妨说前者是线,后者是珠子,而珍珠项链的成品,必是只见珍珠不见线,这应该是一种理想的结果。实际上一个人很难做到全能。有朋友评论我的研究,说我"讨论的名物很具体,很小,是物质文化的点点滴滴,但都是一颗颗的珠玉,大珠小珠落玉盘,颗颗都落在中国历史和文化的盘子里,提供出来,让有心人引经穿线,形成珠串"。此所谓"珠玉"者,便是我情之所钟的"物"。

放在本书卷前的《诗中"物"与物中"诗"》,大部分内容采自几年前为参加文学史写作研讨会草就的一则未曾发言(因为未曾与会)的发言稿,"用名物学建构一个新的叙事系统"云云,今天看起来,似乎陈义过高,虽然数年来考证不已,且乐此不疲,乃至"物恋"成癖,却至今不成"系统"。前不久我在一篇题作"物恋"的小文中说,"大约一种物恋是用来丰富人生,另一种是打捞历史",心里想着我原属于后者。而即此一项,穷一生之力,也未必可以捞得几颗真珠的。

二

本书的编订,系以《古诗文名物新证》卷一、卷二为基础,该书原由紫禁城出版社出版于二〇〇四年，合同期为十年。出版社雅量，慨允以其他形式另行出版。今年年初，应广西师大出版社之约，将此书卷一中关于香事考证的七篇文章抽出来，题作《香识》，复加修订，单独成册。此番"合编"，这七篇便不再收入，因别以八篇文章补入其内。早年写下的文字中有《弹棋局》一篇，原为遇安师指导下的习作《古器丛考三则》之一则，最初发表于河南艺术研究所主办的《东方艺术》一九九七年第三期。而隋张盛墓所出之器，十几年来，似再未见有人指明其为弹棋局，今收入此篇，非为自表——此乃吾师慧眼识物也。

三

《古诗文名物新证合编》，是与天津教育出版社的第二次合作，依然是愉快的，因为出版社有敬业的统帅和敬业的编辑。责编的认真负责，教人惭惶之外，更感念不已。很庆幸我总能遇到如挚友般的责编，也因此使得"朋友"二字，在我心目中更有含金量。

辛卯小雪前

引用文献

本书引用之著述以及图像和拓片所据版本中文之部以汉语拼音为序。

A

安徽六安县花石咀古墓清理简报　安徽六安县文物工作组　考古一九八六年第十期
安徽全椒西石北宋墓　滁县地区行署文化局等　文物一九八八年第十一期
安徽省博物馆藏瓷　安徽省博物馆　文物出版社二〇〇二年
安徽宿县褚兰汉画像石墓　王步毅　考古学报一九九三年第四期
安徽天长县三角圩战国西汉墓出土文物　安徽省文物考古研究所　文物一九九三年第九期
安徽涡阳稽山汉代崖墓　刘海超等　文物二〇〇三年第九期
安吉文物精华　安吉博物馆　文物出版社二〇〇三年
安陆王子山唐吴王妃杨氏墓　孝感地区博物馆等　文物一九八五年第二期
安平东汉壁画墓　河北省文物研究所　文物出版社一九九〇年
安阳隋张盛墓发掘记　考古研究所　安阳发掘队　考古一九五九年第十期
鞍山倪家台明崔源族墓的发掘　辽宁省博物馆文物队等　文物一九七八年第十一期
敖汉文物精华　邵国田　内蒙古文化出版社二〇〇四年

B

巴蜀汉代画像集　龚廷万等　文物出版社一九九八年
白居易集笺校　朱金城　上海古籍出版社一九八八年
包山楚墓　湖北省荆沙铁路考古队　文物出版社一九九一年
包山二号楚墓简牍释文与考释　刘彬徽　文物出版社一九九一年
宝宁寺明代水陆画　山西省博物馆　文物出版社一九八八年
保利藏金——保利艺术博物馆精品选　岭南美术出版社一九九九年

北京南苑苇子坑明代墓葬清理简报　北京市文物工作队　文物一九六四年第十一期

北京三百六十行　齐如山　中国戏剧出版社一九九一年

北京市郊明武清侯李伟夫妇墓清理简报　张先得等　文物一九七九年第四期

北京文物精粹大系·织绣卷　北京市文物局　北京出版社二〇〇一年

北京西便门外发现铜器　北京市文物工作队　考古一九六三年第三期

北齐厍狄廻洛墓　王克林　考古学报一九七九年第三期

北宋皇陵　河南省文物考古研究所　中州古籍出版社一九九七年

北堂书钞　虞世南　中国书店影印本一九八九年

北魏洛阳永宁寺　中国社会科学院考古研究所　中国大百科全书出版社一九九六年

北苑别录　赵汝励　丛书集成初编本

北周隋唐京畿玉器　刘云辉　重庆出版社二〇〇〇年

本草纲目　李时珍　人民卫生出版社一九八二年

本草拾遗辑释　尚志均　安徽科学技术出版社二〇〇二年

"碧螺春碗"释义　谭庄　文史知识二〇〇九年第四期

C

曹操集　中华书局一九五九年

草原瑰宝——内蒙古文物考古精品　上海博物馆　上海书画出版社二〇〇〇年

册府元龟　王钦若等　中华书局影印本一九六〇年

茶经　陆羽　陶氏涉园据宋本景刊百川学海本一九二七年

茶录　蔡襄　陶氏涉园据宋本景刊百川学海本一九二七年

长安县三里村东汉墓葬发掘简报　陕西省文物管理委员会　文物一九五八年第七期

长沙出土的三座大型木椁墓　湖南省文物管理委员会　考古学报一九五七年第一期

长沙楚墓　湖南省博物馆等　文物出版社二〇〇〇年

长沙发掘报告　中国科学院考古研究所　科学出版社一九五七年

长沙马王堆二、三号汉墓发掘简报　湖南省博物馆等　文物一九七四年第七期

长沙马王堆一号汉墓　湖南省博物馆等　文物出版社一九七三年

长沙窑　长沙窑课题组　紫禁城出版社一九九六年

长沙窑　长沙窑编辑委员会　湖南美术出版社二〇〇四年

常州文物精华　常州市博物馆　文物出版社一九九八年

朝野佥载　张鷟　中华书局一九七九年

朝鲜时代汉语教科书　汪维辉　中华书局二〇〇五年

巢湖汉墓　安徽省文物考古研究所　文物出版社二〇〇七年

尘封瑰宝　江西省文物考古研究所　江西美术出版社一九九九年

陈与义集校笺　白敦仁　上海古籍出版社一九九〇年

成都市商业街船棺、独木棺墓葬发掘简报　文物二〇〇二年第十一期

诚斋诗话　杨万里　中华书局排印历代诗话续编本一九八三年

程氏续考古编　程大昌　辽宁教育出版社二〇〇〇年
程氏墨苑　明万历三十二年滋兰堂刊本
赤峰县大营子辽墓发掘报告　前热河省博物馆筹备组　考古学报一九五六年第三期
重庆市博物馆藏四川画像砖选集　重庆市博物馆　文物出版社一九五七年
初学记　徐坚　中华书局一九六二年
磁州窑瓷枕　张子英　人民美术出版社二〇〇〇年
譽墓——战国中山国国王之墓　河北省文物研究所　文物出版社一九九六年

D

大慈恩寺三藏法师传　释慧立等　中华书局二〇〇〇年
大观茶论　上海古籍出版社影印说郛宛委山堂本一九八八年
大金集礼　上海古籍出版社影印四库全书本
大理市博物馆藏品精粹　大理市文物局等　云南人民出版社二〇〇三年
《大傩图》名实辨　孙景琛　文物一九八二年第三期
大唐西域记校注　季羡林等　中华书局一九八五年
大同明代甘固总兵夫妇合葬墓　大同市考古研究所　文物世界二〇〇二年第四期
大同智家堡北魏墓石椁壁画　王银田等　文物二〇〇一年第七期
大正新修大藏经　大正新修大藏经刊行会排印本
德安南宋周氏墓　周迪人等　江西人民出版社一九九九年
德隅斋画品　李廌　上海古籍出版社影印四库全书本
登封王上壁画墓发掘简报　郑州市文物工作队　文物一九九四年第十期
邓县彩色画象砖墓　河南省文物工作队　文物出版社一九五八年
帝京景物略　刘侗等　北京古籍出版社一九八〇年
帝京岁时纪胜　潘荣陛　北京古籍出版社一九八一年
定陵　中国社会科学院考古研究所等　文物出版社一九九〇年
定陵出土文物图典　北京市昌平区十三陵特区办事处　北京美术摄影出版社二〇〇六年
定窑白瓷特展图录　台北故宫博物院一九八七年
东北文化——白山黑水中的农牧文明　徐秉琨等　上海远东出版社等一九九八年
东观余论　黄伯思　中华书局影印本一九八八年
东海郡吏员簿所反映的汉代官制　李解民　简帛研究二〇〇一　广西师范大学出版社二〇〇一年
东京梦华录　孟元老　古典文学出版社一九五七年
东魏武定元年李道赞率邑义五百余人造像碑　书法丛刊一九九八年第一期
东西洋考　张燮　中华书局二〇〇〇年
东溪试茶录　宋子安　陶氏涉园据宋本景刊百川学海本一九二七年
东轩笔录　魏泰　中华书局一九八三年
东阳文博十年　陈荣军　中国书店二〇一〇年

洞天清禄　赵希鹄　江苏古籍出版社影印美术丛书本一九八六年
都城纪胜　灌圃耐得翁　古典文学出版社一九五七年
读书杂志　王念孙　中国书店一九八五年
独断　蔡邕　丛书集成初编本
独醒杂志　曾敏行　上海古籍出版社一九八六年
敦煌宝藏　黄永武　新文丰出版公司一九八六年
敦煌变文集　王重民等　人民文学出版社一九八四年
敦煌歌辞总编　任半塘　上海古籍出版社一九八七年
敦煌——纪念藏经洞发现一百周年　敦煌文物研究所　朝花出版社二〇〇〇年
敦煌马圈湾汉代烽燧遗址发掘报告　甘肃省博物馆　见敦煌汉简　中华书局一九九一年
敦煌丝绸艺术全集·法藏卷　东华大学出版社二〇一〇年
敦煌石窟全集·12·佛教东传故事画卷　孙修身　商务印书馆(香港)有限公司一九九九年
敦煌石窟全集·25·民俗画卷　谭蝉雪　商务印书馆(香港)有限公司一九九九年
敦煌石窟全集·3·本生因缘故事画卷　李永宁　商务印书馆(香港)有限公司二〇〇〇年
敦煌石窟全集·7·法华经画卷　贺世哲　商务印书馆(香港)有限公司二〇〇〇年
敦煌石窟全集·9·报恩经画卷　殷光明　商务印书馆(香港)有限公司一九九九年
敦煌石窟·16·音乐画卷　郑汝中　商务印书馆(香港)有限公司二〇〇二年
敦煌悬泉汉简释粹　胡平生等　上海古籍出版社二〇〇一年
敦煌悬泉汉简释文选　甘肃省文物考古研究所　文物二〇〇〇年第五期

E

二〇〇二中国重要考古发现　国家文物局　文物出版社二〇〇三年
二十一世纪的秦汉史研究——从简牍材料出发　冨谷至　简帛研究二〇〇一　广西师范大学出版社二〇〇一年
尔雅义疏　郝懿行　上海古籍出版社影印本一九八三年

F

法海寺壁画　北京市法海寺文物保管所等　中国旅游出版社一九九三年
法门寺文物图饰　韩生　文物出版社二〇〇九年
凡将斋金石丛稿　马衡　中华书局一九七七年
樊榭山房集　厉鹗　上海古籍出版社一九九二年
繁峙岩山寺　柴泽俊等　文物出版社一九九〇年
方舆胜览　祝穆　上海古籍出版社影印本一九八六年
封氏闻见记　封演　辽宁教育出版社一九九八年
凤凰山一六七号汉墓遣策考释　吉林大学历史系考古专业赴纪南城开门办学小分队　文物一

九七六年第十期
佛雕之美·北朝佛教石雕艺术　台北历史博物馆一九九七年
佛光寺　山西省古建筑保护研究所　文物出版社一九八四年
浮花泛绿乱于盏——宋代斗茶汤色释疑(下)　池宗宪　(台北)历史文物二〇〇二年第四期
福州茶园山南宋许峻墓　福建省博物馆　文物一九九五年第十期
福州南宋黄昇墓　福建省博物馆　文物出版社一九八二年
负暄杂录　顾文荐　上海古籍出版社影印说郛涵芬楼排印本一九八八年
阜阳双古堆西汉汝阴侯墓发掘简报　安徽省文物工作队等　文物一九七八年第八期
傅干注坡词　北京图书馆出版社二〇〇〇年
傅熹年建筑史论文集　战国铜器上的建筑图像研究　傅熹年　文物出版社一九九八年

G

甘肃敦煌汉代悬泉置遗址发掘简报　甘肃省文物考古研究所　文物二〇〇〇年第五期
甘肃酒泉西沟村魏晋墓发掘报告　甘肃省文物考古研究所　文物一九九六年第七期
甘肃天水放马滩战国秦汉墓群的发掘　甘肃省文物考古研究所等　文物一九八九年第二期
甘肃武威旱滩坡东汉墓　武威地区博物馆　文物一九九三年第十期
高丽青瓷　郑良谟　文物出版社二〇〇〇年
庚辛之间读书记　王国维　上海古籍出版社影印王国维遗书本一九八三年
宫室楼阁之美·界画特展　台北故宫博物院二〇〇〇年
古董琐记全编　邓之诚　三联书店一九五五年
古今考　魏了翁(方回续)　台湾学生书局影印本一九七一年
古今注　崔豹　辽宁教育出版社一九九八年
古史新证　王国维　清华大学出版社影印本一九九四年
古帐钩赏鉴　朱年　东南文化二〇〇一年第十二期
故宫《倦勤斋陈设档》之一　李福敏　故宫博物院院刊二〇〇四年第二期
故宫宝笈·名画　台北故宫博物院一九八五年
故宫博物院藏文物珍品大系·金属珐琅器　上海科学技术出版社等二〇〇一年
故宫博物院藏文物珍品大系·晋唐瓷器　上海科学技术出版社等二〇〇二年
故宫博物院藏文物珍品大系·明清风俗画　金卫东　上海科学技术出版社等二〇〇八年
故宫藏镜　郭玉海　紫禁城出版社一九九六年
故宫旧藏珍宝欣赏　申仁　上海科学技术出版社二〇〇〇年
故宫文物大典　杨伯达等　浙江教育出版社等一九九四年
关沮秦汉墓简牍　湖北省荆州市周梁玉桥遗址博物馆　中华书局二〇〇一年
关于冬寿墓的发现和研究　洪晴玉　考古一九五九年第一期
关于邯郸水浴寺石窟的几个问题　王振国　中原文物二〇〇二年第二期
关于陕西临潼出土的金代税银的几个问题　赵康民　文物一九七五年第八期
关于宣德炉中的金属锌问题　周卫荣　自然科学史研究第九卷第二期(一九九〇年)

关于帐构　周一良　文物一九八〇年第九期
观台磁州窑址　北京大学考古系　文物出版社一九九七年
馆藏宋代磁州窑瓷器珍品　唐冬冬　开封文博二〇〇一年第一、二期合刊
广东省博物馆藏品选　文物出版社一九九九年
广西文物珍品　韦壮凡等　广西美术出版社二〇〇二年
广州汉墓　广州市文物管理委员会　文物出版社一九八一年
广州皇帝岗唐木椁墓清理简报　广州市文物管理委员会　考古一九五九年第十二期
广州西郊晋墓清理报导　麦英豪　文物参考资料一九五五年第三期
归田录　欧阳修　中华书局一九八一年
癸辛杂识　周密　中华书局一九八八年
贵州平坝县马场唐宋墓　贵州省博物馆　考古一九八一年第二期
桂海虞衡志　中华书局排印本范成大笔记六种二〇〇二年
国朝宫史　鄂尔泰等　北京古籍出版社一九八七年
国之瑰宝　国家文物局等　朝花出版社一九九九年
国剧艺术汇考　齐如山　辽宁教育出版社一九九八年

H

海内外唐代金银器萃编　韩伟　三秦出版社一九八九年
海外藏中国历代名画　湖南美术出版社一九八九年
海外中国铜器图录·第一集　陈梦家　国立北平图书馆刊本一九四六年
海州西汉霍贺墓清理简报　南京博物院等　考古一九七四年第三期
韩非子集释　陈奇猷　上海人民出版社一九七四年
汉、魏、晋独坐式小榻初论　陈增弼　文物一九七九年第九期
汉碑集释·修订本　高文　河南大学出版社一九九七年
汉代服御器考略　容庚　燕京学报第三期(一九二八年)
汉代上计制度论考——兼评尹湾汉墓木牍《集簿》　高恒　见尹湾汉墓简牍综论
汉代物质文化资料图说(增订本)　孙机　上海古籍出版社二〇〇八年
汉官旧仪　卫宏　丛书集成初编本
汉广陵国漆器　李则斌等　文物出版社二〇〇四年
汉画像石选　江继甚　上海书店出版社二〇〇〇年
汉魏洛阳城一号房址和出土的瓦文　中国科学院考古研究所洛阳工作队　考古一九七三年第四期
蒿庵闲话　张尔岐　齐鲁书社一九九一年
好古堂家藏书画记　姚际恒　江苏古籍出版社影印美术丛书本一九八六年
浩然斋雅谈　周密　辽宁教育出版社二〇〇〇年
合肥北宋马绍庭夫妻合葬墓　合肥市文物管理处　文物一九九一年第三期
合肥西郊南唐墓清理简报　石谷风　文物参考资料一九五八年第三期

和林格尔汉墓壁画　内蒙古自治区博物馆文物工作队　文物出版社一九七八年
河北磁县北齐高润墓　磁县文化馆　考古一九七九年第三期
河北定县出土北魏石函　河北省文化局文物工作队　考古一九六六年第五期
河北定县发现两座宋代塔基　定县博物馆　文物一九七二年第八期
河北定县四〇号汉墓发掘简报　河北省文物研究所　文物一九八一年第八期
河北阜城桑庄东汉墓发掘报告　河北省文物研究所　文物一九九〇年第一期
河北古代墓葬壁画　河北省文物研究所　文物出版社二〇〇〇年
河北省承德县发现辽代窖藏　刘朴　北方文物二〇〇二年第三期
河北省出土文物选集　河北省博物馆等　文物出版社一九八〇年
河北隆化鸽子洞元代窖藏　隆化县博物馆　文物二〇〇四年第五期
河北省迁安市开发区金代墓葬发掘清理报告　唐山市文物管理处等　北方文物二〇〇二年第四期
河北邢台市唐墓的清理　邢台市文物管理处　考古二〇〇四年第五期
河南博物院:精品与陈列　孙英民等　大象出版社二〇〇〇年
河南登封黑山沟北宋壁画墓　郑州市文物考古研究所　文物二〇〇一年第十期
河南巩义市新华小区汉墓发掘简报　郑州市文物考古研究所　华夏考古二〇〇一年第四期
河南焦作金墓发掘简报　河南省博物馆等　文物一九七九年第八期
河南中部迤北发现的早期釉上多彩绘陶瓷　望野　文物二〇〇六年第二期
河南正阳苏庄楚墓发掘报告　驻马店地区文化局　华夏考古一九八八年第二期
河南淅川下寺春秋云纹铜禁的铸造与修复　任常中等　考古一九八七年第五期
河南信阳长台关七号楚墓发掘简报　河南省文物考古研究所　文物二〇〇四年第三期
河西简牍　马建华　重庆出版社二〇〇三年
鹤林玉露　罗大经　中华书局一九八三年
黑龙江畔绥滨中兴古城和金代墓葬　黑龙江省文物考古工作队　文物一九七七年第四期
红楼风俗谈　邓云乡　中华书局一九八七年
湖北鄂城四座吴墓发掘报告　鄂城县博物馆　考古一九八二年第三期
湖北麻城北宋石室墓清理简报　王善才等　考古一九六五年第一期
湖北云梦睡虎地十一号秦墓发掘简报　孝感地区第二期亦工亦农文物考古训练班　文物一九七六年第六期
湖北郧县唐李徽、阎婉墓发掘简报　湖北省博物馆等　文物一九八七年第八期
湖北钟祥明代梁庄王墓发掘简报　湖北省文物考古研究所等　文物二〇〇三年第五期
湖南长沙市郊五代墓清理简报　湖南省博物馆　考古一九六六年第三期
湖南古墓与古窑址　周世荣　岳麓书社二〇〇四年
湖南衡阳县道子坪东汉墓发掘简报　湖南省博物馆　文物一九八一年第十二期
湖南津市窖藏元代金银器　彭佳　东南文化二〇〇〇年第四期
湖南临湘陆城宋元墓清理简报　湖南省博物馆　考古一九八八年第一期
湖南省志·第二十八卷·文物志　湖南省地方志编纂委员会　湖南出版社一九九五年
花镜　陈淏子　中国农业出版社一九九五年

花舞大唐春——何家村遗宝精粹　　陕西历史博物馆等　　文物出版社二〇〇三年
画中家具特展　　台北故宫博物院一九九六年
皇朝礼器图式　　上海古籍出版社影印四库全书本
黄陂县周家田元墓　　武汉市博物馆　　文物一九八九年第五期
黄宗羲全集·第十册　　浙江古籍出版社一九九三年
挥麈后录　　王明清　　上海书店二〇〇一年
徽州容像艺术　　石谷风　　安徽美术出版社二〇〇一年

J

吉林市郊发现的金代窖藏文物　　吉林市博物馆　　文物一九八二年第一期
记塔虎城出土的辽金文物　　何明　　文物一九八二年第七期
嘉祐集笺注　　曾枣庄等　　上海古籍出版社一九九三年
嘉峪关壁画墓发掘报告　　甘肃省文物队等　　文物出版社一九八五年
嘉峪关酒泉魏晋十六国墓壁画　　张宝玺　　甘肃人民美术出版社二〇〇一年
"建武三年候粟君所责寇恩事"释文　　甘肃居延考古队简册整理小组　　文物一九七八年第
　　一期
建窑"供御"、"进琖"的年代问题　　顾文璧　　南京博物院集刊第六集一九八三年
剑南诗稿校注　　钱仲联　　上海古籍出版社一九八五年
江陵凤凰山八号汉墓竹简试释　　金立　　文物一九七六年第六期
江陵凤凰山一六八号汉墓　　湖北省文物考古研究所　　考古学报一九九三年第四期
江陵凤凰山一六七号汉墓发掘简报　　凤凰山一六七号汉墓发掘整理小组　　文物一九七六年第
　　十期
江陵九店东周墓　　湖北省文物考古研究所　　科学出版社一九九五年
江陵天星观一号楚墓　　荆州地区博物馆　　考古学报一九八二年第一期
江陵天星观二号楚墓　　荆州地区博物馆　　文物出版社二〇〇三年
江陵望山沙塚楚墓　　湖北省文物考古研究所　　文物出版社一九九六年
江陵张家山三座汉墓出土大批竹简　　荆州地区博物馆　　文物一九八五年第一期
江陵张家山竹简概述　　张家山汉墓竹简整理小组　　文物一九八五年第一期
江浦黄悦岭南宋张同之墓　　南京市博物馆　　文物一九七三年第四期
江苏丹徒丁卯桥出土唐代银器窖藏　　丹徒县文教局等　　文物一九八二年第十一期
江苏邗江蔡庄五代墓清理简报　　扬州博物馆　　文物一九八〇年第八期
江苏邗江姚庄一〇一号西汉墓　　扬州博物馆　　文物一九八八年第二期
江苏江宁县下坊村东晋墓的清理　　南京市博物馆等　　考古一九九八年第八期
江苏江阴夏港宋墓清理简报　　高振卫等　　文物二〇〇一年第六期
江苏泰州明代刘湘夫妇合葬墓清理简报　　泰州市博物馆　　文物一九九二年第八期
江苏泰州市明代徐蕃夫妇墓清理简报　　泰州市博物馆　　文物一九八六年第九期
江苏无锡明华复诚夫妇墓发掘简报　　无锡市博物馆　　文物资料丛刊（二）　　文物出版社一九

八七年

江苏无锡青山湾明黄钺家族墓　无锡市博物馆　考古学集刊第三集　中国社会科学出版社一九八三年

江苏镇江唐墓　镇江市博物馆　考古一九八五年第二期

江苏镇江谏壁王家山东周墓　镇江博物馆　文物一九八七年第十二期

江西明代藩王墓考古收获　许智范　中国历史文物二〇〇三年第四期

江西南昌市东吴高荣墓的发掘　江西省历史博物馆　考古一九八〇年第三期

江西南城明益宣王朱翊鈏夫妇合葬墓　江西省文物工作队　文物一九八二年第八期

江西南城明益庄王墓出土文物　江西省文物管理委员会　文物一九五九年第一期

江阴北宋"瑞昌县君"孙四娘子墓　苏州博物馆等　文物一九八二年第十二期

江阴长泾、青阳出土的明代金银饰　唐汉章等　文物二〇〇一年第五期

江阴文物精华　江阴博物馆　文物出版社二〇〇九年

蒋礼鸿文集　浙江教育出版社二〇〇一年

介绍一件明嘉靖百童游戏青花罐　王毓彤　文物一九九三年第二期

戒庵老人漫笔　李诩　中华书局一九八二年

金翠流芳——梦蝶轩藏中国古代饰物　香港大学美术博物馆与香港大学博物馆学会一九九九年

金代丝织艺术——古代金锦与丝织专题考释　赵评春等　科学出版社二〇〇一年

金泥玉屑丛考　王仲荦　中华书局一九九八年

金瓶梅词话　文学古籍刊行社影印本一九五七年

金坛南宋周瑀墓　镇江市博物馆等　考古学报一九七七年第一期

金鱼的家化与变异　陈桢　科学出版社一九五九年

锦州北魏墓清理简报　刘谦　考古一九九〇年第五期

精彩　望野　文物出版社二〇〇九年

京华瑰宝　异域生辉　龙霄飞　收藏家二〇〇〇年第三期

经行记笺注　张一纯　中华书局二〇〇〇年

荆楚岁时记　宗懔　沔阳卢氏慎始基斋影印汉魏丛书本

荆州天星观二号楚墓

景德镇湖田窑考察纪要　刘新园等　文物一九八〇年第十一期

旧京琐记　夏仁虎　北京古籍出版社一九八六年

居延汉简甲乙编　中国社会科学院考古研究所　中华书局一九八〇年

居延汉简考证　劳干　见居延汉简·考释之部　台北中央研究院历史语言研究所一九六〇年

居延考古发掘的新收获　徐苹芳　文物一九七八年第一期

居延新简·甲渠候官　甘肃省文物考古研究所等　中华书局一九九四年

倦游杂录　张师正　上海古籍出版社一九九三年

K

考古图　吕大临　中华书局影印四库全书本一九八七年

科右中旗代钦塔拉辽墓清理简报　兴安盟文物工作站　内蒙古文物考古文集第二辑　中国大百科全书出版社一九九七年

客座赘语　顾起元　中华书局一九八七年

愙斋集古录　吴大澂　涵芬楼影印

L

兰州上西园明彭泽墓清理简报　甘肃省文管会　考古通讯一九五七年第一期

揽辔录　中华书局排印本范成大笔记六种二〇〇二年

老学庵笔记　陆游　中华书局一九七九年

礼记集解　孙希旦　中华书局一九八九年

李商隐诗歌集解　刘学楷等　中华书局二〇〇七年

李卓吾批评真本西厢记　崇祯十三年西陵天章阁刊本

历代名画记　张彦远　画史丛书　上海人民美术出版社一九六二年

历代寺观壁画艺术·高平开化寺壁画　重庆出版社二〇〇一年

隶释　洪适　中华书局影印本一九八五年

两汉私人讲学考略　罗义俊　见纪念顾颉刚学术论文集　巴蜀书社一九八〇年

辽代服饰　王青煜　辽宁画报出版社二〇〇二年

辽代丝绸　赵丰　沐文堂美术出版社有限公司二〇〇四年

辽墓辽塔出土的伊斯兰玻璃——兼谈辽与伊斯兰世界的关系　马文宽　考古一九九四年第八期

辽宁朝阳北塔天宫地宫清理简报　朝阳北塔考古勘察队　文物一九九二年第七期

辽宁朝阳姑营子辽耿氏墓　朝阳地区博物馆　考古学集刊第三集　中国社会科学出版社一九八三年

辽宁朝阳前窗户村辽墓　靳枫毅　文物一九八〇年第十二期

辽宁康平县后刘东屯辽墓　康平县文化馆　考古一九八六年第十期

辽宁省博物馆藏宝录　上海文艺出版社等一九九四年

辽阳市棒台子二号壁画墓　王增新　考古一九六〇年第一期

辽耶律羽之墓发掘简报　内蒙古文物考古研究所　文物一九九六年第一期

灵台沉香　刘良佑　二〇〇〇年作者自印本

岭外代答校注　杨武泉　中华书局一九九九年

刘娘井明墓的清理　小屯　文物一九五八年第五期

刘松年的撵茶图与醉僧图　李霖灿　(台北)故宫文物月刊第二卷第十一期(一九八五年)

留青日札　田艺蘅　上海古籍出版社一九九二年
柳弧　丁克柔　中华书局二〇〇二年
六朝风采　南京市博物馆　文物出版社二〇〇四年
六朝艺术　姚迁等　文物出版社一九八一年
六臣注文选　浙江古籍出版社影印本一九九九年
炉顶、帽顶辨识　王正书　见中国隋唐至清代玉器学术研讨会论文集　上海古籍出版社二〇〇二年
陆游集　中华书局一九七六年
旅顺博物馆　文物出版社二〇〇四年
旅顺博物馆藏金代完颜娄室墓出土的部分文物　孙传波　北方文物二〇〇一年第二期
履园丛话　钱泳　中华书局一九七九年
绿窗新话　皇都风月主人　上海古籍出版社一九九一年
略论两汉魏晋的帷帐　卢兆荫　考古一九八四年第五期
略论礼典的实行和《仪礼》书本的撰作　沈文倬　见宗周礼乐文明考论　杭州大学出版社一九九九年
论语正义　刘宝楠　中华书局一九九〇年
论张家山汉简《二年律令》中的"宦皇帝"　阎步克　中国史研究二〇〇三年第三期
罗州城与汉墓　黄冈市博物馆　科学出版社二〇〇〇年
洛阳北郊石油站汉墓壁画图像考辨　贺西林　文物二〇〇一年第五期
洛阳东周王城战国陶窑遗址发掘报告　洛阳市文物工作队　考古学报二〇〇三年第四期
洛阳汉墓壁画　黄明兰等　文物出版社一九九六年
洛阳汉墓群陶器文字通释　陈直　考古一九六一年第十一期
洛阳邙山宋代壁画墓　洛阳市第二文物工作队　文物一九九二年第十二期
洛阳烧沟汉墓　洛阳区考古发掘队　科学出版社一九五九年
洛阳市朱村东汉壁画墓发掘简报　洛阳市第二文物工作队　文物一九九二年第十二期
洛阳唐三彩　洛阳博物馆　河南美术出版社一九八五年
洛阳五女冢二六七号新莽墓发掘简报　洛阳市第二文物工作队　文物一九九六年第七期
洛阳西汉壁画墓发掘报告　河南省文化局文物工作队　考古学报一九六四年第二期

M

马王堆二、三号汉墓发掘的主要收获　中国科学院考古研究所等　考古一九七五年第一期
马王堆汉墓帛书·一　国家文物局古文献研究室　文物出版社一九八〇年
马王堆汉墓文物　傅举有等　湖南出版社一九九二年
麦积山石窟所见古建筑　傅熹年　见中国石窟·天水麦积山
满城汉墓　中国社会科学院考古研究所等　文物出版社一九八〇年
眉山文集　唐庚　上海古籍出版社影印四库全书本
美帝国主义劫掠的我国殷周铜器集录　中国科学院考古研究所　科学出版社一九六二年

扪虱新话　陈善　上海书店影印本一九九〇年
梦粱录　吴自牧　古典文学出版社一九五七年
梦溪笔谈校证　胡道静　上海古籍出版社一九八七年
密县打虎亭汉墓　河南省文物研究所　文物出版社一九九三年
闽小记　周亮工　上海古籍出版社影印本一九八五年
明兵部尚书赵炳然夫妇合葬墓　四川省博物馆等　文物一九八二年第二期
明朝首饰冠服　南京市博物馆　科学出版社二〇〇〇年
明代的束发冠、鬏髻与头面　孙机　见中国古舆服论丛·增订本　文物出版社二〇〇一年
明宫词　北京古籍出版社一九八七年
明集礼　上海古籍出版社影印四库全书本
明刊彩色套印西厢记图　天津人民美术出版社一九九一年
明式家具研究　王世襄　三联书店(香港)有限公司一九八九年
明式家具珍赏　王世襄　三联书店香港分店等一九八五年
明徐达五世孙徐俌夫妇墓　南京市文物保管委员会　文物一九八二年第二期
明中山王徐达家族墓　南京市博物馆　文物一九九三年第二期
冥报记　唐临　尊经阁影印日本侯爵前田家藏本一九三七年
冥祥记　王琰　鲁迅辑录古籍丛编·第一卷　人民文学出版社一九九九年
墨娥小录　中国书店影印本一九五九年

N

内蒙古赤峰宝山辽壁画墓发掘简报　内蒙古文物考古研究所　文物一九九八年第一期
内蒙古中南部汉代墓葬　魏坚　中国大百科全书出版社一九九八年
南昌火车站东晋墓葬群发掘简报　江西省文物考古研究所等　文物二〇〇一年第二期
南昌明代宁靖王夫人吴氏墓发掘简报　江西省文物考古研究所　文物二〇〇三年第二期
南村辍耕录　陶宗仪　中华书局一九五九年
《南方草木状》辨伪　马泰来　农史研究第三辑　农业出版社一九八三年
南京明墓出土金簪初探　张瑶等　(台北)故宫文物月刊第二十卷第六期(二〇〇二年)
南京幕府山宋墓清理简报　南京市博物馆　文物一九八二年第三期
南京通济门外发现南朝墓　李蔚然　考古一九六一年第四期
南宋方炉题咏　上海博古斋影印拜经楼丛书本一九二二年
南宋馆阁录　陈骙　中华书局一九九八年
南阳汉画像石刻之历史的及风格的考察　滕固　见张菊生先生七十生日纪念论文集　商务印书馆一九三七年
南诏大理国雕刻绘画艺术　李昆声　云南人民出版社一九九九年
能改斋漫录　吴曾　中华书局一九六〇年
妮古录　陈继儒　江苏古籍出版社一九八六年影印美术丛书本
碾硙寻踪　西嶋定生　见日本学者研究中国史论著选译·第四卷　中华书局一九九二年
宁城县埋王沟辽代墓地发掘简报　内蒙古文物考古研究所等　内蒙古文物考古文集第二辑　中国大百科全书出版社一九九七年
宁夏固原北周李贤夫妇墓发掘简报　宁夏回族自治区博物馆等　文物一九八五年第十一期

女真族"春水""秋山"玉考　杨伯达　故宫博物院院刊一九八三年第二期

P

琵琶记　高明　万历二十五年歙县书林玩虎轩刊本
品茶要录　黄儒　上海古籍出版社影印说郛宛委山堂刻本一九八八年
平阳金墓砖雕　山西省考古所　山西人民出版社一九九九年
朴通事谚解　京城帝国大学法文学部影印奎章阁丛书本一九四三年
浦江清文录　浦江清　人民文学出版社一九八九年

Q

齐东野语　周密　中华书局一九八三年
齐鲁文化——东方思想的摇篮　刘振清等　上海远东出版社等一九九八年
齐民要术校释　缪启愉　中国农业出版社一九九八年
奇特罕见的温酒炉　罗红侠　中国文物报二〇〇九年十一月二十五日
契丹王朝——内蒙古辽代文物精华　中国历史博物馆等　中国藏学出版社二〇〇二年
千金记　沈采　古本戏曲丛刊初集影印万历富春堂刊本
浅谈汝窑、官窑与汝州张公巷窑　郭木森　中国古陶瓷研究第七辑　紫禁城出版社二〇〇一年
乔吉集　山西人民出版社一九八八年
秦汉金石录　容庚　国立中央研究院一九三一年
青瓷风韵　李刚　浙江人民美术出版社一九九九年
青海文物　青海省文物处等　文物出版社一九九四年
清稗类钞　徐珂　中华书局一九八四年
清波杂志校注　刘永翔　中华书局一九九四年
清代服饰展览图录　台北故宫博物院一九八六年
清代家具　田家青　三联书店（香港）有限公司一九九五年
清河书画舫　张丑　乾隆二十八年池北草堂刻本
清会典图　中华书局影印本一九九一年
清平山堂话本　洪楩　古典文学出版社一九五七年
清异录　陶谷　惜阴轩丛书本
清雍正年的漆器制造考　朱家溍　见故宫退食录　北京出版社一九九九年
秋涧集　王恽　上海古籍出版社影印四库全书本
仇文合璧西厢会真记　上海文明书局珂罗版影印本一九一五年
仇英画集　天津美术出版社二〇〇一年
全芳备祖　陈景沂　农业出版社影印本一九八二年
全金元词　唐圭璋　中华书局一九七九年
全金诗　薛瑞兆等　南开大学出版社一九九五年
全宋词　唐圭璋　中华书局一九六五年
全宋诗　北京大学古文献研究所　北京大学出版社一九九一年至一九九八年

全唐诗　中华书局一九六〇年
全唐五代词　曾昭岷等　中华书局一九九九年
全五代诗　李调元　巴蜀书社一九九二年
全元散曲　隋树森　中华书局一九八一年

R

如梦录　河南省立图书馆一九二一年
汝窑聚珍　叶喆民等　北京出版社二〇〇二年

S

三才图会　王圻等　明万历三十七年金阊宝翰楼刊本
三礼通论　钱玄　南京师范大学出版社
三门峡文物精粹　三门峡市文物考古研究所　北京燕山出版社二〇〇四年
三事儿　孙机　中国文物报二〇〇一年一月二十一日
三燕文物精粹　辽宁省文物考古研究所　辽宁人民出版社二〇〇二年
散见简牍合辑　李均明等　文物出版社一九九〇年
沙漠王子遗宝　赵丰等　艺纱堂/服饰工作队(香港)二〇〇〇年
山东临沂西汉墓发现《孙子兵法》和《孙膑兵法》等竹简的简报　山东省博物馆等　文物一九七四年第二期
山东文物精萃　山东省文物事业管理局　山东美术出版社一九九六年
山东文物选集(普查部分)　山东省文物管理处　文物出版社一九五九年
山东章邱县普集镇汉墓清理简报　王恩礼　考古通讯一九五五年第六期
山东邹城西晋刘宝墓　山东邹城市文物局　文物二〇〇五年第一期
山东诸城汉墓画像石　任日新　文物一九八一年第十期
山谷简尺　黄庭坚　上海古籍出版社影印四库全书本
山谷题跋　黄庭坚　津逮秘书本
山西宝宁寺明代水陆画　山西省博物馆　文物出版社一九九八年
山西长治市分水岭古墓的清理　山西省文物管理委员会　考古学报一九五七年第一期
山西平定宋、金壁画墓简报　山西省考古研究所等　文物一九九六年第五期
山西沁水县宋墓雕砖　李奉山　考古一九八九年第四期
山西省博物馆馆藏文物精华　山西省博物馆　山西人民出版社一九九九年
山西省繁峙县岩山寺南殿金代壁画中所绘建筑的初步分析　见傅熹年建筑史论文集　文物出版社一九九八年
山西寺观壁画　柴泽俊　文物出版社一九九七年
山西襄汾县吴兴庄汉墓出土铜器　李学文　考古一九八九年第十一期
山西孝义下土京和梁家庄金、元墓发掘简报　山西省文物管理委员会等　考古一九六〇年第七期
山溪水磨图浅谈　北积　艺苑掇英第四十期　上海人民美术出版社一九八九年
陕西东周秦汉墓　中国社会科学院考古研究所　科学出版社一九九四年

陕西历史博物馆珍藏金银器　申秦雁　陕西人民美术出版社二〇〇三年
陕西茂陵一号无名冢一号从葬坑的发掘　咸阳地区文物管理委员会等　文物一九八二年第九期
陕西青铜器　李西兴　陕西人民出版社一九九四年
陕西铜川发现战国铜器　卢建国　文物一九八五年第五期
商辂三元记　无名氏　古本戏曲丛刊初集影印万历富春堂刊本
上海宝山明朱守城夫妇合葬墓　上海市文物管理委员会　文物一九九二年第五期
上海出土唐宋元明清玉器　上海市文物管理委员会　上海人民出版社二〇〇一年
上海打浦桥明墓出土玉器　王正书　文物二〇〇〇年第四期
上海浦东明陆氏墓记述　上海博物馆　考古一九八五年第六期
上海市郊明墓清理简报　上海市文物保管委员会　考古一九六三年第十一期
上海市李惠利中学明代墓群发掘简报　何民华　东南文化一九九九年第六期
上海市青浦县元代任氏墓葬记述　沈令昕等　文物一九八二年第七期
上海市松江区华阳明代墓群发掘简报　上海博物馆考古研究部　上海博物馆集刊第九期　上海书画出版社二〇〇二年
上林湖越窑　慈溪市博物馆　科学出版社二〇〇二年
上孙家寨汉晋墓　青海省文物考古研究所　文物出版社一九九三年
烧炉新语　吴融　见王世襄锦灰二堆　三联书店二〇〇三年
苕溪渔隐丛话　胡仔　人民文学出版社一九六二年
神韵与辉煌·玉杂器卷　三秦出版社二〇〇六年
诗经之农业及农植物研究　梁家勉农史文集　中国农业出版社二〇〇二年
十九世纪中国市井风情——三百六十行　黄时鉴等　上海古籍出版社一九九九年
石子湾北魏古城的方位、文化遗存及其它　崔璿　文物一九八〇年第八期
释名疏证补　王先谦　上海古籍出版社影印本一九八四年
事物纪原　高承　中华书局一九八九年
寺龙口越窑址　浙江省文物考古研究所　文物出版社二〇〇二年
首都博物馆藏瓷选　文物出版社一九九一年
寿亲养老新书　陈直(邹铉续编)　上海古籍出版社影印四库全书本
寿县楚器集脰诸铭考释　郝本性　古文字研究第十辑　中华书局一九八三年
双忠记　姚茂良　古本戏曲丛刊初集影印万历富春堂刊本
水经注校　王国维　上海人民出版社一九八四年
睡虎地秦墓竹简　睡虎地秦墓竹简整理小组　文物出版社一九七八年
说匴　李零　文物天地一九九六年第五期
朔州崇佛寺　柴泽俊　文物出版社一九九六年
四朝闻见录　叶绍翁　中华书局一九八九年
四川成都曾家包东汉画像砖石墓　成都市文物管理处　文物一九八一年第十期
四川崇州万家镇明代窖藏　成都文物考古研究所等　文物二〇一一年第七期
四川德阳出土的宋代银器简介　沈仲常　文物一九六一年第十一期
四川广汉南宋窖藏玉器　邱登成等　见中国隋唐至清代玉器学术研讨会论文集　上海古籍出版社二〇〇二年
四川简阳东溪园艺场元墓　四川省文物管理委员会　文物一九八七年第二期
四川彭州宋代金银器窖藏　成都市文物考古研究所等　科学出版社二〇〇三年
四川平武明王玺家族墓　四川省文物管理委员会等　文物一九八九年第七期

四川铜梁明张文锦夫妇合葬墓清理简报　铜梁县文管所　文物一九八六年第九期
四库提要辨证　余嘉锡　中华书局一九八〇年
俟庵集　李存　上海古籍出版社影印四库全书本
松桂堂全集　彭孙遹　上海古籍出版社影印四库全书本
松花江下游奥里米古城及其周围的金代墓群　黑龙江省文物考古工作队　文物一九七七年第四期
松陵集　皮日休　上海古籍出版社影印四库全书本
宋代吃茶法与茶器之研究　廖宝秀　台北故宫博物院一九九六年
宋代的"斗茶"艺术　刘昭瑞　文史第三十二辑　中华书局一九九〇年
宋代广州的香料贸易　关履权　文史第三辑　中华书局一九六三年
宋代洛阳造园风的实例——洛阳北宋衙署庭园遗址　王岩　文物天地二〇〇二年第六期
宋代团扇和雕漆扇柄　和惠　文物一九七七年第七期
宋代香料贸易史　林天蔚　中国文化大学出版部一九八六年
宋代耀州窑址　陕西省考古研究所　文物出版社一九九八年
宋画全集　张曦等　浙江大学出版社二〇〇八年
宋会要辑稿　徐松　中华书局影印本一九五七年
宋诗精华录　陈衍　巴蜀书社一九九二年
宋诗选注　钱锺书　人民文学出版社一九八二年
宋时伊斯兰教徒底香料贸易　白寿彝　禹贡第七卷第四期(一九三七年)
宋氏家规部　宋诩　书目文献出版社影印明刻本
宋文鉴　吕祖谦　中华书局一九九二年
宋元时期的镇江泥塑　霍强等　文物天地二〇〇三年第十一期
宋元小说家话本集　程毅中　齐鲁书社二〇〇〇年
搜神后记　陶潜　中华书局一九八一年
苏东坡全集　中国书店一九八六年
苏轼诗集　王文诰辑注　中华书局一九九二年
苏轼文集　中华书局一九九九年
苏州吴张士诚母曹氏墓清理简报　苏州市文物保管委员会　考古一九六五年第六期
碎金(重编详备碎金)　张云翼　天理大学出版社影印本一九八一年
碎金　国立北平故宫博物院文献馆影印本一九三五年

T

太平广记　李昉　中华书局一九六一年
太平御览　李昉等　中华书局影印本一九六〇年
太原晋祠圣母殿修缮工程报告　柴泽俊等　文物出版社二〇〇〇年
太原小井峪宋、明墓第一次发掘记　解希恭　考古一九六三年第五期
谈"张掖都尉棨信"　李学勤　文物一九七八年第一期
坦斋笔衡　叶寘　上海古籍出版社影印涵芬楼排印说郛本一九八八年
探寻逝去的王朝——辽耶律羽之墓　盖之庸　内蒙古大学出版社二〇〇四年
唐长安城郊隋唐墓　中国社会科学院考古研究所　文物出版社一九八〇年
唐传奇笺证　周绍良　人民文学出版社二〇〇〇年

唐代九姓胡与突厥文化　蔡鸿生　中华书局一九九八年
唐代薛儆墓发掘报告　山西省考古研究所　科学出版社二〇〇〇年
唐金乡县主墓　西安市文物保护考古所等　文物出版社二〇〇二年
唐六典　李林甫等　中华书局一九九二年
唐诗纪事校笺　王仲镛　巴蜀书社一九八九年
唐苏三夫人墓出土文物　王长启等　文博二〇〇一年第三期
唐新城长公主墓发掘报告　陕西省考古研究所等　科学出版社二〇〇四年
唐语林校证　周勋初　中华书局一九八七年
唐章怀太子墓壁画客使图中"日本使节"质疑　云翔　考古一九八四年第十二期
唐子西文录　强幼安　中华书局排印历代诗话本一九八一年
糖霜谱　王灼　上海古籍出版社影印四库全书本
陶庵梦忆　张岱　上海古籍出版社一九八二年
陶枕　陈万里　朝花美术出版社一九五四年
天边的彩虹：中国十至十三世纪釉上多色彩绘陶瓷研究　望野　大象出版社、上海书店出版社二〇〇五年
天人诞生图研究——东亚佛教美术史论文集　吉村怜　中国文联出版社二〇〇二年
天水冰山录　见中国历史资料研究丛书·明武宗外纪　上海书店一九八二年
通典　杜佑　中华书局一九八八年
通俗编　翟颢　丛书集成初编本
通雅　方以智　上海古籍出版社一九八八年
桐桥倚棹录　顾禄　清道光刻本
图画见闻志　郭若虚　画史丛书　上海人民美术出版社一九六二年
土默特右旗大袄兑出土元代遗物　包头市文物管理处　内蒙古文物考古二〇〇〇年第一期

W

万历野获编　沈德符　中华书局一九五九年
万余枚西汉简牍惊现长沙走马楼　曹砚农等　中国文物报二〇〇四年二月十八日
王莽虎符石匮调查记　李零　文物天地二〇〇〇年第四期
望都二号汉墓　河北省文化局文物工作队　文物出版社一九五九年
望都汉墓壁画　北京历史博物馆等　中国古典艺术出版社一九五五年
纬略　高似孙　上海古籍出版社影印四库全书本
魏晋南北朝史札记　周一良　中华书局一九八五年
温州古陶瓷　温州博物馆　文物出版社二〇〇一年
文姬归汉图的鉴赏　高木森　（台北）故宫文物月刊第一卷第七期（一九八三年）
文献通考　马端临　中华书局一九八六年
我国最早的儿童玩具——陶陀罗　王宜涛　考古与文物一九九九年第五期
无产阶级文化大革命期间出土文物展览简介　文物一九七二年第一期
吴船录　中华书局排印本范成大笔记六种二〇〇二年
吴梅村诗集笺注　清程穆衡原笺、杨学沆补注　上海古籍出版社一九八三年
吴兴备志　董斯张　上海古籍出版社影印四库全书本
吴忠西郊唐墓　宁夏文物考古研究所　文物出版社二〇〇六年

五代冯晖墓　咸阳市文物考古研究所　重庆出版社二〇〇一年
五代黄堡窑址　陕西省考古研究所　文物出版社一九九七年
五代名画补遗　刘道醇　上海古籍出版社影印四库全书本
五代王处直墓　河北省文物研究所等　文物出版社一九九八年
五省出土重要文物展览图录　文物出版社一九五八年
五杂组　谢肇淛　辽宁教育出版社二〇〇一年
武昌莲溪寺东吴墓清理简报　湖北省文物管理委员会　考古一九五九年第四期
武昌龙泉山明代楚昭王墓发掘简报　湖北省文物研究所等　文物二〇〇三年第二期
武汉市东湖岳家嘴隋墓发掘简报　武汉市文物管理处　考古一九八三年第九期
武进明代王洛家族墓　武进市博物馆　东南文化一九九九年第二期
武威汉代医简　甘肃省博物馆等　文物出版社一九七五年
武威汉简　甘肃省博物馆等　文物出版社一九六四年
武威磨咀子三座汉墓发掘简报　甘肃省博物馆　文物一九七二年第十二期

X

西安北周安伽墓　陕西省考古研究所　文物出版社二〇〇三年
西安出土的唐代金银器　阎磊　文物一九五九年第八期
西安市西郊曹家堡唐墓清理简报　张海云等　考古与文物一九八六年第二期
西汉南越王墓　广州市文物管理委员会等　文物出版社一九九一年
西汉铜座漆耳杯及相关问题的讨论　游咏　东南文化一九九九年第二期
西湖老人繁胜录　西湖老人　古典文学出版社一九五七年
西周夔纹铜禁　天津市文物管理处　文物一九九五年第三期
西域番国志　陈诚　中华书局二〇〇〇年
戏曲文物发覆　廖奔　厦门大学出版社二〇〇三年
析津志辑佚　北京图书馆善本组　北京古籍出版社一九八三年
锡山藏珍　赵新时等　南京出版社二〇〇一年
淅川下寺春秋楚墓　河南省文物研究所等　文物出版社一九九一年
先秦汉魏晋南北朝诗　逯钦立　中华书局一九八三年
闲情偶寄　李渔　浙江古籍出版社排印本李渔全集一九九一年
校注项氏历代名瓷图谱　福开森　觯斋印社一九三一年
新编居家必用事类全集　书目文献出版社影印朝鲜刻本
新编醉翁谈录　金盈之　辽宁教育出版社一九九八年
新疆出土文物　新疆维吾尔自治区博物馆　文物出版社一九七五年
新刊大宋宣和遗事　中国古典文学出版社一九五四年
信阳楚墓　河南省文物研究所　文物出版社一九八六年
醒世姻缘传　西周生　上海古籍出版社一九八一年
髹饰录解说·修订版　王世襄　文物出版社一九九八年
徐州汉画像石　江苏美术出版社一九八五年
许政扬文存　中华书局一九八四年
宣和奉使高丽图经　徐兢　江苏广陵古籍刻印社影印笔记小说大观本一九八三年
宣化辽金墓壁画拾零　孙机　见寻常的精致　辽宁教育出版社一九九六年

宣化辽墓——一九七四至一九九三年考古发掘报告　河北省文物研究所　文物出版社二〇〇一年
学林　王观国　中华书局一九八八年
寻觅散落的瑰宝——陕西历史博物馆征集文物精粹　陕西历史博物馆　三秦出版社二〇〇一年

Y

阳春白雪　赵闻礼　上海古籍出版社一九九三年
偃师杏园唐墓　中国社会科学院考古研究所　科学出版社二〇〇一年
演繁露　程大昌　上海古籍出版社影印四库全书本
燕子笺　阮大铖　喜咏轩丛书本
杨炯集　中华书局一九八〇年
养心殿造办处史料辑览·第一辑　朱家溍　紫禁城出版社二〇〇三年
夷坚志　洪迈　中华书局一九八一年
沂南古画像石墓发掘报告　曾昭燏等　文化部文物管理处一九五六年
义乌文物精粹　吴高彬　文物出版社二〇〇三年
艺文类聚　欧阳询　上海古籍出版社一九六五年
因话录　赵璘　江苏广陵古籍刻印社影印笔记小说大观本一九八三年
尹湾汉墓简牍　连云港市博物馆等　中华书局一九九七年
殷周青铜器通论　容庚　文物出版社一九五八年
英雄时代展　韩建武　文物天地二〇〇四年第六期
婴戏图　台北故宫博物院一九九〇年
营造法式　李诫　商务印书馆一九三三年
瀛奎律髓　方回　上海古籍出版社一九八六年
雍正年的家具制造考　朱家溍　见故宫退食录　北京出版社一九九九年
幽闲鼓吹　张固　辽宁教育出版社排印本唐·五代·宋笔记十五种二〇〇〇年
游宦纪闻　张世南　中华书局一九八一年
酉阳杂俎　段成式　中华书局一九八一年
庾子山集注　倪璠　中华书局一九八〇年
玉版清玩　陈擎光　（台北）故宫文物月刊第十一卷第七期（一九九三年）
玉台新咏　徐陵编　人民文学出版社二〇一〇年
玉台新咏笺注　吴兆宜　中华书局一九八五年
玉谿生诗集笺注　冯浩　上海古籍出版社一九七九年
玉芝堂谈荟　徐应秋　江苏广陵古籍刻印社影印笔记小说大观本一九八三年
鸳鸯绦　路迪　喜咏轩丛书本
元代发僧《祇园大会图卷》浅析　张献哲等　文物世界二〇〇二年第六期
元代工艺美术史　尚刚　辽宁教育出版社一九九九年
元代青花人物故事玉壶春瓶　高至喜　文物一九七六年第九期
元宫词百章笺注　傅乐淑　书目文献出版社一九九五年
元集宁路故城出土的窖藏丝织及其他　潘行荣　文物一九七五年第八期
原刊《老乞大》研究　郑光　外语教学与研究出版社二〇〇〇年

元钱裕墓出土部分玉器研究　徐琳　见中国隋唐至清代玉器学术研讨会论文集　上海古籍出版社二〇〇二年
元曲纪事　王文才　人民文学出版社一九八五年
元曲选　臧晋叔　中华书局一九八九年
元曲选外编　隋树森　中华书局一九五九年
元上都城南砧子山南区墓葬　内蒙古文物考古研究所等　内蒙古文物考古文集第一辑　中国大百科全书出版社一九九四年
元诗纪事　陈衍　上海古籍出版社一九八七年
元诗选·初集　顾嗣立　中华书局一九八七年
元诗选·癸集　顾嗣立　中华书局二〇〇一年
元文宗——图帖睦尔时代之官窑器考　刘新园　文物二〇〇一年第十一期
元遗山诗集笺注　施国祁　人民文学出版社一九五八年
沅陵虎溪山一号汉墓发掘简报　湖南省文物考古研究所　文物二〇〇三年第一期
原州古墓集成　宁夏回族自治区固原博物馆等　文物出版社一九九九年
乐府诗集　郭茂倩　中华书局一九七九年
阅世编　叶梦珠　上海古籍出版社一九八一年
云林遗事　顾元庆　上海古籍出版社影印说郛续一九八八年
云麓漫钞　赵彦卫　中华书局一九九六年
云梦大坟头一号汉墓　湖北省博物馆　文物资料丛刊第四集　文物出版社一九八一年
云梦龙岗秦简　刘信芳等　科学出版社一九七九年
云篆徽名　信章萃古　袁旃　(台北)故宫文物月刊第四卷第七期(一九八六年)

Z

曾侯乙墓　湖北省博物馆　文物出版社一九八九年
闸口盘车图卷　郑为　文物一九六六年第二期
闸口盘车图卷　郑为　艺苑掇英一九七八年第二期　上海人民美术出版社一九七八年
战国绘画资料　杨宗荣　中国古典艺术出版社一九五七年
战国楚帛书考　陈梦家　考古学报一九八四年第二期
战国楚帛书述略　商承祚　文物一九六四年第九期
张家坡西周墓地　中国社会科学院考古研究所　中国大百科全书出版社一九九九年
张家山汉简《算数书》注释　彭浩　科学出版社二〇〇一年
张家山汉墓竹简·二四七号汉墓　张家山二四七号汉墓竹简整理小组　文物出版社二〇〇一年
张协状元　古本戏曲丛刊初集影印永乐大典戏文三种
掌上珍·中国古金银器　湖北美术出版社二〇〇一年
帐和帐构——家具谈往之二　易水　文物一九八〇年第四期
浙江长兴县发现一批唐代银器　夏星南　文物一九八二年第十一期
浙江出土的金银器　范佩玲　东南文化二〇〇〇年第四期
浙江湖州三天门宋墓　湖州市博物馆　东南文化二〇〇〇年第九期
浙江临安五代吴越国康陵发掘简报　杭州市文物考古所等　文物二〇〇〇年第二期
浙江衢州市南宋墓出土器物　衢州市文管会　考古一九八三年第十一期

浙江泰顺元代窖藏瓷器　金柏东等　文物一九八六年第一期
浙江永嘉发现宋代窖藏银器　金柏东等　文物一九八四年第五期
正续一切经音义　释慧琳等　上海古籍出版社影印本一九八六年
郑思肖集　上海古籍出版社一九九一年
直斋书录解题　陈振孙　上海古籍出版社一九九一年
至正直记　孔齐　上海古籍出版社一九八七年
志雅堂杂钞　周密　江苏广陵古籍刻印社影印笔记小说大观本一九八三年
中国版画图录　周芜　上海人民美术出版社一九八八年
中国壁画全集·敦煌·9　辽宁美术出版社一九九〇年
中国茶文化与日本茶道　孙机　见中国圣火　辽宁教育出版社一九九六年
中国殿堂壁画全集·3·元代道观　山西人民出版社一九九七年
中国敦煌历代服饰图案　常沙娜　中国轻工业出版社二〇〇一年
中国古本戏曲插图选　周芜　天津人民美术出版社一九八五年
中国古代服饰研究　沈从文　商务印书馆(香港)有限公司一九九二年
中国古代的精金工艺　张临生　(台北)故宫文物月刊第二卷第二期(一九八四年)
中国古代建筑史·2·两晋南北朝隋唐五代建筑　傅熹年等　中国建筑工业出版社二〇〇一年
中国古代漆器　王世襄　文物出版社一九八七年
中国古代漆器　周成　艺术图书公司一九九四年
中国古代石刻画选集　王子云　中国古典艺术出版社一九五七年
中国古器物学的新基础　李济考古学论文选集　文物出版社一九九〇年
中国化学史稿　张子高　科学出版社一九六四年
中国绘画全集　中国古代书画鉴定组　浙江人民美术出版社、文物出版社一九九九年
中国画像石全集　山东美术出版社等二〇〇〇年
中国京剧衣箱　刘月美　上海辞书出版社二〇〇二年
中国简牍集成　敦煌文艺出版社二〇〇一年
中国科学技术史·物理学卷　戴念祖　科学出版社二〇〇一年
中国科学技术史第四卷·第二分册　李约瑟等　科学出版社等一九九九年
中国历代妇女妆饰　周汛等　三联书店(香港)有限公司一九八八年
中国历代绘画精品　山东美术出版社二〇〇三年
中国历代纪年佛像图典　金申　文物出版社一九九四年
中国历代织染绣图录　高汉玉　商务印书馆香港分馆等一九八六年
中国历史博物馆——华夏文明史图鉴　朝华出版社二〇〇二年
中国美术全集·工艺美术编·10·金银玻璃珐琅器　文物出版社一九八七年
中国美术全集·绘画编·20·版画　上海人民美术出版社一九八八年
中国美术全集·绘画编·18·画像石画像砖　上海人民美术出版社一九八八年
中国美术全集·绘画编·12·墓室壁画　文物出版社一九八九年
中国美术全集·书法篆刻编·1·商周至秦汉书法　人民美术出版社一九八七年
中国漆器全集·2·战国至秦　福建美术出版社一九九七年
中国漆器全集·3·汉　福建美术出版社一九九八年
中国漆器全集·4·三国至元　福建美术出版社一九九八年
中国青铜器图录　李建伟等　中国商业出版社二〇〇〇年
中国青铜器　马承源等　上海古籍出版社一九八八年
中国青铜时代不存在失蜡法铸造工艺　周卫荣等　江汉考古二〇〇六年第二期

中国石窟·安西榆林窟　敦煌文物研究所　文物出版社一九九七年
中国石窟·敦煌莫高窟·第三卷　敦煌文物研究所　文物出版社一九八七年
中国石窟·敦煌莫高窟·第四卷　敦煌文物研究所　文物出版社一九八七年
中国石窟·龙门石窟·第一卷　龙门文物保管所　文物出版社一九九一年
中国石窟·天水麦积山　天水麦积山石窟艺术研究所　文物出版社一九九八年
中国石窟·永靖炳灵寺　甘肃省文物工作队等　文物出版社一九八九年
中国石窟·云冈石窟·第二卷　云冈石窟文物保管所　文物出版社一九九四年
中国石窟·云冈石窟·第一卷　云冈石窟文物保管所　文物出版社一九九一年
中国石窟雕塑全集·6·北方六省　重庆出版社二〇〇一年
中国石窟雕塑全集·8·四川重庆　重庆出版社二〇〇〇年
中国陶瓷全集·11·元　上海人民美术出版社二〇〇〇年
中国陶瓷全集·16·宋元青白磁　上海人民美术出版社等一九八四年
中国陶瓷全集·4·三国两晋南北朝　上海人民美术出版社二〇〇〇年
中国文物精华·一九九〇　文物出版社一九九〇年
中国文物精华·一九九二　文物出版社一九九二年
中国文物精华·一九九七　文物出版社一九九七年
中国文物精华大辞典　国家文物局　上海辞书出版社等一九九六年
中国音乐文物大系·山西卷　项阳等　大象出版社二〇〇〇年
中国饮食史　徐海荣　华夏出版社一九九九年
中国饮食文化　林乃燊　上海人民出版社一九八九年
中国玉器全集·5·隋唐至明　河北美术出版社一九九三年
中国玉器全集·6·清　河北美术出版社一九九三年
中国织绣服饰全集·刺绣卷　常沙娜　天津人民美术出版社二〇〇四年
中华古今注　马缟　辽宁教育出版社一九九八年
中山诗话　刘攽　中华书局排印本历代诗话一九八一年
中原与域外——侧写"天可汗的世界"特展的佛教文物　王钟承　（台北）故宫文物月刊第二十
　　卷第四期（二〇〇二年）
重器重宝——历代器物重宝选介　张临生　（台北）故宫文物月刊第三卷第七期（一九八五年）
周礼正义　孙诒让　中华书局一九八七年
朱氏舜水谈绮　华东大学出版社影印本一九八八年
朱子语类　中华书局一九八六年
诸宫调两种　凌景埏、谢伯阳　齐鲁书社一九八八年
紫薇诗话　吕本中　中华书局排印本历代诗话一九八一年
遵生八笺（雅尚斋遵生八笺）　高濂　书目文献出版社影印万历十九年自刻本
遵义高坪"播州土司"杨文等四座墓葬发掘记　贵州省博物馆　文物一九七四年第一期
酌中志　刘若愚　北京古籍出版社一九九四年
[正史均据中华书局排印本]

雲岡石窟における二,三の因縁像　長廣敏雄　見中國の佛教美術　平凡社一九六八年
ガラスと文化　その東西交流　由水常雄　日本放送出版協会一九九七年
訓蒙図彙集成·一七·唐土訓蒙図彙　朝倉治彦　大空社一九九八年
漢代画象の研究　長廣敏雄　中央公論美術出版一九六五年
漢代の文物　林巳奈夫　京都大学人文科学研究所一九七六年

ガンダーラ美術・Ⅱ・佛陀の世界　栗田功　二玄社一九九〇年
吉祥特別展——中国美術にこめられた意味　東京国立博物館一九九八年
香合　矢部良明　見特別展：茶の美術　東京国立博物館一九八〇年
香水瓶　古代からアール・テコ、モードの時代まで　由水常雄　二玄社一九九五年
香料博物事典　山田憲太郎　同朋舎一九七九年
香炉の起源と型式変遷　全栄来　古代文化第四十八巻第一号(京都)　一九九六年
西域美术・ギメ美術館ペリオ・コレクション　秋山光和　講壇社一九九四年
釈尊——その前生と生涯の美術　中村元　日本放送出版協会一九九四年
正倉院宝物・3・北倉(Ⅲ)　宮内庁　毎日新聞社一九九五年
シルクロード大文明展——オアシスと・草原の路　日本放送出版協会一九八八年
新安海底遺物・資料篇・Ⅰ　文化公報部文化財管理局　同和出版公社一九八三年
世界ガラス美術全集・1——古代・中世　由水常雄　求龍堂一九九二年
世界美術大全集・東洋編・10・高句麗・百済・新羅・高麗　小学館一九九八年
世界美術大全集・東洋編・15・中央アジア　小学館一九九九年
世界美術大全集・東洋編・4　隋唐　小学館一九九七年
石濤書画集・第一巻　東京堂一九七七年
三希堂と文房秘宝　北京故宮博物院　中華书店一九九〇年
草木図说・木部　北村四郎　保育社一九七七年
地下宮殿の遺宝——中国河北省定州北宋塔基出土文物展　平凡社一九九七年
茶道美術・7・香合　千宗室　淡交社一九七〇年
中央アジアの美術　韓国国立中央博物館　三和出版社一九八九年
中華名物考　青木正児　平凡社一九八八年
中国古代版画展　町田市立国際版画美術館一九八八年
中国陶磁——出光美術館藏品図録　出光美術館　平凡社一九八七年
中国仏教美術史の研究　小杉一雄　新樹社一九八〇年
中国仏教彫刻史論・図版編一　松原三郎　吉川弘文館一九九六年
中国の工芸——出光美術館藏品図録　平凡社一九八九年
中国の陶磁・5・白磁　平凡社一九九八年
中国の白磁・7・磁州窯　平凡社一九九六年
朝鮮古文化綜鑒　梅原末治等　養德社一九四八年
展開寫真による・中国の文様　中野徹等　平凡社一九八五年
唐子論——歴史としての子どもの身体をめぐって　黒田日出男　見東アジア美術における
　　〈人のかたち〉　東京国立文化財研究所一九九四年
陶磁大系・37・白磁　平凡社一九七五年
日本の美術・15・茶の美術　林屋辰三郎等　平凡社一九六五年
ペルシアのガラス　深井晋司　淡交社一九七三年
法隆寺の至宝・第十二巻　法隆寺昭和資材帳編集委員会　小学館一九九三年
メトロポリタン美術全集・10・イスラム　福武書店一九八七年
和漢三才圖會　寺島良安　東京美術一九七〇年

A Survey of Persian Art A.U.Pope Ashiya:SOPA,1981
Chinese Blue and White Porcelain, D.Macintosh, London Bamboo Publishing Ltd., 1986

名物索引

与名物相关的诗文以及字词。以出现先后为序。语词后面的数字为本书页码。

头上金钗十二行 3
长钗巧挟鬟 3、17
简钗新碾翠 4
花钿 6
金钗头上缀芳菲 8
钿头钗子 8
插髻玉鸳鸯 10
钗上蝶双舞 12
钗鱼玉镂鳞 13
凤凰半在双股齐 16
钿筐交胜金粟 16
挑鬟出意长 18
合欢钗头双荔支 20
双鬟梳顶髻 21
珠头髾 21
钗符 23
珠囊结艾青 23
一枝斜插凤皇钗 24
鬏髻 25、28
特髻 28
包髻 29
发鼓 29
壳儿 29
金梁冠儿 30

金宝髻 31
金丝髻 31
金裹头 33
一点油金簪儿 33
金倒垂莲宝顶簪 34
俏簪 34
掠儿 35
耳挖簪 36
花蝶夜蛾迎 37
闹蛾 38
巾裹翠蛾 39
草虫簪 40
金鱼撇挞儿 41
边钗 43
倒插鬓 43
倒钗 43
掩鬓 43、47
碧玉搔头斜缀 44
两博鬓 47
满冠 47、55
云月 47
压鬓 48
挑心 49
关顶的金簪儿 51

金玲珑寿字簪儿　51

万寿字簪　52

分心　52、54

菩萨冠　53

仙冠　53

花冠　54

掉箠　55

掩鬓　56

钿儿　59

珠子箍儿　60

翠梅花钿儿　61

髻收金络索　62

围髻　63

围发云髻儿　63

头面　64

金厢玉宝寿福禄首饰一副　66

金厢蜂采花钗　67

金厢玉龙牡丹嵌珠宝首饰一副　70

插戴婆　71

三事儿　72

剔牙杖牙筒　73

拣金挑牙儿　74

减金　74、390

减铁　74

香茶盒儿　74

穿心合　76

金玲珑擦领儿　77

金三事擦领儿　77

坠领　77

山云题　77

花题　77

坠胸　79

禁步　80

七事　80

银事件　80

玎珰七事　80

玉五事　80

金镶玉嵌宝玎珰　80

云样玎珰　83

掩耳　87

大塔形葫芦环　88

八珠环儿　88

葫芦三装五装环　88

四珠葫芦环　88

金厢四珠耳环　89

金厢四珠宝耳环　89

天生葫芦　89

二珠环子　89

天生茄儿　90

一珠　90

金摺丝楼阁耳环　92

金厢玉人耳环　92

耳上悬灯　92

耳边金丁香儿　93

竹妆奁　94

妆盘　95

金盘解下丛鬟碎　95

梳帚　96

刡　96

花篦儿　96

油缸　96

银海　98

香囊　101

钿合　102

玉合　103

鸳鸯宝镜　104

鸳鸯白玉绦　104

手帕儿系腰　106

锦寿帕　106

粉蛾帖死屏风上　108

蝶栖石竹银交关　109

孟家蝉　110

双蝉　111

合蝉　111

玉炉顶　112

玉帽顶　112

玲珑羊脂玉顶儿　112

玉珠儿羊脂玉顶子　113

金厢珠宝帽顶　113

金厢玉帽顶　113

金厢鸦青帽顶子　114

翘翘雉尾插头上　119

插鸡翎　120

三义冠雉鸡翎　122

砌山子　125

满刺娇　126

满池娇　126

春水　128

秋山　128

衣时服　130

不冠巾而顶双髻　145

人物儿　146

泥菩萨　146

泥货　147

撮数小角儿　148

满头为髻　148

抹土搽灰　150

双髻陀头　151

双髻蓬发陀头　151

撒发陀头　151

蹋鸥巾　153

半夏　156

延袖象飞翻　157

嫩竹乘为马　158、165

垂额绿荷圆　158

猢子彩丝牵　159

三三结伴趁猢儿　159

展画趋三圣　159

藏钩乱出拳　165

猜枚　164

赌空　164

缀帛为幡　165、167

竹马梢梢摇绿尾　165

嫩苔车迹小　166

群儿鞭笞学官府　167

旗小裁红绢　167

小龙船　167

杂彩旗儿　167

添丝放纸鸢　168

风筝　168

四方鹤儿　170

放鹤儿　170

驱鹅入暖泉　172

莺雏金旋系　172

山亭儿　146、173

宝塔儿　173

轮盘儿　174

千千车　174

妆域　175

陀罗　175

独乐　175

百子图　175

同胞一气　177

花底困横眠　178

空中　178

倒掖气　179

映光鱼隐见　185

琉璃灯中鱼子　186

倒鳖气　186

泥孩儿　188

巧儿　189

摩侯罗儿　189

魔合罗儿　191

水拍银盆弄化生　191

红蕖捧化生　192

熬　197、199、210

不得其酱不食　198

濡肉　199

释而煎之以醢　199、210
谁能亨鱼，溉之釜鬵　200
爚　200
炙　200
烤炉　200
盐蒜　201
醯　203
盐豉蒜果共一筒　203
醯壶酱甄　203、204
齐盐鲁豉　204
盐豉共壶　204
酱杯　208
染杯　209
火脯　210
染具　210
胹割轮焠　214
割鲜染轮　241
具列　216
茶床　216
铫子　217、219
熟盂　217
汤添勺水煎鱼眼　217
风炉　217、219
折脚鼎　217
折脚铛　217
龙头鼎　218
一簇蝇声急须腹　218
茶炉　219
汤炉　219
煎茶瓶　221
汤瓶　221
茶筅　222、232、234
燎炉　223
方炉　224
欋捕儿　224
危坐只手旋乾坤　226
作茶　226

碾处曾看眉上白　227
蜀人煎茶之法　228
分茶　231、234、237
坐客分尝雪一杯　233
旋碾玉尘深住汤　233
粟粒铺面人惊嗟　233
小杓勿辞满　234
晴窗细乳戏分茶　236
茶分细乳玩毫杯　236
泼茶　237
试茶　237
云叠乱花争一水　240
捧瓯相近比琼花　240
更引长泉煮斗茶　241
斗茶中贵好　241
定花磁盂　242
鬃筒净无染　242
谨持清白与子共　243
也容双井白过磁　243
茶宜锡　244
小盂　247
盏盂　248
钵盂　248
五盌盘　249
镶银碗　251
小饮碧螺春盌　252
《赤壁赋》大磁碗　253
榻　255
禁　259
案　264
桯　265
帷　268
依帷濛重翠　269
帘　269
幄　269、291
帐　270
四角作金龙头　271

帐顶上安金莲花 275
流苏帐·金博山 275
山花蕉叶 275、281、283
金井·金博山 277
云雀踶甍而矫首 278
云甍鸟跂 278
观上加金博山 278
释迦如来舍利宝帐 283
山花蕉叶佛帐 284
高座 285
筵帐精华，络以珠宝 285
宝座 286
枕屏 291
梅花纸帐 292、307
拔步床 292、391
架子床 292、391
格子门 295
亮隔 296
凉隔 296
窗皆设帘障 299
析堂与室为二 299
截间格子 299
暖阁 301
纸阁 301
合纸屏为小阁 301
火阁 301
联屏为燠室 301
开炉 302
暖炉 303
云龙突镂遍金箱 303
乌薪 305
火阁创壁厨 305
床屏墨竹 307
羊羔风味 308
翠叶金华小胆瓶 308
胆瓶花在读书床 309
垂胆新甆出汝窑 309

鹅项甆壶插翠干 309
几叠云屏好 310
曲屏环枕 310
小枕屏儿 310
开屏置床头 311
碧瓷枕 311
凉床 314
漆柄扇 314
扇车 316
碾回剧暑轩槛去 317
竹夫人 317
竹夹膝 318
竹几 318
满眼贮秋悲 318
暖脚铜缶 318
暖足瓶 318
脚婆子 318
冰山重叠贮金盘 318
高叠盆冰匝座围 319
象榻冰盘四面凉 319
夏冰 319
乌龙养和 321
凭几 321
乌皮隐几 323
挟轼 324
夹膝 324
玉夹膝 324
偃仰隐背稳 328
宴坐一枝松养和 328
假手爬搔松养和 329
醉床 330
倚床 330
倚着懒架儿 330
懒架仍移近枕头 331
压足懒架 331
居榻足机 332
靠背 333

一尺之笔　340
板研　352
漆砚　344
书刀　344
削　344
札　348
二尺牒　349
两行　349
方　349
版　349
牍　350
卷　351
编　351
帛书　355
筐箧所以盛书　357
书箧　357
书籚　358
缄其表　358
虎符石匮　359
奉案上食　360
桯　360、362
书案　360、410、419
奏案　363
几　363
食几　364
酒几　364
大作讲舍　369
自雨亭　373
乐哉容膝地　374
榻　378
架格　378
宝襄　381
宝相花　381
胡床　384
交椅　384、389
陈设宝器图画数床　384
卷棚　386

木香棚　389
东坡椅儿　389
子瞻椅　389
云南玛瑙漆　390
一封书的桌儿　390
螳螂蜻蜓脚　390
流金仙鹤　390
飘檐　391
瑞香　392
卧读书架　395
方水滴子　396
蟾蜍砚滴　396
牛水滴　397
书镇　399
楮案木　399
小砚买来猴解捧　402
莫近弹棋局，中心最不平　404
陈属车于庭　471、410
门亭长　410
寺门卒　410
建鼓　410
乘石　410
计箧　412
书囊　412
计偕物　413
亭　415
都亭　415
邮　415
传舍　416、419
亭邮表　416
桓表　416、418
鼓吏　417
亭长　417
从车载甲　417
信幡　423、433
棨信　424
弩斯幡　424

幡胡锯齿　427

旗齿　428

牙幢　428

幢史　429

幡　431

绯掌　432

白虎幡　432

牙门　434

牙门旗　434

黄门大牙　434

门旗　434

旗胡　436

依方色建旗　436

画旗　437

火焰脚　438

水碓　441

五磨　441

筛谷筋　445

平头车　446

江州车子　446

绞缚楼子　446

一山·二山·三山　447

水磨画法　453

(强华　制)